"十四五"高等职业教育规划教材

经济法教程（第2版）

主　编　冯　伟　杨　晖　曲　倩
副主编　刘艳芹　郅　瑶　韩会会

中国财经出版传媒集团
中国财政经济出版社

图书在版编目（CIP）数据

经济法教程／冯伟，杨晖，曲倩主编；刘艳芹，郅瑶，韩会会副主编．--2版．--北京：中国财政经济出版社，2022.12
"十四五"高等职业教育规划教材
ISBN 978-7-5223-1568-3

Ⅰ．①经… Ⅱ．①冯… ②杨… ③曲… ④刘… ⑤郅… ⑥韩… Ⅲ．①经济法-中国-高等职业教育-教材 Ⅳ．①D922.29

中国版本图书馆 CIP 数据核字（2022）第 126047 号

责任编辑：李　媛　　　　　　责任校对：徐艳丽
封面设计：陈宇琰

经济法教程
JINGJIFA JIAOCHENG

中国财政经济出版社 出版
URL：http：//www.cfeph.cn
E-mail：cfeph@cfeph.cn
（版权所有　翻印必究）
社址：北京市海淀区阜成路甲 28 号　邮政编码：100142
营销中心电话：010-88191522　编辑部门电话：010-88190653
天猫网店：中国财政经济出版社旗舰店
网址：https：//zgczjjcbs.tmall.com
北京中兴印刷有限公司印刷　各地新华书店经销
成品尺寸：185mm×260mm　16 开　18.5 印张　427 000 字
2023 年 2 月第 2 版　2023 年 2 月北京第 1 次印刷
定价：45.00 元
ISBN 978-7-5223-1568-3
（图书出现印装问题，本社负责调换，电话：010-88190548）
本社质量投诉电话：010-88190744
打击盗版举报热线：010-88191661　　QQ：2242791300

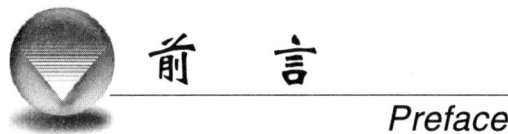

前 言
Preface

党的十九大把全面依法治国提升为新时代坚持和发展中国特色社会主义的基本方略。党的二十大也指出，全面依法治国是国家治理的一场深刻革命，关系党执政兴国，关系人民幸福安康，关系党和国家长治久安。必须更好发挥法治固根本、稳预期、利长远的保障作用，在法治轨道上全面建设社会主义现代化国家。

作为高职财经商贸类专业基础课的"经济法"，必须将习近平新时代中国特色社会主义法治思想全面融入授课之中，充分体现党的十八大以来中国特色社会主义法治理论的最新成果和法治建设的最新经验，精准系统地贯彻习近平法治思想，着力呈现课程在新时代应有的理论风貌和使命担当，力求全面展现和准确反映中国法治建设的成就和经验，解析商事主体日益增长的高质量多样化法治需求与法治发展不充分不平衡之间的矛盾，引领学生树立奉法强国和加快建设社会主义现代化法治强国的坚定信念。本书简明扼要介绍了经济法的基本理论，重点论述了我国现行的经济法律、法规，并力求反映我国经济法制建设和经济法领域研究的新成果，以及最新的法律、法规和司法解释（收录截至 2022 年 4 月 1 日）。

本教材的编写人员通过对不同行业的深入调研，在总结多年来教学改革经验的基础上，与上海耀之万华私募基金管理有限公司、泰和泰（济南）律师事务所合作开发了本教材。本教材基于财经类学生到企业工作岗位对经济法律法规所需组织教学内容，构建了十个教学项目。每个单元由若干个模块构成，都是以企业所需的经济法律法规为基础设计内容。教材重视对学生依法经管能力的培养，具有较强的实践性。

本教材重点强调了法律法规的应用能力及对学生诚信守法职业素养的培养，本教材有以下几个特点：

第一，教材体现了"德育为先、依法经管"的教学理念，诚实守信原则贯穿于教材的始终，公司法律制度、企业法律制度、合同法律制度、担保法律制度、市场规制法律制度等都体现了这一原则，培养学生诚信守法的职业素养。

第二,教材突出了培养学生依法经营管理的能力,注重实践性教学,实现了理论与实践一体化。

第三,教材吸收职业资格证书考试的内容,实现了课证融合,将初级会计职称考试、中级会计职称考试、注册会计师考试的内容融入教材。

第四,教材吸收了最新的民事、经济法律法规和司法解释,实现了内容创新。

第五,教材采用任务驱动的编排方式,实现了体例结构在一定程度上的创新,使"教、学、做"融为一体。通过学习,让学生能够运用所学的经济法律法规的知识,分析法律问题、解决法律问题。

本教材由山东商业职业技术学院冯伟、杨晖、曲倩任主编,日照职业技术学院刘艳芹、山东商业职业技术学院郅瑶、韩会会任副主编,上海耀之万华私募基金管理有限公司杨冉冉、泰和泰(济南)律师事务所夏延凯律师参编,具体分工如下:项目一、项目五由冯伟编写,项目三、项目四由杨晖编写,项目七、项目九由曲倩编写,项目二、项目十由刘艳芹编写,项目八由郅瑶、杨冉冉编写,项目六由韩会会、夏延凯编写。全书最后由冯伟总纂,山东省山东平正大律师巩传红任主审。

在本书的编写过程中得到了中国财政经济出版社的鼎力支持,在此一并表示感谢!

由于作者水平所限,书中难免存在一些疏漏和不足之处,恳请读者批评指正。

编　者

2022 年 11 月

目 录
Contents

项目一　经济法总论 …………………………………………………………（1）

　　模块一　经济法概述 ……………………………………………………（1）
　　模块二　法律关系 ………………………………………………………（6）
　　模块三　民事法律行为 …………………………………………………（12）
　　模块四　代理法律制度 …………………………………………………（23）
　　模块五　诉讼时效 ………………………………………………………（28）

项目二　公司法律制度 ………………………………………………………（33）

　　模块一　公司法律制度概述 ……………………………………………（34）
　　模块二　有限责任公司 …………………………………………………（38）
　　模块三　股份有限公司 …………………………………………………（49）
　　模块四　公司债券与公司财务会计 ……………………………………（58）
　　模块五　公司的重大变更、解散与清算 ………………………………（62）

项目三　企业法律制度 ………………………………………………………（67）

　　模块一　个人独资企业法律制度 ………………………………………（68）
　　模块二　合伙企业法律制度 ……………………………………………（75）

项目四　破产法律制度 ………………………………………………………（92）

　　模块一　破产法概述 ……………………………………………………（93）
　　模块二　破产申请与受理 ………………………………………………（94）
　　模块三　债务人财产、管理人与债权人会议 …………………………（96）
　　模块四　重整程序与和解制度 …………………………………………（101）
　　模块五　破产清算程序 …………………………………………………（105）

项目五　合同法律制度······(110)

　　模块一　合同法律制度概述······(111)
　　模块二　合同的订立······(114)
　　模块三　合同的效力······(120)
　　模块四　合同的履行······(122)
　　模块五　合同的保全······(126)
　　模块六　合同的变更与转让······(128)
　　模块七　合同权利义务的终止······(131)
　　模块八　违约责任······(137)

项目六　担保法律制度······(142)

　　模块一　担保概述······(143)
　　模块二　保证法律制度······(147)
　　模块三　抵押法律制度······(159)
　　模块四　质权法律制度······(168)
　　模块五　留置法律制度······(173)
　　模块六　定金······(178)

项目七　市场规制法律制度······(182)

　　模块一　公平竞争法律制度······(183)
　　模块二　产品质量法律制度······(189)
　　模块三　消费者权益保护法律制度······(194)

项目八　金融法律制度······(204)

　　模块一　证券法律制度······(204)
　　模块二　保险法律制度······(218)
　　模块三　票据法律制度······(234)

项目九　劳动法律制度······(249)

　　模块一　劳动法概述······(250)
　　模块二　劳动合同······(252)
　　模块三　劳动基准法······(260)
　　模块四　劳动争议处理······(263)

项目十　经济仲裁与诉讼 (269)

模块一　经济仲裁 (270)
模块二　经济诉讼 (278)

项目一 经济法总论

【知识能力目标】

1. 了解法的概念、本质与特征、法律渊源，了解经济法的概念、历史以及调整对象。
2. 理解法律关系的概念，理解法律关系的主体、客体和内容，理解法律事实的概念和分类。
3. 理解法律行为和代理的含义，掌握法律行为的分类和效力。
4. 理解诉讼时效的含义，了解诉讼时效与除斥期间的关系，掌握诉讼时效的计算、中止和中断的规定。

【职业素养目标】

1. 能正确理解我国社会主义法律的本质和作用，理解全面依法治国的含义和必要性，理解习近平新时代法治思想在全面依法治国中的地位和作用。
2. 能树立法治思维，尊重和维护法律权威，能尊法学法守法用法。
3. 能依法行使权利履行义务。

模块一 经济法概述

【导入】

财经商贸类专业为什么要学习法律？

法治是现代文明的制度基石，法治兴则国兴，法治强则国强。全面依法治国是中国特色社会主义的本质要求和重要保障，党的十九大把全面依法治国提升为新时代坚持和发展中国特色社会主义的基本方略，党的二十大报告进一步指出：我们要坚持走中国特色社会主义法治道路,建设中国特色社会主义法治体系,建设社会主义法治国家,围绕保障和促进社会公平正义,坚持依法治国、依法执政、依法行政共同推进,坚持法治国家、法治政府、法治社会一体建设,全面推进科学立法、严格执法、公正司法、全面守法,全面推进国家各方面工作法治化。在习近平法治思想指引下,我国全面依法治国实践取得重大进展。从依法治国到全面依法治国,从建设中国特色社会主义法律体系到建设中国特色社会主义法治体系,从"有法可依、有法必依、执法必严、违法必究"到"科学立法、严格执法、公正司法、全民守法",从建设法治中国到统筹国内法治和涉外法治,我国社会主义法治建设取得历史性成就、发生历史性变革。因此,在"实现中华民族伟大复兴"的新征程中,法治具有十分重要的意义:一方面,法律保护市场主体基于意思自治而形成合同;另一方面,也需要从经济及社会整体利益出发对市场主体的各类经济活动进行调整。财经商贸类专业中的会计专业和金融专业是运用专业特长,对企事业单位提供会计、金融等专业服务的中介行业,该行业的发展离不开一支专业扎实、技术过硬、品德优良的专业人才队伍。在提供中介服务的过程中,应当具有相应的法律意识,掌握各类与市场经济活动相关的法律知识,熟悉工作过程中的法律技巧,才能更好地提供服务。

一、法与法律

(一)法和法律的概念

法是当今世界各国普遍存在的一种社会现象,但是对"法是什么,法是如何产生发展的"等问题,人们却有着不同的认识。从人类社会早期发展中形成的关于正义和法律的某些观念出发,诸如法是"神意""人类理性""民族精神的产物",抑或是"主权者的命令""社会控制性规则"等学说界定推陈出新,反映了人类社会对正义、秩序、自由、平等、安全等诸多价值的追求。按照马克思主义法理学的观点和立场,法是在对人类生活经验进行总结的基础上形成,为国家制定或认可并普遍适用以调整社会关系的规则;这些规则体现了统治阶级的意志,而统治阶级的意志归根结底又是其所处的社会物质生活条件所决定的;法通过规定权利义务的方式并以国家强制力为保证,对社会成员的行为加以规范和引导,实现法所追求的社会秩序与正义目标。

扩展阅读　法兽獬豸

一般认为,法有广义和狭义之分,广义的法是指法的整体,是指由国家立法机关、司法机关和行政机关所颁布的规范性文件,一般称之为"法"。狭义的法,专指拥有立法权的国家机关(国家立法机关)依照法定权限和程序制定颁布的规范性文件,一般称为"法律"。

在法学理论中,法和法律有时有严加区分的必要:法指特殊的规范体系整体,而法律则指法的渊源之一或泛指法的表现形式。但在多数情况下,法和法律并没有严格区分的必要。本教材并非法学专业教材,因此除非有特别说明,否则对此也不加以严格区分。

> 法律是什么？最形象的说法就是准绳。用法律的准绳去衡量、规范、引导社会生活，这就是法治。
>
> ——习近平

（二）法的本质与特征

1. 法的本质

法的本质，古今中外的非马克思主义的思想家、法学家对这一问题写过数不清的著作，有过数不清的争论，但从未得出一个科学的结论，只有马克思主义才对法的本质作出了一个真正科学的解释。

马克思主义认为，法是统治阶级的国家意志的体现，对此应从以下三个方面进行理解：

（1）法是统治阶级意志的体现。法不是超阶级的产物，不是社会各阶级的意志都能体现为法，法只能是统治阶级意志的体现。虽然统治阶级意志形成和调节也受到被统治阶级的制约，在制定法律时，不能不考虑到被统治阶级的承受能力、现实的阶级力量对比以及阶级斗争的形势，在法律实施过程中还会遇到来自被统治阶级的阻力。但是在任何情况下，被统治阶级的意志都不能作为独立的意志直接体现在法律之中。它只有经过统治阶级的筛选，吸收到统治阶级的意志之中，转化为统治阶级的国家意志，才能反映到法律中。所以，归根到底，在阶级对立的社会中，法是统治阶级意志的体现。

（2）法是由统治阶级的物质生活条件决定的。法所体现的统治阶级的意志，不是随心所欲、凭空产生的，而是由统治阶级的物质生活条件决定的，是社会客观需要的反映。它体现的是统治阶级的整体意志和根本利益，是由统治阶级的正式代表以整个阶级共同的根本的利益为基础所集中起来的一般意志，而不是统治阶级每个成员个人意志的简单相加。

（3）法是国家意志的体现。法体现的也不是一般的统治阶级意志，而是被奉为法律的统治阶级意志。奉为法律，就是经过国家机关把统治阶级的意志上升为国家意志，并客观化为法律规定。也就是说，统治阶级的意志只有表现为国家有权机关制定的规范性文件，才具有法的效力。

2. 法的特征

法作为一种特殊的行为规则和社会规范，不仅具有行为规则、社会规范的一般共性，还具有自己的特征。其特征主要有以下方面：

（1）法是经过国家制定或认可才得以形成的规范，具有国家意志性。统治阶级意志并不能直接形成为法，它必须通过一定的组织和程序，即通过统治阶级的国家制定或认可，才能形成为法。制定、认可，是国家创制法的两种方式，也是统治阶级把自己的意志变为国家意志的两条途径。法是通过国家制定和发布的，但并不是国家发布的任何文件都是法。首先，法是国家发布的规范性文件；其次，法是按照法定的职权和方式制定和发布的，有确定的表现形式。也就是说，法需要通过特定的国家机关，按照特定的方式，表现为特定的法律文件形式才能成立。

（2）法凭借国家强制力的保证而获得普遍遵行的效力，具有国家强制性。法是由国家强制力保障其实施的规范。法的强制性是由国家提供和保证的，因而与一般社会规范的强制性不同。其他社会规范虽然也有一定的强制性，如道德主要依靠社会舆论的强制，但这种强制不同于国家的强制。国家强制力是以国家的强制机构（如军队、警察、法庭、监狱）为后盾，和国家制裁相联系，表现为对违法者采取国家强制措施。

（3）法是确定人们在社会关系中的权利和义务的行为规范，具有规范性。规范性主要包括概括性和利益导向性两个方面。法是调节人们行为的一种社会规范，具有能为人们提供一个行为模式、标准的属性，此即为法的概括性；同时法的主要内容是由规定权利、义务的条文构成的，法律通过规定人们的权利和义务来分配利益，从而影响人们的动机和行为，进而影响社会关系，实现统治阶级的意志和要求，维持社会秩序，此即为法的利益导向性。

（4）法是明确而普遍适用的规范，具有可预测性和普遍约束性。法具有明确的内容，能使人们预知自己或他人一定行为的法律后果。法具有普遍适用性，凡是在国家权力管辖和法律调整的范围、期限内，对所有社会成员及其活动都普遍适用。

> 要保证人民在党的领导下，依照法律规定，通过各种途径和形式管理国家事务，管理经济和文化事业，管理社会事务。要把体现人民利益、反映人民愿望、维护人民权益、增进人民福祉落实到依法治国全过程，使法律及其实施充分体现人民意志。
>
> ——习近平

二、经济法

（一）经济法的产生

"经济法"这一概念起源于法国。1755年，法国著名空想社会主义者摩莱里在他出版的《自然法典》一书中，首次使用了"经济法"这个概念。至于在立法上首次使用"经济法"，则是第一次世界大战后德国魏玛共和国所颁布的《煤炭经济法》和《钾盐经济法》。此后，德国出版了很多以经济法为题的学术著作和教科书。这时经济法概念才有了较为完整的含义。从经济法产生的社会经济背景考察，西方国家的经济法，是在自由资本主义经济过渡到垄断资本主义经济过程中，国家为应对经济发展中出现的垄断、市场失灵和经济危机等问题，而越来越普遍采取干预措施的背景下产生和发展起来的。在我国，经济法是在改革开放和加强经济法制的背景下逐步兴起的，并随着社会主义市场经济体制建设步伐的推进而不断丰富和完善。

（二）经济法的概念

经济法是调整国家在管理与协调经济运行过程中发生的经济关系的法律规范的总称。根据这一定义，经济法的调整对象是国家需要干预的特定经济关系。这里所说的"干预"，是指国家作为一种外在力量，主要采取间接的法律手段，对社会经济生活所进行的计划、组织、管理、调节和监督。

（三）经济法的调整对象

任何一个部门法都有自己的调整对象，而且调整对象也是划分法律部门的依据。所谓调整对象，是指法律所调整的社会关系。一般来说，经济法的调整对象具体包括以下四种社会关系：

1. 市场主体调控关系

市场主体调控关系，是指国家在对市场主体的活动进行管理以及市场主体在自身运行过程中所发生的经济关系。

2. 市场运行调控关系

市场运行调控关系，是指国家为了建立市场经济秩序，维护国家、市场经营者和消费者的合法权益而干预市场所发生的经济关系。

3. 宏观经济调控关系

宏观经济调控关系，是指国家从长远和社会公共利益出发，对关系国计民生的重大经济因素，实行全局性的管理过程中与其他社会组织研发生的具有隶属性或指导性的经济关系。

4. 社会分配调控关系

社会分配调控关系，是指国家在对国民收入进行初次分配和再分配过程中所发生的经济关系。

需要指出的是，上述经济法的概念和调整对象是法学专业上的含义，与财经专业所使用的经济法的含义并不完全相同。这种情况是由于我国特殊的历史原因造成的。中华人民共和国成立后我国受苏联的影响，认为经济法是"调整经济关系的法"或"与经济相关的法"，因此财经专业一直使用"经济法"的名称来介绍财经专业所需要的相关的法律制度。但随着部门法划分界限的逐渐明确以及法学学科的不断发展，特别是20世纪80年代末的民法经济法大争论之后，经济法的含义已经特定为与民商法并列的法律部门，财经专业所使用"经济法"其实已经不准确。但是财经专业中使用"经济法"的名称已约定俗成，并无更改的必要，而且无论使用"经济法"还是"民商法"都不能准确涵盖财经专业所需要掌握的法律制度。因此本教材继续使用"经济法"的名称，但具体内容不仅包括了法学上的经济法相关制度，还包括民商法制度，敬请读者留意。

扩展阅读　民法、经济法大争论

三、经济法的渊源

所谓法律渊源，是指法律规范借以存在和表现的形式，它主要表现在各国家机关根据其权限范围所制定的各种规范性文件之中。经济法的渊源主要包括：

（一）宪法

宪法是国家的根本大法，由全国人民代表大会制定和修改，具有最高的法律效力。宪法是所有法律的立法基础，自然也是经济法的重要的法律渊源。

（二）法律

法律是由全国人民代表大会及其常务委员会制定的规范性文件，其效力仅次于宪法，是经济法的主要渊源，它规定的多是基本经济关系。以法律形式表现的经济法律规范是经济法的主体组成部分，主要包括《民法典》《公司法》《证券法》《合伙企业法》《个人独资企业法》《企业破产法》《保险法》《票据法》《劳动法》《劳动合同法》等。

（三）法规

法规包括行政法规和地方性法规，其效力次于宪法和法律。行政法规是由国务院制定的规范性文件；地方性法规是由省、自治区、直辖市以及较大的市的人民代表大会及其常务委员会制定的规范性文件。其中，较大的市的人民代表大会及其常务委员会制定的地方性法规需报省、自治区的人民代表大会常务委员会批准后施行。经济特区所在地的市的人民代表大会及其常务委员会也可以根据全国人民代表大会的授权决定制定法规，并在经济特区范围内实施。大量的经济法律规范以法规的形式存在，因此法规是经济法的重要渊源。行政法规如《公司登记管理条例》《劳动合同实施条例》等，地方性法规种类和数量很多，在此不再列举。

（四）规章

规章包括行政规章和地方政府规章。所谓行政规章，是指由国务院部委及具有行政管理职能的直属机构依据法律、行政法规制定的规范性文件，如财政部发布的《企业会计准则》、中国人民银行发布的《支付结算办法》等。地方政府规章是指由省、自治区、直辖市和较大的市的人民政府根据法律、法规制定的规范性文件。

（五）司法解释

司法解释是指最高人民法院在总结审判实践经验的基础上发布的指导性文件和法律解释。司法解释也是经济法的渊源之一，例如，最高人民法院颁发的《关于适用〈中华人民共和国民法典〉有关担保制度的解释》《关于适用〈中华人民共和国公司法〉若干问题的规定》等。

（六）国际条约、协定

国际条约、协定是指我国作为国际法主体缔结或参加的国际条约、双边或多边协定及其他具有条约、协定性质的文件。国际条约、协定在我国生效后，对我国国家机关、公民、法人或者其他组织就具有法律上的约束力，因此，国际条约和协定也是经济法的渊源之一。

模块二

法律关系

【导入案例】

1. 甲乘坐出租车去某地，途中出租车与一卡车相撞发生交通事故，甲因此而受伤。经交警认定，卡车司机对该事故负全责。因卡车司机无力赔偿，甲欲向出租车司机（公司）索赔，是否可行？

2. 某年天旱，乙村庄稼需要灌溉，于是与建有水库的甲村达成供水协议。甲村按照协议的约定向乙村供水，但引水渠经过丙村，被丙村私自截留，导致乙村庄稼旱死，造成经济损失 10 万元。因丙村财产较少，乙村欲向甲村索赔，是否可行？

试分析上述两例中的法律关系，判断两个案件的解决是否会适用同一条法律规定，并思考学习法律关系的意义所在。

导入案例参考答案

一、法律关系概述

（一）法律关系的概念

法律关系是根据法律规范产生、以主体之间的权利与义务关系的形式表现出来的特殊社会关系，即在法律规范调整社会关系的过程中所形成的人们之间的权利和义务关系，也称为权利义务关系。在历史上，法律关系的观念最早来源于罗马法中"法锁"的观念，直到19世纪，法律关系才作为一个专门的概念而存在。

扩展阅读　法锁

（二）法律关系的特征

一般来说，法律关系具有以下四个特征：

1. 法律关系是人们有意识、有目的形成的特定的社会关系

法律关系建立在社会客观规律基础之上，属于上层建筑范畴。

2. 法律关系是主体之间法律上的权利与义务关系

法律通过规范人们的权利义务来达到对人们行为的调整目的，法律规范中规定的权利义务是抽象的、可能的，而法律关系中的权利义务则是具体的、现实的。

3. 法律关系是以法律规范的存在为前提建立的

法律规范是法律关系产生、变更和终止的前提，权利义务关系是依相应法律规定而形成的，任何主体不享有法律规定以外的权利，不承担法律规定以外的义务。

4. 法律关系是由国家强制力保障实施的社会关系

法律关系由国家强制力作保障，实质上就是对当事人的权利的保护。

（三）法律关系的分类

法律关系可以按照不同的标准进行划分。最常见的分类是按照调整法律关系的法律规范的性质不同分为宪法法律关系、民事法律关系、刑事法律关系、行政法律关系和诉讼法律关系等。在这些法律关系中，与市场经济关系最密切的，是民事法律关系。

所谓民事法律关系，是由民事法律规范所确立的以民事权利和民事义务为主要内容的法律关系，主要包括平等主体之间的人身关系和财产关系两大类。市场主体之间的交换关系在法律上就是平等主体之间的财产关系。

二、民事法律关系的要素

民事法律关系的要素是指构成民事法律关系的必要条件，由主体、客体、内容三个要素构成，三者缺一不可。缺少任何一个要素，都不能构成民事法律关系。任何一个要素不同，也是不同的民事法律关系。

（一）民事法律关系的主体

民事法律关系的主体，可以简称为主体或民事主体，是指在民事法律关系中享有权利、承担义务的当事人。在民事法律关系中，享受权利的一方称为权利主体，承担义务的一方称为义务主体。根据《中华人民共和国民法典》（以下简称《民法典》）第二条的规定，民法调整平等主体的自然人、法人和非法人组织之间的人身关系和财产关系。因此，在我国，民事主体主要包括自然人、法人、非法人组织。国家作为整体，主要是国际法的主体，一般不作为国内法的主体，但在某些特殊情况下也可以成为国内法的主体。

1. 民事法律关系主体的种类

（1）自然人。所谓自然人，是指具有生命的个体的人，即生物学上的人，是基于出生而取得民事主体资格的人。自然人与公民不同，公民是指具有一国国籍的自然人。在中国境内，自然人既包括中国公民，也包括居住在中国境内或在境内活动的外国公民和无国籍人，因此自然人范围要大于公民的范围。

（2）法人。法人是具有民事权利能力和民事行为能力，依法独立享有民事权利和承担民事义务的组织。

按照《民法典》的规定，法人应当依法成立，有自己的名称、组织机构、住所、财产或者经费。作为法人，最大的特点就是具有独立性，即法人拥有独立的法人财产，具有独立的法律人格，能够独立承担民事责任。法人能够独立地承担民事责任，也就意味着法人的出资人或者设立人承担有限责任。

按照《民法典》的规定，法人分为营利法人、非营利法人和特别法人。其中营利法人是以取得利润并分配给股东等出资人为目的成立的法人，包括有限责任公司、股份有限公司和其他企业法人等；非营利法人是为公益目的或者其他非营利目的成立，不向出资人、设立人或者会员分配所取得利润的法人，包括事业单位法人、社会团体法人、捐助法人等；特别法人包括特定的机关法人、农村集体经济组织法人、城镇农村的合作经济组织法人、基层群众性自治组织法人。

（3）非法人组织。非法人组织是不具有法人资格，但是能够依法以自己的名义从事民事活动的组织，包括个人独资企业、合伙企业、不具有法人资格的专业服务机构等。非法人组织以前也称为其他组织，其最大的特点，同时也是与法人最大的不同就在于其不具有独立性。这意味着，非法人组织虽然能够以自己的名义从事民事活动，但没有独立的财产，也不具备独立的人格，也不能独立地承担民事责任。非法人组织的财产不足以清偿债务的，除法律另有规定外，由其出资人或者设立人承担无限责任。

（4）国家。国家一般作为主权者成为国际公法关系的主体，在国内法律关系中，一般不作为主体。在特定情况下，国家也可以直接以自己名义参与国内法律关系，如发行国债时国家作为整体是义务主体，而在国家所有权关系中，国家作为整体是权利主体。但是在大多数情况下，国家是以其机关或者授权的组织作为代表参加法律关系的。

2. 自然人的民事权利能力和民事行为能力

（1）民事权利能力。民事权利能力是指权利主体能够以自己的名义享有权利和承担义务的能力，它反映了权利主体取得权利和承担义务的资格。自然人的民事权利能力分为一般民事权利能力和特殊民事权利能力两种。一般民事权利能力为所有自然人所普遍享有，如人身权利能力等。特殊民事权利能力须以一定的法律事实出现为条件才能享有，如劳动法主体的权利能力须以达到法定年龄为条件。

关于自然人的民事权利能力，《民法典》规定，自然人从出生时起到死亡时止，具有民事权利能力，依法享有民事权利，承担民事义务。自然人的民事权利能力一律平等。为了加强对胎儿保护，《民法典》还特别规定，涉及遗产继承、接受赠与等胎儿利益保护的，胎儿视为具有民事权利能力；但是，胎儿娩出时为死体的，其民事权利能力自始不存在。

（2）民事行为能力。法律关系主体要自己参与民事活动，必须具备相应的民事行为能力。民事行为能力是指权利主体能够通过自己的行为取得权利和承担义务的能力。民事行为能力必须以民事权利能力为前提，无民事权利能力就谈不上民事行为能力。

根据《民法典》的规定，自然人的民事行为能力分三种：

①完全民事行为能力人。成年人为完全民事行为能力人，可以独立实施民事法律行为。16周岁以上的未成年人，以自己的劳动收入为主要生活来源的，视为完全民事行为能力人。

②限制民事行为能力人。8周岁以上的未成年人，以及不能完全辨认自己行为的成年人为限制民事行为能力人，实施民事法律行为应由其法定代理人代理或者经其法定代理人同意或追认，否则该法律行为无效，但纯获利益的民事法律行为以及与其智力、精神健康状况相适应的民事法律行为除外。至于是否与其年龄、智力、精神健康状况相适应，可以从行为与本人生活相关联的程度，本人的智力、精神健康状况能否理解其行为并预见相应的后果，以及标的、数量、价款或报酬等方面认定。

③无民事行为能力人。不满8周岁的未成年人，以及不能辨认自己行为的成年人为无民事行为能力人，应由其法定代理人代理实施民事法律行为。

3. 法人和非法人组织的民事权利能力和民事行为能力

关于法人的民事权利能力，根据《民法典》的规定，法人的民事权利能力和民事行为能力，从法人成立时产生，到法人终止时消灭。一般而言，法人的民事行为能力，与民事权利能力的范围是一致的，不存在限制行为能力和无行为能力的情形。法人民事权利能力和民事行为能力的内容和范围与法人成立的目的直接相关，由有关法律和法人组织的章程加以规定，与法人的经营范围无关。根据《民法典》合同编的规定，当事人超越经营范围订立的合同的效力，应当依照《民法典》总则编和合同编的有关规定确定，不得仅以超越经营范围确认合同无效。

非法人组织的民事权利能力和民事行为能力，参照适用法人的相关规定。

（二）民事法律关系的客体

民事法律关系的客体，也称为标的，是指民事法律关系主体间权利义务所指向的对象。客体是确立权利与义务关系性质和具体内容的依据，也是确立权利行使与否和义务是否履行的客观标准。民事法律关系的客体通常包括以下几类：

1. 物

物，也就是财产，是指能够满足人们需要，具有一定的稀缺性，并能为人们现实支配和控制的各种物质资源。物可以是自然物，如土地、矿藏、水流、森林；也可以是人造物，如建筑、机器、各种产品等；还可以是财产物品的一般价值表现形式——货币及有价证券。随着社会的发展，虚拟财产、数据信息也开始进入法律的调整范围，根据《民法典》的规定，数据、网络虚拟财产在法律有规定的情况下也受法律的保护，也可以称为物权的客体。

扩展阅读　刘海洋伤熊案

2. 行为

一定的行为结果可以满足权利人的利益和需要，可以成为法律关系的客体。行为包括作为和不作为，前者如旅客运输合同，其客体是运送旅客的行为；后者如竞业禁止合同，其客体是不从事相同或相似的经营或执业活动。行为主要是债权关系（如合同）的客体。在合同法律关系中，该行为也被称为"给付"。

3. 人身利益

人身利益是人身权法律关系的客体，具体包括自然人的姓名、肖像、名誉、隐私、个人信息、身份等。需注意的是，人作为整体不能成为法律关系的客体，只能是法律关系的主体。至于人身体的一部分，如头发、血液、器官等，在于人体分离之前，具有人格属性，不得成为客体，仅在不违背公序良俗的情况下才可以成为法律关系的客体，如理发、献血等。在与人体分离之后，人体的一部分失去的人格属性，可以成为法律上的"物"，如剪掉的头发可以交易，但其权利的行使同样不得违背公序良俗。

4. 智力成果

智力成果也称为非物质财富、精神产品，是人们通过智力活动创造的能够带来经济价值的精神财富，包括科学著作、文学艺术作品、专利、商标等。智力成果主要是知识产权法律关系的客体。需注意的是，智力成果是一种精神形态的客体，具有非物质性，但通常有物质载体，如书籍是文字作品的载体，应注意不要将载体与智力成果混淆。

除了上述四种客体外，有时权利也可以成为客体，如权利质押等。

（三）民事法律关系的内容

民事法律关系的内容即法律关系主体享有的权利和承担的义务，包括权利和义务两个方面。

1. 权利

权利是法律允许权利人为了满足自己的利益可以作为或不作为，或者要求他人为一定行为或不为一定行为，并由他人的法律义务作为保证的资格。权利本质上是享有某种利益或实施一定行为的自由，该自由受法律保护，由国家强制力保障其实现，具有不可侵犯性。但权利也不是绝对的自由，应当依法行使，如果超出法律限制行使权利，会构成滥用权利，权利人应依法承担不利后果。

《民法典》第132条规定，民事主体不得滥用民事权利损害国家利益、社会公共利益或者他人合法权益。

2. 义务

义务是法律规定的义务人应当按照权利人的要求为一定行为或不为一定行为，以满足权利人的利益的约束。义务的存在主要是为了满足权利人利益的实现，比如在买卖合同中，只有卖方履行了交货义务，买方才可以取得货物的所有权。义务的履行表现为两种形式，一种是作为，表现为义务人实施积极的行为，如交货、付款、赡养父母等；另一种是不作为，是指义务人不得实施某种行为，而对在此期间义务人是否实施其他行为在所不问，如不得随意公开他人隐私等。

3. 权利与义务的关系

权利和义务之间关系密切，对此马克思有过一段经典的表述：没有无义务的权利，也没有无权利的义务。首先，权利和义务是相互依存的关系。权利的实现以义务的履行为条件，以买卖合同为例，只有卖方交付了货物，买方才可以取得货物的所有权。同样，义务的设定和履行也必须以法律权利的行使为前提，比如买方付款的义务，正是来自卖方基于买卖合同要求买方付款的权利。其次，权利和义务是目的和手段的关系。设定义务是为了保障权利人的利益得以实现。离开了权利，义务也就失去了履行的价值和动力；离开了义务，权利也形同虚设。

三、法律事实

与任何事物一样，法律关系也有产生、发展和消灭的过程。引起法律关系变化的原因，主要是法律事实。所谓法律事实，是指法律规范所规定的，能够引起法律关系产生、变更或消灭的客观现象。法律事实根据其是否以权利主体的意志为转移可以分为行为和事件两类。

（一）行为

所谓行为，是指以权利主体的意志为转移、能够引起法律后果的法律事实。根据人的行为是否属于表意行为，可以分为两类：

1. 民事法律行为

民事法律行为，是指民事主体通过意思表示设立、变更、终止民事法律关系的行为。民事法律行为是最重要的法律事实。民事法律行为以意思表示为要素，因此行为人须具有意思表示能力，也就是民事行为能力。关于民事法律行为，将在下一模块中详述。

2. 事实行为

事实行为，是指行为人虽不具有设立、变更或消灭民事法律关系的意图，但依照法律的规定能引起民事法律后果的行为，如创作行为、拾得遗失物等。事实行为不以意思表示为必备要素，因此行为人是否具有民事行为能力不影响事实行为的构成。

（二）事件

事件是指与当事人意志无关，但能够引起法律关系发生、变更和消灭的客观情况，常见的有：

1. 人的出生与死亡

人的出生与死亡能够引起民事主体资格的产生和消灭，也可能导致人格权的产生和继承的开始等。

2. 自然灾害与意外事件

通常自然灾害等可构成法律上的不可抗力，常成为免除法律责任或消灭法律关系的原因。意外事件可能导致风险或不利后果的法律分配，也可能成为某些法律关系的免责事由。

3. 时间的经过

时间经过可引起法律关系的变化，例如，诉讼时效的经过，将导致债务人获得不履行义务的抗辩权；除斥期间的经过会导致权利人丧失权利等。

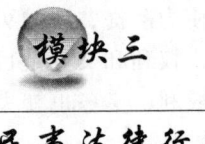

模块三 民事法律行为

【导入案例】

14岁的中学生甲，在新冠肺炎疫情期间用母亲的手机上网课，利用母亲的手机登录某游戏并多次充值，数额达到10万元。甲的父母发现后要求游戏公司退款，遭到游戏公司的拒绝。试分析，甲的父母是否有权要求游戏公司退款？

 导入案例参考答案

一、民事法律行为概述

（一）民事法律行为的概念

民事法律行为是指民事主体通过意思表示设立、变更、终止民事法律关系的行为。民事法律行为必须具有意思表示要素，而且必须是要产生该意思表示内容的民事法律后果。

1986年颁布的《中华人民共和国民法通则》在界定民事法律行为的概念时，强调其应当具有合法性，也就是必须是合法的民事行为才是民事法律行为。对于不符合有效要件的法律行为，民法通则创设了"民事行为"这个我国特有的概念。但是2017年颁布的《中华人民共和国民法总则》取消了民事行为这个术语，无论该行为是否合法、有效，都可以构成民事法律行为。《民法典》延续了《民法总则》的规定。

（二）民事法律行为的特征

1. 民事法律行为以意思表示为基本要素

意思表示是民事法律行为的基本构成要素，没有意思表示就没有法律行为。

2. 民事法律行为是以设立、变更、终止民事法律关系为目的的行为

任何有意识的活动，都是有一定目的的活动，都能引起一定的后果，但民事法律行为

不是要达到一般的目的，而是要设立、变更、终止某种民事权利和民事义务关系，并能引起行为人预期的法律后果。

二、意思表示

（一）意思表示概述

意思表示是民事法律行为的基本构成要素，是指向外部表明意欲发生一定私法上效果的意思的行为。意思表示是民事法律行为的核心。没有意思表示，民事法律行为就不能成立；意思表示存在瑕疵（如因欺诈导致当事人意思表示不真实），民事法律行为的效力就会受到影响。

一般来说，意思表示由效果意思、表示意思、表示行为三部分构成。

（二）意思表示的形式

1. 口头形式

口头形式，指用语言进行意思表示。包括面对面交谈、电话交谈等。

2. 书面形式

书面形式，即以文字进行意思表示的法律行为形式，包括一般书面形式和特殊书面形式（公证、鉴证、审核、登记等）。按照《民法典》第四百六十九条的规定，书面形式是合同书、信件、电报、电传、传真等可以有形地表现所载内容的形式。以电子数据交换、电子邮件等方式能够有形地表现所载内容，并可以随时调取查用的数据电文，视为书面形式。

3. 默示形式

默示形式，是指行为人并不直接表示其内在的意思，而是根据某种法律事实，按逻辑推理的方法或按生活习惯，推断其内在意思表示的形式。默示的形式包括作为的默示和不作为的默示。前者如租赁合同到期承租人继续支付租金，视为继续承租；后者如继承开始后继承人未作出放弃继承的意思表示，视为接受继承。

按照《民法典》第一百四十条第二款的规定，沉默只有在有法律规定、当事人约定或者符合当事人之间的交易习惯时，才可以视为意思表示。比如在试用买卖中，试用期限届满买受人未做任何表示的，视为购买，此即是沉默视为意思表示。

（三）意思表示的生效和撤回

1. 意思表示的生效

意思表示的生效，因意思表示是否有相对人而有所不同。

（1）有相对人的意思表示。以对话方式作出的意思表示，相对人知道其内容时生效。以非对话方式作出的意思表示，到达相对人时生效。以非对话方式作出的采用数据电文形式的意思表示，相对人指定特定系统接收数据电文的，该数据电文进入该特定系统时生效；未指定特定系统的，相对人知道或者应当知道该数据电文进入其系统时生效。当事人对采用数据电文形式的意思表示的生效时间另有约定的，按照其约定。

（2）无相对人的意思表示。无相对人的意思表示，表示完成时生效。法律另有规定的，依照其规定。

（3）以公告方式作出的意思表示。以公告方式作出的意思表示，公告发布时生效。

2. 意思表示的撤回

所谓意思表示的撤回,是指在意思表示生效之前行为人取消意思表示的行为。行为人可以撤回意思表示,但撤回意思表示的通知应当在意思表示到达相对人前或者与意思表示同时到达相对人。

(四) 意思表示的解释

关于意思表示的解释,因是否存在相对人而有所不同。对于有相对人的意思表示,在解释时应结合相关条款、行为的性质和目的、习惯以及诚信原则来进行解释,需考虑保护善意相对人。而对于无相对人的意思表示,在解释时不能完全拘泥于所使用的词句,结合相关条款、行为的性质和目的、习惯以及诚信原则,应探求行为人的本意。

三、民事法律行为的分类

民事法律行为可以根据不同的标准进行划分,常见的分类主要包括以下几种:

(一) 单方法律行为、双方法律行为和多方法律行为

这是根据民事法律行为的成立是取决于一方、双方还是多方的意思表示所做的划分。

1. 单方法律行为

单方法律行为,是指仅由一方当事人的意思表示就能成立的民事法律行为。单方行为可分为有(特定)相对人的单方行为和无相对人的单方行为。前者如追认、授权等,后者如立遗嘱、放弃权利(物)、单方允诺等。

2. 双方法律行为

双方法律行为,是指须双方当事人的意思表示相一致才能成立的民事法律行为。双方行为需要两个意思表示,而且需要该意思表示一致,行为才能成立,最典型的双方行为就是合同。双方行为是最常见,也是最重要的法律行为。

3. 多方法律行为

多方法律行为,是指由多个行为人的意思表示达成一致而成立的民事法律行为,决议行为是典型的多方行为,如合伙协议、股东会决议等。决议行为与合同行为不同,决议当事人的意思表示往往是以多数决的方式作出,而且对没有表示同意的成员也具有拘束力;决议中的意思表示不仅针对发出意思表示的成员,而且主要针对意思表示者共同代表的法人。

区分单方民事法律行为、双方民事法律行为与多方民事法律行为的意义在于:单方民事法律行为只要求当事人一方作出意思表示即可成立,双方民事法律行为要求双方当事人意思表示的一致,多方民事法律行为则强调行为人的意思表示需要多数决才能成立。

(二) 有偿法律行为和无法律偿行为

这是以一方当事人的民事法律行为是否要求对方给予相应的对价(如价金、财产、劳务等)为标准而进行的划分。

1. 有偿法律行为

有偿法律行为,可简称为有偿行为,是指一方当事人为对方承担某种民事义务时,有权要求对方承担相应的义务的民事法律行为。如买卖合同中买受人为得到出卖人给付的货物需支付相应的价款,运输合同中承运人为得到托运人或旅客的运费而需要提供相应的运

输行为（劳务）。大多数民事法律行为都是有偿的。

2. 无偿法律行为

无偿法律行为，可简称为无偿行为，是指一方当事人为对方承担某种民事义务时，并不要求对方支付对价的民事法律行为。如赠与合同、借用合同、保证合同等。

区分有偿民事法律行为与无偿民事法律行为的意义在于：

（1）确定行为性质。法律规定某些民事法律行为必须是有偿的或者无偿的。如买卖必须是有偿的，而赠与则必须是无偿的，对此当事人不能自己约定。

（2）认定行为效力。有偿民事法律行为显失公平时，受损害方有权请求撤销该行为；而无偿民事法律行为则不存在显失公平的问题。

（3）确定行为人的责任。一般来说，有偿民事法律行为的民事责任要重于无偿民事法律行为。如买卖合同中的出卖人应当对买卖标的物的瑕疵承担违约责任；而赠与合同中的赠与人原则上不对赠与物的瑕疵承担责任。

（4）主张撤销权。如果是有偿民事法律行为，只有在受让人恶意的情况下，债权人才可以主张《民法典》第五百三十八条所规定的撤销权；如果是无偿民事法律行为，则不用考虑当事人的主观心态就可以主张撤销权。

（三）诺成法律行为和实践法律行为

这是根据民事法律行为的成立是否以交付实物为条件对民事法律行为进行的划分。

1. 诺成法律行为

诺成法律行为，可简称为诺成行为，是指双方意思表示一致即告成立的民事法律行为，即一旦双方当事人意思表示一致，法律行为就宣告成立。大多数民事法律行为都属于诺成行为。

2. 实践法律行为

实践法律行为，可简称为实践行为，是指除了双方当事人意思表示一致外，还须交付标的物才能成立的民事法律行为，又称要物行为。按照《民法典》的规定，自然人之间的借款合同、保管合同、定金合同这三种合同都属于实践行为。此外，借用合同也属于实践行为。

区分诺成行为和实践行为的意义在于：诺成行为只要双方意思表示一致即可成立，当事人若违反应承担违约责任；实践行为在标的物交付之前行为不成立，即便当事人意思表示一致，只要标的物不交付，民事法律行为就不成立，当事人只能寻求缔约过失责任的救济，不能主张违约责任。

（四）要式法律行为和不要式法律行为

以民事法律行为的成立是否必须依照某种特定的形式为标准，可以将其分为要式法律行为和不要式法律行为。

1. 要式法律行为

要式法律行为，可简称为要式行为，是指必须履行某种特定的形式才能成立的民事法律行为。如保证合同、融资租赁合同、保理合同、建设工程合同等。

2. 不要式法律行为

不要式法律行为，可简称为不要式行为，指不需要履行某种特定形式就能成立的民事法律行为，即行为人究竟采取何种形式，由其自由选定。多数民事法律行为都属于不要式行为。

区分要式行为和不要式行为的意义在于：不要式行为可以由当事人自由选择民事法律行为的形式；要式行为要求当事人必须采取法定形式，否则该行为不能成立。

扩展阅读　民事法律行为的其他分类

四、民事法律行为的成立和有效

（一）民事法律行为的成立

民事法律行为的成立，是指符合民事法律行为的构成要素的客观情况。可分为一般成立要件和特别成立要件。

1. 一般成立要件

民事法律行为的一般成立要件，主要包括三项，即当事人、意思表示和标的。当事人，也就是民事法律行为的主体，一般需要两个及以上的主体。民事法律行为是表意行为，因此应当以意思表示为成立要件，单方行为、双方行为和多方行为需要的意思表示数量和要求不尽相同。标的也就是法律关系的客体，民事法律行为作为重要的民事法律事实会导致法律关系设立、变更或消灭，标的作为法律关系的要素之一，不可或缺。

2. 特别成立要件

特别成立要件，是指成立某一具体的民事法律行为，除需要具备一般成立要件外，还须具备的其他特殊事实要素，如实践行为需当事人交付标的物，要式行为需采用特定的形式。

（二）民事法律行为的有效

民事法律行为的有效，是指已成立的民事行为因符合法定有效要件而取得法律认可的效力。民事法律行为的成立和生效是两个不同的概念。民事法律行为的成立是民事法律行为生效的前提，民事法律行为未成立，当然也谈不上生效；但民事法律行为成立的，也未必会发生法律效力，如无效的民事法律行为、效力待定的民事法律行为，或者附条件生效的民事法律行为等。当然，在大多数情况下，民事法律行为成立和生效是一致的，即在民事法律行为成立时即具有法律效力。《民法典》第一百三十六条规定，民事法律行为自成立时生效，但是法律另有规定或者当事人另有约定的除外。民事法律行为的有效要件包括：

1. 行为人具有相应的行为能力

民事法律行为会导致相应的法律后果发生，因此行为人应当有相应的预见行为性质及后果的能力，即行为人须具有相应的行为能力。对于自然人而言，完全行为能力人可以实施民事法律行为自不待言。对于限制行为能力人，可以独立实施纯获利益的民事法律行为或者与其智力、精神健康状况相适应的民事法律行为，其他民事法律行为应由其法定代理人代理。至于无行为能力人，其实施的民事法律行为无效，因此无行为能力人不得自己实施民事法律行为。

对于法人或非法人组织而言，应当在法定活动范围内，或在核准登记的经营范围内实施民事法律行为。但从维护相对人的利益和促进交易的角度出发，法人或非法人组织超越经营范围从事的民事法律行为，如无其他无效情形，也可以认定为有效。

2. 行为人意思表示真实

所谓意思表示真实，是指行为人的外部表示与其内心的真实意思相一致。其要求有两点，一是内部意思与外部表示一致，二是出于行为人的自愿。造成行为人意思表示不真实的主要有两种情况：一是由于相对人或者第三人的胁迫、欺诈，使行为人在违背真实意思的情况下而成立民事行为；二是由于行为人自己对该行为的重大误解，使其行为与其内在意思不一致。对意思表示不真实的行为，根据不同的情况，应当认定为无效或可撤销。

3. 不违反法律、行政法规的强制性规定，不违背公序良俗

不违法指行为内容和形式都不违法。公序良俗是社会公共秩序和善良风俗的合称，民事主体进行民事活动必须与公序良俗相符，违背公序良俗的行为是无效的。

五、无效的民事法律行为

（一）无效的民事法律行为概述

无效的民事法律行为，是指欠缺民事法律行为的有效条件，不产生法律效力，也不能发生当事人预期的法律后果的民事法律行为。无效的民事法律行为具有如下特征：

1. 自始无效

按照《民法典》第一百五十五条的规定，无效的或者被撤销的民事法律行为自始没有法律约束力。因此，无效的民事法律行为从成立的时候，就是没有法律效力的，这也是无效的民事法律行为与可撤销的民事法律行为的区别之一。

2. 当然无效

无效的民事法律行为当然不具备法律效力，不论当事人是否主张，是否知道，也不论是否经过人民法院或者仲裁机构确认，该民事法律行为当然无效。

3. 绝对无效

无效的民事法律行为绝对不发生法律效力，不能通过当事人的行为进行补正，这也是无效的民事法律行为与效力待定的民事法律行为的区别之一。

（二）无效的民事法律行为的情形

根据《民法典》的规定，无效民事法律行为主要包括以下五种：

1. 无民事行为能力人实施的民事行为无效

民事法律行为需要行为人具有相应的行为能力，而无行为能力人不具备行为能力，因此无行为能力人实施的法律行为是无效的。

2. 行为人与相对人以虚假的意思表示实施的民事法律行为无效，以虚假的意思表示隐藏的民事法律行为的效力，依照有关法律规定处理

此为虚伪表示与隐藏行为的规定。所谓虚伪表示，是指行为人与相对人都知道自己所表示的意思并非真意，通谋作出与真意不一致的意思表示。虚伪表示的当事人都知道自己所表示的意思不是真实意思，双方均不希望此行为能够真正发生法律上的效力。隐藏行为是指表意人为虚假的意思表示，但其真意为发生另外法律效果的意思表示。阴阳合同即为

典型的隐藏行为。隐藏行为中的虚假意思表示无效，真实意思表示有效（前提是被隐藏的行为是合法的）。虚伪表示往往与隐藏行为联系在一起，但二者也不总是一一对应的。如鳏居多年的甲欲将房屋赠送于初恋情人乙，但恐子女反对，对外谎称卖给乙。甲乙之间的买卖合同因其意思表示为虚假内容，是虚假意思表示，因此是无效的。但甲乙之间的赠与合同意思表示真实，如无其他无效情形则为有效。

3. 违反法律、行政法规的强制性规定的民事法律行为无效，但是该强制性规定不导致该民事法律行为无效的除外

法律规范分为任意性规范和强制性规范。任意性规范的目的是引导、规范民事主体的行为，并不具有强制效力，因此民事法律行为与任意性规范不一致时，并不影响其效力。强制性规范与任意性规范不同，体现的是法律基于国家利益、社会公共利益等的考量，对私人意思自治领域所施加的一种限制。民事主体在实施民事法律行为时，必须服从这种限制，否则法律行为会被判定为无效。但是民事法律行为违反强制性规定无效有一种例外，即当该强制性规定只是要求民事主体不得违反，如有违反仅由违反一方承担法律责任，没有违法的一方不应承受违法一方的行为后果，此时民事法律行为并不会因违反该强制性规定无效。对于此种强制性规定，也称之为管理性强制规定。比如《商品房屋租赁管理办法》规定，出租房屋应当办理房屋租赁登记备案，未办理的要被处以罚款。但是没有办理登记备案的房屋租赁合同的效力并不受登记备案的影响，依然是有效的。

扩展阅读　效力性强制规定和管理性强制规定的区分

4. 违背公序良俗的民事法律行为无效

公序良俗是公共秩序和善良风俗的简称，所谓公序，指公共秩序，是指国家社会的存在及其发展所必需的一般秩序；良俗，指善良风俗，是指国家社会的存在及其发展所必需的一般道德。公序良俗指民事主体的行为应当遵守公共秩序，符合善良风俗，不得违反国家的公共秩序和社会的一般道德。同强制性规定一样，公序良俗体现了国家对民事领域意思自治的限制，因此如果民事主体实施的民事法律行为违背公序良俗，自然也是无效的。

扩展阅读　违背公序良俗的行为

5. 恶意串通，损害他人合法权益的民事法律行为无效

所谓恶意串通，是指行为人与相对人互相勾结，为牟取私利而实施的损害他人合法权益的民事法律行为。恶意串通的民事法律行为在主观上要求双方有互相串通、为满足私利而损害他人合法权益的目的，客观上表现为实施了一定形式的行为来达到这一目的。比如甲公司的业务员收取乙公司的商业贿赂后购买了乙公司质次价高的商品，此即为甲公司业务员与乙公司恶意串通，损害了甲公司的利益，因此是无效的。须注意的是，恶意串通与虚假表示不同，虚假表示的当事人所作出的意思表示都是虚假的，而恶意串通的当事人所表达的都是当事人的内心真意，二者尽管法律后果相同，但不可混淆。

六、可撤销的民事法律行为

(一) 可撤销的民事法律行为概述

可撤销的民事法律行为指由于欠缺有效条件，当事人有权依照法律规定请求人民法院或者仲裁机关予以撤销的民事法律行为。此种民事法律行为不是当然无效，而是必须由当事人向法院或仲裁机关请求裁定。

可撤销的民事法律行为具有如下特征：

(1) 可撤销的民事法律行为主要是因意思表示不真实而发生的民事法律行为。

(2) 可撤销的民事法律行为须由撤销权人主动行使撤销权。撤销权在性质上属于形成权。

(3) 可撤销的民事法律行为在被撤销前仍然是有效的。

(二) 可撤销的民事法律行为的情形

根据《民法典》的规定，可撤销的民事行为包括：

1. 重大误解的民事法律行为

重大误解的民事法律行为，指行为人对于民事行为产生错误的理解，并基于这种错误理解而为的民事法律行为。按照最高人民法院关于民法典总则编司法解释的规定，行为人对行为的性质、对方当事人或者标的物的品种、质量、规格、价格、数量等产生错误认识，按照通常理解如果不发生该错误认识，行为人就不会作出相应意思表示的，可以认定为重大误解。重大误解仅限于对行为内容的误解，不包括对行为动机的误解。

2. 因受欺诈实施的民事法律行为

故意告知虚假情况，或者负有告知义务的人故意隐瞒真实情况，致使当事人基于错误认识作出意思表示的，可以认定为欺诈。因受欺诈实施的民事法律行为，可以分为当事人欺诈和第三人实施欺诈。

(1) 当事人一方以欺诈手段，使对方在违背真实意思的情况下实施的民事法律行为，受欺诈方有权请求人民法院或者仲裁机构予以撤销。

(2) 第三人实施欺诈行为，使一方在违背真实意思的情况下实施的民事法律行为，对方知道或者应当知道该欺诈行为的，受欺诈方有权请求人民法院或者仲裁机构予以撤销。

3. 因受胁迫实施的民事法律行为

以给自然人及其近亲属等的人身权利、财产权利以及其他合法权益造成损害或者以给法人、非法人组织的名誉、荣誉、财产权益等造成损害为要挟，迫使其基于恐惧心理作出意思表示的，可以认定为胁迫。因受胁迫实施的民事法律行为，受胁迫方有权请求人民法院或者仲裁机构予以撤销。

4. 显失公平的民事法律行为

显失公平的民事法律行为，是指一方利用对方处于危困状态、缺乏判断能力等情形，致使民事法律行为成立时就明显违反公平原则导致当事人权利义务不对等的行为。受损害方有权请求人民法院或者仲裁机构予以撤销。显失公平的民事法律行为，具有以下特点：

(1) 一方利用对方处于危困状态、缺乏判断能力等情形；

(2) 行为结果对一方当事人有重大不利，而另一方则获得显然超过了正常情况下所能获得的利益（暴利）；

(3) 不利一方当事人所为民事法律行为并非其本意，而是由于处于危困状态、缺乏判断能力等原因；

(4) 这种不公平是法律所不允许的，或者是当时社会所公认的不公平。

受损害方有权请求人民法院或者仲裁机构予以撤销。

显失公平的民事法律行为，必须是民事法律行为成立时显失公平，如果是在履行阶段出现双方权利义务不对等，则不构成显失公平的民事法律行为。

（三）可撤销的民事法律行为与无效民事法律行为的区别

可撤销的民事法律行为在被撤销后，与无效的民事法律行为一样也具有自始无效的后果，但二者毕竟不同，主要表现在：

(1) 无效民事法律行为是不附带任何条件的，不论当事人是否主张，也不论当事人之间是否有争议，该行为都是无效的，是绝对无效；可撤销的民事法律行为是相对无效，是有条件的无效。当事人提出申请并经法院或仲裁机关认可是该行为无效的前提条件。

(2) 无效的民事法律行为从行为开始时起，就不发生法律效力，对当事人就没有约束力；可撤销的民事法律行为在被撤销之前，已经发生了法律效力，对当事人就有了约束力，只有在被撤销后，才丧失法律上的效力。当然，撤销行为具有追溯力，追溯到行为开始。

(3) 无效的民事法律行为，双方当事人或与该民事法律行为有利害关系的人都可以主张无效，人民法院或仲裁机关在受理的案件中发现属于无效范围的，也可以主动确认其无效；可撤销的民事法律行为，只有享有撤销权的当事人（通常是因该行为而蒙受不利的一方）才可请求撤销，其他人不享有撤销权。

另外，在可撤销的民事法律行为中，如果属于部分无效的，没有被撤销的部分继续有效。

（四）撤销权的消灭

有下列情形之一的，撤销权消灭：

(1) 当事人自知道或者应当知道撤销事由之日起一年内、重大误解的当事人自知道或者应当知道撤销事由之日起九十日内没有行使撤销权的；

(2) 当事人受胁迫，自胁迫行为终止之日起一年内没有行使撤销权的；

(3) 当事人知道撤销事由后明确表示或者以自己的行为表明放弃撤销权。当事人自民事法律行为发生之日起五年内没有行使撤销权的。

七、效力待定的民事法律行为

（一）效力待定的民事法律行为概述

效力待定的民事法律行为，是指民事法律行为成立之后，是否能发生效力尚不能确定，有待享有追认权的第三人作出追认或拒绝的意思表示来使之有效或无效的法律行为。

效力待定的民事法律行为具有如下特征：

(1) 效力待定的民事法律行为已经成立，但因缺乏处分权或行为能力而使效力不齐备。

（2）效力待定的民事法律行为的效力既非完全无效，也非完全有效，而是处于一种效力不确定的中间状态。

（3）效力待定的民事法律行为是否发生效力尚不能确定，有待于其他行为或事实使之确定。

（二）效力待定的民事法律行为的情形

1. 限制民事行为能力人从事依法不能从事的民事法律行为

根据《民法典》的规定，限制行为能力人可以独立实施纯获利益的民事法律行为或者与其年龄、智力相适应的民事法律行为，其他民事法律行为应当经过其法定代理人同意或者追认。如果限制行为能力人未经其法定代理人同意，实施了其不能独立实施的民事法律行为，则该民事法律行为为效力待定。

按照《民法典》的规定，相对人可以催告法定代理人自收到通知之日起三十日内予以追认。法定代理人未作表示的，视为拒绝追认。民事法律行为被追认前，善意相对人有撤销的权利。撤销应当以通知的方式作出。

2. 无权代理人行为（表见代理除外）

关于无权代理和表见代理的相关规定，详见下一模块代理制度，本部分不再详述。

（三）效力待定的民事法律行为的法律后果

1. 真正的权利人行使追认权，对效力待定的民事法律行为进行事后追认。
2. 善意相对人行使撤销权，从而使效力待定的民事法律行为归于无效。
3. 效力待定的民事法律行为会因特定事实的出现而补正其效力。

（四）民事法律行为无效、被撤销或者确定不发生效力后的法律后果

根据《民法典》的规定，民事法律行为无效、被撤销或者确定不发生效力后，行为人因该行为取得的财产，应当予以返还；不能返还或者没有必要返还的，应当折价补偿。有过错的一方应当赔偿对方由此所受到的损失；各方都有过错的，应当各自承担相应的责任。法律另有规定的，依照其规定。

八、附条件和附期限的民事法律行为

（一）附条件的民事法律行为

1. 附条件民事法律行为的概念

附条件的民事法律行为是指双方当事人在民事法律行为中设立了一定的事由作为条件，以条件的成就与否（是否发生）作为决定民事法律行为效力产生或解除根据的民事法律行为。民事法律行为成立后当事人可以自行约定效力问题，这也是意思自治原则的体现。

2. 附条件民事法律行为的特点

民事法律行为中所附的条件，是指当事人以未来客观上不能确定发生的事实，作为民事法律行为效力的付款。所附条件具有以下特点：

（1）条件应当是将来发生的事实，具有未来性。这意味着已经过去的、现在的发生的事实不能作为民事法律行为的所附条件。民事法律行为所附的条件，必须是将来发生的

事实。

（2）条件应当是将来可能发生也可能不发生的事实，具有或然性。民事法律行为所附条件必须是将来不确定发生的事实，如果是将来必然发生的事实，应当作为期限。

（3）条件应当是当事人选定的事实，具有非法定性。条件体现的是双方约定一致的意思，而不能是法律规定。如双方在合同中约定"发生保险事故时，保险公司赔偿保险金""双方到房产部门办理登记过户手续后，房屋所有权转移"等均不属于附条件。

（4）条件应当是合法的事实。违法的事实不能作为民事法律行为的附条件，比如不能约定以故意伤害他人作为合同的生效条件。

3. 条件的分类

根据不同的标准，可以将条件划分为：

（1）根据条件对法律行为所起作用的不同，可将条件分为延缓条件和解除条件。

延缓条件又称停止条件，是指民事法律行为中所确定的民事权利和民事义务，要在所附条件成就时发生法律效力的条件。如甲对乙说，"明年7月1日我儿子大学毕业后不回本市工作，那我就将房子租给你"，此即为延缓条件。

解除条件又称消灭条件，是指民事法律行为在所附条件成就时就失去法律效力的条件。如甲对乙说，"明年7月1日我儿子大学毕业后回本市工作，那你就将我租给你的房子还给我"，此即为解除条件。

（2）根据条件内容的不同，可将条件分为积极条件与消极条件。

积极条件又称肯定条件，是指以某种事实的发生为其内容的条件。如前述"明年7月1日我儿子大学毕业后回本市工作，那你就将我租给你的房子还给我"，即为积极条件。

消极条件又称否定条件，是指以某种事实的不发生为其内容的条件。如前述"明年7月1日我儿子大学毕业后不回本市工作，那我就将房子租给你"，即为消极条件。

4. 当事人恶意阻止或促成条件成就的法律后果

由于条件具有不确定性，因此当事人可能为了自己的利益恶意地阻止或者促成条件成就，对此，《民法典》第一百五十九条规定，当事人为自己的利益不正当地阻止条件成就的，视为条件已成就；不正当地促成条件成就的，视为条件不成就。

【案例】甲乙签订房屋买卖合同，但甲比较迷信，与乙约定："明日早7点整房顶上停一只喜鹊，则购买该房屋，否则就不买了。"乙表示接受。当晚甲后悔，第二日一早就到房子处。临近7点，一只喜鹊飞来，恰好停在房顶上。甲正欲将喜鹊赶走，乙不知情的儿子用弹弓将喜鹊打走了。至7点整，再无喜鹊飞来。本案应如何处理？

案例参考答案

（二）附期限的民事法律行为

1. 附期限的民事法律行为的概念

附期限的民事法律行为，是指双方当事人在民事法律行为中约定一定的期限，以期限的到来决定其效力发生或者终止的民事法律行为。与条件的不确定性不同，期限是必然要到来的。

2. 期限的分类

根据期限所起的作用不同,可以将期限分为延缓期限和解除期限。

(1) 延缓期限也称为生效期限或始期,是指在民事法律行为中规定的期限到来时才发生法律效力的期限。如甲对乙说,"明年3月1日我将房屋租给你",即为延缓期限。

(2) 解除期限也称为终期,是指在民事法律行为中规定的期限到来时其效力即行消灭的期限。如甲对乙说,"明年3月1日把我租给你的房屋还给我",即为解除期限。

代理法律制度

【导入案例】

甲是某公司的财务人员,受公司委托,甲去超市采购商品用以给职工发放福利。超市正在举行消费抽奖活动,甲参与抽奖并获得一等奖,奖金3万元。公司要求甲上交该笔奖金,甲则认为能够中奖是自己运气好,拒绝将奖金上交。试分析,该笔奖金应当归谁?

导入案例参考答案

一、代理概述

(一) 代理的概念

代理是代理人以被代理人名义,在代理权限内与相对人实施民事法律行为,法律后果直接由被代理人承受的民事法律制度。代他人实施民事法律行为的人,称为代理人;由他人以自己的名义代为民事法律行为并承受法律后果的人,称为被代理人,也称本人。代理法律制度中各当事人之间的关系可用图1-1来表示:

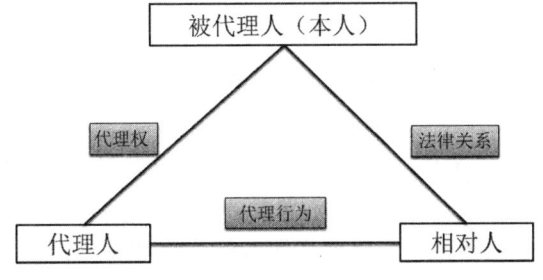

图1-1

（二）代理的法律特征

代理的法律特征主要包括以下四方面：

1. 代理人在代理权限范围独立向第三人为意思表示

代理人在进行代理行为时，有独立的意思表示，可视具体情况而决定表示内容，这也是代理人与中介人、传达人的区别。

2. 代理人以被代理人的名义实施代理行为

这一特征也是代理与行纪的区别。行纪人以自己的名义为委托人实施民事法律行为，而代理是以被代理人的名义实施民事法律行为。

3. 代理主要是实施民事法律行为

这一特征也是代理与委托的差别之一。代理只能代理民事法律行为，而委托既可以委托实施民事法律行为，也可以委托实施事实行为。

4. 代理行为的后果直接由被代理人承担

在代理活动中，代理人不因其所实施的民事法律行为直接取得任何个人利益，由代理行为产生的权利和义务自应由被代理人本人承受。

（三）代理的适用范围

民事主体可以通过代理人实施民事法律行为。依照法律规定、当事人约定或者民事法律行为的性质，应当由本人亲自实施的民事法律行为，不得代理。这些行为包括：

（1）具有人身性质的行为，如立遗嘱、婚姻登记、收养子女等。

（2）法律规定或当事人约定应当由特定的人亲自为之的行为，如演出、讲课等。

二、代理的分类

代理可以根据不同的标准进行划分，常见的代理分类主要包括以下几种：

（一）委托代理、法定代理

将代理分为委托代理和法定代理，这是根据代理权的来源不同对代理进行的划分。

1. 委托代理

委托代理又称意定代理，是指基于被代理人的委托授权而发生的代理。委托代理一般是在委托合同基础上，由被代理人直接授权给代理人。需要注意的是，委托合同与授权是两个概念。委托代理关系是基于两类法律事实而产生的，一是委托合同关系，二是授权行为。授权行为是单方法律行为，仅被代理人一方意思表示即可成立。

2. 法定代理

法定代理是指根据法律的直接规定而产生的代理。法定代理不需要被代理人的授权（而且一般被代理人也无授权能力），但作为第三人仍然有权要求代理人证明其代理资格。依据我国法律规定，无民事行为能力人、限制民事行为能力人的监护人为其法定代理人。

（二）本代理和再代理

代理分为本代理和再代理，这是根据代理人的选任和产生方式的不同对代理进行的分类。本代理，是指由本人选任代理人或直接依据法律规定产生代理人的代理。再代理，是指代理人为了被代理人的利益需要，将其享有的代理权的全部或一部分转委托给他人行使而产生的代理。此种代理是基于转委托而形成的代理关系，所以，又称为复代理或转委托。

根据《民法典》的规定，转委托要求事先征得被代理人的同意或事后得到追认，否则，代理人要对转委托的第三人的行为承担责任。比如甲委托乙购买某品牌新款手机并预付了购机款，乙又委托丙办理此事，但未征求甲的意见。此时丙购得手机后交给甲，甲是可以拒绝受领的。此时丙只能请求乙支付手机的价款，不能要求甲支付。

但在紧急情况下，代理人为维护被代理人的利益而转委托的，不论被代理人是否同意，均产生转委托的法律效力。所谓"紧急情况"是指代理人有急病、通信联络中断等情况，使自己不能办理代理事项，与被代理人不能取得联系，如果不及时委托他人代理，就会给被代理人造成损失。

三、代理权

（一）代理权的概念

代理权就是代理人以被代理人的名义与第三人实施法律行为，为被代理人设定、变更或消灭民事法律关系的权利。代理权的范围由委托人确定或由法律加以规定或由人民法院、有关单位指定，但代理人可以在代理权限范围内独立为意思表示。

（二）代理权的产生

在委托代理关系中，代理权是基于被代理人的委托授权而产生的。在法定代理关系中，代理权是根据法律的直接规定而产生的。

（三）代理权的行使

代理权的行使是指代理人在代理权限范围内完成代理事项的各种活动。根据我国法律的规定，代理权的行使必须遵守以下原则：

1. 代理人应在代理权限范围内行使代理权

根据《民法典》第一百六十二条的规定，代理人在代理权限内，以被代理人名义实施的民事法律行为，对被代理人发生效力。

2. 代理人应为维护被代理人的利益而行使代理权

根据《民法典》第一百六十四条第一款的规定，代理人不履行或者不完全履行职责，造成被代理人损害的，应当承担民事责任。

3. 代理人不得滥用代理权

根据《民法典》的规定，滥用代理权主要有三种情形：

（1）自己代理。这是指代理人以被代理人的名义与自己进行民事活动的行为。根据《民法典》第一百六十八条第一款的规定，代理人不得以被代理人的名义与自己实施民事法律行为，但是被代理人同意或者追认的除外。

（2）双方代理。又称同时代理，是指一个代理人同时代理双方当事人为同一法律行为。根据《民法典》第一百六十八条第二款的规定，代理人不得以被代理人的名义与自己同时代理的其他人实施民事法律行为，但是被代理的双方同意或者追认的除外。

（3）代理人与相对人恶意串通。此种行为属于无效的民事法律行为，给被代理人造成损害的，由代理人和第三人负连带责任。根据《民法典》第一百六十四条第二款的规定，代理人和相对人恶意串通，损害被代理人合法权益的，代理人和相对人应当承担连带责任。

四、无权代理

(一) 无权代理的概念

无权代理指没有代理权而以他人名义进行代理活动的民事法律行为。无权代理不是代理的一种形式,而是具备代理行为的表象但欠缺代理权的行为。无权代理包括三种情形:

(1) 行为人没有代理权却从事代理活动。

(2) 行为人虽享有代理权,但却超越代理权限从事了本不该由其进行的代理活动。

(3) 行为人原本享有代理权,但其代理权已经终止,行为人仍以代理人的身份进行代理活动。

(二) 无权代理的效力

无权代理属于效力待定的民事法律行为,如果"被代理人"对此行为予以追认,则会使无权代理成为有权代理,产生与有权代理相同的法律后果;但如果"被代理人"拒绝追认,那么"被代理人"对所谓的代理行为不承担责任,由无权代理人承担责任,对该行为所造成的相对人的损失负赔偿责任。

《民法典》第一百七十一条的规定,行为人没有代理权、超越代理权或者代理权终止后,仍然实施代理行为,未经被代理人追认的,对被代理人不发生效力。相对人可以催告被代理人自收到通知之日起三十日内予以追认。被代理人未作表示的,视为拒绝追认。行为人实施的行为被追认前,善意相对人有撤销的权利。撤销应当以通知的方式作出。行为人实施的行为未被追认的,善意相对人有权请求行为人履行债务或者就其受到的损害请求行为人赔偿,但是赔偿的范围不得超过被代理人追认时相对人所能获得的利益。相对人知道或者应当知道行为人无权代理的,相对人和行为人按照各自的过错承担责任。

(三) 表见代理

1. 表见代理的概念

表见代理是指行为人虽没有代理权,但第三人在客观上有理由相信其有代理权而与其实施法律行为,该法律行为的后果由本人承担的代理。表见代理属于广义的无权代理的一种,其意义在于维护人们对代理制度的信赖,保护善意相对人,保障交易安全。

《民法典》第一百七十二条规定,行为人没有代理权、超越代理权或者代理权终止后,仍然实施代理行为,相对人有理由相信行为人有代理权的,代理行为有效。此即为表见代理的规定。

2. 表见代理的构成条件

一般来说,要构成表见代理,须符合以下条件:

(1) 代理人无代理权。如果代理人实际拥有代理权,则为有权代理,不会构成表见代理。

(2) 相对人主观上为善意且无过失。这是表见代理成立的主观要件,即相对人不知道行为人所为的行为属于无权代理行为,且在主观上并无过错。

(3) 客观上有使相对人相信无权代理人具有代理权的情形。即须存在客观事由,使相对人相信无权代理人有代理权。

(4) 相对人与无权代理人成立民事法律行为。相对人若未与相对人成立民事法律行为，则没有成立表见代理的必要。

3. 常见的表见代理情形

常见的表见代理主要包括以下三种情形：

（1）因表见授权表示而产生的表见代理。

（2）因代理授权不明而产生的表见代理。

（3）因代理关系终止后未采取必要的措施而产生的表见代理。

4. 表见代理的法律后果

表见代理成立后，产生类似有权代理的法律后果。由被代理人承担代理行为所带来的法律后果。被代理人在承担了相应的法律后果后，有权要求无权代理人赔偿因无权代理而造成的损失。

【案例】戴某系某公司经理，对外业务一直系由其负责。后戴某因故被公司辞退，但戴某并未及时将营业执照、工作证、授权委托书等证件交回公司。后戴某以公司的名义在银行贷款10万元用于偿还其在任职期间所欠客户的债务。因戴某未一直未归还贷款，银行将公司告上法庭。问：该公司是否有义务偿还贷款？

（案例来源：中国法院网）

案例参考答案

五、代理终止

（一）委托代理的终止

根据《民法典》第一百七十三条的规定，委托代理的终止，主要包括以下五种情形：

1. 代理期限届满或者代理事务完成
2. 被代理人取消委托或者代理人辞去委托
3. 代理人丧失民事行为能力
4. 代理人或者被代理人死亡

但是被代理人死亡后，有下列情形之一的，委托代理人实施的代理行为依然有效：

（1）代理人不知道并且不应当知道被代理人死亡；

（2）被代理人的继承人予以承认；

（3）授权中明确代理权在代理事务完成时终止；

（4）被代理人死亡前已经实施，为了被代理人的继承人的利益继续代理；

（5）作为代理人或者被代理人的法人、非法人组织终止。

5. 作为被代理人的法人、非法人组织终止

（二）法定代理的终止

除代理终止的共同原因外，法定代理还可以因下列原因终止：

1. 被代理人取得或者恢复完全民事行为能力
2. 代理人丧失民事行为能力
3. 代理人或者被代理人死亡

4. 法律规定的其他情形

这主要指其他原因引起的被代理人与代理人之间的监护关系消灭，如收养关系解除、监护人不履行监护义务而被撤销监护、夫妻离婚后彼此之间的代理关系终止等。

模块五 诉讼时效

【导入案例】

甲乙是好友，某日乙向甲借钱，约定三个月后归还。但到期后乙未归还，甲碍于情面，也没有找乙要。四年后，甲因家庭变故需要用钱，于是找到乙，要求乙归还，但乙拒绝归还。于是甲去法院起诉，要求乙还钱。问：乙可否拒绝还钱？

导入案例参考答案

一、诉讼时效概述

（一）诉讼时效的概念

诉讼时效是指权利主体在法定期间内不行使权利，义务人便享有抗辩权，从而导致权利人无法胜诉的法律制度。通俗地理解，就是只要经过法定期间（诉讼时效届满），债务人就可以不再履行义务。民法上建立诉讼时效制度，并非鼓励债务人不履行义务，相反"欠债还钱"是债务人必须要遵守的道德义务，即便诉讼时效届满，法律也鼓励债务人主动履行义务。民法之所以规定诉讼时效，主要目的在于督促权利人及时行使权利，避免时间过长导致权利人举证困难，维护社会经济秩序的稳定。

> 法律不保护躺在权利上睡觉的人。
>
> ——法律谚语

扩展阅读 温州八旬老人替儿还债 感动乡邻被称"诚信老爹"

（二）诉讼时效的强制性

法律上关于诉讼时效的规定，属于法律的强制性规定，不允许当事人通过约定排除适用。根据《民法典》第一百九十七条的规定，诉讼时效的期间、计算方法以及中止、中断的事由由法律规定，当事人约定无效。当事人对诉讼时效利益的预先放弃无效。

（三）诉讼时效的效力

我国法律和司法解释对于诉讼时效的效力采取抗辩权发生主义，即诉讼时效届满不消灭债权人的实体权利，只是让债务人产生抗辩权。诉讼时效期间经过，不影响债权人提起诉讼，但债务人主张诉讼时效的抗辩，法院在确认诉讼时效届满的情况下，应当驳回其诉讼请求。但当事人未提出诉讼时效抗辩，人民法院不应对诉讼时效问题进行释明及主动适用诉讼时效的规定进行裁判。当事人在一审期间未提出诉讼时效抗辩，在二审期间提出的，人民法院不予支持，但其基于新的证据能够证明对方当事人的请求已过诉讼时效期间的情形除外。当事人在原审中未提出诉讼时效抗辩，以诉讼时效期间届满为由申请再审或者提出再审抗辩的，人民法院也不予支持。

（四）诉讼时效和除斥期间的区别

与诉讼时效相近的一个概念是除斥期间。所谓除斥期间，是指法律规定或者当事人约定的权利（主要是形成权）预定存在的期间。权利人在此期间不行使权利，预定期间届满，即发生该权利消灭的法律后果。如《民法典》第一百五十二条规定，当事人自知道或应当知道撤销事由之日起一年内没有行使撤销权的，撤销权消灭。这里的一年，就是除斥期间。《民法典》第一百九十九条规定，法律规定或者当事人约定的撤销权、解除权等权利的存续期间，除法律另有规定外，自权利人知道或者应当知道权利产生之日起计算，不适用有关诉讼时效中止、中断和延长的规定。存续期间届满，撤销权、解除权等权利消灭。

诉讼时效与除斥期间都是以一定的事实状态存在和一定期间的经过为条件而发生一定的法律后果，都属于法律事实中的事件，但二者存在如下区别：

1. 适用对象不同

诉讼时效适用于债权请求权，除斥期间主要适用于形成权，如追认权、撤销权、解除权等。

2. 可以援用的主体不同

人民法院不能主动适用诉讼时效，诉讼时效须由当事人主张，人民法院才能审查；除斥期间无论当事人是否主张，人民法院均可主动审查。

3. 法律效力不同

诉讼时效届满只是让债务人获得抗辩权，债权人的实体权利并不消灭；除斥期间届满的，权利人的实体权利消灭。

4. 期间可变性不同

诉讼时效可以因各种原因中止、中断甚至延长；而除斥期间是一个不变期间，不因任何事由中止、中断、延长。

二、诉讼时效的适用范围

诉讼时效的适用范围也就是诉讼时效的客体，即哪些权利适用诉讼时效。诉讼时效仅对请求权适用，但并非所有的请求权都适用诉讼时效。根据《民法典》第一百九十六条的规定，下列请求权不适用诉讼时效的规定：请求停止侵害、排除妨碍、消除危险；不动产物权和登记的动产物权的权利人请求返还财产；请求支付抚养费、赡养费或者扶养费；依法不适用诉讼时效的其他请求权。

另外，根据《最高人民法院关于审理民事案件适用诉讼时效制度若干问题的规定》，下列债权请求权也不适用诉讼时效的请求权：支付存款本金及利息请求权；兑付国债、金融债券以及向不特定对象发行的企业债券本息请求权;基于投资关系产生的缴付出资请求权;其他依法不适用诉讼时效规定的债权请求权。

三、诉讼时效的类型及起算

(一) 诉讼时效的类型

诉讼时效的种类、期间都是法定的,不同的诉讼时效有不同的期间,不同的诉讼时效有不同的起算时间。根据《民法典》的规定,诉讼时效有以下几种:

1. 普通诉讼时效

普通诉讼时效也称一般诉讼时效,是指由《民法典》规定的统一时效期间的诉讼时效。普通诉讼时效适用于法律没有特别规定的一切民事法律关系。我国的普通诉讼时效期间为3年。

2. 特殊诉讼时效

特殊诉讼时效指由民事基本法或特别法就某特别民事法律关系规定的短于或长于普通诉讼时效期间的时效。在我国主要指长期诉讼时效,如《民法典》合同编规定,国际货物买卖合同和技术进出口合同争议的诉讼时效期间为4年。

3. 最长诉讼时效

权利人自权利受到侵害之日起超过二十年不行使权利的,人民法院不予保护;有特殊情况的,人民法院可以根据权利人的申请决定延长。二十年即是最长时效期间,它也适用于一切民事法律关系,但它与普通诉讼时效的不同在于起算时间不同,并且不适用中止、中断的规定。

(二) 诉讼时效的起算

诉讼时效期间应当自权利人知道或者应当知道权利受到损害以及义务人之日起计算。法律另有规定的,依照其规定。根据我国的法律规定和司法实践,不同的民事法律关系诉讼时效也不尽相同:

(1) 附条件的或附期限的债的请求权,从条件成就或期限届满之日起算。

(2) 定有履行期限的债的请求权,从清偿期届满之日起算。当事人约定同一债务分期履行的,诉讼时效期间自最后一期履行期限届满之日起计算。

(3) 未约定履行期限或履行期限不明确的债的请求权,依照《民法典》第五百一十条和第五百一十一条的规定,可以确定履行期限的,诉讼时效期间从履行期限届满之日起计算;不能确定履行期限的,诉讼时效期间从债权人要求债务人履行义务的宽限期届满之日起计算,但债务人在债权人第一次向其主张权利时明确表示不履行义务的,诉讼时效期间从债务人明确表示不履行义务之日起计算。

(4) 无民事行为能力人或者限制民事行为能力人对其法定代理人的请求权的诉讼时效期间,自该法定代理终止之日起计算。

(5) 未成年人遭受性侵害的损害赔偿请求权的诉讼时效期间,自受害人年满十八周岁之日起计算。

(6) 请求他人不作为的债权请求权,应当自权利人知道义务人违反不作为义务时起算。

（7）最长的诉讼时效期间，从权利受到损害之日起算。

四、诉讼时效的中止、中断和延长

（一）诉讼时效的中止

1. 诉讼时效中止的概念

诉讼时效的中止，是指在诉讼时效进行中，由于出现了法定事由而暂时中止诉讼时效进行的法律制度。《民法典》第一百九十四条规定，在诉讼时效期间的最后六个月内，因不可抗力或其他障碍不能行使请求权的，诉讼时效中止。

2. 诉讼时效中止的事由

根据《民法典》的规定，诉讼时效中止的事由有两类：不可抗力和其他障碍。此处的障碍，主要包括：

（1）不可抗力；

（2）无民事行为能力人或者限制民事行为能力人没有法定代理人，或者法定代理人死亡、丧失民事行为能力、丧失代理权；

（3）继承开始后未确定继承人或者遗产管理人；

（4）权利人被义务人或者其他人控制；

（5）其他导致权利人不能行使请求权的障碍。

3. 诉讼时效中止的时间

根据《民法典》的规定，只有在诉讼时效的最后6个月内发生中止事由，才能中止诉讼时效的进行。如果在诉讼时效期间最后6个月以前发生权利行使的障碍，而到最后6个月时障碍已经消除，则不能发生诉讼时效中止。如果该障碍在最后6个月时尚未消除，则应从最后6个月开始时中止时效期间。

4. 诉讼时效中止的法律效力

按照《民法典》的规定，自中止时效的原因消除之日起满六个月，诉讼时效期间届满。也就是说，在诉讼时效中止的情况下，无论中止时诉讼时效还剩余多长时间，在时效中止的原因消除后，诉讼时效都是在六个月才会届满。

（二）诉讼时效的中断

1. 诉讼时效中断的概念

诉讼时效的中断，是指在诉讼时效进行中，因一定事由的发生，阻碍时效进行，致使以前经过的时效期间统归无效，从中断、有关程序终结时起，其诉讼时效重新计算的制度。

2. 诉讼时效中断的情形

根据《民法典》的规定，有下列情形之一的，诉讼时效中断，从中断、有关程序终结时起，诉讼时效期间重新计算：

（1）权利人向义务人提出履行请求。

（2）义务人同意履行义务。

（3）权利人提起诉讼或者申请仲裁。

（4）与提起诉讼或者申请仲裁具有同等效力的其他情形。

3. 诉讼时效中断的法律效力

诉讼时效中断的法律效力为诉讼时效的重新起算，即已经经过的诉讼时效期间失去意义。如果诉讼时效的中断是一个时间点，则从该时间点重新起算诉讼时效。如果诉讼时效的中断是一个程序，则从相关程序终结时，诉讼时效重新起算。

（三）诉讼时效的延长

诉讼时效的延长是对已经完成的诉讼时效期间，如果有特殊情况，人民法院可以根据权利人的申请给予适当延长的法律制度。根据《民法典》总则编司法解释的规定，诉讼时效的延长仅适用于二十年的最长诉讼时效，不能适用于一般诉讼时效和特殊诉讼时效。

【案例】2016年1月5日，甲向乙借钱，未约定还款期限。2017年3月1日，乙要求甲在10天内还清借款，但甲未能按时还清借款。乙因故也没有再要求甲还款。2020年2月因应对新冠肺炎，甲、乙所在城市采取封闭管理措施，人民法院亦不再受理案件。2020年3月1日，该城市解除封闭管理措施，人民法院恢复受理案件。问：何时乙起诉甲可以时效抗辩权为由拒绝还款？

案例参考答案

课后思考题

1. 什么是法律？为什么要学习法律？
2. 什么是法律关系？法律关系的要素是什么？
3. 什么是民事法律行为？《民法典》关于民事法律行为的效力是如何规定的？
4. 什么是代理？什么是表见代理？
5. 什么是诉讼时效？如何计算诉讼时效？

PPT

项目二 公司法律制度

【知识能力目标】

1. 了解公司的概念、特征及分类，了解有限责任公司、股份有限责任公司的概念、特征，了解公司的财务会计的相关规定。
2. 理解有限责任公司、股份有限公司的设立、组织机构，理解有限责任公司的股权转让、股份有限公司的股份发行与转让、公司债权的发行与转让。
3. 理解公司的董事、监事和高级管理人员的任职资格、勤勉忠实义务，以及公司的解散和清算。
4. 理解公司的财务会计制度，掌握公司利润的分配顺序。
5. 了解公司合并、分立、增减注册资本的程序以及解散条件和清算程序。
6. 能运用所学知识处理公司设立、运行过程中的法律问题。

【职业素养目标】

1. 培养法治思维，树立依法经营、诚信经营的理念。
2. 理解公司从事经营活动，必须遵守社会公德、商业道德承担社会责任。
3. 结合公司董监高的勤勉忠实义务，培养学生"爱岗敬业、忠诚、信用"的职业道德观。

【案例导入】

甲、乙、丙、丁出资成立某留学服务公司，甲、乙、丙、丁的出资比例分别为35%、30%、20%和15%。公司不设立董事会，由甲任执行董事，并担任公司法定代表；公司也不设监事会，由丙担任唯一的监事。公司成立后发生以下事项：

（1）年底，乙提出：甲曾出国留学多年，对公司经营有很大帮助，因此建议年度分配利润时按照甲50%、乙25%、丙15%、丁10%的比例进行分配。在召开股东大会时，除丁外，其余股东均表示同意。公司以经过股东会同意为由决定按照乙提议的比例分配利润。

(2) 乙准备贷款购车自用，经销商要求乙提供担保。乙与甲商量后决定以公司名义为乙提供担保并以公司名义签订了担保合同。事后，乙将该事项告诉丙和丁，丙表示同意，丁表示反对。

(3) 公司成立多年，但一直未分配利润。丁要求查阅公司会计账簿，并复印部分会计账簿内容，遭到公司的拒绝。

(4) 丁想将自己股权进行转让，丙有意购买，但因价格高未达成一致意见。甲以丁转让股权未经股东过半数同意为由不准丁股东对外转让股权。

(5) 甲编写出版一本《留学服务指南》一书，并以公司名义购买了3000本。丁认为甲的行为损害了公司的利益。

(6) 丁告诉监事丙，要求以甲损害公司利益为由向法院提起诉讼，并要求甲股东赔偿公司损失。但监事丙未予以理会，后丁股东以自己名义向法院提起诉讼。

根据上述材料和《中华人民共和国公司法》（以下简称《公司法》）的规定，回答下列问题：

(1) 公司决定按照乙提议的比例分配利润是否合法？请说明理由。
(2) 公司为乙提供担保的事项是否合法？请说明理由。
(3) 公司拒绝丁查阅会计账簿是否合法？公司拒绝丁复印会计账簿是否合法？请说明理由。
(4) 甲以未经半数股东同意不准丁转让股权是否合法？请说明理由。
(5) 甲以公司的名义购买自己编写的书行为是否构成对公司的不忠实？请说明理由。
(6) 丁起诉甲的程序是否合法？请说明理由。

导入案例参考答案

模块一

公司法律制度概述

一、公司的概念和特征

（一）公司的概念

公司是一种企业组织形式，指根据公司法设立的营利法人。公司法所称公司是指依照公司法在中国境内设立的有限责任公司和股份有限公司。公司可以设立分公司应当向公司登记机关申请登记，领取营业执照，分公司不具有法人资格。公司可以设立子公司，子公司具有法人资格，依法独立承担民事责任。

扩展阅读　公司的起源和发展

（二）公司的法律特征

1. 合法性

合法性是公司的重要特征，具体来说包括公司设立法定、公司组织法定和公司资本法定三项内容。所谓公司设立法定，是指公司必须依照公司法规定的条件并依照法律规定的程序设立；所谓公司组织法定，只是公司必须依照公司法的规定设立公司的组织机构，公司各组织机构的关系、组成、职权等均由法律规定；所谓公司资本法定，是指股东只能以符合法律规定的财产出资，并不得随意地增加或者减少公司的注册资本。

2. 营利性

公司作为一种企业，属于《民法典》中规定的营利法人，应当通过自己的生产、经营、服务等活动取得实际的经济利益，并将这些利益依法分配给公司的投资者。

3. 独立性

公司是具有法人资格的企业。也就是说，法律赋予公司完全独立的人格，公司就像自然人一样，独立享有权利，承担义务和责任。我国《公司法》第三条第一款规定："公司是企业法人，有独立的法人财产，享有法人财产权。公司以其全部财产对公司的债务承担责任。"

（三）公司的人格否认制度

公司的人格否认制度是指当公司股东滥用公司法人独立地位和股东有限责任来逃避债务，严重损害公司债权人利益时，债权人可以直接请求滥用公司人格的股东对公司债务承担连带责任的法律制度。《公司法》第二十条规定，公司股东应当遵守法律、行政法规和公司章程，依法行使股东权利，不得滥用股东权利损害公司或者其他股东的利益；不得滥用公司法人独立地位和股东有限责任损害公司债权人的利益。公司股东滥用股东权利给公司或者其他股东造成损失的，应当依法承担赔偿责任。公司股东滥用公司法人独立地位和股东有限责任，逃避债务，严重损害公司债权人利益的，应当对公司债务承担连带责任。

扩展阅读　法人资格否定制度

二、公司法的概念和性质

（一）公司法的含义

公司法是指调整公司设立、活动、变更、终止过程中所发生的经济关系的法律规范的总称。公司法的概念有广义、狭义之分。广义上的公司法，是指规定各种公司的设立、组织、活动、解散以及公司对内对外关系的法律规范的总称，包括涉及公司的所有法律、法规，如公司法、公司登记管理条例等。狭义上的公司法，专指以"公司法"命名的立法文件，在我国，即是指立法机关颁布的《中华人民共和国公司法》。

《中华人民共和国公司法》（以下简称《公司法》）是1993年12月29日由第八届人大常委会五次会议通过的，在1999年12月25日、2004年8月28日、2005年10月27日、2013年12月28日、2018年10月26日进行了五次修改。

公司法的制定与实施，对于规范公司的组织和行为，保护股东、公司和债权人的合法权益，维护社会经济秩序，促进社会主义市场经济的发展，具有重要意义。

（二）公司法的性质

1. 公司法是私法，但包含有较多的强行性规范

公司法是商事法律的重要内容之一，而商法与民法一样同属于私法的范畴，故公司法属于私法，是关于私的权利和利益的法律。但是在现代经济条件下，为确保社会交易安全和公众利益，带有公法色彩的强制性规定越来越多地渗透到公司法领域。如公司法中关于法定事项的公示主义、公司的财务会计制度、董事和高级管理人员任职资格的要求等规定，使公司法具有较为浓厚的公法色彩。

2. 公司法是实体法，但也有较多的程序性规范

我国《公司法》着重规定了有限责任公司和股份有限公司的权利、义务的实质内容和范围，这属于实体法规定。同时，公司法为确保这些实体权利的实现和义务的履行，还规定了取得、行使实体权利，履行实体义务必须遵守的法定程序，如股东会或股东大会的召开程序，董事会的议事规则等。当然，公司法以实体法内容规定为主，程序法的内容是第二位的。

3. 公司法是商事组织法，但也包含有商事行为法

公司法首先是一种商事组织法，它通过对公司的法律地位、公司设立的条件和程序、公司意思机关和代表机关的确立、公司股东的权利和义务、公司合并、分立、解散的条件和程序等的规定，完善了公司的法人组织，使其具有了独立于公司股东的人格，以便自主地进行经营活动。同时，公司法也规定了与公司组织具有直接关系的公司行为，如公司设立行为、募集资本行为、股份转让行为、对外交易行为等。所以，公司法又具有行为法的特征，是组织法与行为法的结合。

三、公司的分类

依照不同的标准，可以将公司划分为不同的种类。

（一）以股东责任为标准划分

根据股东责任不同，可以将公司可分为无限责任公司、有限责任公司、两合公司、股份有限公司、股份两合公司。

无限责任公司，是指由两名以上股东组成，股东对公司债务承担无限连带责任的公司，这是最早出现的公司形式。

有限责任公司，是指股东对公司债务承担有限责任的公司。

两合公司，是由一名以上的无限责任股东和一名以上的有限责任股东所组成的公司。

股份有限公司，是指公司资本为股份所组成的公司，股东以其认购的股份为限对公司承担责任的公司。

股份两合公司，是指由一名以上的无限责任股东和有限责任股东组成的公司。与两合公司相比，不同之处在于股份两合公司的有限责任部分资本分为等额股份，发行股票，由股东认购。

（二）以公司信用为标准划分

根据公司的信用标准不同，可以将公司分为人合公司、资合公司和人合兼资合公司。

人合公司是指以股东个人条件作为公司信用基础而组成的公司。这种公司对外进行经济活动时，依据的主要不是公司本身的资本或资产状况如何，而是股东个人的信用状况，股东之间往往存在极强的人身信任关系。无限公司就是典型的人合公司。

资本公司是人合公司的对称，是以资本作为公司信用基础而组成的公司。在资本公司里，资本起着决定作用。公司的资本越雄厚，其信用越好。股东个人的声望、信用与公司信用无关，股东之间也不存在任何的人身信任关系。股份有限公司是典型的资格公司。

人合兼资合公司，也称为人资两合公司，指信用基础兼具股东个人信用及公司资本和资产信用的公司。两合公司、股份两合公司和有限公司是比较典型的人合兼资合公司。

（三）以公司行业性质为标准划分

根据公司行业性质，可以将公司分为工业公司、商业公司、咨询服务公司、房地产开发公司、物资供销公司、餐饮、娱乐、服务公司以及金融和信托投资公司、保险公司、交通运输公司、外贸公司等。

（四）以公司的国籍为标准划分

根据公司的国籍不同，可以公司分为本国公司和外国公司。区分本国公司和外国公司，是决定公司具体待遇的依据之一。对于外国公司，如果要在本国开展经营活动，需要经过东道国的认许，而本国公司则无此要求。此外，确定公司的国籍，也是决定对公司行使外交保护权和确定涉外民商事管辖的依据。

公司国籍的确定，一般是以注册登记地为准，即公司在本国注册登记，则为本国公司，在外国注册登记，则为外国公司。我国对于外国公司的国籍确定，是采注册登记地说。但对于中国公司的国籍确定，则采注册登记地和准据法符合标准，即只有依照中国法律组成并在中国境内设立的公司，才属于中国公司。

此外，实务中还有跨国公司。所谓跨国公司，是指以一国（母国）为基地或中心，通过对外直接投资，在其他国家或地区（东道国）设立分支机构、子公司或其他组织形式，从事国际性或世界性的生产、经营或服务活动的大型公司。但是从法律上来说，跨国公司并非一个独立的法律实体，不是公司法上的概念。

（五）以公司外部组织关系为标准划分

根据公司外部组织关系，可以将公司分为母公司和子公司。

母公司，也称为控股公司，只是因拥有其他公司一定比例的股份或者根据协议可以直接或间接控制或支配其他公司的公司。

子公司是母公司的对称，是指全部或达到控股程度的股份被另一家公司控制，或者依照协议被另一公司实际控制的公司。全部股份被另一家公司控制的子公司，也称为全资子公司。子公司虽然被母公司控制，但它依然是独立的法人，有独立的人格，并以自己的财产独立承担责任。

（六）以公司内部组织关系为标准划分

根据公司内部组织关系，可以将公司分为总公司和分公司。

总公司也称为本公司，是管辖公司全部组织的总机构。总公司具有独立的法人资格，能够以自己的名义直接从事经营活动。

分公司是总公司的对称，是指被总公司所管辖的公司分支机构，在法律上不具备法人资格，是总公司的附属机构。分公司没有法人资格，没有独立的财产，也不能独立承担民事责任，其业务活动的法律后果由总公司来承担，这是分公司与子公司最重要的区别。

四、公司的社会责任

公司的社会责任也称为企业的社会责任，是当今各国政府、企业界、学术界和社会各界都十分关注的热点焦点问题。十六届六中全会指出，要"着眼于增强公民、企业、各种组织的社会责任"。因此，强化公司社会责任不仅是公司法的重要内容，也是构建和谐社会的重要内容。

所谓公司社会责任（Corporate Social Responsibility），是指公司不能仅仅以最大限度地为股东们赚钱作为自己的唯一存在目的，应当最大限度地关怀和增进股东利益之外的其他所有社会利益，包括消费者利益、职工利益、债权人利益、中小竞争者利益、当地社区利益、环境利益、社会弱者利益及整个社会公共利益等内容，既包括自然人的人权尤其是社会权，也包括法人和非法人组织的权利和利益。公司社会责任理论的核心内容是对公司营利性之外的社会性的关注。公司社会责任的核心价值观是以人为本，而非以钱为本。《公司法》第五条规定，公司从事经营活动，必须遵守法律、行政法规，遵守社会公德、商业道德，诚实守信，接受政府和社会公众的监督，承担社会责任。

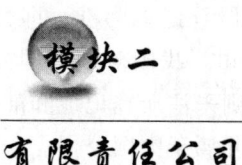

模块二 有限责任公司

一、有限责任公司的概念和特征

（一）有限责任公司的概念

所谓有限责任公司，是指依照公司法设立的，由 50 个以下的股东共同投资设立，股东以其认缴的出资额为限对公司债务承担责任，公司以其全部资产对公司债务承担责任的公司。

（二）有限责任公司的特征

1. 公司股东责任的有限性

有限责任公司股东仅以其出资额为限对公司承担责任，而不直接对公司债权人负责。如果公司的财产不足以清偿全部债务，股东没有以自己出资以外的个人财产为公司清偿债务的义务。

2. 公司资本的封闭性

这是有限责任公司区别于股份有限公司的主要特征。有限责任公司有投资者通过协商，确认投资比例和出资方式，形成公司股本总额，它不得向社会公开募集资金，不得发行股票。公司的会计账簿也无须向社会公示，股东对外转让出资亦受到一定程度的限制。

3. 股东出资的非股份性

有限责任公司的资本构成通常称为出资，全部资本不必划分为等额股份，股东按协议确定出资比例，按出资比例享有权利、承担义务和风险，股东的股权表现形式是公司签发的出资证明书，这只是一种权利证书，不能在证券市场上自由转让，这一点是与股份有限公司不同的。

4. 股东人数的限制性

有限责任公司对股东的数额一般有数量的限制，我国《公司法》第二十四条将有限责任公司的股东人数限定为 50 人以下。

5. 公司组织的简便性

有限公司设立程序简便，只有发起设立，不能募集设立。有限公司的组织机构也比较简单灵活，可以设立董事会、监事会，也可以只设 1 名执行董事和 1 至 2 名监事，可以设经理也可以不设经理。此外，股东会的召集方法和决议的形成也比较简便。

二、有限责任公司的设立

公司的设立，是指发起人为了组建公司，使其取得法人资格，必须采取和完成的多种连续的准备行为。因有限公司的设立方式只有发起设立一种，因此有限公司的设立主要有设立条件和设立程序两个问题。

（一）设立条件

《公司法》规定，设立有限责任公司，应当具备下列条件：

1. 股东符合法定人数

《公司法》第二十四条规定，有限责任公司由 50 个以下股东共同出资设立。

2. 有符合公司章程规定的全体股东认缴的出资额

按照《公司法》第二十六条的规定，有限责任公司的注册资本为在公司登记机关登记的全体股东认缴的出资额。法律、行政法规以及国务院决定对有限责任公司注册资本实缴、注册资本最低限额另有规定的，从其规定。

现行《公司法》不仅取消了最低资本的限制，而且允许公司实行认缴资本制，即允许股东自主决定是否实际缴纳以及何时缴纳出资。但是，其他法律、行政法规以及国务院决定对有限责任公司注册资本实缴、注册资本最低限额另有规定的，从其规定。比如，《商业银行法》规定，设立全国性商业银行的注册资本最低限额为十亿元人民币，《保险法》规定，设立保险公司，其注册资本的最低限额为人民币二亿元，均为实缴货币资本。

3. 股东共同制定公司章程

公司章程是指公司必备的由公司股东或发起人共同制定，并对公司、股东、公司经营管理人员具有约束力的调整公司内部关系和经营行为的自治规则，是反映全体股东共同意思表示的基本法律文件。公司章程在调整公司组织关系中具有核心地位，被称为"公司

的宪法"。按照《公司法》第二十五条的规定,有限责任公司章程应当载明下列事项:

(1) 公司名称和住所;
(2) 公司经营范围;
(3) 公司注册资本;
(4) 股东的姓名或者名称;
(5) 股东的出资方式、出资额和出资时间;
(6) 公司的机构及其产生办法、职权、议事规则;
(7) 公司法定代表人;
(8) 股东会会议认为需要规定的其他事项。

股东应当在公司章程上签名、盖章。

4. 有公司名称,建立符合有限责任公司要求的组织机构

公司名称是指公司用以经营并区别于其他公司或企业的标志性固定称谓。它是公司章程绝对必要记载事项之一,是公司设立的必备条件。在公司成立后,公司将依法取得名称权,性质上属于人格权。按照《企业名称登记管理条例》的规定,公司只能登记一个名称,该名称一般由行政区划名称、字号、行业或者经营特点、组织形式组成。跨省、自治区、直辖市经营的企业,其名称可以不含行政区划名称;跨行业综合经营的企业,其名称可以不含行业或经营特点。

公司组织机构是指从事公司经营活动的决策、执行和监督的公司最高领导机构,包括三个部分的内容:决策机构、执行机构和监督机构。公司组织机构是为维护股东、公司债权人以及社会公共利益,保证公司正常有效经营,由法律和公司章程规定的公司各组织机构之间权力分配与制衡的制度体系,也被称为公司治理结构,是公司制度的核心。

5. 有公司住所

住所是指为使法律关系集中于一处而确定的自然人或法人的地址,是自然人和法人进行民事活动的主要基地或中心场所。住所对于公司而言,主要意义在于确定司法管辖权和税收管辖权。公司应当有住所,且需登记于营业执照上。

(二) 设立程序

1. 制定公司章程

公司章程是公司经营活动的基本准则,对公司、股东、董事、监事、经理均具有约束力。因此制定公司章程既是有限责任公司的设立条件,又是其设立程序的首要环节。

2. 必要的行政审批

并不是所有有限责任公司的设立均要报经批准,大多数情况下,只要不涉及法律、法规的特别要求,直接注册登记就可。但法律规定设立需要审批的公司,应当依法进行必要的行政审批。

3. 缴纳出资

股东可以用货币出资,也可以用实物、知识产权、土地使用权等可以用货币估价并可以依法转让的非货币财产作出资。但是,法律、行政法规规定不得作为出资的财产除外。

对作为出资的非货币财产应当估作价,核实财产,不得高估或者低估作价。法律、行

政法规对评估作价有规定的，从其规定。

股东应当按期足额缴纳公司章程中规定的各自所认缴的出资额。股东以货币出资的，应当将货币出资足额存入有限责任公司在银行开设的账户；以非货币财产出资的，应当依法办理其财产权的转移手续。

股东不按照前款规定缴纳出资的，除应当向公司足额缴纳外，还应当向已按期足额缴纳出资的股东承担违约责任。

有限责任公司成立后，发现作为设立公司出资的非货币财产的实际价额显著低于公司章程所定价额的，应当由交付该出资的股东补足其差额；公司设立时的其他股东承担连带责任。

4. 设立登记

设立登记是指依据法律规定，将公司应登记的事项呈报有关公司登记主管机关审核，由其注册登记并发放营业执照。

股东认足公司章程规定的出资后，由全体股东指定的代表或者共同委托的代理人向公司登记机关报送公司登记申请书、公司章程等文件，申请设立登记。法律、行政法规规定设立公司必须报经批准的，应当在公司登记前依法办理批准手续。公司登记机关对符合规定的，予以登记，发给营业执照；不符合规定的，不予登记。

公司营业执照签发日期，为有限责任公司成立的日期。

三、有限责任公司的股东

（一）有限责任公司股东身份的确认

有限责任公司的股东是指因在公司成立时向公司投入资金或在公司存续期间依法继受取得出资而对公司享有权利和承担义务的人。

1. 出资证明

出资证明书是有限责任公司股东出资的凭证，是有限责任公司成立后应当向股东签发的文件，是一种权利证书。

2. 股东名册

股东名册是指有限责任公司依据公司法的规定必须置备的用以记载股东及其所持股份数量、种类等事宜的簿册。

有限责任公司的股东名册应记载下列事项：股东的姓名或名称及住所；股东的出资额；出资证明书的编号。

（二）有限责任公司股东的权利

有限责任公司股东的权利通常简称为股东权或股权，是指股东基于其出资在法律上对公司所享有的权利。《公司法》规定的股东权利主要包括：

1. 出席或委托代理人出席股东会行使表决权

股东依法可以参加股东会，也可以委托代理人出席股东会行使表决权，决定公司的重大事项。

2. 选举权和被选举权

股东可以依法参加股东会，选举公司的董事、监事，也可以被选举为公司的董事和监事。

3. 依法转让出资或股份的权利

公司成立后，股东不得撤回投资，更不能抽逃出资，但是股东可以依法转让自己的出资或者股份。

4. 知情权

股东有权查阅、复制公司章程、股东会会议记录、董事会会议决议、监事会会议决议和财务会计报告。股东可以要求查阅公司会计账簿。股东要求查阅公司会计账簿的，应当向公司提出书面请求，说明目的。公司有合理根据认为股东查阅会计账簿有不正当目的，可能损害公司合法利益的，可以拒绝提供查阅，并应当自股东提出书面请求之日起十五日内书面答复股东并说明理由。公司拒绝提供查阅的，股东可以请求人民法院要求公司提供查阅。

5. 建议和质询权

股东可以对公司事务提出建议，也可以对公司的董事、监事或经理提出质询。

6. 股利分配请求权

对于公司的可分配利润，股东有权按照出资比例或者章程规定的利润分配比例进行分配。

7. 提议召开临时股东会的权利

单独或合计代表十分之一以上表决权的股东，有权提议召开临时股东会。

8. 异议股东股份购买请求权

如果股东对公司股东会作出的决议持有异议，可以依法要求公司回购其股权。

9. 特殊情形下申请法院解散公司的权利

公司经营管理发生严重困难，继续存续会使股东利益受到重大损失，通过其他途径不能解决的，持有公司全部股东表决权百分之十以上的股东，可以请求人民法院解散公司。

10. 公司终止后对公司剩余财产的分配请求权

在公司终止后，公司剩余财产将按照一定的顺序进行分配，最后将返还给公司的股东。

11. 向人民法院提起诉讼的权利

有限责任公司的股东有权为了公司的利益，依法以自己的名义直接向人民法院提起诉讼。

12. 其他权利

（三）有限责任公司的股权转让

1. 股东之间转让股权

根据《公司法》的规定，有限责任公司的股东之间可以相互转让其全部或者部分股权。因此，股东之间转让股权，没有法律上的限制，股东可以自由转让。

2. 股东向股东以外的第三人转让股权

按照《公司法》的规定，股东向股东以外的人转让股权，应当经其他股东过半数同意。股东应就其股权转让事项书面通知其他股东征求意见，其他股东自接到书面通知之日起满三十日未答复的，视为同意转让。其他股东半数以上不同意转让的，不同意的股东应当购买该转让的股权；不购买的，视为同意转让。经股东同意转让的股权，在同等条件下，其他股东有优先购买权。两个以上股东主张行使优先购买权的，协商确定各自的购买比例；协商不成的，按照转让时各自的出资比例行使优先购买权。公司章程对股权转让另有规定的，从其规定。

3. 异议股东的股权回购请求权

有下列情形之一的，对股东会该项决议投反对票的股东可以请求公司按照合理的价格收购其股权：

（1）公司连续五年不向股东分配利润，而公司该五年连续盈利，并且符合《公司法》规定的分配利润条件的；

（2）公司合并、分立、转让主要财产的；

（3）公司章程规定的营业期限届满或者章程规定的其他解散事由出现，股东会会议通过决议修改章程使公司存续的。

自股东会会议决议通过之日起六十日内，股东与公司不能达成股权收购协议的，股东可以自股东会会议决议通过之日起九十日内向人民法院提起诉讼。

四、有限责任公司的组织机构

扩展阅读　公司治理结构模式

（一）股东会

有限责任公司股东会由全体股东组成。股东会是公司的权力机构。

1. 股东会的召集和主持

首次股东会会议由出资最多的股东召集和主持，依法行使职权。有限责任公司设立董事会的，股东会会议由董事会召集，董事长主持；有限责任公司不设董事会的，股东会会议由执行董事召集和主持。

2. 股东会的分类

股东会会议按照其方式可以分为定期会议和临时会议两类。

（1）定期会议。定期会议（也称普通会议、股东常会、股东年会），是指依据法律和公司章程的规定在一定时间内必须召开的股东会议。定期会议主要决定股东会职权范围内的例行重大事项。

我国《公司法》规定每年召开一次；定期会议具体召开时间由公司章程进行规定，在我国，一般有限责任公司股东会年会于每个会计年度结束之后即行召开。

（2）临时会议。股东会临时会议（也称特别会议），是指在定期会议以外，在必要的时候，由于发生法定事由或者根据法定人员、机构的提议而召开的股东会议。《公司法》一般规定以下情况下可以召开临时会议：①持有一定比例股份的股东申请时，《公司法》规定有限责任公司代表十分之一以上表决权的股东可以提议召开股东会临时会议；②根据董事提议或在董事会认为必要时，三分之一以上的董事可以提议召开股东会临时会议；③根据监事提议或在监事会认为必要时。

召开股东会会议,应当于会议召开15日前通知全体股东;但是,公司章程另有规定或者全体股东另有约定的除外。

3. 股东会的职权

按照《公司法》的规定,股东会的职权主要包括:决定公司的经营方针和投资计划;选举和更换非由职工代表担任的董事、监事,决定有关董事、监事的报酬事项;审议批准董事会的报告;审议批准监事会或者监事的报告;审议批准公司的年度财务预算方案、决算方案;审议批准公司的利润分配方案和弥补亏损方案;对公司增加或者减少注册资本作出决议;对发行公司债券作出决议;对公司合并、分立、解散、清算或者变更公司形式作出决议;修改公司章程;公司章程规定的其他职权。

对上述事项股东以书面形式一致表示同意的,可以不召开股东会会议,直接作出决定,并由全体股东在决定文件上签名、盖章。

4. 股东会的决议

股东会应当对所议事项的决定作成会议记录,出席会议的股东应当在会议记录上签名。股东会会议由股东按照出资比例行使表决权,但是,公司章程另有规定的除外。股东会的议事方式和表决程序,除公司法有规定的外,由公司章程规定。

股东会会议作出修改公司章程、增加或者减少注册资本的决议,以及公司合并、分立、解散或者变更公司形式的决议,必须经代表三分之二以上表决权的股东通过。

(二)董事会或执行董事

1. 董事会的组织

董事会是指依法由股东会选举产生,代表公司并行使经营决策权的公司常设机关。有限责任公司设董事会,其成员为三人至十三人;但是《公司法》另有规定的除外。公司规模较小或股东人数较少的有限责任公司,可以设一名执行董事,不设董事会,执行董事的职权由公司章程规定。

董事会设董事长一人,可以设副董事长。董事长、副董事长的产生办法由公司章程规定,董事任期由公司章程规定,但每届任期不得超过三年。董事任期届满,连选可以连任。

董事任期届满未及时改选,或者董事在任期内辞职导致董事会成员低于法定人数的,在改选出的董事就任前,原董事仍应当依照法律、行政法规和公司章程的规定,履行董事职务。

2. 董事会会议的召集和主持

董事会会议由董事长召集并主持。董事长因特殊原因不能履行职务时,由副董事长召集和主持;副董事长不能履行职务或者不履行职务的,由半数以上董事共同推举一名董事召集和主持。

3. 董事会的职权

按照《公司法》的规定,董事会职权主要包括:召集股东会会议,并向股东会报告工作;执行股东会的决议;决定公司的经营计划和投资方案;制订公司的年度财务预算方案、决算方案;制订公司的利润分配方案和弥补亏损方案;制订公司增加或者减少注册资本以及发行公司债券的方案;制订公司合并、分立、解散或者变更公司形式的方案;决定公司内部管理机构的设置；决定聘任或者解聘公司经理及其报酬事项，并根据经理的提名决定聘任或者解聘公司副经理、财务负责人及其报酬事项；制定公司的基本管理制度；公司章程规定的其他职权。

4. 董事会的决议

董事会的议事方式和表决程序，除《公司法》有规定的外，由公司章程规定。董事会应当对所议事项的决定作成会议记录，出席会议的董事应当在会议记录上签名。董事会决议的表决，实行一人一票。

（三）经理

经理是有限责任公司董事会聘任的主持公司的日常管理工作的高级管理人员，根据《公司法》的规定，有限责任公司可以设经理，由董事会决定聘任或者解聘，对董事会负责，行使下列职权：

（1）主持公司的生产经营管理工作，组织实施董事会决议；
（2）组织实施公司年度经营计划和投资方案；
（3）拟订公司内部管理机构设置方案；
（4）拟订公司的基本管理制度；
（5）制定公司的具体规章；
（6）提请聘任或者解聘公司副经理、财务负责人；
（7）决定聘任或者解聘除应由董事会决定聘任或者解聘以外的负责管理人员；
（8）董事会授予的其他职权。

公司章程对经理职权另有规定的，从其规定。

经理列席董事会会议。股东人数较少或者规模较小的有限责任公司，可以设一名执行董事，不设董事会。执行董事可以兼任公司经理。

（四）监事会或监事

1. 监事会的组成

监事会是依法产生，对董事和经理的经营管理行为及公司财务进行监督的常设机构。它代表全体股东对公司经营管理进行监督，行使监督职能，是公司的监督机构。有限责任公司设监事会，其成员不得少于三人。股东人数较少或者规模较小的有限责任公司，可以设一至二名监事，不设监事会。

监事会应当包括股东代表和适当比例的公司职工代表，其中职工代表的比例不得低于三分之一，具体比例由公司章程规定。

监事会设主席一人，由全体监事过半数选举产生。董事、高级管理人员不得兼任监事。

监事的任期每届为三年。监事任期届满，连选可以连任。监事任期届满未及时改选，或者监事在任期内辞职导致监事会成员低于法定人数的，在改选出的监事就任前，原监事仍应当依照法律、行政法规和公司章程的规定，履行监事职务。

2. 监事会（监事）的职权

根据《公司法》的规定，监事会、不设监事会的公司的监事行使下列职权：检查公司财务；对董事、高级管理人员执行公司职务的行为进行监督，对违反法律、行政法规、公司章程或者股东会决议的董事、高级管理人员提出罢免的建议；当董事、高级管理人员的行为损害公司的利益时，要求董事、高级管理人员予以纠正；提议召开临时股东会会议，在董事会不履行本法规定的召集和主持股东会会议职责时召集和主持股东会会议；向股东会会议提出提案；依照本法第一百五十二条的规定，对董事、高级管理人员提起诉讼；公司章程规定的其他职权。

监事可以列席董事会会议，并对董事会决议事项提出质询或者建议。监事会、不设监事会的公司的监事发现公司经营情况异常，可以进行调查；必要时，可以聘请会计师事务所等协助其工作，费用由公司承担。

3. 监事会的决议

监事会每年度至少召开一次会议，监事可以提议召开临时监事会会议。监事会决议应当经半数以上监事通过。监事会应当对所议事项的决定作成会议记录，出席会议的监事应当在会议记录上签名。监事会、不设监事会的公司的监事行使职权所必需的费用，由公司承担。

（五）董事、监事、高级管理人员的任职资格和义务

1. 董事、监事、高级管理人员制度概述

在公司组织结构下，股东并不直接参与公司经营管理。无论是股份有限公司还是有限责任公司，股东都只能通过选举董事组成董事会（或者在有限责任公司中设执行董事），由董事会聘任经理来负责公司的日常经营管理活动，监事会负责监督。股东组成的股东（大）会只对重大事项才有决策权，股东只有以董事、监事或者高级管理人员的身份才能参与公司经营管理。

公司管理者或者不持有股份，或者仅持少量股份，这就产生了拥有所有权者未拥有相应的控制权，拥有控制权者未拥有相应的所有权，也即"所有与控制分离"问题。所有与控制分离造成了股东与管理者之间利益的不一致，而利益不一致难免导致利益冲突。如何保证负责公司经营管理的董事、高级管理人员不会为了自身的利益而损害股东整体利益，如何保证他们能够勤勤恳恳地为公司、为股东整体利益而经营管理公司，如何保证监事们能够认真履行监督职责，这是公司法需要解决的核心问题。为此各国公司法都规定了董事、监事、高级管理人员制度，对董事、监事、高级管理人员的任职资格和义务作出了明确的规定，该规定不仅适用于有限责任公司，同样适用于股份有限公司。

2. 公司董事、监事、高级管理人员的任职资格

公司董事、监事、高级管理人员是代表公司组织机构行使职权的人员，在公司中处于重要地位，并依法具有法定的职权。因此，为了保证这类人员具有正确履行职责的能力与条件，公司法规定了他们应当具有相应的资格。

根据《公司法》的规定，有下列情形之一的，不得担任公司的董事、监事、高级管理人员：

（1）无民事行为能力或者限制民事行为能力。

（2）因贪污、贿赂、侵占财产、挪用财产或者破坏社会主义市场经济秩序，被判处刑罚，执行期满未逾5年，或者因犯罪被剥夺政治权利，执行期满未逾5年。

（3）担任破产清算的公司、企业的董事或者厂长、经理，对该公司、企业的破产负

有个人责任的,自该公司、企业破产清算完结之日起未逾 3 年。

(4) 担任因违法被吊销营业执照、责令关闭的公司、企业的法定代表人,并负有个人责任的,自该公司、企业被吊销营业执照之日起未逾 3 年。

(5) 个人所负数额较大的债务到期未清偿。

公司违反《公司法》的上述规定选举、委派董事、监事或者聘任高级管理人员的,该选举、委派或者聘任无效。公司董事、监事、高级管理人员在任职期间出现上述所列情形的,公司应当解除其职务。

3. 公司董事、监事、高级管理人员的义务

《公司法》第一百四十七条的规定,公司董事、监事、高级管理人员应当遵守法律、行政法规和公司章程,对公司负有忠实义务和勤勉义务。

(1) 忠实义务。所谓忠实义务,是指公司的管理层应当以公司或者整体股东的利益最大化为目标,不得损害公司或者整体股东的利益,更不得在自身利益与公司利益或者股东整体利益相冲突时偏向自身利益。《公司法》规定,公司董事、高级管理人员不得有下列行为:

①挪用公司资金;

②将公司资金以其个人名义或者以其他个人名义开立账户存储;

③违反公司章程的规定,未经股东会、股东大会或者董事会同意,将公司资金借贷给他人或者以公司财产为他人提供担保;

④违反公司章程的规定或者未经股东会、股东大会同意,与本公司订立合同或者进行交易;

⑤未经股东会或者股东大会同意,利用职务便利为自己或者他人谋取属于公司的商业机会,自营或者为他人经营与所任职公司同类的业务;

⑥接受他人与公司交易的佣金归为己有;

⑦擅自披露公司秘密;

⑧违反对公司忠实义务的其他行为。

公司董事、高级管理人员违反上述规定所得的收入应当归公司所有。

(2) 勤勉义务。所谓勤勉义务,是指公司管理者应当在执行公司职务时勤勉尽责。换句话说,就是在执行职务时应当尽最大努力为公司或者股东的整体利益服务,主要适用于不存在利益冲突的场合。勤勉义务有两层的含义,一方面是积极的要求,即要求公司管理者勤勉尽责;另一方面是消极的抗辩,是对公司管理者的一种保护,即公司管理者在勤勉尽责的情况下,就尽到了职责,不能因为决策中潜藏的商业风险而追究其责任。换句话说,只要公司管理者在决策时没有利益冲突,是在当时掌握的信息和认知条件下作出的诚实、善意的决策,即使该决策事后被证明是失败的,也不能追究其责任。

五、特殊的有限责任公司

(一) 一人有限公司

1. 一人公司概述

所谓一人公司,也称为独资公司或独股公司,是指股东只有一人,全部股份或出资由

一人拥有的公司,此为狭义的一人公司。广义的一人公司,还包括实质意义的一人公司,即公司的真实股东只有一人,其余股东仅是为了真实股东一人的利益而持有股份。

一人公司包括一人有限公司和一人股份公司两种。我国《公司法》仅规定了形式意义的一人有限公司,对于实质意义的一人公司以及一人股份有限公司均未作规定。所谓一人有限公司,是指只有一个自然人股东或者一个法人股东的有限责任公司。

2. 我国《公司法》关于一人有限公司的特别规定

《公司法》第二章第三节对一人有限公司专门作出了特别规定,具体如下:

(1) 自然人设立一人有限公司的限制。一个自然人只能投资设立一个一人有限责任公司。该一人有限责任公司不能投资设立新的一人有限责任公司。

(2) 登记中的特别规定。一人有限责任公司应当在公司登记中注明自然人独资或者法人独资,并在公司营业执照中载明。

(3) 组织机构的特别规定。一人有限责任公司不设股东会。一人有限责任公司章程由股东制定。股东作出股东会法定职权所列决定时,应当采用书面形式,并由股东签名后置备于公司。

(4) 财务会计报告的特别规定。一人有限责任公司应当在每一会计年度终了时编制财务会计报告,并经会计师事务所审计。

(5) 一人有限公司的法人资格否定制度。一人有限责任公司的股东不能证明公司财产独立于股东自己的财产的,应当对公司债务承担连带责任。

(二) 国有独资公司

1. 国有独资公司的概念

国有独资公司,是指国家单独出资、由国务院或者地方人民政府授权本级人民政府国有资产监督管理机构履行出资人职责的有限责任公司。

国有独资公司的股东也为一人,即国家。但国有独资公司并非一人有限公司,如果《公司法》第二章第四节国有独资公司部分没有规定,则适用一般有限公司的规定,而非一人有限公司的规定。

2. 国有独资公司组织机构的特别规定

(1) 国有独资公司的股东会。国有独资公司章程由国有资产监督管理机构制订,或者由董事会制订报国有资产监督管理机构批准。国有独资公司不设股东会,由国有资产监督管理机构行使股东会职权。国有资产监督管理机构可以授权公司董事会行使股东会的部分职权,决定公司的重大事项,但公司的合并、分立、解散、增加或者减少注册资本和发行公司债券,必须由国有资产监督管理机构决定;其中,重要的国有独资公司合并、分立、解散、申请破产的,应当由国有资产监督管理机构审核后,报本级人民政府批准。

(2) 国有独资公司的董事会和经理。国有独资公司设董事会,依照《公司法》的规定行使职权。董事每届任期不得超过三年。董事会成员中应当有公司职工代表。董事会成员由国有资产监督管理机构委派;但是,董事会成员中的职工代表由公司职工代表大会选举产生。董事会设董事长一人,可以设副董事长。董事长、副董事长由国有资产监督管理机构从董事会成员中指定。

国有独资公司设经理,由董事会聘任或者解聘。经理依法行使职权。经国有资产监督管理机构同意,董事会成员可以兼任经理。

国有独资公司的董事长、副董事长、董事、高级管理人员,未经国有资产监督管理机构同意,不得在其他有限责任公司、股份有限公司或者其他经济组织兼职。

(3)国有独资公司的监事会。国有独资公司监事会成员不得少于五人,其中职工代表的比例不得低于三分之一,具体比例由公司章程规定。监事会成员由国有资产监督管理机构委派;但是,监事会成员中的职工代表由公司职工代表大会选举产生。监事会主席由国有资产监督管理机构从监事会成员中指定。监事会依法行使职权。

模块三 股份有限公司

一、股份有限公司的概念和特征

(一)股份有限公司的概念

股份有限公司,简称为股份公司,是将其全部资本分为等额股份,股东以认购的股份为限对公司承担责任,公司以全部资产对公司债务承担责任的公司。

(二)股份有限公司特征

与其他公司类型相比,股份有限公司具有以下五个特征。

1. 公司组织浓厚的资合性

股份公司是典型的资合公司,其资合性首先表现在公司对外信用的基础是公司资本,即公司所募集的股份总额,它既是公司成立的要件,也是对公司债权人的总担保。其次,股份公司的资合性还表现在公司的股份可以自由转让,股份公司的股票除了可以在一般交易场所转让交易外,还可以通过申请成为上市公司,在证券交易所挂牌交易。

2. 资本募集的公开性

设立股份公司,不仅可以采取发起设立方式,还可以采取募集设立方式。以募集方式设立股份公司的,除发起人认购一部分股份外,其余股份向社会公开募集或向特定对象募集,社会公众均可通过购买股票而成为公司的股东。

3. 公司资本的股份性

股份公司的全部资本分为金额相等的股份,股份是股份公司资本的最小计算单位,每一股份的金额与股份总数的乘积即为公司的资本总额。每股金额相等,便于股票的发行和资本的筹集,也有利于股东权的计算、行使或转让,从而可以确保同种类的股票具有相同的权利。公司资本的股份性,也是股份公司区别于有限公司的主要特征之一。

4. 股东责任的有限性

股份公司的股东仅以其所认购的股份为限对公司负责,对公司的债权人不负任何直接的法律责任,在这一点上股份公司与有限公司并无差别。

5. 公司经营的公开性

股份公司资本募集的公开性及股份转让的自由性，使其经营状况不仅要向股东公开，还必须向社会公开，使社会公众及时、全面了解公司的经营状况，从而最大程度上保护公司股东、债权人和社会公众的利益。尤其是公开发行股票的上市公司，其经营状况公开的意义也更为突出，因此信息公开原则称为证券法上最重要的法律原则。这也是股份公司区别于有限公司封闭性的重要特征。

二、股份有限公司的设立

（一）设立方式

与有限公司不同，股份公司除了可以发起设立外，还可以选择募集方式设立。

1. 发起设立

发起设立，是指由发起人认购公司应发行的全部股份而设立公司。发起设立不涉及对外募集股份，因此程序上较为简单，与有限公司的设立程序基本相同。

2. 募集设立

募集设立，是指由发起人认购公司应发行股份的一部分，其余股份向社会公开募集或者向特定对象募集而设立公司。按照我国《公司法》规定，以募集设立方式设立股份有限公司的，发起人认购的股份不得少于公司股份总数的百分之三十五；但是，法律、行政法规另有规定的，从其规定。

与发起设立的发起人一样，募集设立中的发起人既可以用货币出资，也可以用其他非货币形式的财产出资。在募集设立中，只有发起人才可以用法定的非货币财产出资，其余属于社会公众的认股只能用货币缴纳股款。与发起设立不同，募集设立的股份有限公司发起人必须一次缴清股款或交付其他非货币出资，不允许分期缴纳。

（二）设立条件

我国《公司法》第七十六条规定，设立股份有限公司，应当具备下列条件：

（1）发起人符合法定人数；

（2）有符合公司章程规定的全体发起人认购的股本总额或者募集的实收股本总额；

（3）股份发行、筹办事项符合法律规定；

（4）发起人制订公司章程，采用募集方式设立的经创立大会通过；

（5）有公司名称，建立符合股份有限公司要求的组织机构；

（6）有公司住所。

（三）设立程序

1. 股份公司的章程

无论股份公司是采取发起设立方式，还是募集设立方式，第一步都为制订公司章程。根据《公司法》的规定，股份公司的章程主要包括以下内容：

（1）公司名称和住所；

（2）公司经营范围；

（3）公司设立方式；

（4）公司股份总数、每股金额和注册资本；

（5）发起人的姓名或者名称、认购的股份数、出资方式和出资时间；
（6）董事会的组成、职权和议事规则；
（7）公司法定代表人；
（8）监事会的组成、职权和议事规则；
（9）公司利润分配办法；
（10）公司的解散事由与清算办法；
（11）公司的通知和公告办法；
（12）股东大会会议认为需要规定的其他事项。

2. 发起设立程序

根据我国《公司法》规定，以发起设立方式设立股份有限公司的，发起人应当书面认足公司章程规定其认购的股份，并按照公司章程规定缴纳出资，即发起人可以像有限公司的股东一样只认购股份而不实际缴纳股款。但是在发起人认购的股份缴足前，不得向他人募集股份。以非货币财产出资的，应当依法办理其财产权的转移手续。发起人不依照前款规定缴纳出资的，应当按照发起人协议承担违约责任。发起人的出资方式与有限公司的股东相同。

发起人认足公司章程规定的出资后，应当选举董事会和监事会，由董事会向公司登记机关报送公司章程以及法律、行政法规规定的其他文件，申请设立登记。

3. 募集设立程序

股份有限公司采取募集设立时，当发行的股份的股款全部缴足，经依法设立的验资机构验资并出具证明后，发起人应在30日内主持召开公司创立大会。创立大会由发起人、认股人组成。若发行的股份超过招股说明书规定的截止日期尚未募足的，或发行股份的股款缴足后，发起人在30日内未召开创立大会的，认股人可以按照所缴股款并加算银行同期存款利息，要求发起人返还。

发起人应在创立大会召开15日前将会议日期通知各认股人或予以公告。当创立大会选举出董事会后，董事会应于创立大会结束后30日内，向公司登记机关报送文件，申请设立登记。

股份有限公司设立登记经核准的，由登记机关颁发营业执照，公司自营业执照的签发之日起成立。股份有限公司成立后，应当进行公告。

（四）发起人

1. 发起人的概念

所谓发起人，是指发起人是发起组织公司的人或公司的创办人。发起人是筹备公司设立的人，但并不是所有的公司筹备人都是发起人。发起人必须在公司的章程上签名才能被确认。

发起人可以是自然人，也可以是法人。对于发起人的资格，各国法律一般均有明确的规定。我国《公司法》第七十八条规定，设立股份有限公司，应当有二人以上二百人以下为发起人，其中须有半数以上的发起人在中国境内有住所。

2. 发起人的责任

（1）股份有限公司发起人承担公司筹办事务。因此发起人应当签订发起人协议，明确各自在公司设立过程中的权利和义务。

（2）股份有限公司成立后，发起人未按照公司章程的规定缴足出资的，应当补缴，其他发起人承担连带责任；作为设立公司出资的非货币财产的实际价额显著低于公司章程所定价额的，应当由交付该出资的发起人补足其差额；其他发起人承担连带责任。

（3）公司不能成立时，发起人对设立行为所产生的债务和费用负连带责任，对认股人已缴纳的股款，负返还股款并加算银行同期存款利息的连带责任；

（4）在公司设立过程中，由于发起人的过失致使公司利益受到损害的，应当对公司承担赔偿责任。

三、股份有限公司的组织机构

（一）股东大会

1. 股东大会的会议形式

股东大会是公司的最高权力机构，有权决定公司的重大事项。股份有限公司股东大会由全体股东组成。股东大会的会议方式分为定期会议和临时会议两类。

（1）定期会议。股东大会每年召开一次年会。

（2）临时会议。根据《公司法》的规定，股份有限公司在以下情形下应在两个月内召开股东大会临时会议：①董事人数不足本法规定人数或者公司章程所定人数的三分之二时；②公司未弥补的亏损达实收股本总额三分之一时；③单独或者合计持有公司百分之十以上股份的股东请求时；④董事会认为必要时；⑤监事会提议召开时；⑥公司章程规定的其他情形。

2. 股东大会的召开

股东大会会议由董事会召集，董事长主持；董事长不能履行职务或者不履行职务的，由副董事长主持；副董事长不能履行职务或者不履行职务的，由半数以上董事共同推举一名董事主持。

单独或者合计持有公司百分之三以上股份的股东，可以在股东大会召开十日前提出临时提案并书面提交董事会；董事会应当在收到提案后二日内通知其他股东，并将该临时提案提交股东大会审议。临时提案的内容应当属于股东大会职权范围，并有明确议题和具体决议事项。股东大会不得对前两款通知中未列明的事项作出决议。

无记名股票持有人出席股东大会会议的，应当于会议召开五日前至股东大会闭会时将股票交存于公司。

3. 股东大会的表决形式

股东出席股东大会会议，所持每一股份有一表决权。但是，公司持有的本公司股份没有表决权。

股东大会作出决议，必须经出席会议的股东所持表决权过半数通过。但是，股东大会作出修改公司章程、增加或者减少注册资本的决议，以及公司合并、分立、解散或者变更公司形式的决议，必须经出席会议的股东所持表决权的三分之二以上通过。

公司转让、受让重大资产或者对外提供担保等事项必须经股东大会作出决议的，董事会应当及时召集股东大会会议，由股东大会就上述事项进行表决。

股东大会选举董事、监事，可以依照公司章程的规定或者股东大会的决议，实行累积投票制。所谓累积投票制，是指股东大会选举董事或者监事时，每一股份拥有与应选董事或者监事人数相同的表决权，股东拥有的表决权可以集中使用。例如，某股东持有公司1万股，每股1票，现公司要选7名董事，通常的办法是让该股东对其选中的7名董事每人投1万票，总共7万票。而累积投票制可以让该股东将7万票投给一名候选人，则该候选人按7万票计算，当然该股东也可以按照其意愿分投给其他选中的候选人。累积投票制可以在一定程度上保护中小股东的利益。

4. 股东大会的职权

股份有限公司股东大会与有限责任公司股东会职权相同。

（二）董事会

1. 董事会的组成

股份有限公司董事会是必设机构，其成员为5人至19人。董事会成员中可以有公司职工代表。董事会中的职工代表由公司职工通过职工代表大会、职工大会或者其他形式民主选举产生。

董事会设董事长1人，并可以设副董事长。董事长和副董事长以全体董事的过半数选举产生。董事长召集和主持董事会会议，检查董事会决议的实施情况。

2. 董事会会议的召开

董事会作为一个机构是通过召开会议并形成决议的方式行使职权的。我国《公司法》规定股份有限公司每年度至少召开两次董事会会议。临时会议是指公司经营中遇到需要董事会及时决策的必要事项时，董事会可以召开临时会议。董事会会议，应由董事本人出席；董事因故不能出席，可以书面委托其他董事代为出席，委托书中应载明授权范围。董事会会议应有过半数的董事出席方可举行。

3. 董事会的表决

董事会决议的表决，实行一人一票。董事会作出决议，必须经全体董事的过半数通过。

董事会应当对会议所议事项的决定作成会议记录，出席会议的董事应当在会议记录上签名。董事应当对董事会的决议承担责任。董事会的决议违反法律、行政法规或者公司章程、股东大会决议，致使公司遭受严重损失的，参与决议的董事对公司负赔偿责任。但经证明在表决时曾表明异议并记载于会议记录的，该董事可以免除责任。

4. 董事的任期和董事会的职权

股份有限公司董事与有限责任公司董事任期和职权相同。

（三）经理

股份有限公司的经理属于必须设置的公司机构，由董事会聘任或者解聘，对董事会负责并报告工作。公司董事会可以决定由董事会成员兼任经理。股份公司经理的职权，与有限责任公司经理职权相同。

（四）监事会

1. 监事会的组成

股份有限公司设监事会同样是必设机构，其成员不得少于3人。监事会应当包括股东代表和适当比例的公司职工代表，其中职工代表的比例不得低于三分之一，具体比例由公司章程规定。

监事会设主席一人，可以设副主席。监事会主席和副主席由全体监事过半数选举产生。此外，董事、高级管理人员不得兼任监事。

2. 监护的任期和监事会的职权

有限责任公司监事任期和职权的规定，适用于股份有限公司监事。

监事会行使职权所必需的费用，由公司承担。

3. 监事会的召开

监事会每六个月至少召开一次会议。监事可以提议召开临时监事会会议。

监事会的议事方式和表决程序，除《公司法》有规定的外，由公司章程规定。监事会决议应当经半数以上监事通过。

股份有限公司组织机构案例及参考答案

（五）上市公司组织机构的特别规定

1. 上市公司的概念

上市公司，是指其股票在证券交易所上市交易的股份有限公司。上市公司设立独立董事，具体办法由国务院规定。

2. 上市公司组织机构的特别规定

（1）增加股东大会特别决议事项：上市公司在一年内购买、出售重大资产或者担保金额超过公司资产总额百分之三十的，应当由股东大会作出决议，并经出席会议的股东所持表决权的三分之二以上通过。

（2）上市公司设独立董事。所谓独立董事，是指既不是公司股东，又不在公司担任除董事外的其他职务，并与受聘的上市公司及其主要股东不存在可能妨碍其进行独立客观判断的关系的董事。独立董事除了应履行董事的一般职责外，主要职责在于对控股股东及其选任的上市公司的董事、高级管理人员，以及其与公司进行的关联交易等进行监督。

扩展阅读　上市公司独立董事

（3）上市公司设董事会秘书。董事会秘书是指掌管董事会文件并协助董事会成员处理日常事务的人员。董事会秘书是董事会设置的服务席位，既不能代表董事会，也不能代表董事长。上市公司董事会秘书是公司的高级管理人员，承担法律、行政法规以及公司章程对公司高级管理人员所要求的义务，享有相应的工作职权，获得相应的报酬。上市公司设立董事会秘书，负责公司股东大会和董事会会议的筹备、文件保管以及公司股东资料的管理、办理信息披露事务等事宜。

（4）上市公司董事与董事会会议决议事项所涉及的企业有关联关系的，不得对该项决议行使表决权，也不得代理其他董事行使表决权。该董事会会议由过半数的无关联关系董事出席即可举行，董事会会议所作决议须经无关联关系董事过半数通过。出席董事会的无关联关系董事人数不足三人的，应将该事项提交上市公司股东大会审议。这里所称关联关系，是指上市公司的董事与董事会决议事项所涉及的企业之间存在直接或者间接的利益关系。

四、股份有限公司的股份发行和转让

（一）股份和股票的概念

1. 股份

股份是指将股份有限公司的注册资本按相同的金额或比例划分为相等的份额。股份作为代表公司资本的一部分，是公司资本的最小划分单位，股东根据其出资额度计算出其持有的股份数量。所有股东持有的股份加起来所代表的资本数额即为公司的资本总额。股份有限公司的股份具有平等性，公司每股金额相等，所表现出的股东权利和义务是相等的。

2. 股票

股票是指公司签发的证明股东所持股份的凭证，是股份的表现形式。股票具有以下性质：

（1）股票是有价证券。股票是一种具有财产价值的证券，股票记载着股票种类、票面金额及代表的股份数，反映着股票持有人对公司的权利。

（2）股票是证权证券。股票表现的是股东的权利，任何人只要合法持有股票，就可以依法向公司行使权利。当公司股票发生转移时，公司股东的权益也即随之转移。

（3）股票是要式证券。股票应当采取纸面行使或者国务院证券监督管理机构规定的其他形式，其记载的内容和事项应当符合法律规定。

（4）股票是流通证券。股票可以在证券交易市场依法进行交易。

（二）股票的种类

依据不同的标准，可以将股票分为以下几类：

1. 普通股和优先股

普通股和优先股是按照股东权利、义务的不同进行的分类。

普通股是指享有普通权利、承担普通义务的股份，是股份的最基本形式。普通股股东享有决策参与权、利润分配权、优先认股权和剩余资产分配权。

优先股是指享有优先权的股份。公司对优先股的股利须按约定的股利率支付，有特别约定时，当年可供分配股利的利润不足以按约定的股利率支付优先股利的，还可由以后年度可供分配股利的利润补足。在公司进行清算时，优先股股东先于普通股股东取得公司剩余财产。但是，优先股股东不参与公司决策，不参与公司红利分配。

2. 国有股、发起人股和社会公众股

国有股、发起人股和社会公众股是按照投资主体性质的不同进行的分类。

国有股包括国家股和国有法人股，国家股是指有权代表国家投资的政府部门或机构以国有资产投入公司形成的股份或依法定程序取得的股份。国有法人股是指具有法人资格的国有企业、事业及其他单位以其依法占用的法人资产向独立于自己的股份公司出资形成或依法定程序取得的股份。发起人股是指股份公司的发起人认购的股份。社会公众股是指个人和机构以合法财产购买并可依法流通的股份。

3. 记名股票和无记名股票

记名股票和无记名股票是按照票面上是否记载股东的姓名或名称进行的分类。

记名股票是指在票面上记载股东姓名或名称的股票。我国《公司法》规定，公司向发起人、法人发行的股票，应当为记名股票，并应当记载该发起人、法人的名称或者姓名，不得另立户名或者以代表人姓名记名。

无记名股票是指在票面上不记载股东姓名或名称的股票。我国《公司法》规定，发行无记名股票的，公司应当记载其股票数量、编号及发行日期。

除上述分类以外，我国的股票还可根据发行对象的不同分为A股、B股、H股等；按股东有无表决权分为表决权股和无表决权股等。

（三）股份的发行原则

股份的发行是指股份有限公司为了筹集公司资本而出售和分配股份的法律行为。《公司法》规定："股份的发行，实行公平、公正的原则，同种类的每一股份应当具有同等权利。同次发行的同种类股票，每股的发行条件和价格应当相同；任何单位或者个人所认购的股份，每股应当支付相同价额。"据此，股份发行应当遵循下列原则：

1. 公平、公正的原则

所谓公平，首先是指发行的股份所代表权利的公平，即在同一次发行股份应当具有同等的权利，享有同等的利益，同种类股份应当同股同权、同股同利；其次是指股份发行条件的公平，即在同次股份发行中，相同种类的股份，每股的发行条件和发行价格应当相同。

所谓公正，是指在股份的发行过程中，应当保持公正性，不允许任何人通过内部交易、价格操纵、价格欺诈等不正当行为获取超过其他人的利益。

2. 同股同价原则

同股同价，是指同次发行的同种类股票，每股的发行条件和价格应当是相同的，任何单位或者个人所认购的股份，每股应当支付相同价额，对于同一种类的股票不允许针对不同的投资主体规定不同的发行条件和发行价格。这是股权平等原则在股份发行中的具体体现。

（四）股票的发行价格

股票的发行价格是指股票发行时所使用的价格，也是投资者认购股票时所支付的价格。股票的发行价格可以分为平价发行的价格和溢价发行的价格。平价发行是指股票的发行价格与股票的票面金额相同，也称为等价发行、券面发行。溢价发行是指股票的实际发行价格超过其票面金额。《公司法》规定，股票发行价格可以按票面金额（平价发行），也可以超过票面金额（溢价发行），但不得低于票面金额（折价发行）。

（五）股份转让

股份转让，是指股份有限公司的股份持有人依法自愿将自己所拥有的股份转让给他人，使他人取得股份成为股东或增加股份数额的法律行为。

1. 股份转让的法律规定

公司法对股份有限公司的股份转让作出了具体的规定，主要包括以下内容：

（1）股份转让的地点。股东持有的股份可以依法转让。股东转让其股份应当在依法设立的证券交易场所进行或者按照国务院规定的其他方式进行。上市公司的股票，依照有关法律、行政法规及证券交易所交易规则上市。

（2）股份转让的方式。记名股票，由股东以背书方式或者法律、行政法规规定的其他方式转让。转让后由公司将受让人的姓名或者名称及住所记载于股东名册。股东大会召开前20日内或者公司决定分配股利的基准日前5日内，不得进行股东名册的变更登记。但是，法律对上市公司股东名册变更登记另有规定的，从其规定。无记名股票的转让，由股东将该股票交付给受让人后即发生转让的效力。

2. 股份转让的限制

（1）对发起人转让股份的限制。根据《公司法》的规定，发起人持有的本公司股份，自公司成立之日起1年内不得转让。公司公开发行股份前已发行的股份，自公司股票在证券交易所上市交易之日起1年内不得转让。

（2）对公司董事、监事、高级管理人员转让股份的限制。根据《公司法》的规定，公司董事、监事、高级管理人员应当向公司申报所持有的本公司的股份及其变动情况，在任职期间每年转让的股份不得超过其所持有本公司股份总数的25%；所持本公司股份自公司股票上市交易之日起1年内不得转让。上述人员离职后半年内，不得转让其所持有的本公司股份。公司章程可以对公司董事、监事、高级管理人员转让其所持有的本公司股份作出其他限制性规定。

（3）对公司收购自身股票的限制。根据《公司法》的规定，公司不得收购本公司股份。但是，有下列情形之一的除外：

①减少公司注册资本；

②与持有本公司股份的其他公司合并；

③将股份用于员工持股计划或者股权激励；

④股东因对股东大会作出的公司合并、分立决议持异议，要求公司收购其股份；

⑤将股份用于转换上市公司发行的可转换为股票的公司债券；

⑥上市公司为维护公司价值及股东权益所必需。

公司因上述第①项、第②项规定的情形收购本公司股份的，应当经股东大会决议；公司因上述第③项、第⑤项、第⑥项规定的情形收购本公司股份的，可以依照公司章程的规定或者股东大会的授权，经三分之二以上董事出席的董事会会议决议。公司收购本公司股份，可以通过公开的集中交易方式，或者法律法规和国务院证券监督管理机构认可的其他方式进行。

公司依照上述规定收购本公司股份后，属于第①项情形的，应当自收购日起10日内注销；属于第②项、第④项情形的，应当在6个月内转让或者注销；属于第③项、第⑤项、第⑥项情形的，公司合计持有的本公司股份数不得超过本公司已发行股份总数的10%，并应当在3年内转让或者注销。

（4）对公司股票质押的限制。根据《公司法》的规定，公司不得接受本公司的股票作为质押权的标的。

3. 记名股票被盗、遗失或者灭失后的公示催告程序

记名股票被盗、遗失或者灭失，股东可以依照《民事诉讼法》规定的公示催告程序，请求人民法院宣告该股票失效。人民法院宣告该股票失效后，股东可以向公司申请补发股票。公示催告的期间，由人民法院根据情况决定，但不得少于60日。

4. 上市公司的股票的转让规则

上市公司的股票，依照有关法律、行政法规及证券交易所交易规则上市交易。

 股份有限公司股份发行与转让案例及参考答案

公司债券与公司财务会计

一、公司债券

（一）公司债券概述

1. 公司债权的概念

公司债券是指公司依照法定程序发行，约定在一定期限还本付息的有价证券。

2. 公司债权的特征

公司债券与股票相比，具有下列特征：

（1）公司债券的持有人是公司的债权人，对于公司享有《民法典》上规定的债权人的所有权利，而股票的持有人则是公司的股东，享有《公司法》所规定的股东权利；

（2）公司债券的持有人，无论公司是否有盈利，对公司享有按照约定给付利息的请求权，而股票持有人，则必须在公司有盈利时才能依法获得股利分配；

（3）公司债券到了约定期限，公司必须还本付息，而股票持有人仅在公司解散时方可请求分配剩余财产；

（4）公司债券的持有人享有优先于股票持有人获得清偿的权利，而股票持有人必须在公司全部债务清偿之后，方可就公司剩余财产请求分配；

（5）公司债券的利率一般是固定不变的，风险较小，而股票股利分配的高低，与公司经营好坏密切相关，常有变动，因此风险较大。

（二）公司债券的种类

依照不同的标准，公司债券可以作如下分类：

1. 记名公司债券和无记名公司债权

记名公司债券是指在公司债券上记载债权人姓名或者名称的债券；无记名公司债券是指在公司债券上不记载债权人姓名或者名称的债券。区分记名公司债券和无记名公司债券的法律意义在于两者转让的要求不同。记名公司债券的转让，转让人须在债券上背书；而

无记名公司债券的转让，转让人交付债券即发生转让的法律效力。

2. 可转换公司债券和不可转换公司债券。

可转换公司债券是指可以转换成公司股票的公司债券。这种公司债券在发行时规定了转换为公司股票的条件与办法。当条件具备时。债券持有人拥有将公司债券转换为公司股票的选择权。不可转换公司债券是指不能转换为公司股票的公司债券。凡在发行债券时未作出转换约定的，均为不可转换公司债券。

（三）公司债券的发行

1. 公司债券发行的条件

公司发行公司债券应当符合《证券法》和《公司债券发行与交易管理办法》规定的发行条件与程序。具体内容可见证券法律制度。

2. 公司债券募集办法

公司发行债券，应当公告公司债券募集办法。公司债券募集办法中应当载明下列主要事项：

（1）公司名称；

（2）债券募集资金的用途；

（3）债券总额和债券的票面金额；

（4）债券利率的确定方式；

（5）还本付息的期限和方式；

（6）债券担保情况；

（7）债券的发行价格、发行的起止日期；

（8）公司净资产额；

（9）已发行的尚未到期的公司债券总额；

（10）公司债券的承销机构。

公司以实物券方式发行公司债券的，必须在债券上载明公司名称、债券票面金额、利率、偿还期限等事项，并由法定代表人签名，公司盖章。

3. 置备公司债券存根簿

公司债券，可以为记名债券，也可以为无记名债券。公司发行公司债券应当置备公司债券存根簿。

发行记名公司债券的，应当在公司债券存根簿上载明下列事项：

（1）债券持有人的姓名或者名称及住所；

（2）债券持有人取得债券的日期及债券的编号；

（3）债券总额，债券的票面金额、利率、还本付息的期限和方式；

（4）债券的发行日期。

发行无记名公司债券的，应当在公司债券存根簿上载明债券总额、利率、偿还期限和方式、发行日期及债券的编号。

发行可转换为股票的公司债券的，应当在债券上标明可转换公司债券字样，并在公司债券存根簿上载明可转换公司债券的数额。

（四）公司债券的转让

《公司法》规定，公司债券可以转让，转让价格由转让人与受让人约定。公司债券在证券交易所上市交易的，按照证券交易所的交易规则转让。根据公司债券种类的不同，公司债券的转让有不同的方式。记名公司债券，由债券持有人以背书方式或者法律、行政法规规定的其他方式转让；转让后，由公司将受让人的姓名或者名称及住所记载于公司债券存根簿，以备公司存查。无记名公司债券的转让，由债券持有人将该债券交付给受让人后即发生转让的效力。受让人一经持有该债券，即成为公司的债权人。

发行可转换为股票的公司债券的，公司应当按照其转换办法向债券持有人换发股票，但债券持有人对转换股票或者不转换股票有选择权。

二、公司财务会计

（一）公司财务会计概述

公司财务会计是指在会计法规、会计原则或者会计制度的指导下，以货币为主要计量形式，对公司的整个财务活动和经营状况进行记账、算账、报账，为公司管理者和其他利害关系人定期提供公司财务信息的活动。

公司财务会计反映的财务信息包括公司的财务活动和经营状况，如资产负债表、利润表、现金流量表等。公司财务会计服务的对象是公司管理者和其他利害关系人。其他利害关系人是指公司股东、债权人、潜在投资者、潜在的交易方、政府财税机关等。公司财务会计是需要向外部公开的财务信息，这与公司的管理会计或者考核指标数据等不同。

公司财务会计涉及公司股东、债权人、潜在投资者、潜在交易方、公司管理者、政府相关部门等的利益，因此，公司的财务会计制度具有重要意义。

（二）公司财务会计报告

1. 公司财务会计报告的内容

根据我国《公司法》的规定，公司应当依法编制财务会计报告。公司应当在每一会计年度终了时编制财务会计报告，并依法经会计师事务所审计。财务会计报告应当依照法律、行政法规和国务院财政部门的规定制作。尽管根据公司的组织形式不同，财务会计报告的要求也有不同，但是，公司财务会计报告主要包括以下内容：

（1）资产负债表。资产负债表反映的是公司的资产规模、资产构成情况、公司的权益结构，进而反映公司的短期偿债能力和支付能力，同时通过公司前后期资产负债表的对比，反映公司财务状况的变化。

（2）利润表。利润表反映的是公司在一定经营期间的经营成果及其分配情况，也反映了公司的长期偿债能力，是缴纳国家各项税收的依据。

（3）现金流量表。现金流量表反映的是公司在一定期间的现金和现金等价物流入和流出的会计报表，有利于判断公司的现金流量和资金周转情况。

（4）附注。附注是对会计报表列示的内容的进一步说明，以便于向知晓公司财务会计信息的使用者提供更加全面的财务会计信息。

2. 财务会计报告的编制、验证和公示

根据《公司法》的有关规定，公司财务会计报告应当由董事会负责编制，并对其真实性、完整性和准确性负责。公司除法定的会计账簿外，不得另立会计账簿。对公司资产，不得以任何个人名义开立账户存储。

公司应当依法聘用会计师事务所对财务会计报告审查验证。公司聘用、解聘承办公司审计业务的会计师事务所，依照公司章程的规定，由股东会、股东大会或者董事会决定。公司股东会、股东大会或者董事会就解聘会计师事务所进行表决时，应当允许会计师事务所陈述意见。公司应当向聘用的会计师事务所提供真实、完整的会计凭证、会计账簿、财务会计报告及其他会计资料，不得拒绝、隐匿、谎报。

公司应当依法披露有关财务、会计资料。有限责任公司应当按照公司章程规定的期限将财务会计报告提交股东。股份有限公司的财务会计报告应当在召开股东大会年会的20日前置备于本公司，供股东查阅；公开发行股票的股份有限公司必须公告其财务会计报告。

（三）利润分配

1. 利润

公司利润是指公司在一定会计期间的经营成果，包括营业利润、投资净收益和营业外收支净额等。根据《公司法》以及有关规定，公司应当按照如下顺序进行利润分配：

（1）弥补以前年度的亏损，但不得超过税法规定的弥补期限；

（2）缴纳所得税；

（3）弥补在税前利润弥补亏损之后仍存在的亏损；

（4）提取法定公积金；

（5）提取任意公积金；

（6）向股东分配利润。

公司弥补亏损和提取公积金后所余税后利润，有限责任公司按照股东实缴的出资比例分配，但全体股东约定不按照出资比例分配的除外；股份有限公司按照股东持有的股份比例分配，但股份有限公司章程规定不按持股比例分配的除外。

公司股东会、股东大会或者董事会违反规定，在公司弥补亏损和提取法定公积金之前向股东分配利润的，股东必须将违反规定分配的利润退还公司。公司持有的本公司股份不得分配利润。

2. 公积金

（1）公积金的概念。公积金是公司在资本之外所保留的资金金额，又称为附加资本或准备金。公积金制度是各国公司法通常采用的一项强制性制度。

（2）公积金的分类。公积金分为盈余公积金和资本公积金两类。

①盈余公积金是从公司税后利润中提取的公积金，分为法定公积金和任意公积金两种。法定公积金按照公司税后利润的10%提取，当公司法定公积金累计额为公司注册资本的50%以上时可以不再提取。公司的法定公积金不足以弥补以前年度亏损的，在依照规定提取法定公积金之前，应当先用当年利润弥补亏损。任意公积金按照公司股东会或者股东大会决议，从公司税后利润中提取。

②资本公积金是直接由资本原因形成的公积金，股份有限公司以超过股票票面金额的发行价格发行股份所得的溢价款以及国务院财政部门规定列入资本公积金的其他收入，应当列为公司资本公积金。

(3) 公积金的用途。公积金应当按照规定的用途使用，其用途主要如下：

①弥补公司亏损。公司的亏损按照国家税法规定可以用缴纳所得税前的利润弥补，超过用所得税前利润弥补期限仍未补足的亏损，可以用公司税后利润弥补；发生特大亏损，税后利润仍不足弥补的，可以用公司的公积金弥补。但是，资本公积金不得用于弥补公司的亏损。

②扩大公司生产经营。公司可以根据生产经营的需要，用公积金来扩大生产经营规模。

③转增公司资本。公司为了实现增加资本的目的，可以将公积金的一部分转为资本。对用任意公积金转增资本的，法律没有限制。但用法定公积金转增资本时，《公司法》规定，转增后所留存的该项公积金不得少于转增前公司注册资本的25%。

公司的重大变更、解散与清算

一、公司的重大变更

公司的重大变更，主要包括公司合并、公司分立以及增加和减少注册资本。

（一）公司合并

1. 公司合并的概念和分类

公司合并是指两个以上的公司依照法定程序，不需要经过清算程序，直接合并为一个公司的行为。公司合并不同于公司并购，公司并购是指一切涉及公司控制权转移和合并的行为，既包括公司合并，也包括资产收购、股权收购等方式。

公司合并的形式有两种：一是吸收合并，即指一个公司吸收其他公司加入本公司，被吸收的公司解散；二是新设合并，即指两个以上公司合并设立一个新的公司，合并各方解散。

2. 公司合并的程序

（1）签订合并协议。公司合并，应当由合并各方签订合并协议。合并协议应当包括以下主要内容：合并各方的名称、住所；合并后存续公司或新设公司的名称、住所；合并各方的债权债务处理办法；合并各方的资产状况及其处理办法；存续公司或新设公司因合并而增资所发行的股份总额、种类和数量；合并各方认为需要载明的其他事项。

（2）编制资产负债表及财产清单。

（3）参与合并的公司各自作出合并决议。合并决议由股东（大）会作出，并采取特别多数决方式。国有独资公司的合并决议，由国有资产监督管理机构决定。重要的国有独资公司的合并，应当由国有资产监督管理机构审核后，报本级人民政府批准。

（4）通知债权人。公司应当自作出合并决议之日起10日内通知债权人，并于30日内在报纸上公告。债权人自接到通知书之日起30日内，未接到通知书的自公告之日起45日内，可以要求公司清偿债务或者提供相应的担保。

（5）依法进行登记。公司合并后，应当依法向公司登记机关办理相应的变更登记、注销登记、设立登记。

公司合并后，合并各方的债权、债务，应当由合并后存续的公司或者新设的公司承继。换句话说，这时消灭公司的债权债务直接转移到存续公司或者新设公司，不需要经过原公司债权人的同意。

（二）公司分立

公司分立是指一个公司依法分为两个以上的公司。公司分立的形式有两种：一是派生分立，即公司以其部分财产另设一个或数个新的公司，原公司存续；二是新设分立，即公司以其全部财产分别归入两个以上的新设公司，原公司解散。

一般认为，公司分立是公司合并的反向程序，其道理与公司合并基本相同。因此，公司分立的程序与公司合并的程序基本一样，要签订分立协议，编制资产负债表及财产清单，作出分立决议，通知债权人，办理工商变更登记等。需要注意的是，公司分立程序中的通知债权人程序与公司合并程序略有不同。按照《公司法》的规定，在公司分立的情况下，公司应当自作出分立决议之日起10日内通知债权人，并于30日内在报纸上公告，没有赋予债权人请求公司清偿债务或者提供相应担保的权利。

公司分立前的债务由分立后的公司承担连带责任。但是，公司分立前与债权人达成的书面协议另有约定的除外。

（三）公司注册资本的增加

公司增加注册资本，简称为增资。新增资本无论是由原股东还是由原股东以外的人投入，都属于出资，适用公司设立时股东出资或认股的规范。有限责任公司增加注册资本时，股东认缴新增资本的出资，依照《公司法》设立有限责任公司缴纳出资的有关规定执行。股份有限公司为增加注册资本发行新股时，股东认购新股，依照公司法设立股份有限公司缴纳股款的有关规定执行。公司增加注册资本，应当依法向公司登记机关办理变更登记。

（四）公司注册资本的减少

公司减少注册资本，简称减资，是指公司根据需要，依照法定条件和程序，减少公司的注册资本额。公司为避免资本闲置、向股东返还出资或者减免股东出资负担，可依法定程序减少注册资本。当公司出现严重亏损时，也可以通过减资弥补亏损。

公司需要减少注册资本时，必须编制资产负债表及财产清单，并且应当自作出减少注册资本决议之日起10日内通知债权人，并于30日内在报纸上公告。债权人自接到通知书之日起30日内，未接到通知书的自公告之日起45日内，有权要求公司清偿债务或者提供相应的担保。公司减少注册资本，应当依法向公司登记机关办理变更登记。

二、公司解散

（一）公司解散概述

1. 公司解散的概念

公司解散，是指公司发生章程规定或法定的除破产以外的解散事由而停止业务活动，并进入清算程序的过程。

2. 公司解散的特征

（1）公司解散事由发生后，公司并未终止，仍然具有法人资格，可以自己的名义开展与清算相关的活动,直到清算完毕并注销后才消灭其主体资格。

(2) 除公司因合并或分立而解散,不必进行清算外,公司解散必须经过法定清算程序。

(3) 公司解散的目的是终止其法人资格。

(二) 公司解散的原因

根据《公司法》的规定,公司解散的原因有以下五种情形:

(1) 公司章程规定的营业期限届满或者公司章程规定的其他解散事由出现;

(2) 股东会或者股东大会决议解散;

(3) 因公司合并或者分立需要解散;

(4) 依法被吊销营业执照、责令关闭或者被撤销;

(5) 人民法院依法予以解散。

公司有上述第(1)项情形的,可以通过修改公司章程而存续。公司依照规定修改公司章程的,有限责任公司须经持有 2/3 以上表决权的股东通过,股份有限公司须经出席股东大会会议的股东所持表决权的 2/3 以上通过。

上述前 3 项原因都属于公司自愿解散,必须经过公司股东(大)会决议。后两项则是公司外部原因,也可称之为强制解散。

(三) 强制解散

强制解散包括两种情形,即行政机关强制解散和人民法院强制解散。

1. 行政机关强制解散

公司被吊销营业执照、责令关闭或者撤销,多是因为公司行为违反了法律或者行政法规,行政机关给予的一种行政处罚措施,因此必须符合相关法律或者行政处罚法的规定。

2. 人民法院强制解散

《公司法》第一百八十二条规定,公司经营管理发生严重困难,继续存续会使股东利益受到重大损失,通过其他途径不能解决的,持有公司全部股东表决权 10% 以上的股东,可以请求人民法院解散公司。根据公司法司法解释的规定,公司继续存续会使股东利益受到重大损失,通过其他途径不能解决,提起解散公司诉讼,人民法院应予受理:

(1) 公司持续 2 年以上无法召开股东会或者股东大会,公司经营管理发生严重困难的;

(2) 股东表决时无法达到法定或者公司章程规定的比例,持续 2 年以上不能作出有效的股东会或者股东大会决议,公司经营管理发生严重困难的;

(3) 公司董事长期冲突,且无法通过股东会或者股东大会解决,公司经营管理发生严重困难的;

(4) 经营管理发生其他严重困难,公司继续存续会使股东利益受到重大损失的情形。

扩展阅读　林方清诉常熟市凯莱实业有限公司、戴小明公司解散纠纷案

股东以知情权、利润分配请求权等权益受到损害,或者公司亏损、财产不足以偿还全部债务,以及公司被吊销企业法人营业执照未进行清算等为由,提起解散公司诉讼的,人民法院不予受理。股东提起解散公司诉讼应当以公司为被告。经人民法院调解公司收购原告股份的,公司应当自调解书生效之日起 6 个月内将股份转让或者注销。股份转让或者注销之前，原告不得以公司收购其股份为由对抗公司债权人。公司被依法宣告破产的，依照有关企业破产的法律制度实施破产清算。

三、公司清算

（一）公司清算概述

1. 公司清算的概念

公司清算，是指公司解散或被依法宣告破产后，依照一定的程序结束公司事务，收回债权，偿还债务，清理资产，并分配剩余财产，终止消灭公司的过程。公司被依法宣告破产的，依照有关企业破产的法律实施破产清算。

2. 清算义务人

清算义务人，是指有义务组织公司清算的人，包括有限公司的股东、股份公司的董事和控股股东。根据《公司法》的规定，有限责任公司的清算组由股东组成，股份有限公司的清算组由董事或者股东大会确定的人员组成。

扩展阅读　上海存亮贸易有限公司诉蒋志东、王卫明等买卖合同纠纷案

3. 公司在清算期间的行为限制

公司进入清算程序后，其行为受到以下限制：

（1）清算期间，公司不再从事新的经营活动，仅局限于清理公司已经发生但尚未了结的事务，包括清偿债务、实现债权以及处理公司内部事务等。

（2）清算期间，公司的代表机构为清算组。清算组负责处理未了事务，代表公司对外进行诉讼。

（3）清算期间，公司财产在未按照法定程序清偿前，不得分配给股东。

4. 清算组

公司解散后进入清算程序是为了公平地分配公司财产，保护股东和债权人的利益，同时也是为了保护职工利益。因此，《公司法》第一百八十三条规定，当公司出现解散事由时（因公司合并或者分立需要解散的除外），公司应当在解散事由出现之日起15日内成立清算组，开始清算。如果公司不自行清算，则债权人和股东可以申请人民法院指定清算组进行清算。

5. 清算组的职权

根据《公司法》的规定，清算组在清算期间行使下列职权：

（1）清理公司财产，分别编制资产负债表和财产清单；
（2）通知、公告债权人；
（3）处理与清算有关的公司未了结的业务；
（4）清缴所欠税款以及清算过程中产生的税款；
（5）清理债权、债务；
（6）处理公司清偿债务后的剩余财产；
（7）代表公司参与民事诉讼活动。

（二）清算程序

1. 通知债权人

清算组应当自成立之日起10日内将公司解散清算事宜书面通知全体已知债权人，并根据公司规模和营业地域范围，于60日内在全国或者公司注册登记地省级有影响的报纸上进行公告。

2. 债权申报和登记

债权人应当自接到通知书之日起30日内，未接到通知书的自公告之日起45日内，向清算组申报其债权。债权人申报债权，应当说明债权的有关事项，并提供证明材料。清算组应当对债权进行核定登记。

3. 清理公司财产，制订清算方案

清算组应当对公司财产进行清理，编制资产负债表和财产清单，制订清算方案。

4. 清偿债务

公司财产在分别支付清算费用、职工的工资、社会保险费用和法定补偿金，缴纳所欠税款，清偿公司债务后的剩余财产，有限责任公司按照股东的出资比例分配，股份有限公司按照股东持有的股份比例分配。清算期间，公司存续，但不得开展与清算无关的经营活动。

5. 公告公司终止

公司清算结束后，清算组应当制作清算报告，报股东会、股东大会或者人民法院确认。并报送公司登记机关，申请注销公司登记，公告公司终止。

课后思考题

1. 什么是公司？公司的法律特征有哪些？
2. 公司可以按照不同标准进行哪些分类？
3. 什么是有限责任公司？其设立条件和程序是什么？
4. 有限公司的组织机构有哪些？其职权分别是什么？
5. 公司董事、监事和高级管理人员的任职资格和义务是什么？
6. 什么是一人有限公司？公司法对一人有限公司作了哪些特殊规定？
7. 什么是股份有限公司？其设立方式、设立条件和设立程序是什么？
8. 股份发行和转让的规定有哪些？
9. 什么是公司债券？
10. 公司的财务会计制度有哪些？
11. 公司的重大变更有哪些？程序是什么？
12. 公司解散和清算制度有哪些？

PPT

项目三 企业法律制度

【知识能力目标】

1. 了解有关个人独资企业、合伙企业的法律性质。
2. 掌握企业的设立要求、财产和责任的认定。
3. 运用企业法的有关法律规定分析处理法律纠纷。

【职业素养目标】

1. 培养法治思维,树立依法经营、诚信经营的理念。
2. 培养依法经营的法律意识和处理企业法律事务的能力。
3. 结合企业的经营管理、入伙退伙等教学内容,引导学生积极践行"平等、自由、公正、诚信"等社会主义核心价值观。

【导入案例】

甲公司是经营批发业务的有限责任公司,甲公司的主要债务人是乙公司和丙企业。乙公司是以零售业为主的有限责任公司,由张某和刘某出资设立;丙企业是由金某、肖某和姜某共同出资设立的普通合伙企业。甲公司一直向乙和丙企业催缴债务未成,1月2日,金某退出合伙企业。1月10日,甲公司再次向乙公司和丙企业要求还款。乙公司和丙企业账面上确实没有资金。于是,甲公司向张某、刘某、金某、肖某和姜某追偿。但张某、刘某认为自己只是股东,没有义务承担出资以外的债务;金某认为自己已经退出了合伙企业,不应对企业债务承担责任;肖某和姜某认为,自己应当仅就出资额为限承担责任。

问:(1)张某、刘某的说法正确吗?
(2)肖某和姜某的说法是否正确?
(3)金某的说法是否正确?
(4)甲公司的债权如何实现?

导入案例参考答案

模块一

个人独资企业法律制度

一、个人独资企业法概述

(一) 个人独资企业的概念和特征

1. 个人独资企业的概念

个人独资企业（Enterprise of Sole Proprietorship），是指由一个自然人单独投资并经营，企业不取得法人资格，业主对企业的债务承担无限责任的企业。我国1999年颁布并于2000年1月1日实施的《中华人民共和国个人独资企业法》（以下简称《个人独资企业法》）中将个人独资企业定义为：依照《个人独资企业法》在中国境内设立，由一个自然人投资，财产为投资人个人所有的营利性经济组织。

个人独资企业，是企业形式中最简单、最古老的一种形式。这一简单的商品生产和商业服务的形态经久不衰，在商业文明极度发达的今天仍然繁荣昌盛。如果某人决定由其单独投资开办一个企业，如一家饭馆，该人便是此饭馆的业主，他有权决定这个饭馆的所有业务，并要对其成败负全部责任，全部的财产及盈利均归他个人所有，他也要承担全部的亏损。当企业资产比经营该企业所形成的债务要少，即使倾家荡产，业主也要以他个人财产负责偿还饭馆所欠之债务，该饭馆所欠债务，实际上就是业主的个人债务。

2. 个人独资企业的特征

一般来说，个人独资企业具有以下特征：

（1）个人独资企业是由一个自然人投资的企业，并且仅限于中国的自然人投资的企业。已经设立并具有法人资格的公司单独投资设立子公司或分公司，因设立者是法人而非自然人，所设立的子公司、分公司在法律上均不是独资企业。外商投资企业中由一个境外的自然人或公司投资的外商独资企业，也不是我国《个人独资企业法》上所规定的个人独资企业。

（2）个人独资企业是营利性的经济组织。营利性是其根本特征，也是投资人设立企业的目的。

（3）个人独资企业的财产为投资人个人所有，投资人就是企业的所有人。投资人对企业事务有绝对的控制与支配权，他就企业事务作出个人决定时在法律上没有义务去征求别人的意见，完全按照自己的意志去经营自己开办的企业。

（4）投资人对企业的债务承担无限责任。即当企业的资产不足以清偿到期债务时，投资人应以自己个人的全部财产用于清偿企业的债务。

（5）个人独资企业不具有法人资格，是非法人企业。个人独资企业虽然有自己的名称和商号，并以企业名义领取营业执照和开展经营活动，甚至以企业名义进行诉讼活动。但并不具有法人资格，无独立承担民事责任的能力。企业只是自然人个人进行商业活动的特殊形态。由于企业没有自己的法人资格，企业的人格与企业主的人格为一体，企业的存在也就与企业主的个人的人格密不可分。

（6）独资企业不是独立的纳税主体。在市场经济发展比较规范的国家和地区，独资企业本身并不缴纳企业所得税，独资企业之经营和收入可看作是业主的个人经营和收入，由个人缴纳各种税收。就所得税而言，因业主缴纳个人所得税，而个人所得税的税率往往较公司所得税税率较低，因而独资企业税负较轻，并且不存在同一笔收入双重征税的问题。我国自2001年1月1日起，取消个人独资企业的企业所得税，改为由企业主个人缴纳个人所得税。

（二）个人独资企业的地位

严格来讲，独资企业并非是一种传统民法上的主体概念。个人独资企业尽管可以有商号、字号，领取营业执照，刻制公章，并以企业名义对外从事经营活动，但这种活动的实质是自然人以法律许可的方式与他人进行民事联系，其不具有绝对独立的企业财产，不具有独立的实体法律人格，不能对外独立地承担民事责任。

（三）个人独资企业法的概念

个人独资企业法有狭义和广义之分，狭义的个人独资企业法是指我国第九届人大常委会第十一次会议于1999年8月30日通过，并于2000年1月1日实施的《中华人民共和国个人独资企业法》。广义的个人独资企业法是调整个人独资企业在组织和活动过程中发生的经济关系的法律规范的总称。既包括狭义的个人独资企业法，也包括其他所有调整个人独资企业组织和行为的法律规范。

（四）个人独资企业法的适用范围

《个人独资企业法》的适用对象仅限于个人独资企业，而对具有独资特点的国有企业和外商独资企业不适用。

二、个人独资企业与个体工商户、一人公司的区别

个人独资企业与个体工商户、一人公司都是一人创办，但它们存在一定的区别。

（一）个人独资企业与个体工商户的区别

个体工商户是我国个体所有制的一种存在方式，是城乡从事个体工商业活动的个体经营者的总称。个体工商户按地域来分，可以分为城镇非农业个体工商户和农村个体工商户。前者是指有城镇正式户口的居民从事除种植业、养殖业以外的各类工商业的个体经营者，后者是指农民自营户和农村剩余劳动力从事个体工商业经营的个体经营者。个体工商户与独资企业的区别如下：

1. 设立的法律根据不同

个人独资企业设立的法律依据是《个人独资企业法》；而个体工商户的设立依据是《民法典》以及相关的行政法规。

2. 出资人不同

个人独资企业的出资人只能是个人；而个体工商户的出资人既可以是个人，也可以是家庭。

3. 性质不同

个人独资企业是经营实体，是一种企业的组织形式，属于经济组织的范畴；而个体工商户则不采用企业的组织形式，不属于经济组织的范畴。

4. 责任的承担不同

个人独资企业的投资人是个人，因此，投资人仅以其个人财产对企业的债务承担无限责任，只有在企业设立登记时明确以其家庭财产作为个人出资的，才依法以其家庭财产对企业债务承担无限责任；而个体工商户的债务则应根据不同情况，分别处理。个人经营的，以个人财产承担无限责任；家庭经营的，以家庭财产承担无限责任。

【例】甲以夫妻共有的写字楼作为出资设立个人独资企业。企业设立后，其妻乙购体育彩票中奖 100 万元，后提出与甲离婚。离婚诉讼期间，甲的独资企业宣告解散，尚欠银行债务 120 万元。该项债务的清偿责任应如何确定？

案例参考答案

（二）个人独资企业与一人有限责任公司的区别

一人有限责任公司是我国《公司法》规定的一种企业形式。两种企业形式的相同点是均可以由一个自然人设立，不同点有如下几个方面：

1. 设立的法律依据不同

个人独资企业设立的法律依据是《个人独资企业法》；而一人公司设立的法律依据是《公司法》。

2. 投资人不同

个人独资企业的投资人只能是自然人；而一人公司的投资人既可以是自然人，也可以是法人。

3. 性质不同

个人独资企业不是独立法人；而一人公司是公司的一种，具有法人资格。

4. 责任的承担不同

个人独资企业的投资人必须对企业的债务承担无限责任；而一人公司的投资人（股东）仅以出资额对公司的债务承担责任，这是一种有限责任。

5. 产权关系不同

独资企业的投资人对企业所有财产享有直接的和排他性的所有权；而一人公司的投资人对企业财产享有的所有权是间接的。

6. 资本金要求不同

独资企业没有注册资本的最低要求，没有属于法律意义上的财产；而一人公司按《公司法》规定要有最低 10 万元的注册资本，公司拥有独立财产。

7. 税负不同

独资企业不是独立的纳税主体，业主应当将各种收入包括来自独资企业的收入合并缴纳个人所得税；而一人公司是独立的纳税主体，股东的股利收入要完成公司所得税和个人所得税两次征收。

三、个人独资企业的设立和变更

（一）个人独资企业的设立

1. 个人独资企业的设立条件

根据《个人独资企业法》第八条的规定，设立个人独资企业应当具备下列条件：

（1）投资人为一个自然人。这里的自然人只能是一个具有中国国籍的自然人，不包括外国的自然人，外国的自然人在我国可以投资创办外商独资企业，即外资企业。

（2）有合法的企业名称。个人独资企业的名称可以叫厂、店、部、中心、工作室等。但个人独资企业的名称中不得使用"有限""有限责任"或者"公司"字样。

（3）有投资人申报的出资。由于出资者和企业在法律人格上并不区分，投资者承担无限责任，因此《个人独资企业法》对设立个人独资企业的最低出资数额未作限制，但必须申报。以家庭共有财产作为个人出资的，投资人应当在设立（变更）登记申请书上予以注明。

（4）有固定的生产经营场所和必要的生产经营条件。生产经营场所，是企业进行生产经营活动和与其他企业联系的地点。必要的生产经营条件，一般包括经营场地、设备、技术、财务会计制度等。

（5）有必要的从业人员。对于个人独资企业可以聘用的员工数量，《个人独资企业法》没有限定，但只有有必要的从业人员，个人独资企业才能进行正常经营。

2. 个人独资企业的设立程序

个人独资企业的设立程序主要有：

（1）提出申请。《个人独资企业法》规定，申请设立个人独资企业，应当由投资人或者其委托的代理人向个人独资企业所在地的登记机关提出申请。提交设立申请书、投资人身份证明、生产经营场所使用证明等文件。委托代理人申请设立登记时，应当出具投资人的委托书和代理人的合法证明。此外，从事法律、法规规定须报经有关部门审批业务的，应当在申请设立登记时提交有关部门的批准文件。

（2）工商登记。工商登记机关应当在收到申请文件之日起 15 日内，作出核准登记或不予登记的决定。不予核准登记的，发给驳回通知书；予以核准登记的，颁发营业执照。个人独资企业的营业执照签发日期，就是个人独资企业成立日期。在营业执照领到之前，投资人不得以个人独资企业名义从事经营活动。

个人独资企业设立分支机构，应当由投资人或者其委托的代理人向分支机构所在地的登记机关提出申请登记，领取营业执照。分支机构的民事责任由设立该分支机构的个人独资企业承担。

（二）个人独资企业的变更

个人独资企业的变更，是指个人独资企业在其存续期间，企业的名称、住所、经营范围等登记事项发生的改变。个人独资企业在其存续期间发生登记事项变更的，应当在作出变更决定之日起 15 日内依法向工商登记机关申请办理变更登记。

四、个人独资企业投资人

(一) 个人独资企业投资人的条件

投资人是指以其财产投资设立个人独资企业的自然人。投资人是否应具有完全民事行为能力,我国立法未规定。一般认为投资人应当具有完全的民事行为能力。我国《个人独资企业法》第十六条规定,法律、行政法规禁止从事营业性活动的人,不得作为投资人申请设立个人独资企业。如国家公务人员。另外,国家机关、国家授权投资的机构或部门、企业、事业单位也不能作为个人独资企业的投资者。

(二) 个人独资企业投资人的权利

个人独资企业投资人对本企业的财产依法享有所有权,投资人对个人独资企业可以依法进行转让和继承。在这里要注意的是投资人的权利与个人独资企业的权利是不同的。个人独资企业的权利有依法申请贷款、取得土地使用权,并享有法律、行政法规规定的其他权利,任何单位和个人不得违反法律、行政法规的规定,以任何方式强制个人独资企业提供人力、物力、财力,对此个人独资企业有权予以拒绝。

(三) 个人独资企业投资人的责任

个人独资企业以其财产清偿债务,当个人独资企业财产不足清偿债务的,投资人应以其个人的其他财产予以清偿。如果个人独资企业投资人在申请企业设立登记时明确以其家庭共有财产作为出资的,应依法以家庭共有财产对企业债务承担无限责任。

五、个人独资企业的事务管理

(一) 个人独资企业事务管理的方式

个人独资企业事务管理方式,主要有自行管理、委托管理和聘任管理三种。所谓自行管理,就是由投资人本人直接管理企业。委托管理,就是由投资人委托其他具有民事行为能力的人管理企业。聘任管理,就是由投资人聘用其他具有民事行为能力的人管理企业。投资人委托或聘用他人管理个人独资企业的,应与受托人或被聘用的人员签订书面合同,明确委托的具体内容和授予的权利范围。投资人对受托人或者被聘用的人员职权的限制,不得对抗善意第三人,即个人独资企业投资人与受托人或者被聘用人员之间有关权利义务的限制只对受托人或者被聘用人员有效,对第三人并无约束力,受托人或者被聘用的人员超出投资人的限制与善意第三人的有关业务交往应当有效。

(二) 受托人或者被聘用的人员在管理个人独资企业事务中的义务

受托人或者被聘用的人员应当履行诚信、勤勉义务,按照与投资人签订的合同负责个人独资企业的事务管理。我国《个人独资企业法》规定,投资人委托或者聘用的管理个人独资企业事务的人员不得从事下列行为:

(1) 利用职务上的便利,索取或者收受贿赂;

(2) 利用职务或者工作上的便利侵占企业财产;

(3) 挪用企业的资金归个人使用或者借贷给他人;

(4) 擅自将企业资金以个人名义或者以他人名义开立账户存储;

(5) 擅自以企业财产提供担保;

（6）未经投资人同意，从事与本企业相竞争的业务；
（7）未经投资人同意，同本企业订立合同或者进行交易；
（8）未经投资人同意，擅自将企业商标或者其他知识产权转让给他人使用；
（9）泄露本企业的商业秘密；
（10）法律、行政法规禁止的其他行为。

（三）个人独资企业事务管理的内容

根据《个人独资企业法》的规定，个人独资企业事务管理的主要内容有：

1. 财务会计事务管理

个人独资企业应当依法设置会计账簿，进行会计核算。

2. 用工事务管理

个人独资企业招用职工的，应当依法与职工签订劳动合同，保障职工的劳动安全，按时、足额发放职工工资，禁止雇用童工。

3. 社会保险事务管理

个人独资企业应当按照国家规定参加社会保险，为职工缴纳以下五种社会保险费：养老保险、医疗保险、失业保险、企业职工生育保险、工伤保险。

【例】万某因出国留学将自己的独资企业委托陈某管理，并授权陈某在5万元以内的开支和50万元以内的交易可自行决定。陈某未经万某同意与某公司签订交易额为100万元的合同，向某电视台支付广告费8万元，若第三人对此授权不知情，则陈某受托期间实施的上述行为是否有效？为什么？

案例参考答案

六、个人独资企业的解散和清算

（一）个人独资企业的解散

个人独资企业的解散，即个人独资企业作为商事组织的经营实体资格的消灭。根据《个人独资企业法》第二十六条的规定，个人独资企业出现下列情形之一时，应当解散：

（1）投资人决定解散；
（2）投资人死亡或者被宣告死亡，无继承人或者继承人决定放弃继承；
（3）被依法吊销营业执照；
（4）法律、行政法规规定的其他情形。

（二）个人独资企业的清算

个人独资企业的清算，是终结个人独资企业的法律关系，消灭个人独资企业作为商事组织的经营实体资格的程序。

1. 确定清算人

个人独资企业解散以后，由投资人自行清算或债权人申请人民法院指定清算人。

2. 通知和公告债权人

如果是由投资人自行清算的，应当在清算前15日内通知债权人，无法通知的，应当公告。债权人应当在接到通知之日起30日内，未接到通知的应当自公告之日起60日内，向投资人申报其债权。

3. 财产清偿顺序

《个人独资企业法》第二十九条规定，个人独资企业解散的，财产应当按照下列顺序清偿：

（1）所欠职工工资和社会保险费用；
（2）所欠税款；
（3）其他债务。

个人独资企业的财产不足以清偿债务的，投资人应当以其个人的其他财产予以清偿。

4. 清算期间对投资人的要求

清算期间，个人独资企业不得开展与清算目的无关的经营活动。在按前述财产清偿顺序清偿债务前，投资人不得转移、隐匿财产。

5. 投资人的持续偿债责任

个人独资企业解散后，原投资人对个人独资企业存续期间的债务仍应承担偿还责任，但是，如果债权人在连续5年内未向债务人提出偿债请求的，该责任归于消灭。

6. 注销登记

个人独资企业清算结束后，投资人或债权人申请人民法院指定的清算人应当编制清算报告，并于15天内办理注销登记。

【例】农村青年张某已在县城打工2年，手中有一些积蓄，几年来的裁缝工作，使他积累了一些制衣的经验，2012年，他舅舅某县公安局法制科科长孙国强欲成立一个裁缝店，拟由张某负责管理该个人独资企业。该店经县工商局核准注册，店主为孙国强，实际由张某负责管理。随后，张某从农村老家雇了8名姑娘在店里工作，年龄大的19岁，小的15岁。由于该店处在商业繁华区，张某的裁剪技术好，有许多人慕名而来，活儿很多。店里的工作人员每天工作10小时。2013年3月，雇工李某在工作中由于烫斗故障起火，烧伤了右手，花去医疗费2000多元。李某多次要求张某进行补偿，都被张某以"我们并没有这方面的协议"而予以拒绝。李某及其家人多方投诉无果，向人民法院提起了诉讼。

问：（1）孙国强能否创办个人独资企业？
（2）裁缝店在劳动用工方面有何违法行为？
（3）李某的损失应由谁负责？

案例参考答案

合伙企业法律制度

一、合伙和合伙企业法概述

（一）合伙的概念

合伙在中外历史上均有古老的渊源，在罗马法就已有简易合伙和普通合伙之区别。但就合伙之关系构成来看，它是两个以上的自然人、法人因完成一项共同追求的事业而共同工作形成的合伙关系，这种关系表现的形式是契约。

我国《民法典》规定，合伙合同是两个以上合伙人为了共同的事业目的，订立的共享利益、共担风险的协议。

（二）合伙企业概念

《中华人民共和国合伙企业法》（以下简称《合伙企业法》）第二条规定，合伙企业是指自然人、法人和其他组织依法在中国境内设立的普通合伙企业和有限合伙企业。

普通合伙企业由普通合伙人组成，合伙人对合伙企业债务承担无限连带责任。

有限合伙企业由普通合伙人和有限合伙人组成，普通合伙人对合伙企业债务承担无限连带责任，有限合伙人以其认缴的出资额为限对合伙企业债务承担责任。

合伙企业除具备企业的一般特征外，还具有自身不同于其他企业形态的一些法律特征，具体如下：

（1）合伙企业因合伙协议而成立。

（2）合伙企业是合伙人共同出资、共同经营、共享收益、共担风险，并以营利为目的的利益及责任共同体。

（3）合伙企业是基于合伙人之间的信用关系而建立的。合伙人是典型的人合企业，因此，合伙人之间的信用是其产生和发展的基础。

（4）合伙企业不具有法人资格，合伙企业的合伙人通常对合伙企业的债务承担无限连带责任。合伙人对合伙企业债务承担的无限连带责任是一种全体合伙人的共同责任，同时是一种补充责任，即当合伙企业的全部财产不足以清偿其全部债务时，各合伙人才承担这种责任，合伙人偿还债务数额超过其应承担的数额时，有权向其他合伙人追偿。

（三）合伙企业法概念及其立法概况

合伙企业法是调整合伙企业在设立、经营、变更、终止过程中形成的各种社会关系的法律规范的总和。

《合伙企业法》由第八届全国人大常委会第二十四次会议于1997年2月23日通过，自1997年8月1日起实施。2006年8月27日经第十届全国人民代表大会第二十三次会议修订，自2007年6月1日起施行。

二、普通合伙企业概述

（一）普通合伙企业的概念和特征

1. 普通合伙企业的概念

普通合伙企业，是指依照我国《合伙企业法》在我国境内设立的由各合伙人订立合伙协议，共同出资、合伙经营、共享收益、共担风险，并对合伙企业债务承担无限连带责任的营利性组织。

2. 普通合伙企业的特征

（1）普通合伙企业是两个以上的合伙人共同出资创办的企业。合伙人包括自然人、法人和其他组织。但《合伙企业法》第三条规定：国有独资公司、国有企业、上市公司以及公益性的事业单位、社会团体不得成为普通合伙人。

（2）普通合伙企业的内部关系属于合伙关系。合同人之间是共同出资、合伙经营、共享收益、共担风险的关系。

（3）普通合伙企业不是法人企业。我国的合伙企业不具有法人资格，不具有独立的法律人格。

（4）普通合伙人对普通合伙企业债务承担无限连带责任。

（二）普通合伙企业的法律地位

我国《合伙企业法》规定了合伙企业有自己的名称、以企业名义取得营业执照从事经营活动，合伙人出资、以合伙名义取得的收益和其他财产为合伙企业财产等，表明我国合伙企业是一种经济组织，具有团体资格。在诉讼活动中合伙企业以企业名义参加诉讼，享受权利承担义务。它依据合伙协议产生，有相对独立的财产，可以自己的名义从事经营并取得财产，包括各种知识产权。它是市场主体中的一种独立的新类型，具有团体资格。由于合伙企业独立承担责任，其财产不足以清偿债务时，合伙人全体承担无限连带责任。依据我国法人制度的条件看，合伙企业不具有法人资格。

三、普通合伙企业的设立和变更

（一）普通合伙企业的设立

1. 普通合伙企业的设立条件

根据《合伙企业法》第十四条规定，设立普通合伙企业应具备下列条件：

（1）有2个以上合伙人。合伙人为自然人的，应当具有完全民事行为能力。合伙企业的天然属性与自然属性都要求其成员为两人以上。《合伙企业法》规定合伙企业的设立条件第一项就是"有两个以上合伙人"便是对这种基于自然性和社会性所反映的法则的认可。

自然人的合伙人必须是具有完全民事行为能力人，法律、行政法规禁止从事营利性活动的人不得成为合伙人，比如国家公务人员。这是民事法律的普遍要求的体现。

（2）有书面合伙协议。成立普通的民事合伙只需有口头协议就够了，但要注册为合伙企业必须要有书面合伙协议。这是合伙企业成立的必要条件。合伙协议应当依法由全体合伙人协商一致以书面形式订立。合伙协议应当载明下列10个必要记载事项：

①合伙企业的名称和主要经营场所的地点；

②合伙目的和合伙企业的经营范围；

③合伙人的姓名及其住所；

④合伙人出资的方式、数额和缴付出资的期限；

⑤利润分配和亏损分担办法；

⑥合伙企业事务的执行；

⑦入伙与退伙；

⑧争议解决办法；

⑨合伙企业的解散与清算；

⑩违约责任。

合伙协议经全体合伙人签名、盖章后生效。合伙人按照合伙协议享有权利，履行义务。修改或者补充合伙协议，应当经全体合伙人一致同意；但是，合伙协议另有约定的除外。合伙协议未约定或者约定不明确的事项，由合伙人协商决定；协商不成的，依照《合伙企业法》和其他有关法律、行政法规的规定处理。

（3）有合伙人认缴或实际缴付的出资。合伙人对合伙企业债务承担无限连带责任，所以法律没有要求注册资本。合伙人缴付出资只是满足合伙企业经营活动正常开展的条件。债权人利益的保障不在于合伙人出资多寡，而在于无限连带责任。合伙人违反协议未缴付出资不构成对债权人利益侵犯，而只是侵犯了其他合伙人利益。因此法律允许合伙人以多种方式出资。合伙人可以用货币、实物、知识产权、土地使用权或者其他财产权利出资，也可以用劳务出资。以劳务方式出资的合伙人也要和其他合伙人一样承担无限连带责任。劳务作价由全体合伙人协商确定，也可以由全体合伙人委托法定评估机构评估。以劳务出资的，其评估办法由全体合伙人协商确定，并在合伙协议中载明。《合伙企业法》第十七条规定：合伙人应当按照合伙协议约定的出资方式、数额和缴付期限履行出资义务。以非货币财产出资的，依照法律、行政法规的规定需要办理财产权转移手续的，应当依法办理。

（4）有合伙企业的名称和生产经营场所。普通合伙企业在其名称中不得使用"有限""有限责任""股份"或"公司"的字样，以免对合伙企业的客户、消费者、承担管理职能的政府等在企业类型和交易风险预判方面制造混乱。公司是法人企业的专有名称，合伙企业在字号外可选用的通用行号可以是"中心""所""经营部""厂""社""楼""馆""店"等，依据行业习惯自行确定。合伙企业的名称中必须标明"普通合伙"字样。合伙企业必须有固定的经营场所，否则无从开展经营活动，他人与企业发生交易的，也不便与企业联系，政府的管理活动无从进行，在诉讼中无法确认文件的接受地等。因企业没有法人资格，其主要办事机构所在地为经营场所而不是住所，企业可以有多处经营场所，如果设立合伙企业或分支机构，应向企业登记机关提交"经营场所证明"。

（5）法律、行政法规规定的其他条件。

2. 普通合伙企业的设立程序

设立合伙企业，按照下列程序进行：

（1）提出申请。根据《合伙企业法》第九条的规定，申请设立合伙企业，应当向企业登记机关提交登记申请书、合伙协议书、合伙人身份证明等文件。合伙企业的经营范围中有属于法律、行政法规规定在登记前须经批准的项目的，该项经营业务应当依法经过批准，并在登记时提交批准文件。

(2) 工商登记。申请人提交的登记申请材料齐全、符合法定形式，企业登记机关能够当场登记的，应予当场登记，发给营业执照。如不能当场登记的，企业登记机关应当自受理申请之日起 20 日内，作出是否登记的决定。予以登记的，发给营业执照；不予登记的，应当给予书面答复，并说明理由。合伙企业的营业执照签发日期，为合伙企业成立日期。合伙企业领取营业执照前，合伙人不得以合伙企业名义从事合伙业务。

合伙企业设立分支机构，应当向分支机构所在地的企业登记机关申请登记，领取营业执照。

(二) 普通合伙企业的变更

普通合伙企业登记事项发生变更的，如发生入伙、退伙等事由的，执行合伙事务的合伙人应当自作出变更决定或者发生变更事由之日起 15 日内，向企业登记机关申请办理变更登记。

四、普通合伙企业的财产

(一) 普通合伙企业财产的构成

《合伙企业法》第二十条规定，合伙人的出资、以合伙企业名义取得的收益和依法取得的其他财产，均为合伙企业的财产。可见，合伙企业的财产由两部分构成，即合伙人的出资和所有以合伙企业名义取得的收益和依法取得的其他财产。

(二) 普通合伙企业财产的性质

合伙企业的财产，属于共有财产的性质，合伙人共同共有。合伙企业的财产权是一种共同共有财产权，每个人的权利均及于合伙财产全部，而不是及于自己的份额，不像按份共有人那样享有份额权，可以任意处分自己的份额。合伙企业清算前，合伙人不得请求分割企业财产，除非退伙。如果转让份额必须经全体合伙人同意。

(三) 普通合伙企业财产的使用和管理

对合伙企业财产的占有、使用、收益和处分，均应当依据全体合伙人的共同意志。因此，合伙企业的财产只能由全体合伙人共同管理和使用。

我国《合伙企业法》第二十一条规定，除具备法定事由外，在合伙企业进行清算前，合伙人不得请求分割合伙企业的财产。这里所说的法定事由，是指合伙人退伙。

(四) 普通合伙企业财产的转让和出质

1. 合伙企业财产的转让

合伙企业财产的转让是指合伙人将自己在合伙企业中的财产份额转让于他人。《合伙企业法》对合伙企业财产的转让作了以下限制性规定：

(1) 内部转让通知制度。合伙企业存续期间，合伙人之间转让在合伙企业中的全部或者部分财产份额时，应当通知其他合伙人。这一规定适用于合伙企业财产在合伙人之间的内部转让。内部转让虽不会挑战合伙人间的人身信任关系，但会导致合伙人之间利益格局的改变。因此《合伙企业法》规定了内部转让通知制度。

（2）外部转让同意制度。除合伙协议另有约定外，合伙企业存续期间，合伙人向合伙人以外的人转让其在合伙企业中的全部或者部分财产份额时，须经其他合伙人一致同意。这包括以下意思，在合伙协议没有其他约定的情况下：①凡在合伙企业存续期间，属于合伙企业财产组成部分的，合伙人对其所占有的份额，如果转让给合伙人以外的他人时，则须经其他合伙人同意；②合伙人所转让的合伙财产，无论是全部转让还是部分转让，都必须取得其他合伙人的同意，并且必须是一致同意，而不是少数服从多数的决定；③经全体合伙人同意，合伙人以外的人受让合伙财产份额后，经修改合伙协议即成为新的合伙人，这相当于入伙。

（3）合伙人的优先购买权。合伙人依法转让其财产份额时，在同等条件下，其他合伙人有优先受让的权利。

2. 合伙企业财产的出质

《合伙企业法》第二十五条规定，合伙人以其在合伙企业中的财产份额出质的须经其他合伙人一致同意；未经其他合伙人一致同意，其行为无效，由此给善意第三人造成损失的，由行为人依法承担赔偿责任。这里的出质是指对外提供担保进行质押。由于合伙人以财产份额出质会导致该财产份额依法发生权利转移，从而发生入伙与退伙。因此，合伙人以其在合伙企业中的财产份额出质的，须经其他合伙人一致同意。未经其他合伙人一致同意，合伙人以其在合伙企业中的财产份额出质的，其行为无效，由此给其他合伙人造成损失的，依法承担赔偿责任。

五、普通合伙企业的事务执行

（一）普通合伙企业事务执行的含义

普通合伙企业事务执行，是指合伙人为了实现合伙设立的目的而进行的业务活动。这里主要是针对合伙企业的内部关系而言。它既包括合伙企业事务管理、合伙协议的变更、合伙企业的名称变更、处分合伙企业财产、合伙企业内部入伙与退伙、解散与清算、延长合伙企业经营期限等法律行为，也包括合伙企业的日常事务工作，如制定经营计划、组织生产、选择进货渠道、规定商品和服务价格、与客户谈判签订合同等。

（二）普通合伙企业事务的执行形式

由于合伙企业财产不具有独立性以及合伙企业具有人合性，决定了合伙企业事务的执行形式也与公司事务的执行形式有很大的不同。《合伙企业法》规定，合伙企业事务的执行形式可以在合伙协议中预先约定。合伙协议中没有约定的，可由全体合伙人共同决定。对于合伙事务的执行，可供选择的具体方式有下列三种形式：

1. 全体合伙人共同执行合伙企业事务

这是合伙企业事务执行的基本形式，也是经常使用的一种形式。由于在合伙企业中各合伙人对执行合伙企业事务享有同等的权利，因此全体合伙人有权共同执行合伙企业事务。在采取这种形式的合伙企业中，按照合伙协议的约定，各个合伙人都直接参与经营，处理合伙企业的事务，对外代表合伙企业。由全体合伙人共同执行合伙事务，这是由合伙企业的性质所决定的。

2. 委托一名或数名合伙人执行合伙企业事务

在合伙企业中，虽然全体合伙人都有权共同执行合伙企业事务，但并不是每一个合伙人都愿意行使这种权利，有时也没有必要，这样就从共同执行合伙企业事务的基本形式中引申出了委托一名或数名合伙人执行合伙企业事务的形式。即合伙人将合伙企业的事务委托一名或数名合伙人执行。执行合伙人的执行权力来源于两方面，一方面，他本身是合伙人，和其他合伙人有平等执行合伙事务的权利，另一方面则来源于其他合伙人的授权。

3. 各合伙人分别执行合伙企业事务

在合伙企业中，有些事务由各合伙人分别执行更有利于合伙企业和发挥每一个合伙人的能力时，可以采取这种方式。

（三）普通合伙企业事务执行后果的承担

执行合伙企业事务的合伙人，对外代表合伙企业，其执行合伙企业事务所产生的收益归全体合伙人，所产生的亏损或者民事责任，由全体合伙人承担。被聘任的合伙企业的经营管理人员在合伙企业授权范围内的行为后果，应由全体合伙人承担；超越合伙企业授权范围从事的经营活动，或者因故意或者重大过失，给合伙企业造成损失的，依法应承担赔偿责任。

（四）普通合伙企业事务的决议办法

合伙人对合伙企业有关事项作出决议，按照合伙协议约定的表决办法办理。合伙协议未约定或者约定不明确的，实行合伙人一人一票并经全体合伙人过半数通过的表决办法。但是《合伙企业法》第三十一条规定：除合伙协议另有约定外，合伙企业的下列事项应当经全体合伙人一致同意：

（1）改变合伙企业的名称；

（2）改变合伙企业的经营范围、主要经营场所的地点；

（3）处分合伙企业的不动产；

（4）转让或者处分合伙企业的知识产权和其他财产权利；

（5）以合伙企业名义为他人提供担保；

（6）聘任合伙人以外的人担任合伙企业的经营管理人员。

对于《合伙企业法》第三十一条规定的6项事项，除非合伙协议另有约定，应由全体合伙人一致通过。每个合伙人都拥有一票否决权。

（五）普通合伙人在执行合伙事务中的权利和义务

1. 合伙人在执行合伙事务中的权利

（1）合伙人平等享有合伙事务执行权。即每一个合伙人享有合伙事务执行权。

（2）执行合伙事务的合伙人对外代表合伙企业。即只有执行合伙事务的合伙人才能对外代表合伙企业。

（3）不参加执行事务的合伙人的监督权。不参加执行事务的合伙人有权监督执行事务的合伙人，检查其执行合伙企业事务的情况。

（4）查阅账簿权。每一个合伙人有权查阅账簿，了解合伙企业的经营状况和财务状况。

（5）提出异议权和撤销委托执行事务权。合伙协议约定或者经全体合伙人决定，合伙人分别执行合伙企业事务时，合伙人可以对其他合伙人执行的事务提出异议。提出异议时，应暂停该事务执行；如果发生争议，可由全体合伙人共同决定；委托一名或数名合伙人执行合伙企业事务时，被委托执行合伙企业事务的合伙人不按照合伙协议或者全体合伙人的决定执行事务的，其他合伙人可以决定撤销该委托。

2. 合伙人在执行合伙事务中的义务

（1）报告义务。《合伙企业法》第二十八条规定，执行合伙事务的执行人应当向不参加执行合伙事务的合伙人报告事务执行情况及合伙企业的经营状况和财务状况。

（2）竞业禁止。《合伙企业法》第三十二条第一款规定，合伙人不得自营或者同他人合作经营与本合伙企业相竞争的业务。

（3）自己交易禁止。《合伙企业法》第三十二条第二款规定，除合伙协议另有约定或者经全体合伙人一致同意外，合伙人不得同本合伙企业进行交易。

（4）其他损害行为的禁止。《合伙企业法》第三十二条第三款规定，合伙人不得从事损害本合伙企业利益的活动。

（六）普通合伙企业的损益分配

1. 合伙企业损益的内容

合伙企业损益的内容包括利润和亏损两个方面。前者是指以合伙企业的名义在经营中所取得的经济利益。如营业利润、投资净收益和营业外收支净额。后者是指以合伙企业的名义从事经营活动中所形成的亏损。即各种收入减去各项费用支出，结果为负债。

2. 合伙企业损益分配的原则

共享利润和共担风险，是合伙关系的基本准则，而共担风险体现在分配上，就是共负亏损。《合伙企业法》第三十三条规定合伙企业的利润分配、亏损分担，按照合伙协议的约定办理；合伙协议未约定或者约定不明确的，由合伙人协商决定；协商不成的，由合伙人按照实缴出资比例分配、分担；无法确定出资比例的，由合伙人平均分配、分担。合伙协议不得约定将全部利润分配给部分合伙人或者由部分合伙人承担全部亏损。

六、普通合伙企业的对外关系

（一）对外代表权的效力

谁代表合伙企业行使执行权，谁就能对外代表合伙企业。因此，对外代表权有三种情况。

（1）由全体合伙人共同执行合伙企业事务的，全体合伙人都有权对外代表合伙企业，即全体合伙人都取得了合伙企业的对外代表权。

（2）由部分合伙人执行合伙企业事务的，只有受委托执行合伙企业事务的那一部分合伙人有权对外代表合伙企业，而不参加执行合伙企业事务的合伙人则不具有对外代表合伙企业的权利。

（3）特别事务的处理。由于特别授权在单项合伙事务上有执行权的合伙人，依照授权范围可以对外代表合伙企业。

（二）合伙企业与第三人的关系

《合伙企业法》第三十七条规定，合伙企业对合伙人执行合伙企业事务以及对外代表合伙企业权利的限制,不得对抗不知情的善意第三人。善意第三人,又称善意取得人,是指不知道或者不能知道自己所取得的财产不是无权让与人所有的,取得的财产是有偿且无过错的;不知情,是指在设立法律关系时不知道或者不能知道相对方是存在权利瑕疵的人。如果第三人与合伙企业事务执行人恶意串通、损害合伙企业利益,则不属于善意的情形。

(三) 合伙企业的债务清偿与合伙人的关系

1. 合伙人的连带清偿责任

《合伙企业法》第三十九条规定合伙企业对其债务,应先以其全部财产进行清偿,合伙企业不能清偿到期债务的,各合伙人承担无限连带清偿责任。

2. 合伙人之间的债务分担和追偿

《合伙企业法》第四十条规定合伙人由于承担无限连带责任,清偿数额超过其亏损分担比例的,有权向其他合伙人追偿。对合伙企业债务,以合伙企业财产清偿合伙企业债务时,其不足的部分,由合伙人按照合伙协议约定的比例分担,用其在合伙企业出资以外的财产承担清偿责任。

(四) 合伙人的个人债务清偿与合伙企业的关系

合伙企业存续期间,可能发生个别合伙人因不能偿还其个人债务而被追索的情况。由于合伙人在合伙企业中拥有财产利益,合伙人的债权人可能向合伙企业提出各种清偿请求。为了保护合伙企业和其他合伙人的合法权益,同时也保护债权人的合法权益。合伙企业法规定了以下三种情况:

1. 合伙企业中某一合伙人的债权人,不得以该债权抵销其对合伙企业的债务

这是因为,该债权人对合伙企业的负债,实际上是对全体合伙人的负债;而合伙企业某一合伙人对该债权人的负债,仅限于该合伙人个人。如果允许两者抵销,就等于强迫合伙企业其他合伙人对个别合伙人的个人债务承担责任。

2. 合伙人个人负有债务,其债权人不得代位行使该合伙人在合伙企业中的权利

这是因为,合伙企业具有人合性质,合伙人之间相互了解和信任是合伙关系稳定的基础。如果允许个别合伙人的债权人代位行使该合伙人在合伙企业中的权利,则不利于合伙关系的稳定和合伙企业的正常运营。

3. 合伙人个人财产不足清偿其个人所负债务时的债务清偿

合伙人个人财产不足清偿其个人所负债务时的债务的,该合伙人只能以其从合伙企业中分取的收益用于清偿;债权人也可以依法请求人民法院强制执行该合伙人在合伙企业中的财产份额用于清偿。债权人不得自行接管债务人在合伙企业中的财产份额。人民法院强制执行该财产份额的,应当通知其他合伙人。对该合伙人的财产份额,其他合伙人有优先受让的权利。其他合伙人未购买,又不同意将该财产份额转让给他人的,依照《合伙企业法》第五十一条规定的退伙结算办法为该合伙人办理退伙结算,或者办理削减该合伙人相应财产份额的结算。

七、普通合伙企业的入伙与退伙

入伙与退伙,从合伙企业的角度讲,涉及的是合伙企业的变更问题。

(一) 入伙

1. 入伙的含义

所谓入伙，是指合伙企业存续期间，合伙人以外的第三人加入合伙企业，从而取得合伙人的资格。

2. 入伙的条件

《合伙企业法》第四十三条规定，新合伙人入伙，除合伙协议另有约定外，应当经全体合伙人一致同意，并依法订立书面入伙协议。订立入伙协议时，原合伙人应当向新合伙人如实告知原合伙企业的经营状况和财务状况。这一规定包含了入伙应当符合的下列条件：

（1）经全体合伙人同意。合伙企业以合伙人之间的信任为前提，第三人成为合伙人，若不经过全体合伙人的一致同意，则会破坏合伙人之间原已存在的信任关系，而入伙使入伙人取合伙人资格，因此必须经全体合伙人一致同意。

（2）入伙人必须与原合伙人订立书面协议。入伙协议的订立，表明入伙人愿意入伙，也表明原合伙人对入伙人的接受。同时，通过合伙协议，确立了新合伙人在合伙企业中的权利义务。

（3）原合伙人的告知义务。订立协议时，原合伙人必须履行告知义务，即原合伙人应当向新合伙人告知原合伙企业经营状况和财务状况。

（4）合伙协议另有约定除外。这就赋予了合伙人更多的自主权，在合伙企业设立时通过合伙协议约定不同于合伙企业法规定的条件。

3. 入伙的后果

入伙使入伙人取得合伙人的资格，同时享有合伙人的权利并承担相应的责任。新合伙人入伙后，原则上享有原合伙人同等的权利和承担同等的责任，但是，入伙协议另有规定的，依照合伙协议的规定执行。

(二) 退伙

1. 退伙的含义

所谓退伙，是指合伙人退出合伙企业，从而丧失合伙人资格。

2. 退伙的形式

根据原因的不同，合伙人退伙的形式，可以分为两种：一是自愿退伙，二是法定退伙。

（1）自愿退伙，又称为声明退伙。是指合伙人基于自愿的意思表示通过向其他合伙人作出退伙的正式表示而退伙。这种意思表示的形式，可以为事前协议退伙，也可以为届时通知退伙。自愿退伙可以分为协议退伙和通知退伙两种。

关于协议退伙，《合伙企业法》第四十五条规定，合伙协议约定合伙企业的经营期限的，有下列情形之一的，合伙人可以退伙：①合伙协议约定的退伙事由出现；②经全体合伙人同意退伙；③发生合伙人难于继续参加合伙企业的事由；④其他合伙人严重违反合伙协议约定的义务。其中，第二项规定意味着在合伙协议有约定经营期限的情况下，合伙人未经其他合伙人的一致同意，不得以单方通知退伙。合伙人违反上述规定，擅自退伙的，应当赔偿由此给其他合伙人造成的损失。

关于通知退伙，《合伙企业法》第四十六条规定，合伙企业未约定合伙企业的经营期限的，合伙人在不给合伙企业事务执行造成不利影响的情况下，可以退伙，但应当提前30天通知其他合伙人。合伙人违反上述规定，擅自退伙的，应当赔偿由此给其他合伙人造成的损失。

（2）法定退伙，是指合伙人因为出现法律规定的事由而退伙。法定退伙分为两类：一是当然退伙，二是除名退伙。

关于当然退伙，是以法定事由实际发生之日为退伙生效日。《合伙企业法》第四十八条规定，合伙人有下列情形之一的，当然退伙：①作为合伙人的自然人死亡或者被依法宣告死亡；②个人丧失偿债能力；③作为合伙人的法人或者其他组织依法被吊销营业执照、责令关闭、撤销，或者被宣告破产；④法律规定或者合伙协议约定合伙人必须具有相关资格而丧失该资格；⑤合伙人在合伙企业中的全部财产份额被人民法院强制执行。合伙人被依法认定为无民事行为能力人或者限制民事行为能力人的，经其他合伙人一致同意，可以依法转为有限合伙人，普通合伙企业依法转为有限合伙企业。其他合伙人未能一致同意的，该无民事行为能力或者限制民事行为能力的合伙人退伙。退伙事由实际发生之日为退伙生效日。关于第②项个人丧失偿债能力，我国法律没有明确界定。类似情况在国外主要指个人破产，但我国破产制度不适用于个人。因此只能做一般理解。它并不是指没有稳定或固定收入来源的人，也不是指生活贫困或家庭负担重的人，它包含的因素不仅有因发生天灾人祸彻底丧失财产和偿付能力，还有道德因素，如因赌博、吸毒、挥霍财产等而丧失偿债能力。

关于除名退伙，《合伙企业法》第四十九条规定，合伙人有下列情形之一的，经其他合伙人一致同意，可以决议将其除名：①未履行出资义务；②因故意或者重大过失给合伙企业造成损失；③执行合伙事务时有不正当行为；④发生合伙协议约定的事由。对合伙人的除名决议应当书面通知被除名人。被除名人接到除名通知之日，除名生效，被除名人退伙。被除名人对除名决议有异议的，可以自接到除名通知之日起30日内，向人民法院起诉。

3. 退伙的后果

退伙将导致退伙人在合伙企业中的财产份额和民事责任的归属变动。这种变动包括财产的继承和退伙结算两类情况。

（1）退伙人丧失合伙人资格。退伙人退伙后，合伙人资格再不复存在。

（2）财产继承。财产继承发生在合伙人因死亡或者被宣告死亡而退伙的情况下。《合伙企业法》第五十条规定，合伙人死亡或者被依法宣告死亡的，对该合伙人在合伙企业中的财产份额享有合法继承权的继承人，按照合伙协议的约定或者经全体合伙人一致同意，从继承开始之日起，取得该合伙企业的合伙人资格。有下列情形之一的，合伙企业应当向合伙人的继承人退还被继承合伙人的财产份额：①继承人不愿意成为合伙人；②法律规定或者合伙协议约定合伙人必须具有相关资格，而该继承人未取得该资格，比如合伙制的律师事务所；③合伙协议约定不能成为合伙人的其他情形。合伙人的继承人为无民事行为能力人或者限制民事行为能力人的，经全体合伙人一致同意，可以依法成为有限合伙人，普通合伙企业依法转为有限合伙企业。全体合伙人未能一致同意的，合伙企业应当将被继承合伙人的财产份额退还该继承人。

（3）退伙结算。《合伙企业法》对退伙结算作了如下规定：① 合伙人退伙，其他合伙人应当与该退伙人按照退伙时的合伙企业财产状况进行结算，退还退伙人的财产份额。退伙人对给合伙企业造成的损失负有赔偿责任的，相应扣减其应当赔偿的数额。退伙时有未了结的合伙企业事务的，待该事务了结后进行结算。②退伙人在合伙企业中财产份额的退还办法，由合伙协议约定或者由全体合伙人决定，可以退还货币，也可以退还实物。③退伙人对基于其退伙前的原因发生的合伙企业债务，承担无限连带责任。④合伙人退伙时，合伙企业财产少于合伙企业债务的，退伙人应当依照本法第三十三条第一款规定损益分配比例分担亏损。

（4）退伙后的责任承担。合伙人退伙后，合伙企业因不能清偿到期债务而解散，合伙人应对退伙前的债务承担无限连带责任。如果合伙经营期间发生亏损，合伙人退出合伙时未按约定分担或未合理分担合伙债务的，退伙人对原合伙的债务，应当承担清偿责任。如果退伙人已合理分担合伙债务的，对其参加合伙期间的全部债务仍负连带责任。

八、特殊的普通合伙企业

（一）特殊的普通合伙企业的适用范围

《合伙企业法》第五十五条规定，以专业知识和专门技能为客户提供有偿服务的专业服务机构，可以设立为特殊的普通合伙企业，适用本法关于特殊的普通合伙企业的责任规定。非企业专业服务机构依据有关法律采取合伙制的，其合伙人承担责任的形式可以适用本法关于特殊的普通合伙企业合伙人承担责任的规定。

（二）对特殊的普通合伙企业的公示要求

特殊的普通合伙企业，其合伙人对特定合伙企业债务只承担有限责任。为保护交易相对人的利益，应当对这一情况予以公示。合伙企业法规定，特殊的普通合伙企业名称中应当标明"特殊普通合伙"字样。

（三）特殊的普通合伙企业合伙人的责任形式

《合伙企业法》第五十七条规定，特殊的普通合伙企业，一个合伙人或者数个合伙人在执业活动中因故意或者重大过失造成合伙企业债务的，应当承担无限责任或者无限连带责任，其他合伙人以其在合伙企业中财产份额为限承担责任。合伙人在执业活动中非因故意或者重大过失造成的合伙企业债务以及合伙企业的其他债务，由全体合伙人承担无限连带责任。

（四）对特殊的普通合伙企业债权人的保护

为了保护债权人的利益，《合伙企业法》专门规定了对特殊的普通合伙企业债权人的保护制度，即执业风险基金制度和职业保险制度。《合伙企业法》第五十九条规定，特殊的普通合伙企业应当建立执业风险基金、办理职业保险；执业风险基金用于偿付合伙人执业活动造成的债务；执业风险基金应当单独立户管理；执业风险基金的具体管理办法由国务院规定。

（五）对特殊的普通合伙企业适用法律的规定

特殊的普通合伙企业实质上仍然是普通合伙企业，因此，《合伙企业法》规定，特殊的普通合伙企业，本法未作规定的，适用本法关于普通合伙企业的规定。

九、有限合伙企业

（一）有限合伙企业概述

1. 有限合伙企业的概念

有限合伙企业，是首先由英美国家法律规定产生的一种合伙形式。我国的有限合伙企业是指由一个或一个以上的普通合伙人和一个或一个以上的有限合伙人共同组建的合伙企业，全体合伙人的总数为2个以上50个以下，普通合伙人对有限合伙企业债务承担无限连带责任，有限合伙人以其认缴的出资额为限对有限合伙企业债务承担责任的合伙企业。

2. 有限合伙企业的法律特征

（1）有限合伙企业的合伙人有普通合伙人和有限合伙人两种，其中至少一人为普通合伙人。对企业债务承担不同责任的两种合伙人共同参加同一家企业，各自对企业主张不同的权利和抱有差别的期望，投资者之间存在复合型关系。

（2）有限合伙企业成立的法律基础是合伙协议。合伙协议仍然由全体普通合伙人和有限合伙人一致同意签署。对于有限合伙企业，法律没有要求制备章程，体现当事人意思自治的协议就是有限合伙企业合法存在的法律依据。

（3）在有限合伙企业中，合伙人之间，不管是普通合伙人之间还是有限合伙人之间仍然存在信任关系。有限合伙人因不参与经营，相互间的信任关系对企业的生存和经营影响不大，法律关注的重点是普通合伙人与有限合伙人之间的关系，全体普通合伙人对有限合伙人必须承担信义义务。有限合伙人将财产投入企业，而不行使管理权，其谋利的期望完全寄托于普通合伙人身上，作为企业管理人的普通合伙人必须承担受托人的职责。

（4）普通合伙人对企业债务承担无限连带责任，并据此完全控制企业的经营管理活动。企业控制权的来源一般受投资数量和风险负担分配情形的制约。在有限合伙中，普通合伙人投资不一定比有限合伙人多，但对企业债务必须承担无限连带责任，因此基于风险分配、责任负担和控制权一致安排的企业治理原则，法律赋予普通合伙人对有限合伙企业绝对的支配管理权。

（5）有限合伙人对企业债务只以认缴的出资额为限，因此对企业的经营活动丧失管理权。有限合伙人不可以介入企业的管理与决策活动，否则不再享受对债务有限责任的利益。另外，由于有限合伙人对企业债务无须负个人责任，故其投资只能限于货币、知识产权、土地使用权、实物财产或其他财产权利，不能以劳务、自然人姓名、个人信誉、法人名称、特许使用权等出资。

（二）有限合伙企业的特殊规定

《合伙企业法》第六十条规定，有限合伙企业及其合伙人适用本章规定；本章未作规定的，适用本法第二章第一节至第五节关于普通合伙企业及其合伙人的规定。《合伙企业法》在以下几个方面做了有限合伙企业不同于普通合伙企业的特殊规定。

1. 设立人

《合伙企业法》第六十一条规定，有限合伙企业由2个以上50个以下合伙人设立；但是，法律另有规定的除外。有限合伙企业至少应当有一个普通合伙人。而作为普通合伙企业法律并没有规定合伙人的上限。另外，有限合伙企业必须要有一个普通合伙人，不能全部为有限合伙人，否则和公司无异。

2. 公示

《合伙企业法》第六十二条规定，有限合伙企业名称中应当标明"有限合伙"字样。有限合伙人对有限合伙企业债务只承担有限责任，为保护交易相对人的利益，应当对这一情况予以公示。

3. 合伙协议

合伙企业的合伙协议在合伙企业中有着重要的地位和作用，合伙事务的决议、损益分配及其他很多方面合伙协议的约定优先于法律的规定。对于有限合伙企业，《合伙企业法》第六十三条规定，合伙协议除符合本法第十条的规定外，还应当载明下列事项：①普通合伙人和有限合伙人的姓名或者名称、住所；②执行事务合伙人应具备的条件和选择程序；③执行事务合伙人权限与违约处理办法；④执行事务合伙人的除名条件和更换程序；⑤有限合伙人入伙、退伙的条件、程序以及相关责任；⑥有限合伙人和普通合伙人相互转变程序。

4. 出资

作为普通合伙人，可以用货币、实物、知识产权、土地使用权或者其他财产权利作价出资。但对于有限合伙人，《合伙企业法》第六十四条规定，有限合伙人不得用劳务作为出资。这不同于普通合伙人。有限合伙人应当按照合伙协议的约定按期足额缴纳出资；未按期足额缴纳的，应当承担补缴义务，并对其他合伙人承担违约责任。有限合伙企业登记事项中应当载明有限合伙人的姓名或者名称及认缴的出资数额。

5. 事务执行

在普通合伙企业，每个合伙人都有平等地执行合伙事务的权利，但在有限合伙中，由于有限合伙人承担有限责任，风险要比普通合伙人小，所以，《合伙企业法》规定，有限合伙企业由普通合伙人执行合伙事务。执行事务合伙人可以要求在合伙协议中确定执行事务的报酬及报酬提取方式。有限合伙人不执行合伙事务，不得对外代表有限合伙企业。但对于有限合伙人的下列行为，不视为执行合伙事务：①参与决定普通合伙人入伙、退伙；②对企业的经营管理提出建议；③参与选择承办有限合伙企业审计业务的会计师事务所；④获取经审计的有限合伙企业财务会计报告；⑤对涉及自身利益的情况，查阅有限合伙企业财务会计账簿等财务资料；⑥在有限合伙企业中的利益受到侵害时，向有责任的合伙人主张权利或者提起诉讼；⑦执行事务合伙人怠于行使权利时，督促其行使权利或者为了本企业的利益以自己的名义提起诉讼；⑧依法为本企业提供担保。

6. 合伙人义务

作为普通合伙人，《合伙企业法》第三十二条规定了竞业禁止义务，第三十三条规定了自己交易之禁止义务。但对于有限合伙人来说，这两项义务不再是义务，第七十条规定，有限合伙人可以同本有限合伙企业进行交易；但是，合伙协议另有约定的除外。即只要合伙协议没有明确禁止，合伙人可以与本合伙企业进行自己交易。第七十一条规定，有限合伙人可以自营或者同他人合作经营与本有限合伙企业相竞争的业务；但是，合伙协议另有约定的除外。也就是说，合伙协议只要没有相反的明确约定，合伙人可以进行与本企业相竞争的业务。法律之所以如此规定，是因为他们不执行合伙事务，不可能利用其手中的职权为自己谋取私利，从而不会损害到其他合伙人的利益。

7. 财产出质

普通合伙人出质其财产份额须经其他合伙人一致同意，而对于有限合伙人出质份额，《合伙企业法》第七十二条规定，有限合伙人可以将其在有限合伙企业中的财产份额出质；但是，合伙协议另有约定的除外。

8. 财产转让

《合伙企业法》第七十三条规定，有限合伙人可以按照合伙协议的约定向合伙人以外的人转让其在有限合伙企业中的财产份额，但应当提前30日通知其他合伙人。这不同于普通合伙企业的合伙人转让份额需要经其他合伙人一致同意。对于有限合伙人，因不参与合伙执行，与其他合伙人的人身信任程度较弱，其进入或退出对合伙企业的影响不大，因此不需要经其他合伙人的同意，只需提前通知其他合伙人，便于其他合伙人决定是否购买。

9. 有限合伙人个人债务清偿

《合伙企业法》第七十四条规定，有限合伙人的自有财产不足清偿其与合伙企业无关的债务的，该合伙人可以以其从有限合伙企业中分取的收益用于清偿；债权人也可以依法请求人民法院强制执行该合伙人在有限合伙企业中的财产份额用于清偿。人民法院强制执行有限合伙人的财产份额时，应当通知全体合伙人。在同等条件下，其他合伙人有优先购买权。

10. 入伙后的责任

《合伙企业法》第七十七条规定，新入伙的有限合伙人对入伙前有限合伙企业的债务，以其认缴的出资额为限承担责任。

11. 退伙

主要涉及以下几个方面的问题：

（1）当然退伙。根据《合伙企业法》的规定，当有限合伙人具有以下情形时，当然退伙：①作为合伙人的自然人死亡或者被依法宣告死亡；②作为合伙人的法人或者其他组织依法被吊销营业执照、责令关闭、撤销，或者被宣告破产；③法律规定或者合伙协议约定合伙人必须具有相关资格而丧失该资格；④合伙人在合伙企业中的全部财产份额被人民法院强制执行。但如果有限合伙人在有限合伙存续期间丧失民事行为能力的，其他合伙人不得因此要求其退伙。

（2）财产继承。《合伙企业法》第八十条规定，作为有限合伙人的自然人死亡、被依法宣告死亡或者作为有限合伙人的法人及其他组织终止时，其继承人或者权利承受人可以依法取得该有限合伙人在有限合伙企业中的资格。

（3）退伙后的责任承担。有限合伙人退伙后，对基于其退伙前的原因发生的有限合伙企业债务，以其退伙时从有限合伙企业中取回的财产承担责任。而不必像其他的普通合伙人承担无限连带责任，也不必按照其在合伙企业投资的数额承担责任。

12. 有限合伙人与普通合伙人之间的相互转变

（1）转变程序。依照《合伙企业法》的规定，除非合伙协议另有约定，有限合伙人转变为普通合伙人,或普通合伙人转变为有限合伙人,应当经全体合伙人一致同意。作为合伙人,转变其身份,势必对其他合伙人和合伙企业利益发生影响,因此应经全体合伙人一致同意。

(2) 转变后的责任承担。《合伙企业法》规定,有限合伙人转变为普通合伙人的,对其作为有限合伙人期间有限合伙企业发生的债务承担无限连带责任。普通合伙人转变为有限合伙人的,对其作为普通合伙人期间合伙企业发生的债务承担无限连带责任。有限合伙人与普通合伙人之间相互转变,都会导致合伙人对其转变前的合伙企业债务承担无限连带责任。有限合伙人转为普通合伙人,就应对合伙企业全部债务承担无限连带责任,而普通合伙人转为有限合伙人,其转变前的合伙企业债务,本应承担无限连带责任,不应因其身份的转变而消灭,而应继续承担。

十、合伙企业解散与清算

(一) 合伙企业解散

合伙企业解散,是指合伙企业因发生法律规定的事由而使合伙企业归于消灭的行为。《合伙企业法》第八十五条规定,合伙企业有下列情形之一的,应当解散:

(1) 合伙期限届满,合伙人决定不再经营;
(2) 合伙协议约定的解散事由出现;
(3) 全体合伙人决定解散;
(4) 合伙人已不具备法定人数满30天;
(5) 合伙协议约定的合伙目的已经实现或者无法实现;
(6) 依法被吊销营业执照、责令关闭或者被撤销;
(7) 法律、行政法规规定的其他原因。

(二) 合伙企业清算

1. 确定清算人

清算人由全体合伙人担任;经全体合伙人过半数同意,可以自合伙企业解散事由出现后15日内指定一个或者数个合伙人,或者委托第三人担任清算人。

自合伙企业解散事由出现之日起15日内未确定清算人的,合伙人或者其他利害关系人可以申请人民法院指定清算人。这里的其他利害关系人是指的这个合伙企业的债权人,他们与该合伙企业有利害关系。

2. 通知和公告债权人

清算人自被确定之日起10日内将合伙企业解散事项通知债权人,并于60日内在报纸上公告。债权人应当自接到通知之日起30日内,未接到通知的自公告之日起45日内,向清算人申报债权。债权人申报债权,应当说明债权的有关事项,并提供证明材料。清算人应当对债权进行登记。清算期间,合伙企业存续,但不得开展与清算无关的经营活动。

3. 清算人的职责

在清算期间,清算人代表合伙企业进行各种活动。主要有以下几项:

(1) 清理合伙企业财产,分别编制资产负债表和财产清单;
(2) 处理与清算有关的合伙企业未了结事务;

(3) 清缴所欠税款;
(4) 清理债权、债务;
(5) 处理合伙企业清偿债务后的剩余财产;
(6) 代表合伙企业参加诉讼或者仲裁活动。

4. 财产清偿顺序

合伙企业财产在支付清算费用后,按下列顺序清偿:
(1) 合伙企业所欠招用的职工工资和劳动保险费用及法定补偿金;
(2) 合伙企业所欠税款;
(3) 合伙企业的债务;
(4) 分配剩余财产。

5. 注销登记

合伙企业清算结束后,清算人应当编制清算报告,清算报告经全体合伙人签名、盖章后,在15天内向登记机关报送清算报告,办理合伙企业注销登记。

6. 注销后的责任承担

《合伙企业法》第九十一条规定,合伙企业注销后,原普通合伙人对合伙企业存续期间的债务仍应承担无限连带责任。

7. 破产

《合伙企业法》第九十二条规定,合伙企业不能清偿到期债务的,债权人可以依法向人民法院提出破产清算申请,也可以要求普通合伙人清偿。合伙企业依法被宣告破产的,普通合伙人对合伙企业债务仍应承担无限连带责任。

【案例】

1. 三义和是一家普通合伙企业,合伙人黎明因家人住院,急需一笔钱,向他人借款,并为此与债权人约定,以其在合伙企业中的出资份额作为质押。事后,黎明还征求了其他合伙人的意见。

合伙人张芝仲认为:"合伙出资份额是合伙企业的财产,是大家的财产,为个人借款抵押不妥,该质押约定当然无效。"

合伙人李亚平认为:"我信任借款人,同意这项质押约定。"

合伙人康迎建认为:"既然有合伙人不同意,这项质押就不能生效。"

合伙人朱鹤翔认为:"既然如此,甲应该退伙,但必须对合伙企业以往的债务承担连带责任。"

如果你是律师,应该如何回答?

2. 某合伙组织起字号为"兴达商行",其中甲出资60%,乙、丙各出资20%,甲为执行合伙人。在与兴达商行的债务人丁的一场诉讼中,甲未与乙、丙商量而放弃兴达商行对丁的债权5万元,乙、丙知道后表示反对。后甲又私自将3间企业闲置用房卖给不知情人庚,并办理了过户登记手续。对甲的行为的效力应如何认定?

3. 大发酒厂是由甲、乙、丙3人各出资5万元组成的普通合伙企业,该合伙企业的执行合伙人是甲,对外代表合伙企业,合伙企业经营散装粮食白酒的生产、销售,经营期限为2年。问:

（1）乙、丙在该合伙企业事务中拥有什么权利？

（2）甲在担任合伙企业负责人期间，能否与他人再合作经营散装白酒的门市部？

（3）乙可否将自家生产的粮食出售给合伙企业？

（4）若丙未经甲同意以合伙企业名义与大顺商店签订了一份销售白酒的合同，则该合同是否有效？

4. 2006年，赵、刘、魏三人各出资3万元成立了合伙企业欣美服装加工厂，在合伙协议中未约定经营期限。2007年5月，经刘、魏同意，赵把自己在厂里的出资额以及他在厂里的权利和义务以4万元的价格全部转让给孙某。之后服装厂办理了变更登记。同年9月，魏某提出退伙，但刘、孙不同意，1个月以后，在刘、孙不同意的情况下，魏私自取走了自己出资的3万元。2008年1月，刘、孙二人向杜某借款5万元用于扩建工厂。2008年6月，工厂遭遇火灾，财产全部烧光，杜某要求偿还债务。问：

（1）赵退伙的性质是什么？

（2）魏退伙有效吗？如有效属于何种方式？

（3）对杜某的债务应如何清偿？

案例参考答案

课后思考题

1. 什么是个人独资企业？它与个体工商户和一人公司有什么区别？
2. 个人独资企业法对个人独资企业有哪些规定？
3. 什么是合伙企业？它有哪些分类？
4. 什么是普通合伙企业？普通合伙企业应如何管理？
5. 什么是特殊的普通合伙企业？
6. 什么是有限合伙企业？其有什么特殊之处？

PPT

项目四 破产法律制度

【知识能力目标】

1. 了解有关企业破产法的立法概况。
2. 掌握破产的概念、债务人财产与管理人、债权人会议、和解制度。
3. 学会运用破产申请与受理、重整程序、破产清算程序等有关法律规定。
4. 培养企业管理和依法处理破产法律关系的法律意识。

【职业素养目标】

1. 培养法治思维,树立依法经营、诚信经营的理念。
2. 结合破产管理人的勤勉忠实义务,培养学生"爱岗敬业、忠诚、信用"的职业道德观。
3. 结合企业破产重整程序培养学生的逆境抗压能力、协调和解能力以及积极乐观寻求问题解决的人生态度。

【导入案例】

轻工机械厂系国有企业,拖欠某电力公司的电力款达500万元,久拖不还。电力公司调查了解到该轻工机械厂已严重亏损,负债累累,短期内根本无法偿还贷款,便于2007年7月依法向法院提出破产申请。法院经审查后认为,轻工机械厂符合法定破产条件,便依法宣告破产并指定了管理人,对轻工机械厂的财产进行清理。其清单报告提供的情况如下:

(1) 轻工机械厂总资产为2000万元(变现价值),其中流动资金为150万元,长期投资120万元,固定资产1500万元,其他财产230万元。

(2) 轻工机械厂现负债2700万元,其中应付职工基本养老保险、基本医疗保险及工资等420万元,应付税款280万元,普通破产债权2000万元(包括欠电力公司500万元),合计2700万元。

(3) 在轻工机械厂的固定资产中,有四处厂房拥有产权证。其中新建的3车间和4车间已于2005年3月向某建设银行借款时用于抵押贷款150万元,该两处房产现在变现价值为 100 万元。

(4) 轻工机械厂在破产还债的程序中支付的破产费用和共益债务为 200 万元。

问：(1) 轻工机械厂的破产财产是多少？

(2) 轻工机械厂的破产财产应按何种顺序清偿？

(3) 电力公司能得到清偿的债权额是多少？

导入案例参考答案

模块一　破产法概述

一、破产的概念

破产指对丧失清偿能力的债务人，在法院的审理与监督之下，强制清算其全部财产，公平清偿全体债权人的法律制度。破产一般是指破产清算程序，但在谈及破产法律制度时，通常是从广义上理解，不仅包括破产清算制度，而且包括以挽救债务人、避免破产为目的的和解、重整等法律制度。

二、破产法的概念

破产法是规定在债务人丧失清偿能力时，法院强制对其全部财产进行清算分配，公平清偿给债权人，或通过债务人与债权人会议达成的和解协议清偿债务，或进行企业重整，避免债务人破产的法律规范的总称。破产法有广义和狭义之分。狭义的破产法特指破产法典，如我国于 2006 年 8 月 27 日通过的《中华人民共和国企业破产法》（以下简称《破产法》）；广义的破产法则还包括其他有关破产的法律、法规、司法解释，如《商业银行法》《保险法》《公司法》《合伙企业法》等立法中有关破产的规定。

三、破产法的适用范围

(一) 破产法的主体适用范围

《破产法》第二条规定："企业法人不能清偿到期债务，并且资产不足以清偿全部债务或者明显缺乏清偿能力的，依照本法规定清理债务。企业法人有前款规定情形，或者有明显丧失清偿能力可能的，可以依照本法规定进行重整。"据此，破产法的主体适用范围是所有的企业法人。同时，该法第一百三十五条规定："其他法律规定企业法人以外的组织的清算，属于破产清算的，参照适用本法规定的程序。"

此外，《破产法》还规定："金融机构实施破产的，国务院可以依据本法和其他有关法律的规定制定实施办法。""在本法施行前国务院规定的期限和范围内的国有企业实施破产的特殊事宜，按照国务院有关规定办理。"国有企业政策性破产的处理，于2008年年末彻底退出历史舞台。

（二）破产法的适用地域范围

为促进对外开放与国际经贸发展，破产法采取了有限制的普及主义原则。《破产法》第五条规定："依照本法开始的破产程序，对债务人在中华人民共和国领域外的财产发生效力。对外国法院作出的发生法律效力的破产案件的判决、裁定，涉及债务人在中华人民共和国领域内的财产，申请或者请求人民法院承认和执行的，人民法院依照中华人民共和国缔结或者参加的国际条约，或者按照互惠原则进行审查，认为不违反中华人民共和国法律的基本原则，不损害国家主权、安全和社会公共利益，不损害中华人民共和国领域内债权人的合法权益的，裁定承认和执行。"

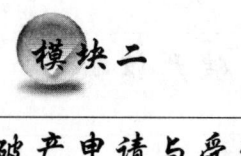

破产申请与受理

一、申请

根据《破产法》的规定，债务人发生破产原因，可以向人民法院提出重整、和解或者破产清算申请。债务人不能清偿到期债务，债权人可以向人民法院提出对债务人进行重整或者破产清算的申请。所谓破产原因，即"企业法人不能清偿到期债务，并且资产不足以清偿全部债务或者明显缺乏清偿能力"。

企业法人已解散但未清算或者未清算完毕，资产不足以清偿债务的，依法负有清算责任的人应当向人民法院申请破产清算。

当事人的申请应当向破产案件有管辖权的人民法院提出。《破产法》规定，破产案件的地域管辖由债务人住所地人民法院管辖。当事人向人民法院提出破产申请，应当提交破产申请书和有关证据。破产申请书应当载明下列事项：①申请人、被申请人的基本情况；②申请目的；③申请的事实和理由；④人民法院认为应当载明的其他事项。债务人提出申请的，还应当向人民法院提交财产状况说明、债务清册、债权清册、有关财务会计报告、职工安置预案以及职工工资的支付和社会保险费用的缴纳情况。人民法院受理破产申请前，申请人可以请求撤回申请。

二、受理

（一）法院受理程序

债权人提出破产申请的，人民法院应当自收到申请之日起5日内通知债务人。债务人对申请有异议的，应当自收到人民法院的通知之日起7日内向人民法院提出。人民法院应当自异议期满之日起10日内裁定是否受理。除上述情形外，人民法院应当自收到破产申请之日起15日裁定是否受理。有特殊情况需要延长受理案件期限的，经上一级人民法院批准，可以延长 15 日。

人民法院裁定受理破产申请的，应当将裁定自作出之日起 5 日内送达申请人。债权人提出申请的，人民法院应当自裁定作出之日起 5 日内送达债务人。债务人应当自裁定送达之日起 15 日内，向人民法院提交财产状况说明、债务清册、债权清册、有关财务会计报告以及职工工资的支付和社会保险费用的缴纳情况。

人民法院裁定不受理破产申请的，应当自裁定作出之日起 5 日内送达申请人并说明理由。申请人对裁定不服的，可以自裁定送达之日起 10 日内向上一级人民法院提起上诉。

人民法院受理破产申请后至破产宣告前，经审查发现债务人未发生破产原因的，可以裁定驳回申请。申请人对裁定不服的，可以自裁定送达之日起 10 日内向上一级人民法院提起上诉。

人民法院裁定受理破产申请的，应当同时指定管理人，并在裁定受理破产申请之日起 25 日内通知已知债权人，并予以公告。通知和公告应当载明下列事项：①申请人、被申请人的名称或者姓名；②人民法院受理破产申请的时间；③申报债权的期限、地点和注意事项；④管理人的名称或者姓名及其处理事务的地址；⑤债务人的债务人或者财产持有人应当向管理人清偿债务或者交付财产的要求；⑥第一次债权人会议召开的时间和地点；⑦人民法院认为应当通知和告知的其他事项。

（二）债务人的义务

为保证破产程序顺利进行，自人民法院受理破产申请的裁定送达债务人之日起至破产程序终结之日，债务人的有关人员承担下列义务：①妥善保管其占有和管理的财产、印章和账簿、文书等资料；②根据人民法院、管理人的要求进行工作，并如实回答询问；③列席债权人会议并如实回答债权人的询问；④未经人民法院许可，不得离开住所地；⑤不得新任其他企业的董事、监事、高级管理人员。所谓债务人的有关人员指企业的法定代表人；经人民法院决定，可以包括企业的财务管理人员和其他经营管理人员。

（三）债权人的权益保障

为保证对全体债权人的公平清偿，《破产法》第十六条规定："人民法院受理破产申请后，债务人对个别债权人的债务清偿无效。"

人民法院受理破产申请后，债务人的债务人或者财产持有人应当向管理人清偿债务或者交付财产。债务人的债务人或者财产持有人故意违反法律规定向债务人清偿债务或者交付财产，使债权人受到损失的，不免除其清偿债务或者交付财产的义务。

人民法院受理破产申请后，管理人对破产申请受理前成立而债务人和对方当事人均未履行完毕的合同有权决定解除或者继续履行，并通知对方当事人。管理人决定解除或者继续履行合同，应当以保障债权人权益最大化为原则。管理人自破产申请受理之日起两个月内未通知对方当事人，或者自收到对方当事人催告之日起 30 日内未答复的，视为解除合同。管理人决定继续履行合同的，对方当事人应当履行，但有权要求管理人提供担保。管理人不提供担保的，视为解除合同。

人民法院受理破产申请后，有关债务人财产的保全措施应当解除，执行程序应当中止。根据《破产法》的规定，人民法院受理破产申请后，已经开始而尚未终结的有关债务人的民事诉讼或者仲裁应当中止；在管理人接管债务人的财产后，该诉讼或者仲裁继续进行。

破产申请受理后，有关债务人的民事诉讼只能向受理破产申请的人民法院提起。但是其他法律有特殊规定的应当除外，如劳动争议仍应先行进行劳动仲裁，当事人约定仲裁解决纠纷的，也应当以仲裁方式解决。

债务人财产、管理人与债权人会议

一、债务人财产

（一）债务人财产的范围

《破产法》规定，债务人财产包括破产申请受理时属于债务人的全部财产，以及破产申请受理后至破产程序终结前债务人取得的财产。债务人财产在破产宣告后称破产财产。

下列财产不应认定为债务人财产：

（1）债务人基于仓储、保管、承揽、代销、借用、寄存、租赁等合同或者其他法律关系占有、使用的他人财产；

（2）债务人在所有权保留买卖中尚未取得所有权的财产；

（3）所有权专属于国家且不得转让的财产；

（4）其他依照法律、行政法规不属于债务人的财产。

债务人已依法设定担保物权的特定财产，人民法院应当认定为债务人财产。

对债务人的特定财产在担保物权消灭或者实现担保物权后的剩余部分，在破产程序中可用以清偿破产费用、共益债务和其他破产债权。

债务人对按份享有所有权的共有财产的相关份额，或者共同享有所有权的共有财产的相应财产权利，以及依法分割共有财产所得部分，人民法院均应认定为债务人财产。

（二）破产撤销权与无效行为制度

1. 破产撤销权

撤销权是指管理人对债务人在破产案件受理前的法定期间内进行的欺诈逃债或损害公平清偿的行为，有申请法院撤销的权利。

《破产法》第三十一条规定："人民法院受理破产申请前1年内，涉及债务人财产的下列行为，管理人有权请求人民法院予以撤销：（一）无偿转让财产的；（二）以明显不合理的价格进行交易的；（三）对没有财产担保的债务提供财产担保的；（四）对未到期的债务提前清偿的；（五）放弃债权的。"第三十二条规定："人民法院受理破产申请前6个月内，债务人有本法第二条第一款规定的情形，仍对个别债权人进行清偿的，管理人有权请求人民法院予以撤销。但是，个别清偿使债务人财产受益的除外。"

债务人对债权人进行的以下个别清偿，管理人请求撤销的，人民法院不予支持：

（1）债务人为维系基本生产需要而支付水费、电费等的；

(2) 债务人支付劳动报酬、人身损害赔偿金的；
(3) 使债务人财产受益的其他个别清偿。

2. 无效行为

《破产法》第三十三条规定："涉及债务人财产的下列行为无效：（一）为逃避债务而隐匿、转移财产的；（二）虚构债务或者承认不真实的债务的。"

同时，其第三十四条规定："因本法第三十一条、第三十二条或者第三十三条规定的行为而取得的债务人的财产，管理人有权追回。"

（三）债务人财产的收回

《破产法》第三十五条规定："人民法院受理破产申请后，债务人的出资人尚未完全履行出资义务的，管理人应当要求该出资人缴纳所认缴的出资，而不受出资期限的限制。"

为维护债权人及债务人的合法权益，《破产法》第三十六条规定："债务人的董事、监事和高级管理人员利用职权从企业获取的非正常收入和侵占的企业财产，管理人应当追回。"

（四）取回权

《破产法》第三十八条规定："人民法院受理破产申请后，债务人占有的不属于债务人的财产，该财产的权利人可以通过管理人取回。但是，本法另有规定的除外。"这是对一般取回权的规定。

《破产法》第三十九条规定："人民法院受理破产申请时，出卖人已将买卖标的物向作为买受人的债务人发运，债务人尚未收到且未付清全部价款的，出卖人可以取回在运途中的标的物。但是，管理人可以支付全部价款，请求出卖人交付标的物。"这是对特别取回权中出卖人取回权的规定。

（五）抵销权

破产法上的抵销权，是指债权人在破产申请受理前对债务人即破产人负有债务的，无论是否已到清偿期限、标的是否相同，均可在破产财产最终分配确定前向管理人主张相互抵销的权利。《破产法》第四十条规定："债权人在破产申请受理前对债务人负有债务的，可以向管理人主张抵销。"

《破产法》第四十条规定："有下列情形之一的，不得抵销：（一）债务人的债务人在破产申请受理后取得他人对债务人的债权的；（二）债权人已知债务人有不能清偿到期债务或者破产申请的事实，对债务人负担债务的；但是，债权人因为法律规定或者有破产申请一年前所发生的原因而负担债务的除外；（三）债务人的债务人已知债务人有不能清偿到期债务或者破产申请的事实，对债务人取得债权的；但是，债务人的债务人因为法律规定或者有破产申请1年前所发生的原因而取得债权的除外。"

二、破产费用与共益债务

（一）破产费用

破产费用，是在破产程序中为全体债权人共同利益而支付的各项费用的总称。《破产法》第四十一条规定："人民法院受理破产申请后发生的下列费用，为破产费用：（一）破产案件的诉讼费用；（二）管理、变价和分配债务人财产的费用；（三）管理人执行职务的费用、报酬和聘用工作人员的费用。"

（二）共益债务

共益债务，是在破产程序中为全体债权人利益而由债务人财产负担的债务的总称。《破产法》第四十二条规定："人民法院受理破产申请后发生的下列债务，为公益债务：（一）因管理人或者债务人请求对方当事人履行双方均未履行完毕的合同所产生的债务；（二）债务人财产受无因管理所产生的债务；（三）因债务人不当得利所产生的债务；（四）为债务人继续营业而应支付的劳动报酬和社会保险费用以及由此产生的其他债务；（五）管理人或者相关人员执行职务致人损害所产生的债务；（六）债务人财产致人损害所产生的债务。"

（三）破产费用与共益债务的清偿

破产费用与共益债务均是以债务人财产为清偿对象的，并享有优先于其他债权的受偿权。《破产法》第四十三条规定："破产费用和共益债务由债务人财产随时清偿。债务人财产不足以清偿所有破产费用和共益债务的，先行清偿破产费用。债务人财产不足以清偿所有破产费用或者共益债务的，按照比例清偿。债务人财产不足以清偿破产费用的，管理人应当提请人民法院终结破产程序。人民法院应当自收到请求之日起十五日内裁定终结破产程序，并予以公告。"

三、管理人制度

（一）管理人的资格与指定

管理人是指破产宣告后成立的，全面接管破产企业并负责破产财产的保管、清理、估价、处理和分配等破产清算事务的专门机构。管理人概念有广义与狭义之分。狭义的管理人仅负责破产清算程序中的工作，所以又称破产管理人，如前述概念。而广义的管理人则还在和解、重整程序中承担管理、监督工作。

《破产法》第二十二条规定："管理人由人民法院指定。债权人会议认为管理人不能依法、公正执行职务或者有其他不能胜任职务情形的，可以申请人民法院予以更换。指定管理人和确定管理人报酬的办法，由最高人民法院规定。"

管理人依法执行职务，向人民法院报告工作，并接受债权人会议和债权人委员会的监督。管理人应当列席债权人会议，向债权人会议报告职务执行情况，并回答询问。

《破产法》第二十四条规定："管理人可以由有关部门、机构的人员组成的清算组或者依法设立的律师事务所、会计师事务所、破产清算事务所等社会中介机构担任。人民法院根据债务人的实际情况，可以在征询有关社会中介机构的意见后，指定该机构具备相关专业知识并取得执业资格的人员担任管理人。有下列情形之一的，不得担任管理人：（一）因故意犯罪受过刑事处罚；（二）曾被吊销相关专业执业证书；（三）与本案有利害关系；（四）人民法院认为不宜担任管理人的其他情形。个人担任管理人的，应当参加执业责任保险。"

（二）管理人的职责与报酬

管理人应当勤勉尽责，忠实执行职务。根据破产法规定，管理人履行下列职责：①接管债务人的财产、印章和账簿、文书等资料；②调查债务人财政状况，制作财产状况报告；③决定债务人的内部管理事务；④决定债务人的日常开支和其他必要开支；⑤在第一次债权人会议召开之前，决定继续或者停止债务人的营业；⑥管理和处分债务人的财产；⑦代表债务人参加诉讼、仲裁或者其他法律程序；⑧提议召开债权人会议；⑨人民法院认为管理人应当履行的其他职责。债务人违反法律规定，拒不向管理人移交财产、印章和账簿、文书等资料的，或者伪造、销毁有关财产证据材料而使财产状况不明的，人民法院可以对直接责任人员依法处以罚款。

管理人履行职责，应当获得合理的报酬。管理人的报酬由人民法院确定。债权人会议对管理人的报酬有异议的，有权向人民法院提出。

管理人未依照法律规定勤勉尽责，忠实执行职务的，人民法院可以依法处以罚款；给债权人、债务人或者第三人造成损失的，依法承担赔偿责任。

四、债权人会议

（一）债权人会议的组成

1. 债权人会议的概念

我国破产程序中的债权人会议，是由所有依法申报债权的债权人组成，以保障债权人共同利益为目的，为实现债权人的破产程序参与权，讨论决定有关破产事宜，表达债权人意志，协调债权人行为的破产议事机构。

2. 债权人会议的成员与权利

依法申报债权的债权人为债权人会议的成员，有权参加债权人会议，享有表决权。另外，凡是申报债权者均有权参加第一次债权人会议，有权参加对其债权的核查、确认活动，并可依法提出异议。对于第一次会议以后的债权人会议，便只有债权得到确认者才有权参加并行使表决权。债权被否认而又未提起债权确认诉讼者，不得再参加债权人会议。

根据《破产法》的规定，对债务人的特定财产享有担保权的债权人，未放弃优先受偿权利的，不享有表决权。

债权人可以委托代理人出席债权人会议，行使表决权。代理人出席债权人会议，应当向人民法院或者债权人会议主席提交债权人的授权委托书。

为维护企业职工的权益，立法规定，债权人会议应当有债务人的职工和工会的代表参加，对有关事项发表意见。

为保证债权人会议的顺利进行，我国立法规定，债权人会议设主席一人，由人民法院在有表决权的债权人中指定，通常是在破产程序中无优先权的债权人。债权人会议主席依法行使职权，负责债权人会议的召集、主持等工作。

（二）债权人会议的召集与职权

1. 债权人会议的召集

债权人会议是依召集方式活动的议决机关。第一次债权人会议由人民法院召集，自债权申报期限届满之日起15日内召开。以后的债权人会议，在人民法院认为必要时，或者管理人、债权人委员会、占债权总额1/4以上的债权人向债权人会议主席提议时召开。召开债权人会议，管理人应当提前15日通知已知的债权人。

2. 债权人会议的职权

《破产法》第六十一条规定："债权人会议行使下列职权：（一）核查债权；（二）申请人民法院更换管理人，审查管理人的费用和报酬；（三）监督管理人；（四）选任和更换债权人委员会成员；（五）决定继续或者停止债务人的营业；（六）通过重整计划；（七）通过和解协议；（八）通过债务人财产的管理方案；（九）通过破产财产的变价方案；（十）通过破产财产的分配方案；（十一）人民法院认为应当由债权人会议行使的其他职权。债权人会议应当对所议事项的决议作成会议记录。"

《破产法》规定："债权人会议的决议，由出席会议的有表决权的债权人过半数通过，并且其所代表的债权额占无财产担保债权总额的二分之一以上。但是，本法另有规定的除外。"同时，立法为反对债权人会议决议者提供了救济渠道。债权人认为债权人会议的决议违反法律规定，损害其利益的，可以自债权人会议作出决议之日起15日内，请求人民法院裁定撤销该决议，责令债权人会议依法重新作出决议。

《破产法》还对可能出现的债权人会议僵局设置了解决办法。《破产法》规定，经债权人会议表决未通过的特殊事项，由人民法院裁定并通知债权人。债权人对人民法院作出的裁定不服的，可以自裁定宣布之日或者收到通知之日起15日内向该人民法院申请复议。复议期间不停止裁定的执行。

（三）债权人委员会

1. 债权人委员会的概念与组成

债权人委员会是遵循债权人的共同意志，代表债权人会议监督管理人行为以及破产程序的合法、公正进行，处理破产程序中的有关事项的常设监督机构。

债权人委员会为破产程序中的选任机关，由债权人会议根据案件具体情况决定是否设置。债权人委员会中的债权人代表由债权人会议选任、罢免。此外，债权人委员会中还应当有一名债务人企业的职工代表或者工会代表。为便于决定事项、开展工作，债权人委员会的成员人数原则上应为奇数，最多不得超过9人。债权人委员会成员应当经人民法院书面认可。

2. 债权人委员会的职权

债权人委员会行使下列职权：①监督债务人财产的管理和处分；②监督破产财产分配；③提议召开债权人会议；④债权人会议委托的其他职权。

债权人委员会执行职务时，有权要求管理人、债务人的有关人员对其职权范围内的事务作出说明或者提供有关文件。管理人、债务人的有关人员违反法律规定拒绝接受监督的，债权人委员会有权就监督事项请求人民法院作出决定，强制施行。人民法院接到债权人委员会的请求应当在5日内作出决定。

为保障债权人委员会能够及时了解破产程序进行的有关信息，行使监督权力，破产法还规定，管理人实施下列行为，应当及时报告债权人委员会：①涉及土地、房屋等不动产权益的转让；②探矿权、采矿权、知识产权等财产权的转让；③全部库存或者营业的转让；④借款；⑤设定财产担保；⑥债权和有价证券的转让；⑦履行债务人和对方当事人均未履行完毕的合同；⑧放弃权利；⑨担保物的收回；⑩对债权人利益有重大影响的其他财产处分行为。未设立债权人委员会的，管理人实施上述行为应当及时报告人民法院。

重整程序与和解制度

一、重整程序

(一) 重整制度概述

重整指对可能或已经发生破产原因但又有挽救希望的法人企业,通过对各方利害关系人的利益协调,借助法律强制进行营业重组与债务清理,以避免破产、获得再生的法律制度。

(二) 重整申请和重整期间

1. 重整申请

《破产法》规定,债务人或者债权人可以依法直接向人民法院申请对债务人进行重整。债权人申请对债务人进行破产清算的,在人民法院受理破产申请后、宣告债务人破产前,债务人或者出资额占债务人注册资本 1/10 以上的出资人,可以向人民法院申请重整。国务院金融监督管理机构可以向人民法院提出对金融机构进行重整的申请。

人民法院经审查认为重整申请符合法律规定的,应当裁定债务人重整,并予以公告。

2. 重整期间

自人民法院裁定债务人重整之日起至重整程序终止,为重整期间。所谓重整期间,仅指重整申请受理至重整计划草案得到债权人会议分组表决通过及人民法院审查批准,或重整计划草案未能得到债权人会议分组表决通过或人民法院不予批准的期间,不包括重整计划得到批准后的执行期间。

在重整期间,债务人的财产管理和营业事务执行,可以由债务人或管理人负责。《破产法》规定,经债务人申请,人民法院批准,债务人可以在管理人的监督下自行管理财产和营业事务。这时,管理人应当向债务人移交财产和营业事务,管理人的职权由债务人行使。管理人起监督之作用。管理人负责管理财产和营业事务的,可以聘任债务人的经营管理人员负责营业事务。

为保障重整的顺利进行,在重整期间,对债务人的特定财产享有的担保权暂停行使。但是,担保物有损坏或者价值明显减少的可能,足以危害担保权人权利的,担保权人可以向人民法院请求恢复行使担保权。

在重整期间,债务人或者管理人为继续营业而借款的,可以为该借款设定担保。

债务人合法占有的他人财产,该财产的权利人在重整期间要求取回的,应当符合事先约定的条件。

在重整期间,债务人的出资人不得请求投资收益分配。在重整期间,债务人的董事、监事、高级管理人员不得向第三人转让其持有的债务人的股权,但经人民法院同意的除外。

在重整期间，有下列情形之一的，经管理人或者利害关系人请求，人民法院应当裁定终止重整程序，并宣告债务人破产：

（1）债务人的经营状况和财产状况继续恶化，缺乏挽救的可能性；

（2）债务人有欺诈、恶意减少债务人财产或者其他显著不利于债权人的行为；

（3）由于债务人的行为致使管理人无法执行职务。

（三）重整计划的制定与批准

1. 重整计划的制定

当事人的重整申请被受理之后，应当在法定期限内提交重整计划草案。债务人自行管理财产和营业事务的，由债务人制作重整计划草案。管理人负责管理财产和营业事务的，由管理人制作重整计划草案。债务人或者管理人应当自人民法院裁定债务人重整之日起6个月内，同时向人民法院和债权人会议提交重整计划草案。期限届满，经债务人或者管理人请求，有正当理由的，人民法院可以裁定延期3个月。债务人或者管理人未按期提出重整计划草案的，人民法院应当裁定终止重整程序，并宣告债务人破产。

《破产法》第八十一条规定："重整计划草案应当包括下列内容：（一）债务人的经营方案；（二）债权分类；（三）债权调整方案；（四）债权受偿方案；（五）重整计划的执行期限；（六）重整计划执行的监督期限；（七）有利于债务人重整的其他方案。"

2. 重整计划草案的表决与批准

重整计划草案在债权人会议上进行分组表决。根据《破产法》的规定，债权人参加讨论重整计划草案的债权人会议，依照下列债权分类，分组对重整计划草案进行表决：

（1）对债务人的特定财产享有担保权的债权；

（2）债务人所欠职工的工资和医疗、伤残补助、抚恤费用，所欠的应当划入职工个人账户的基本养老保险、基本医疗保险费用，以及法律、行政法规规定应当支付给职工的补偿金；

（3）债务人所欠税款；

（4）普通债权。

人民法院在必要时可以决定在普通债权组中设小额债权组对重整计划草案进行表决。

《破产法》第八十三条规定："重整计划不得规定减免债务人欠缴的本法第八十二条第一款第二项规定以外的社会保险费用；该项费用的债权人不参加重整计划草案的表决。"

人民法院应当自收到重整计划草案之日起30日内召开债权人会议，对重整计划草案进行表决。出席会议的同一表决组的债权人过半数同意重整计划草案，并且其所代表的债权额占该组债权总额的2/3以上的，即为该组通过重整计划草案。债务人或者管理人应当向债权人会议就重整计划草案作出说明，并回答询问。

债务人的出资人代表可以列席讨论重整计划草案的债权人会议。重整计划草案涉及出资人权益调整事项的，应当设出资人组，对该事项进行表决。

各表决组均通过重整计划草案时，重整计划即为通过。自重整计划通过之日起10日内，债务人或者管理人应当向人民法院提出批准重整计划的申请。人民法院经审查认为符合法律规定的，应当自收到申请之日起30日内裁定批准，终止重整程序，并予以公告。

为保障重整程序能够顺利进行,《破产法》第八十七条规定:"部分表决组未通过重整计划草案的,债务人或者管理人可以同未通过重整计划草案的表决组协商。该表决组可以在协商后再表决一次。双方协商的结果不得损害其他表决组的利益。

未通过重整计划草案的表决组拒绝再次表决或者再次表决仍未通过重整计划草案,但重整计划草案符合下列条件的,债务人或者管理人可以申请人民法院批准重整计划草案:

(一)按照重整计划草案,本法第八十二条第一款第一项所列债权就该特定财产将获得全额清偿,其因延期清偿所受的损失将得到公平补偿,并且其担保权未受到实质性损害,或者该表决组已经通过重整计划草案;

(二)按照重整计划草案,本法第八十二条第一款第二项、第三项所列债权将获得全额清偿,或者相应表决组已经通过重整计划草案;

(三)按照重整计划草案,普通债权所获得的清偿比例,不低于其在重整计划草案被提请批准时依照破产清算程序所能获得的清偿比例,或者该表决组已经通过重整计划草案;

(四)重整计划草案对出资人权益的调整公平、公正,或者出资人组已经通过重整计划草案;

(五)重整计划草案公平对待同一表决组的成员,并且所规定的债权清偿顺序不违反本法第一百一十三条的规定;

(六)债务人的经营方案具有可行性。

人民法院经审查认为重整计划草案符合前款规定的,应当自收到申请之日起三十日内裁定批准,终止重整程序,并予以公告。"

重整计划草案未获得通过且未依照法律规定获得人民法院的强制批准,或者已通过的重整计划未获得批准的,人民法院应当裁定终止重整程序,并宣告债务人破产。

(四)重整计划的执行、监督与终止

1. 重整计划的执行

根据《破产法》的规定,重整计划由债务人负责执行。人民法院裁定批准重整计划后,已接管财产和营业事务的管理人应当向债务人移交财产和营业事务。

2. 重整计划的监督

自人民法院裁定批准重整计划之日起,在重整计划规定的监督期内,由管理人监督重整计划的执行。在监督期内,债务人应当向管理人报告重整计划情况和债务人财务状况。

监督期届满时,管理人应当向人民法院提交监督报告。自监督报告提交之日起,管理人的监督职责终止。经管理人申请,人民法院可以裁定延长重整计划执行的监督期限。管理人向人民法院提交的监督报告,重整计划的利害关系人有权查阅。

3. 重整计划的效力

经人民法院裁定批准的重整计划,对债务人和全体债权人均有约束力。债权人未依法申报债权的,在重整计划执行期间不得行使权利;在重整计划执行完毕后,可以按照重整计划规定的同类债权的清偿条件行使权利。

债务人不能执行或者不执行重整计划的,人民法院经管理人或者利害关系人请求,应当裁定终止重整计划的执行,并宣告债务人破产。

人民法院裁定终止重整计划执行的,债权人在重整计划中作出的债权调整的承诺失去效力,但为重整计划的执行提供的担保继续有效。债权人因执行重整计划所受的清偿仍然有效,债权未受清偿的部分作为破产债权。在重整计划执行中已经接受清偿的债权人,只有在其他同顺位债权人同自己所受的清偿达到同一比例时,才能继续接受破产分配。

按照重整计划减免的债务,自重整计划执行完毕时起,债务人不再承担清偿责任。

二、和解制度

(一) 和解的程序

和解申请只能由债务人一方提出,这是与破产清算申请和重整申请还可由债权人等提出不同的。《破产法》规定,债务人可以依法直接向人民法院申请和解,也可以在人民法院受理破产申请后、宣告破产前,向人民法院申请和解。债务人申请和解,应当提出和解协议草案。

人民法院经审查认为和解申请符合法律规定的,应当受理其申请,裁定和解,予以公告,并召集债权人会议讨论和解协议草案。和解程序对就债务人特定财产享有担保权的权利人无约束力,该权利人自人民法院裁定和解之日起可以对担保物行使权利。

债权人会议通过和解协议的决议,由出席会议的有表决权的债权人过半数同意,并且其所代表的债权额占无财产担保债权总额的 2/3 以上。

债权人会议通过和解协议的,由人民法院裁定认可,终止和解程序,并予以公告。管理人应当向债务人移交财产和营业事务,并向人民法院提交执行职务的报告。和解协议草案经债权人会议表决未获得通过,或者已经债权人会议通过的和解协议未获得人民法院认可的,人民法院应当裁定终止和解程序,并宣告债务人破产。

(二) 和解协议的效力

1. 和解协议对债务人与和解债权人的效力

经人民法院裁定认可的和解协议,对债务人和全体和解债权人均有约束力。和解债权人是指人民法院受理破产申请时对债务人享有无财产担保债权的人。

和解债权人未依照法律规定申报债权的,在和解协议执行期间不得行使权利;在和解协议执行完毕后,可以按照和解协议规定的清偿条件行使权利。

2. 和解协议对债务人的保证人和其他连带债务人的效力

和解债权人对债务人的保证人和其他连带债务人所享有的权利,不受和解协议的影响。也就是说,和解协议对债务人的保证人或连带债务人无效,和解债权人对债务人所作的债务减免清偿或延期偿还的让步,效力不及于债务人的保证人或连带债务人,他们仍应按原来债的约定或法定责任承担保证或连带责任。

因债务人的欺诈或者其他违法行为而成立的和解协议,人民法院应当裁定无效,并宣告债务人破产。有上述情形的,和解债权人因执行和解协议所受的清偿,在其他债权人所受清偿同等比例的范围内,不予返还。

3. 和解协议的终止

债务人不能执行或者不执行和解协议的,人民法院经和解债权人请求,应当裁定终止和解协议的执行,并宣告债务人破产。

人民法院裁定终止和解协议执行的,和解债权人在和解协议中作出的债权调整的承诺失去效力。和解债权人因执行和解协议所受的清偿仍然有效,和解债权未受清偿的部分作为破产债权。上述债权人只有在其他债权人同自己所受的清偿达到同一比例时,才能继续接受破产分配。

为尊重当事人的自主决定权,《破产法》还规定,人民法院受理破产申请后,债务人与全体债权人就债权债务的处理自行达成协议的,可以请求人民法院裁定认可,并终结破产程序。

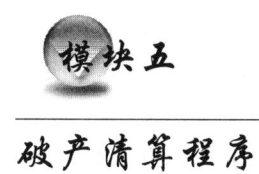

模块五 破产清算程序

一、破产财产的变价和分配

（一）破产宣告

破产宣告是指法院依据当事人的申请或法定职权裁定宣布债务人破产以清偿债务的活动。人民法院依法宣告债务人破产,应当自裁定作出之日起5日内送达债务人和管理人,自裁定作出之日起10日内通知已知债权人,并予以公告。

债务人被宣告破产后,在破产程序中的有关称谓也发生相应变化,债务人称为破产人,债务人财产称为破产财产,人民法院受理破产申请时对债务人享有的债权称为破产债权。

破产法第一百零八条规定:"破产宣告前,有下列情形之一的,人民法院应当裁定终结破产程序,并予以公告:（一）第三人为债务人提供足额担保或者为债务人清偿全部到期债务的;（二）债务人已清偿全部到期债务的。"

（二）破产财产的变价

破产财产的分配以货币分配为基本方式,所以,在破产宣告后,管理人应当及时拟订财产变价方案,提交债权人会议讨论。管理人应当按照债权人会议通过的或者人民法院依法裁定的破产财产变价方案,适时变价出售破产财产。

变价出售破产财产应当通过拍卖方式进行,但债权人会议另有决议的除外。破产财产的变价出售必须以债权人利益最大化为原则,决不允许以低价向购买者处分破产财产的方式换取其对职工的安置,以损害债权人利益的方式解决政府的财政与工作困难。

破产企业可以全部或者部分变价出售。企业变价出售时,可以将其中的无形资产和其他财产单独变价出售。按照国家规定不能拍卖或者限制转让的财产,应当按照国家规定的方式处理。

（三）别除权

《破产法》第一百零九条规定:"对破产人的特定财产享有担保权的权利人,对该特定财产享有优先受偿的权利。"此项权利即是破产法理论上的别除权。别除权是基于担保物权及特别优先权产生的,其优先受偿权的行使不受破产清算与和解程序的限制,但在重整程序中受到限制。别除权之债权属于破产债权,其担保物属于破产财产。别除权人享有破产申请权,也应当申报债权,未依法申报债权者不得依照破产法规定的程序行使权利。

(四) 破产财产的分配

破产分配是指将破产财产按照法律规定的债权清偿顺序和案件实际情况决定的受偿比例进行清偿的程序。

《破产法》第一百一十三条规定:"破产财产在优先清偿破产费用和共益债务后,依照下列顺序清偿:

(一) 破产人所欠职工的工资和医疗、伤残补助、抚恤费用,所欠的应当划入职工个人账户的基本养老保险、基本医疗保险费用,以及法律、行政法规规定应当支付给职工的补偿金;

(二) 破产人欠缴的除前项规定以外的社会保险费用和破产人所欠税款;

(三) 普通破产债权。

破产财产不足以清偿同一顺序的清偿要求的,按照比例分配。

破产企业的董事、监事和高级管理人员的工资按照该企业职工的平均工资计算。"

破产财产的分配应当以货币分配方式进行。但是,债权人会议另有决议的除外。

管理人应当及时拟定破产财产分配方案,提交债权人会议讨论。破产财产分配方案应当载明下列事项:

(1) 参加破产财产分配的债权人名称或者姓名、住所;

(2) 参加破产财产分配的债权额;

(3) 可供分配的破产财产数额;

(4) 破产财产分配的顺序、比例及数额;

(5) 实施破产财产分配的方法。

债权人会议表决通过破产财产分配方案后,由管理人将该方案提请人民法院裁定认可,经人民法院裁定认可后,由管理人执行。

管理人按照破产财产分配方案实施多次分配的,应当公告本次分配的财产额和债权额。管理人实施最后分配的,应当在公告中指明,并载明法律规定的事项。

对债权人留有明确姓名或名称、地址、银行账户,无需债权人受领行为即可交付的,管理人应当直接将破产财产分配额交付债权人。无法直接交付的债权人未受领的破产财产分配额,管理人应当提存。债权人自最后分配公告之日起满两个月仍不领取的,视为放弃受领分配的权利,管理人或者人民法院应当将提存的分配额分配给其他债权人。

对附生效条件或者解除条件的债权,管理人应当将其分配额提存。在最后分配公告日,生效条件未成就或者解除条件成就的,提存的分配额应当分配给其他债权人;在最后分配公告日,生效条件成就或者解除条件未成就的,提存的分配额应当交付给债权人。

破产财产分配时,对于诉讼或者仲裁未决的债权,管理人应当将其分配额提存。自破产程序终结之日起满两年仍不能受领分配的,人民法院应当将提存的分配额分配给其他债权人。

二、破产程序的终结

(一) 破产终结程序

破产法规定的破产程序终结方式有三种。其一,因和解、重整程序顺利完成而终结;其二,因债务人的破产财产不足以支付破产费用而终结;其三,因破产财产分配完毕而终结。在破产清算程序中仅涉及后两种情况。

破产人无财产可供分配的,管理人应当请求人民法院裁定终结破产程序。在破产人有财产可供分配的情况下,管理人在最后分配完结后,应当及时向人民法院提交破产财产分配报告,并提请人民法院裁定终结破产程序。人民法院应当自收到管理人终结破产程序的请求之日起 15 日内作出是否终结破产程序的裁定。裁定终结的,应当予以公告。

管理人应当自破产程序终结之日起 10 日内,持人民法院终结破产程序的裁定,向破产人的原登记机关办理注销登记。

(二) 遗留事务的处理

通常情况下,管理人应于办理破产人注销登记完毕的次日终止执行职务。但是,破产案件存在诉讼或者仲裁未决等情况的除外。管理人可以在破产程序终结后,继续办理破产案件的遗留事务。

在破产程序因债务人财产不足以支付破产费用而终结,或者因破产人无财产可供分配或破产财产分配完毕而终结时,自终结之日起两年内,有下列情形之一的,债权人可以请求人民法院按照破产财产分配方案进行追加分配:

(1) 发现在破产案件中有可撤销行为、无效行为或者债务人的董事、监事和高级管理人员利用职权从企业获取非正常收入和侵占企业财产的情况,应当追回财产的;

(2) 发现破产人有应当供分配的其他财产的。

有上述情形,但财产数量不足以支付分配费用的,不再进行追加分配,由人民法院将其上交国库。

破产人的保证人和其他连带债务人,在破产程序终结后,对债权人依照破产清算程序未受清偿的债权,依法继续承担清偿责任。

【案例】

1. 2007 年 7 月 30 日,人民法院受理了甲公司的破产申请,并同时指定了管理人。管理人接管甲公司后,在清理其债权债务过程中,有如下事项:

(1) 2006 年 4 月,甲公司向乙公司采购原材料而欠乙公司 80 万元货款未付。2007 年 3 月,甲乙双方签订一份还款协议,该协议约定,甲公司于 2007 年 9 月 10 日前偿还所欠乙公司货款及利息共计 87 万元,并以甲公司所属一间厂房作抵押。还款协议签订后,双方办理了抵押登记。乙公司在债权申报期内就上述债权申报了债权。

(2) 2006 年 6 月,丙公司向 A 银行借款 120 万元,借款期限为 1 年。甲公司以所属部分设备为丙公司提供抵押担保,并办理了抵押登记。借款到期后,丙公司未能偿还 A 银行贷款本息。经甲公司、丙公司和 A 银行协商,甲公司用于抵押的设备被依法变现,所得价款全部用于偿还 A 银行,但尚有 20 万元借款本息未能得到清偿。

(3) 2006 年 7 月,甲公司与丁公司签订了一份广告代理合同,该合同约定,丁公司代理发布甲公司产品广告期限2年,一方违约,应当向另一方承担违约金20万元。至甲公司破产申请被受理时,双方均各自履行了部分合同义务。

(4) 2006年8月,甲公司向李某购买一项专利,尚欠李某19万元专利转让费未付。李某之子小李创办的戊公司曾于2006年11月向甲公司采购一批电子产品,尚欠甲公司货款21万元未付。人民法院受理甲公司破产申请后,李某与戊公司协商一致,戊公司在向李某支付19万元后,取得李某对甲公司的19万元债权。戊公司向管理人主张以19万元债权抵销其所欠甲公司相应债务。

(5) 甲公司共欠本公司职工工资和应当划入职工个人账户的基本养老保险、基本医疗保险费用37.9万元。其中,在2006年8月27日新的《企业破产法》公布之前,所欠本公司职工工资和应当划入职工个人账户的基本养老保险、基本医疗保险费用为20万元。甲公司的全部财产在清偿破产费用和共益债务后,仅剩余价值1500万元的厂房及土地使用权,但该厂房及土地使用权已于2006年6月被甲公司抵押给B银行用于担保一笔2000万元的借款。

根据上述内容分别回答下列问题:

(1) 管理人是否有权请求人民法院对甲公司将厂房抵押给乙公司的行为予以撤销?并说明理由。

(2) A银行能否将尚未得到清偿的20万元欠款向管理人申报普通债权?由甲公司继续偿还,并说明理由。

(3) 如果管理人决定解除甲公司与丁公司之间的广告代理合同,并由此给丁公司造成实际损失5万元,则丁公司可以向管理人申报的债权额应为多少?并说明理由。

(4) 戊公司向管理人提出以19万元债权抵销其所欠甲公司相应债务的主张是否成立?并说明理由。

(5) 甲公司所欠本公司职工工资和应当划入职工个人账户的基本养老保险、基本医疗保险费用共计37.9万元应当如何受偿?

2. 2008年12月10日债权人某银行分行向市中级人民法院申请雅光葡萄酒厂破产。经查:

雅光葡萄酒厂仅有资产73.7万元,债务为159.7万元,亏损额达86万元。资产负债率为46.1%。法院立案,在规定时间内通知债权人,并于2009年1月5日在报上公告要求债权人申报债权,规定2月10日召开第1次债权人会议。有些债权人担心自己的债权得不到全额清偿,通过各种途径抢先清偿。例如,从仓库提走产品抵债。2月10日主持召开第1次债权人会议,确认24家债权人各种债务累计159.7万元。银行的部分债务是有抵押权的。2月11日法院裁定破产。所有财产集体拍卖,全体债权人按比例受偿。管理人委托拍卖公司公开拍卖。最终包括手续费以59.7万元成交。银行提出异议,不同意含有抵押债权的财产加入整体拍卖,要求优先受偿。法院裁定异议不成立,扣除破产费,按原方案分配后裁定终止破产程序。

试分析:

(1) 银行有部分无财产担保债权,申请破产合法吗?

(2) 作为债权人某银行分行申请破产应向法院提交材料包括什么?

（3）如果是作为债务人的雅光葡萄酒厂提出破产申请，应向法院提交材料包括什么？
（4）债务人申请破产是否要得到他人同意？
（5）债权人会议召开时间有无不妥？
（6）进入破产程序后个别清偿是否有效？

案例参考答案

课后思考题

1. 什么是破产？破产的条件是什么？
2. 破产的程序是什么？
3. 破产程序中债权人有什么权利？
4. 破产的后果是什么？

PPT

项目五 合同法律制度

【知识能力目标】

1. 了解合同概念、特征、订立程序和转让。
2. 理解合同的基本原则、合同主体资格及合同的履行、终止。
3. 能够运用合同法律制度的基本知识，订立简单的买卖合同、租赁合同、借款合同等常见合同。
4. 掌握抗辩权、违约责任的知识并能够处理简单的合同纠纷。
5. 了解常见的典型合同的内容。

【职业素养目标】

1. 能牢固树立依法治国、市场经济是法治经济的理念，弘扬社会主义法治意识。
2. 树立诚实守信的契约观念，进一步增强对"诚信友善、自由平等"等社会主义核心价值观的理解和把握。

【导入案例】

2021年4月1日，甲公司乙公司签署买卖合同。合同约定："乙公司为甲公司提供A型号自行车1000辆，总价100万元，甲公司应于4月9日、4月20日分别支付价款50万元，乙公司应于4月16日、4月27日分别交付A型号自行车500辆。"双方未就自行车质量问题作出约定。

4月9日，甲公司向乙公司支付第一期自行车价款50万元。4月16日，乙公司交付A型号自行车500辆。甲公司在验货时发现该批自行车存在严重质量瑕疵，非经维修无法符合使用要求。

4月18日，甲公司表示同意收货，但要求乙公司减少价款，被乙公司拒绝。理由是：第一，双方未就自行车的质量要求作出约定；第二，即使自行车存在质量问题，甲公司也只能就质量问题导致的损失要求赔偿。

4月20日，乙公司请求甲公司支付第二期自行车价款50万元，甲公司调查发现，乙公司经营状况严重恶化，可能没有能力履行合同，遂告知乙公司暂不履行合同并要求乙公司在15天内提供具有足够履约能力的保证，乙公司未予理会。

5月6日，乙公司发函告知甲公司：如果再不付款，将向人民法院起诉甲公司违约。甲公司收到函件后，了解到乙公司经营状况继续恶化，便通知乙公司解除未交付的500辆自行车买卖合同。

5月20日，甲公司隐瞒已受领的500辆自行车的质量瑕疵，将该批自行车以30万元卖与丙公司，约定6月30日付款交货。

5月25日，丁公司告知甲公司，愿以35万元购买上述500辆自行车。

5月30日，甲公司以自己隐瞒质量瑕疵为由，主张撤销与丙公司之间的买卖合同。

根据上述内容，分别回答下列问题。

（1）甲公司是否取得已受领自行车的所有权？并说明理由。

（2）甲公司是否有权要求减少价款？并说明理由。

（3）甲公司中止履行向乙公司支付第二期自行车价款的义务，是否构成违约？并说明理由。

（4）甲公司是否有权就未交付的自行车解除合同？并说明理由。

（5）甲公司是否有权撤销与丙公司买卖合同？并说明理由。

（案例来源：根据注册会计师考试试题改编）

 导入案例参考答案

合同法律制度概述

一、合同的概念和特征

（一）合同的概念

所谓合同，也称为契约，是指民事主体之间设立、变更、终止民事法律关系的协议。一般来说，合同有广义和狭义之分。广义的合同，不仅包括有关财产关系的协议，也包括有关身份关系的协议。本项目所研究的是狭义的合同，即有关财产关系的协议，而不包括有关身份关系的协议。根据我国《民法典》的规定，婚姻、收养、监护等有关身份关系的协议，适用有关该身份关系的法律规定；没有规定的，可以根据其性质参照适用合同编的规定。

（二）合同的特征

一般来说，合同具有以下三个特征：

1. 合同是民事法律行为

合同是一种民事法律行为，以意思表示为要素并依意思表示的内容发生相应法律后

果。因此《民法典》总则编关于民事法律行为的规定，都适用于合同。

2. 合同是双方民事法律行为

合同是两方以上当事人意思表示一致的民事法律行为，是平等当事人之间的一种协议或合意。因此合同属于双方民事法律行为，是双方主体在平等自愿的基础上相互做出的一致的意思表示。

3. 合同以设立、变更、终止民事权利义务关系为目的

合同作为民事法律行为，属于民事法律事实的一种，因此合同的目的是设立、变更或终止民事法律关系。

二、合同的分类

合同属于民事法律行为，因此本书总论部分关于民事法律行为的分类，都可以适用于合同，但"单方法律行为、双方法律行为、多方法律行为"除外。因此本部分主要介绍有名合同与无名合同、单务合同与双务合同这两种分类。

（一）有名合同和无名合同

根据法律上是否规定合同名称为标准，可以将合同分为有名合同和无名合同。

1. 有名合同

有名合同又称为典型合同，是指法律上已经规定了合同名称及规则的合同。《民法典》规定的买卖合同、赠与合同、借款合同、租赁合同等，其他法律规定的，如保险合同、海上货物运输合同等，均为有名合同。有名合同适用法律已对其设定的规范。

2. 无名合同

无名合同也称为非典型合同，是指法律上尚未规定合同名称及具体规则的合同。对于无名合同，适用《民法典》合同编通则的规定，并可以参照最相类似的有名合同的规定。

（二）单务合同和双务合同

根据双方当事人是否互负给付义务为标准，可以将合同分为单务合同和双务合同。

1. 单务合同

单务合同是指仅有一方负担给付义务，另一方并不承担对待给付义务的合同，如赠与合同、保证合同等。

2. 双务合同

双务合同是指双方互负对待给付义务的合同。在双务合同中，当事人之间的权利义务具有对应和依赖关系，其中一方的义务恰恰是另一方的权利，如买卖合同、租赁合同等。

单务合同与双务合同在同时履行抗辩权、风险负担、违约责任方面都存在不同的规定。

三、合同法律制度的基本原则

合同法律制度的基本原则，是指合同立法的指导思想以及调整民事主体之间合同关系应遵循的基本方针和准则。合同法律制度是《民法典》的组成部分，《民法典》的基本原则当然适用于合同法律制度，同时合同法律制度也存在专有的基本原则。

(一)《民法典》的基本原则

1. 平等原则

《民法典》第四条规定,民事主体在民事活动中的法律地位一律平等。本条规定的即为平等原则,具体表现在以下四个方面:

(1) 自然人的民事权利能力一律平等;

(2) 不同民事主体参与民事法律关系适用同一法律,处于平等的地位;

(3) 民事主体在民事法律关系中必须平等协商;

(4) 对权利予以平等的保护。平等原则主要在于保障当事人可以独立地表达意思。

2. 自愿原则

自愿原则也就是意思自治原则,主要在于保障当事人自由的表达意思。《民法典》第五条规定,民事主体从事民事活动,应当遵循自愿原则,按照自己的意思设立、变更、终止民事法律关系。本条规定的,即为自愿原则。自愿原则具体体现在以下三个方面:

(1) 民事主体有权自主决定是否参加民事活动以及如何参加民事活动;

(2) 民事主体应当以平等协商的方式从事民事活动,就民事法律关系的设立、变更、终止达成合意;

(3) 在法律允许的范围内民事主体有权依其意愿自主作出决定,并对其自由表达的真实意愿负责,任何组织和个人不得非法干预。

3. 公平原则

《民法典》第六条规定,民事主体从事民事活动,应当遵循公平原则,合理确定各方的权利和义务。公平原则是自愿原则的必要补充,并为诚实信用原则和显失公平原则树立了判断标准。

4. 诚实信用原则

《民法典》第七条规定,民事主体从事民事活动,应当遵循诚信原则,秉持诚实,恪守承诺。本条规定的即为诚实信用原则,简称为诚信原则,是《民法典》最重要的原则,被誉为现代民法的"帝王原则",具体体现在以下三个方面:

(1) 民事主体在从事民事活动时,必须将有关事项和真实情况如实告知对方,禁止隐瞒事实真相和欺骗对方当事人;

(2) 民事主体之间一旦作出意思表示并且达成合意,就必须重合同、守信用,正当行使权利和履行义务。法律禁止当事人背信弃义、擅自毁约的行为;

(3) 民事活动过程中发生损害,民事主体双方均应及时采取合理的补救措施,避免和减少损失。

5. 合法原则

合法原则是指民事主体从事民事活动,应当符合法律尤其是公法规范的要求。民法活动必须在公法规范的秩序框架中进行,在民事法律行为效力的判断中,违反法律的效力性强制性规范的,会导致民事法律行为无效。《民法典》第八条规定,民事主体从事民事活动,不得违反法律,不得违背公序良俗。本条规定的,即为合法原则。

6. 公序良俗原则

公序良俗即公共秩序和善良风俗。《民法典》第八条的规定也包含了公序良俗原则。

违背公序良俗的民事法律行为，同样是无效的。常见的违背公序良俗的行为，包括损害国家利益的行为、违反两性道德准则的行为、侵害人格尊严的行为等。

 扩展阅读　无锡胚胎继承案

7. 绿色原则

绿色原则是指民事主体的民事活动应当符合资源的有效利用和环境保护的要求。当前社会，资源浪费、环境污染严重，为了改变这种现状，《民法总则》规定了该原则，《民法典》延续了《民法总则》的规定。绿色原则是代际正义的要求，也是社会可持续发展的要求。《民法典》第九条规定，民事主体从事民事活动，应当有利于节约资源、保护生态环境。

（二）合同法律制度专有的基本原则

1. 合同严守原则

合同严守原则，是指依法成立的合同在当事人之间具有法律约束力，当事人必须严格遵守，不得擅自变更或者解除合同，也不得随意违约。

2. 鼓励交易原则

鼓励交易原则，是指合同法以降低当事人的交易成本，减少交易的制度障碍为指导思想，以促进当事人通过合同实现交易目标。

3. 相对性原则

债权为相对权，不能对抗不特定的第三人，因此合同生效后仅在当事人之间发生法律效力，不能约束第三人，此即为相对性原则。《民法典》第四百六十五条第二款规定，依法成立的合同，仅对当事人具有法律约束力，但是法律另有规定的除外。

模块二

合同的订立

【导入案例】

2020年7月1日，甲公司收到乙公司的电子邮件："出售某品牌手机100部，每部2000元，须预付20%定金，5日前回复有效。"甲公司7月2日回复电子邮件："如果每部为1800元，则同意购买。履行中如有争议，在甲公司所在地仲裁委员会仲裁。"乙公司当天回复电子邮件："价格不能减少，仲裁条件可以接受。"此时该品牌手机因市场因素价格上涨，7月3日甲公司回电子邮件："同意你方1日要约。定金已支付到贵公司账户，请尽快发货。"但乙公司却退回定金，拒绝发货。双方为此发生争议，本案应如何处理？

 导入案例参考答案

一、合同的成立

（一）合同的成立要件

合同属于民事法律行为的一种，因此关于民事法律行为成立的规定，同样适用于合同。此外，当事人对合同是否成立存在争议，如果能够确定当事人名称或者姓名、标的和数量的，一般应当认定合同成立。

（二）合同订立的一般程序

根据《民法典》的规定，当事人订立合同，可以采取要约、承诺方式或者其他方式。与之前的《合同法》相比，《民法典》增加了"其他方式"，这是因为在实际生活中存在许多无法区分要约和承诺的情形，如上市公司股票集中竞价交易，此时虽无法区分要约承诺，但依然可以认定合同成立。

1. 要约

（1）要约的概念。要约也称为发盘、发价，是当事人一方向对方发出的希望与对方订立合同的意思表示。发出要约一方称要约人，接受要约一方称受要约人或相对人。

（2）要约应具备的条件。一项有效的要约必须具备下列条件：

①要约必须是特定人向相对人发出的意思表示。要约人必须是在客观上可以确定的人，要约的相对人既可以是特定的某个人，也可以是不特定的社会公众；

②要约必须以缔结合同为目的；

③要约的内容应具体确定；

④要约必须表明经受要约人承诺，要约人即受该意思表示约束。

（3）要约的生效。要约的生效时间适用总则中关于意思表示生效时间的规定，即自到达受要约人时生效。要约的法律效力体现在两个方面：

①要约生效后，要约人应受要约的约束，在要约有效期内不得随意撤销或变更要约；

②受要约人则取得了承诺的权利，受要约人有权在要约的有效期限内作出接受要约的答复，而不负必须承诺的义务。即使受要约人不承诺，也没有通知要约人的义务。

（4）要约的撤回。在要约生效之前，要约人可以撤回要约，以阻止要约发生效力。要约的撤回适用总则中关于意思表示撤回的规定，即撤回的通知应在要约到达受要约人之前或与要约同时到达受要约人。

（5）要约的撤销。要约的撤销是指要约人在要约生效之后受要约人承诺之前，使要约失去效力的意思表示。要约可以撤销，撤销要约的意思表示以对话方式作出的，该意思表示的内容应当在受要约人作出承诺之前为受要约人所知道；撤销要约的意思表示以非对话方式作出的，应当在受要约人作出承诺之前到达受要约人。

但是有下列情形之一的，要约不能撤销：

①要约人以确定承诺期限或者其他形式明示要约不可撤销；

②受要约人有理由认为要约是不可撤销的，并已经为履行合同做了合理准备工作。

（6）要约失效。要约的失效是指要约因法定原因而失去效力，即要约人不再受要约的约束，受要约人也丧失了承诺的权利。根据《民法典》的规定，要约失效的原因主要有以下四种：

①要约被拒绝；

②要约人依法撤销要约；

③承诺期限届满，受要约人未作出承诺；

④受要约人对要约的内容作出实质性变更。根据《民法典》的规定，有关合同标的、数量、质量、价款或者报酬、履行期限、履行地点和方式、违约责任和解决争议方法等的变更，是对要约内容的实质性变更。

（7）要约邀请。要约邀请，是一方向他人作出的希望他人向自己发出要约的意思表示。根据《民法典》的规定，拍卖公告、招标公告、招股说明书、债券募集办法、基金招募说明书、商业广告和宣传、寄送的价目表等为要约邀请。商业广告和宣传的内容符合要约条件的，构成要约。

2. 承诺

（1）承诺的概念。承诺也称为接受，是受要约人向要约人作出的同意要约的意思表示。

（2）承诺应具备的条件。一项有效的承诺应符合以下条件：

①承诺必须是由受要约人本人或其代理人向要约人作出；

②承诺的内容应当与要约的内容一致；

③承诺必须在要约确定的期限内到达要约人；

④承诺原则上应以明示方式作出，特殊情况下依交易习惯或者要约的规定也可以行为作出。但除法律有特别规定或当事人事先有明确约定外，沉默不能视为承诺的形式。

（3）受要约人对要约的变更。承诺内容应当与要约内容一致，原则上不得对要约内容作出变更。若受要约人对要约作出变更，主要包括两种情形，即实质性变更和非实质性变更，二者的法律后果并不相同：

①受要约人对要约的内容作出实质性变更的，为新要约；

②受要约人作出非实质性变更的，除要约人及时表示反对或者要约表明承诺不得对要约的内容作出任何变更的以外，该承诺有效。

（4）承诺期限。承诺应当在要约确定的期限内到达要约人。要约没有确定承诺期限的，承诺应当依照下列规定到达：

①要约以对话方式作出的，应当即时作出承诺；

②要约以非对话方式作出的，承诺应当在合理期限内到达。要约以信件或者电报作出的，承诺期限自信件载明的日期或者电报交发之日开始计算。信件未载明日期的，自投寄该信件的邮戳日期开始计算。要约以电话、传真、电子邮件等快速通讯方式作出的，承诺期限自要约到达受要约人时开始计算。

（5）承诺迟到。所谓承诺迟到，是指承诺没有在承诺期限以内送达要约人。根据承诺迟到的原因，可以将承诺分为两种：

①因迟发而迟到的承诺：受要约人超过承诺期限作出的承诺，或者在承诺期限内发出承诺，按照通常情形不能及时到达要约人的，为新要约，不发生承诺的效力。受要约人超过承诺期限作出的承诺，要约人及时通知受要约人确认该承诺有效的，该承诺成立。

②未迟发而迟到的承诺：受要约人在承诺期限内发出承诺，依通常情形能及时到达要

约人，但因其他原因（如邮件未能及时送达）致使承诺超过期限到达要约人的，除要约人及时通知受要约人不予以接受外，该承诺有效。

（6）承诺的方式及生效。承诺应以通知的方式作出，但根据交易习惯或者要约表明，也可以行为的方式作出。根据承诺的方式不同，承诺的生效时间也不尽相同：

①以通知的方式作出的，承诺自通知到达要约人时生效。

②采用数据电文形式订立合同时，收件人指定特定系统接收数据电文的，该数据电文进入该特定系统的时间，视为到达时间；未指定特定系统的，该数据电文进入收件人的任何系统的首次时间，视为到达时间。

③承诺不需要通知的，根据交易习惯或者要约的要求作出承诺的行为时生效。例如，在悬赏广告中，受要约人完成悬赏广告所要求的特定行为时，承诺生效，合同成立。承诺生效时合同成立，但是法律另有规定或者当事人另有约定的除外。

按照《民法典》的规定，承诺生效时合同成立，但是法律另有规定或者当事人另有约定的除外。

（7）承诺的撤回。在承诺生效前，受要约人可以撤回承诺，以阻止承诺发生法律效力，承诺的撤回时间适用总则关于意思表示撤回的规定，即承诺人撤回承诺的通知应当在承诺到达要约人之前或与承诺通知同时到达要约人。

（三）合同成立的时间和地点

1. 合同成立的时间

合同成立的时间原则上为承诺生效时。但法律对合同成立时间有特殊规定，依照其规定，主要包括以下几种：

（1）当事人采用合同书形式订立合同的，自当事人均签名、盖章或者按指印时合同成立。在签名、盖章或者按指印之前，当事人一方已经履行主要义务，对方接受时，该合同成立。

（2）法律、行政法规规定或者当事人约定合同应当采用书面形式订立，当事人未采用书面形式但是一方已经履行主要义务，对方接受时，该合同成立。

（3）当事人采用信件、数据电文等形式订立合同要求签订确认书的，签订确认书时合同成立。

（4）当事人一方通过互联网等信息网络发布的商品或者服务信息符合要约条件的，对方选择该商品或者服务并提交订单成功时合同成立，但是当事人另有约定的除外。

（5）当事人约定在将来一定期限内订立合同的认购书、订购书、预订书、意向书等，构成预约合同。当事人一方不履行预约合同约定的订立合同义务的，对方可以请求其承担预约合同的违约责任。

2. 合同成立的地点

（1）承诺生效的地点为合同成立的地点。

（2）采用数据电文形式订立合同的，收件人的主营业地为合同成立的地点；没有主营业地的，其住所地为合同成立的地点。当事人另有约定的，按照其约定。

（3）当事人采用合同书形式订立合同的，最后签字、盖章或者按指印的地点为合同成立的地点，但是当事人另有约定的除外。

（四）合同的形式和内容

1. 合同的内容

合同的内容即合同当事人对权利义务达成的合意，其表现为合同条款。根据《民法典》的规定，合同的内容由当事人约定，一般包括以下条款：当事人的名称或者姓名和住所，标的，数量，质量，价款或者报酬，履行期限、地点和方式，违约责任，解决争议的方法等。当事人可以参照各类合同的示范文本订立合同。

2. 合同的形式

合同形式，是指合同当事人设立、变更、终止民事权利义务关系的一致协议的表现形式。通常使用的合同形式有口头形式、书面形式和行为默示方式三种。

书面形式是合同书、信件等可以有形地表现所载内容的形式。以电报、电传、传真、电子数据交换、电子邮件等方式能够有形地表现所载内容，并可以随时调取查用的数据电文，视为书面形式。

二、格式条款

（一）格式条款的概念

格式条款，是指当事人为了重复使用而预先拟订，并在订立合同时未与对方协商的条款。格式条款的适用可以简化签约程序，加快交易速度，减少交易成本。但是，由于格式条款是当事人一方预先拟定，且在合同谈判中不容许对方协商修改，条款内容可能对于对方当事人不公平。所以，当事人采用格式条款订立合同时，提供格式条款的一方应当遵循公平原则确定当事人之间的权利和义务。

（二）《民法典》对格式条款的特殊规定

1. 提供条款一方的告知与说明义务

采用格式条款订立合同的，提供格式条款的一方应当遵循公平原则确定当事人之间的权利和义务，并采取合理的方式提示对方注意免除或者减轻其责任等与对方有重大利害关系的条款，按照对方的要求，对该条款予以说明。提供格式条款的一方未履行提示或者说明义务，致使对方没有注意或者理解与其有重大利害关系的条款的，对方可以主张该条款不成为合同的内容。

格式条款告知义务案例及参考答案

2. 格式条款的无效情形

根据《民法典》的规定，有下列情形之一的，格式条款无效：

（1）格式条款中有合同无效或免责条款无效情形的；

（2）提供格式条款一方不合理地免除或者减轻其责任、加重对方责任、限制对方主要权利；

（3）提供格式条款一方排除对方主要权利。

格式条款无效情形案例及参考答案

3. 格式条款的解释

对格式条款的理解发生争议的，应当按照通常理解予以解释。对格式条款有两种以上解释，应当作出不利于提供格式条款一方的解释。格式条款和非格式条款不一致的，应当采用非格式条款。

格式条款解释规则案例及参考答案

三、缔约过失责任

【案例】张三为了拍摄搞笑视频，到品牌汽车4S店，谎称要购买汽车，并与店员讨价还价，最终商定以24万元成交。到付款时，张三掏出三张"八万"的麻将牌，由此与4S店发生争执。请分析，本案中，张三与4S店之间买卖合同是否成立？张三是否需要承担法律责任？

案例参考答案

（一）缔约过失责任的概念

缔约过失责任，是指在订立合同过程中，当事人一方因违反其依据诚实信用原则产生的先合同义务，而致另一方信赖利益损失时所应承担的损害赔偿责任。缔约过失责任的法理基础是诚实信用原则，是一种独立的民事责任，是在当事人违反先合同义务的情况下所应承担的法律责任。

所谓先合同义务，是指在要约生效后合同生效前的缔约过程中，缔约双方基于诚信原则而应负有的告知、协助、保护、保密等义务。先合同义务是基于诚信原则而产生的，是法定的义务，无须当事人约定。先合同义务只存在于合同缔约过程中，当合同生效后，先合同义务也就不复存在，当事人应按照合同履行合同义务和附随义务。

（二）缔约过失责任的适用情形

按照《民法典》的规定，具有下列情形之一，给对方造成损失的，应承担缔约过失责任：

（1）假借订立合同，恶意进行磋商；

（2）故意隐瞒与订立合同有关的重要事实或者提供虚假情况；

（3）泄露或者不正当地使用在订立合同过程中知悉的对方商业秘密或者其他应当保密的信息；

（4）其他违背诚实信用原则的行为。

（三）缔约过失责任与违约责任的区别

缔约过失责任与违约责任都是因合同而发生的责任，主要的责任形式均为损害赔偿，但二者也存在诸多不同之处：

1. 产生的时间不同

缔约过失责任发生在合同成立或生效之前，如果合同已经生效，则不会发生缔约过失责任；违约责任产生于合同生效之后，如果合同没有成立或者无效，就不会发生违约责任。

2. 违反义务不同

缔约过失责任违反的是先合同义务；而违约责任违反的是合同义务。

3. 归责原则不同

缔约过失责任适用过错责任，如果当事人没有过错则不需要承担缔约过失责任；违约责任一般适用无过错责任，无论当事人有无过错，只要当事人构成违约且不具备免责事由，就需要承担违约责任。

4. 赔偿范围不同

缔约过失责任赔偿的是信赖利益损失，而违约责任赔偿的是期待利益的损失，信赖利益损失，一般以实际损失为限，包括所受损失与所失利益。所受损失包括为订立合同而支出的缔约费用、交通费、鉴定费、咨询费等；所失利益主要指丧失订约机会的损失，如因缔约过失而导致与第三人另订合同机会丧失的损失。信赖利益的赔偿不得超过合同有效时相对人所可能得到的履行利益，因此期待利益损失一般大于信赖利益损失。

模块三

合同的效力

一、合同的效力概述

（一）合同效力的概念

合同的效力，是指即已成立的合同将对合同当事人乃至第三人产生的法律后果。因为合同属于民事法律行为的一种，因此关于合同的效力，《民法典》合同编没有规定的，适用总则编关于民事法律行为效力的规定。

（二）合同效力的表现

合同的效力表现在以下三个方面：

（1）依法成立的合同在当事人之间设定一定的权利、义务关系。债权人有权请求债务人为或不为一定行为，债务人则负有为或不为一定行为的义务。

（2）依法成立的合同对当事人具有法律拘束力。

（3）依法成立的合同，当事人一方违反合同，不履行所承担的义务，只要有履行的可能（包括法律上的可能和事实上的可能），对方有权请求人民法院的国家强制力强制违约方履行合同。

（三）合同的生效时间

（1）依法成立的合同，自成立时生效，但是法律另有规定或者当事人另有约定的除外。

（2）法律、行政法规规定应当办理批准等手续生效的，依照其规定。未办理批准等手续的，该合同不生效（影响合同生效的），但是不影响合同中履行报批等义务条款以及相关条款的效力。应当办理申请批准等手续的当事人未履行义务的，对方可以请求其承担违反该义务的责任。

（3）法律、行政法规规定合同变更、转让、解除等情形应当办理批准等手续生效的，适用前款规定。

（4）当事人对合同的效力可以附条件或者期限。附条件或附期限的合同，适用总则部分关于附条件或附期限民事法律行为的规定。

二、无权代理、越权、超范围经营订立合同的特别规定

（一）无权代理合同的特别规定

无权代理是指无权代理指没有代理权而以他人名义进行代理活动的民事法律行为，可以分为狭义的无权代理和表见代理。

按照《民法典》总则编的规定，表见代理所签订的合同为有效合同，无须被代理人追认。狭义的无权代理所签订的合同为效力未定的合同，在被代理人追认后有效。无权代理人以被代理人的名义订立合同，被代理人已经开始履行合同义务或者接受相对人履行的，视为对合同的追认。

（二）法定代表人、非法人组织的负责人越权签订的合同

法人的法定代表人以及非法人组织的负责人，有权代表法人、非法人组织签订合同，法律上并无限制，但法人、非法人内部可以对其权力进行限制。如果法人、非法人组织对法定代表人、负责人进行了限制，则法定代表人、负责人不能超越该权限订立合同。

但法人的法定代表人或者非法人组织的负责人超越权限订立的合同，除相对人知道或者应当知道其超越权限外，该代表行为有效，订立的合同对法人或者非法人组织发生效力。

（三）超范围经营订立的合同效力

经营范围是企业从事经营活动的业务范围，应当依法经企业登记机关登记。企业应当在核准登记的经营范围内从事经营，如果企业超出经营范围从事经营活动，应承担行政责任。但是，当事人超越经营范围订立的合同的效力，应当依照《民法典》总则编第六章第三节（即总则编关于民事法律行为效力的规定）和合同编的有关规定确定，不得仅以超越经营范围确认合同无效。

三、免责条款无效的情形

免责条款是指合同当事人在合同中规定的排除或限制一方当事人未来责任的条款。基于合同自由原则，对当事人双方自愿订立的免责条款，法律原则上不加干涉，为有效的合同条款。但免责条款明显违反诚信原则或公序良俗原则，则法律规定其无效。根据《民

法典》的规定,造成对方人身损害的以及因故意或者重大过失造成对方财产损失的免责条款无效。

四、解决争议方法条款的独立性

解决争议方法条款,是指合同中规定的,在合同发生争议的时候如何解决的条款。解决争议方法的条款大多是程序性选择条款,如选择诉讼还是仲裁,关于管辖法院的选择,关于仲裁委员会的选择,提交仲裁的争议事项等。按照《民法典》的规定,解决争议方法条款具有独立性,合同不生效、无效、被撤销或者终止的,不影响合同中有关解决争议方法的条款的效力。

模块四 合同的履行

一、合同履行的一般规则

合同履行的一般规则是指当事人在履行合同过程中应当遵循的基本准则。按照《民法典》合同编的规定,合同履行的一般规则包括全面履行规则、诚实信用规则和保护生态环境规则。

(一)全面履行规则

全面履行规则,又称适当履行规则、正确履行规则、严格履行规则,是指合同生效后,当事人各方应按照合同约定全面履行其合同义务。《民法典》规定,当事人应当按照约定全面履行自己的义务。

按照全面履行规则,当事人应当严格地按照合同约定,全面履行自己的义务。如果当事人的履行与合同不相符,就可能构成违约。如果当事人就某些条款没有约定或约定不明,应当遵循以下规则履行:

(1)就质量、价款或者报酬、履行地点等内容没有约定或者约定不明确的,可以协议补充。

(2)不能达成补充协议的,按照合同相关条款或者交易习惯确定。

(3)如果还不能确定,则适用下列规定:

①质量要求不明确的,按照强制性国家标准履行;没有强制性国家标准的,按照推荐性国家标准履行;没有推荐性国家标准的,按照行业标准履行;没有国家标准、行业标准的,按照通常标准或者符合合同目的的特定标准履行。

②价款或者报酬不明确的,按照订立合同时履行地的市场价格履行,依法应当执行政府定价或者政府指导价的,按照规定履行。

③履行地点不明确,给付货币的,在接受货币一方所在地履行;交付不动产的,在不动产所在地履行,其他标的,在履行义务一方所在地履行。

④履行期限不明确的，债务人可以随时履行，债权人也可以随时要求履行，但应当给对方必要的准备时间。

⑤履行方式不明确的，按照有利于实现合同目的的方式履行。

⑥履行费用的负担不明确的，由履行义务一方负担；因债权人原因增加的履行费用，由债权人负担。

（二）诚实信用规则

诚实信用既是民法的基本原则，同时也是合同履行中的最重要规则。《民法典》规定，当事人应当遵循诚信原则，根据合同的性质、目的和交易习惯履行通知、协助、保密等义务。本条所规定的就是诚实信用规则，诚信规则要求当事人在履行合同时，要本着诚实信用精神履行其合同明示义务和合同附随义务，不得滥用权利或规避义务，也不得损害对方和他人的合法权益。

所谓附随义务，是指合同履行过程中，为协助实现主给付义务，遵循诚实信用原则，根据合同的性质、目的和交易习惯而履行的通知、协助、保密等义务。附随义务与先合同义务都是基于诚信原则产生，都是法定义务，内容也基本相同，只不过先合同义务存在于合同订立过程中，而附随义务存在于合同履行阶段。需注意的是，违反附随义务，当事人应承担类似缔约过失责任的赔偿责任，即赔偿信赖利益损失而非期待利益损失。

（三）保护生态环境规则

绿色原则是《民法典》的基本原则之一，绿色原则要求当事人从事民事活动，应当有利于节约资源、保护生态环境。为解决当前合同履行中存在过度包装、豪华包装、破坏生态环境等问题，《民法典》在合同编履行部分增设了保护生态环境规则。《民法典》规定，当事人在履行合同过程中，应当避免浪费资源、污染环境和破坏生态。本条规定的即为保护生态环境规则。

合同履行一般规则案例及参考答案

二、合同履行的特别规则

合同履行的特别规则，是指基于合同的不同情形，当事人在履行合同时应当遵循的特别准则，主要包括以下几种情形：

（一）电子合同的履行规则

《民法典》规定，通过互联网等信息网络订立的电子合同的标的为交付商品并采用快递物流方式交付的，收货人的签收时间为交付时间。电子合同的标的为提供服务的，生成的电子凭证或者实物凭证中载明的时间为提供服务时间；前述凭证没有载明时间或者载明时间与实际提供服务时间不一致的，以实际提供服务的时间为交付时间为准。

电子合同的标的物为采用在线传输方式交付的，合同标的物进入对方当事人指定的特定系统并且能够检索识别的时间为交付时间。

电子合同当事人对交付商品或提供服务方式、交付时间另有约定的，按照其约定。

（二）政府定价合同履行规则

执行政府定价或者政府指导价的，在合同约定的交付期限内政府价格调整时，按照交付时的价格计价。逾期交付标的物的，遇价格上涨时，按照原价格执行；价格下降时，按照新价格执行。逾期提取标的物或者逾期付款的，遇价格上涨时，按照新价格执行；价格下降时，按照原价格执行。

（三）涉他合同的履行

涉他合同，是指当事人在合同中为第三人设定了权利或者义务的合同，包括为第三人利益的合同与第三人履行的合同两种基本的类型。

1. 为第三人利益的合同履行规则

为第三人利益的合同，是指当事人约定由债务人向第三人履行债务的合同。按照《民法典》的规定，债务人未向第三人履行债务或者履行债务不符合约定的，应当向债权人承担违约责任。法律规定或者当事人约定第三人可以直接请求债务人向其履行债务，第三人未在合理期限内明确拒绝，债务人未向第三人履行债务或者履行债务不符合约定的，第三人可以请求债务人承担违约责任；债务人对债权人的抗辩，可以向第三人主张。

2. 第三人履行的合同履行规则

第三人履行的合同，是指合同约定由第三人向债权人履行债务的合同，或债务人不履行债务而第三人代为履行的合同。

《民法典》规定，当事人约定由第三人向债权人履行债务，第三人不履行债务或者履行债务不符合约定的，债务人应当向债权人承担违约责任。

债务人不履行债务，第三人对履行该债务具有合法利益的，第三人有权向债权人代为履行；但是，根据债务性质、按照当事人约定或者依照法律规定只能由债务人履行的除外。债权人接受第三人履行后，其对债务人的债权转让给第三人，但是债务人和第三人另有约定的除外。

（四）提前履行与部分履行的特殊规则

1. 提前履行

债务人一般应于履行期限届至时履行义务，如果债务人在履行期限届至之前履行，即为提前履行。《民法典》规定，债权人可以拒绝债务人提前履行债务，但是提前履行不损害债权人利益的除外。债务人提前履行债务给债权人增加的费用，由债务人负担。

2. 部分履行

《民法典》规定，债权人可以拒绝债务人部分履行债务，但是部分履行不损害债权人利益的除外。债务人部分履行债务给债权人增加的费用，由债务人负担。

（五）情势变更规则

1. 情势变更规则的概念

情势变更规则，是指在合同依法成立后，非归因于当事人双方的原因，作为合同赖以成立的基础或环境的客观事实发生了变更，使继续维持合同的效力显失公平或不能实现合同目的，遭受不利影响的一方当事人可以请求法院或仲裁机关予以变更或解除的规则。

2. 情势变更规则的内容

对于是否明确规定情势变更规则，我国的立法态度一直较为谨慎，此次《民法典》

正式确立了该规则,并将不可抗力也包含在情势变更规则之中。《民法典》第五百三十三条规定,合同成立后,合同的基础条件发生了当事人在订立合同时无法预见的、不属于商业风险的重大变化,继续履行合同对于当事人一方明显不公平的,受不利影响的当事人可以与对方重新协商;在合理期限内协商不成的,当事人可以请求人民法院或者仲裁机构变更或者解除合同。当事人请求人民法院或者仲裁机构变更或者解除合同的,人民法院或者仲裁机构应当结合案件的实际情况,根据公平原则变更或者解除合同。

3. 情势变更规则与商业风险的区别

情势变更规则不同于商业风险。商业风险属于从事商业活动所固有的风险,对商业风险,法律推定当事人能够预见或者应当能够预见,而且商业风险带给当事人的损失,从法律的观点看可归责于当事人。情势变更原则的法律效果体现在情势变更发生后,当事人可以请求法院变更或者解除合同。

【案例】2020年1月,张某与李某签订租赁合同,张某租用李某的门头房开店经营,合同期限为2020年2月1日至2021年1月31日。但是由于双方所在城市爆发新冠肺炎疫情,当地从2月5日起开始实行封闭管理措施,直到5月才逐步放开,期间张某一直无法正常经营。张某要求李某减免部分租金,是否合法?

案例参考答案

三、双务合同履行中的抗辩权

(一)同时履行抗辩权

同时履行抗辩权,是指双务合同的当事人在没有约定履行顺序或约定应同时履行的情况下,一方当事人在对方未为对待给付之前,可拒绝履行自己债务的权利。

《民法典》规定,当事人互负债务,没有先后履行顺序的,应当同时履行。一方在对方履行之前有权拒绝其履行请求。一方在对方履行债务不符合约定时,有权拒绝其相应的履行请求。

(二)先履行抗辩权

先履行抗辩权是指在当事人互负债务且有先后履行顺序时,负有先履行义务的一方未履行债务或履行债务不符合约定时,后履行一方拒绝其履行要求的权利。

《民法典》规定,当事人互负债务,有先后履行顺序,应当先履行债务一方未履行的,后履行一方有权拒绝其履行请求。先履行一方履行债务不符合约定的,后履行一方有权拒绝其相应的履行请求。

(三)不安抗辩权

不安抗辩权是指先履行一方在有证据证明后履行一方有丧失或者可能丧失履行债务能力的情况下,可暂时中止履行的权利。

按照《民法典》的规定,应当先履行债务的一方当事人,有确切证据证明对方有下列情形之一的,可以中止履行:

(1)经营状况严重恶化;

（2）转移资产、抽逃资金，以逃避债务；

（3）丧失商业信誉；

（4）有丧失或者可能丧失履行债务能力的其他情形。

当事人没有确切证据中止履行的，应当承担违约责任。在具备上述条件时，先履行一方有权中止履行应当及时通知对方。对方提供适当担保的，应当恢复履行。中止履行后，对方在合理期限内未恢复履行能力且未提供适当担保的，视为以自己的行为表明不履行主要债务，中止履行的一方可以解除合同并可以请求对方承担违约责任。

【案例】 甲公司与乙公司订立棉花买卖合同，双方约定：乙公司先支付50%的货款，甲公司向乙公司交付货物，乙公司在提货后3日内付清余款。但是，过了首付款多日，甲公司依然没有收到货款，却听说了一个消息，乙公司厂房发生火灾，损失惨重，很可能会破产。此时乙公司来甲公司提货，甲公司表示担心乙公司无能力付款，因此拒绝交货。乙公司向甲公司出示了一份银行保函，某银行承诺，如果乙公司不付款，将由该银行来代为承担责任。问：甲公司能否拒绝将货物交付给乙公司？

案例参考答案

合同的保全

一、合同保全概述

合同的保全，又称合同之债的保全，属于广义的合同担保，是指债权人为防止债务人的财产不当减少，致使其债权实现遭受困难而采取的保全债务人责任财产的法律制度，主要包括代位权和撤销权两种类型。

代位权针对的是债务人不行使债权的消极行为，通过行使代位权旨在保持债务人的财产。撤销权针对的是债务人不当处分财产的积极行为，行使撤销权旨在恢复债务人的财产。

二、债权人代位权

（一）债权人代位权的概念

债权人代位权，是指因债务人怠于行使其到期债权以及或者与该债权有关的从权利，影响债权人的到期债权实现的，债权人向人民法院请求以自己的名义代位行使债务人对相对人的权利的权利。

（二）债权人代位权的成立条件

按照《民法典》的规定，债权人代位权提起代位权诉讼，应当符合下列条件：

1. 债权人对债务人的债权合法

债权人对债务人享有合法债权是债权人行使代位权的前提条件，而且一般而言，债权人应当在其债权到期时才能行使代位权。但是债权人的债权到期前，债务人的债权或者与该债权有关的从权利存在诉讼时效期间即将届满或者未及时申报破产债权等情形，影响债权人的债权实现的，债权人也可以行使代位权，向债务人的相对人请求其向债务人履行、向破产管理人申报或者作出其他必要的行为。

2. 债务人对第三人享有债权

代位权是债权人代位债务人，行使的是债务人对第三人（相对人）的债权。若债务人对第三人的债权已经消灭或者放弃，债权人自然不能代位行使。

3. 债务人怠于行使债权以及与该债权有关的从权利对债权人造成损害

一般而言，债务人可以自主决定是否行使其债权，但是如果债务人怠于行使债权或从权利损害了债权人利益，会导致债权人的债权无法实现，则债务人不行使权利的行为就违背了诚信原则，不再属于合法行为，因此债权人可以代位行使债务人的权利。

4. 债务人对第三人的债权为非专属性权利和可以强制执行的权利

基于抚养关系、扶养关系、赡养关系、继承关系而产生的给付请求权和劳动报酬、退休金、养老金、抚恤金、安置费、人寿保险、人身损害赔偿请求权等权利是专属于债务人的债权，不能代位行使。

（三）债权人代位权的效力

债权人以诉讼方式行使代位权，经法院认定代位权成立的，由相对人向债权人履行清偿义务，债权人与债务人、债务人与相对人之间相应的债权债务关系消灭，并产生如下效力：

（1）债权人有权请求相对人履行其对债务人所负的债务，行使代位权而支出的费用，可以请求债务人偿还。

（2）相对人对债务人享有的抗辩权（如同时履行抗辩权、时效抗辩权），均可对抗债权人。

（3）债务人处分该债权受到限制，债务人不得抛弃或转让其对第三人的债权。

（四）债权人代位权行使的范围

代位权的行使范围以债权人的到期债权为限。债权人行使代位权的必要费用，由债务人负担。

三、债权人撤销权

（一）债权人撤销权的概念

债权人撤销权是指债权人享有的依诉讼程序申请法院撤销债务人实施的损害其债权的行为的权利。

《民法典》规定，债务人以放弃其债权、放弃债权担保、无偿转让财产等方式无偿处分财产权益，或者恶意延长其到期债权的履行期限，影响债权人的债权实现的，债权人可以请求人民法院撤销债务人的行为。

(二) 债权人撤销权的成立

债权人撤销权的成立要件可以分为客观要件和主观要件两种：

1. 客观要件

（1）债务人实施了一定的处分财产的行为，具体包括放弃债权或者债权担保、恶意延长到期债权的履行期、无偿转让财产、以明显不合理的低价转让财产、以明显不合理的高价受让他人财产或者为他人的债务提供担保。转让价格达不到交易时交易地的指导价或者市场交易价70%的，一般可以视为明显不合理的低价；对收购价格高于当地指导价或者市场交易价30%的，一般可以视为明显不合理的高价。

（2）债务人的处分行为已发生法律效力。

（3）债务人的行为已给债权人造成损害。

2. 主观要件

受让人知道或应当知道债务人实施损害债权人利益的行为，即受让人是恶意的。

债权人行使撤销权因债务人所为的行为系无偿或有偿的不同而有所区别。若为无偿行为，只需具备客观要件；若为有偿行为，则需同时具备客观要件与主观要件。

(三) 债权人撤销权的效力

撤销权由债权人以自己的名义在诉讼中行使，法院认定撤销权成立的，发生以下效力：

（1）债务人影响债权人的债权实现的行为被撤销的，自始没有法律约束力。债权人行使撤销权的必要费用，如差旅费等，由债务人负担。

（2）受益人的受领视为不当得利，应予以返还，因此遭受的损失，仅得请求债务人赔偿。

（3）债权人不享有优先权，行使撤销权后第三人返还的利益，应归于债务人的一般财产，作为全体一般债权人的责任财产。

(四) 债权人撤销权行使的范围

撤销权的行使范围以债权人的债权为限。

(五) 债权人撤销权的除斥期间

撤销权自债权人知道或者应当知道撤销事由之日起一年内行使。自债务人的行为发生之日起五年内没有行使撤销权的，该撤销权消灭。

模块六 合同的变更与转让

一、合同的变更

（一）合同变更的概念

合同变更，有广义和狭义之分。广义的合同变更，包括合同内容的变更和合同主体的变更，而狭义的合同变更，仅指合同内容的变更，合同的主体变更称为合同的转让。

（二）合同变更的分类

合同是双方当事人合意的体现，因此经当事人协商一致，可以变更合同。但法律、行政法规规定变更合同应当办理批准、登记等手续的，应当办理相应的手续。另外，《民法典》规定，当事人对合同变更的内容约定不明确的，推定为未变更。

除了合意变更合同，还存在法定变更的情形，即一方当事人单方通知对方变更合同。如《民法典》合同编中规定的承揽合同中定作人、运输合同中的托运人都可以单方面变更合同，但给对方造成损失的应承担赔偿责任。

（三）合同变更的法律后果

合同的变更，除当事人另有约定的以外，仅对变更后未履行的部分有效，对已经履行的部分没有溯及力。

二、合同的转让

合同的转让，也就是合同主体的变更，指当事人将合同的权利和义务全部或部分转让给第三人。合同的转让分为债权转让、债务承担以及债权债务概括移转。

（一）债权让与

1. 债权转让的条件

债权转让，又称债权让与，指不改变债的内容，债权人将其债权全部或部分转移给第三人享有。其中原债权人是转让人（让与人），第三人是受让人。根据《民法典》的规定，债权人转让债权，未通知债务人的，该转让对债务人不发生效力。债权转让的通知不得撤销，但是经受让人同意的除外。

2. 禁止债权转让的情形

根据《民法典》的规定，下列债权不得转让：

（1）根据合同性质不得转让的债权不得转让。这个主要是基于当事人特定身份而订立的合同，当事人之间存在一定的人身信任关系，因此不得转让，如委托合同、赠与合同等。

（2）当事人约定不得转让的债权不得转让。合同是当事人之间的合意，当事人特别约定不得转让的，自然应当按照当事人之间的约定，不得转让。《民法典》规定，当事人约定非金钱债权不得转让的，不得对抗善意第三人。当事人约定金钱债权不得转让的，不得对抗第三人。

（3）依法律规定不得转让的债权不得转让。如果转让法律禁止转让的债权，这是违反禁止性规定的，合同当然无效，因此依法律规定不得转让的债权不得转让。

3. 债权转让的效力

债权转让的效力包括两个方面，分别为对内效力和对外效力。

（1）对内效力。所谓对内效力，也就是债权转让在转让人与受让人之间的效力，主要包括以下三个方面：

①转让人将债权转让给受让人，即脱离债的关系，受让人受让债权而成为债的关系的当事人，即新债权人。

②转让人应保证其转让的权利有效存在且不存在权利瑕疵，但并不保证债权一定能够实现，除非当事人有特别约定。

③受让人取得与债权有关的从权利，但是该从权利专属于转让人自身的除外。受让人取得从权利不因该从权利未办理转移登记手续或者未转移占有而受到影响。

（2）对外效力。所谓对外效力，就是债权转让在转让人、受让人与债务人之间的效力，主要包括以下四个方面：

①如果债权全部转让，则转让人不再是合同当事人，不再受合同约束。

②债权转让后，债务人应就所转让的债权向受让人履行债务，受让人亦有权请求债务人向其履行义务。

③债务人接到债权转让通知后，债务人对让与人的抗辩，可以向受让人主张。

④有下列情形之一的，债务人可以向受让人主张抵销：第一是债务人接到债权转让通知时，债务人对让与人享有债权，并且债务人的债权先于转让的债权到期或者同时到期；第二是债务人的债权与转让的债权是基于同一合同产生，如甲、乙签订承揽合同，甲转让债权于丙。物有瑕疵造成乙损害，乙可向甲索赔，此时乙可对丙主张抵销。

（二）债务移转

1. 债务转移的条件

债务转移，又称债务承担，指不改变债的内容而发生债务人的变更。引起债务承担的事由有法律规定（如继承）和法律行为，最为常见的是通过当事人之间的协议转移债务。根据《民法典》的规定，债务人将债务的全部或者部分转移给第三人的，应当经债权人同意。债务人或者第三人可以催告债权人在合理期限内予以同意，债权人未作表示的，视为不同意。债务承担包括免责的债务承担和并存的债务承担两种情形。

2. 免责的债务承担

（1）免责的债务承担的含义。免责的债务承担是指债务人经债权人同意，将其债务部分或全部转移给第三人负担。因为新债务人的资信情况和偿还能力要取得债权人的认可，以免债权人的利益受到不利影响，所以这种承担方式须经债权人的承认，才能发生债务承担的效力。

（2）免责的债务承担的效力。免责的债务承担主要发生以下四个方面的效力：

①新债务人可以主张原债务人对债权人的抗辩权。原债务人对债权人享有债权的，新债务人不得向债权人主张抵销。

②新债务人应当承担与原债务有关的从债务，但该从债务专属于原债务人自身的除外。

③新债务人不得以对抗原债务人的事由对抗债权人。

④由第三人为债权设定的担保，除担保人继续同意担保外，因债务承担而消灭。

3. 并存的债务承担

并存的债务承担是指债务人不脱离债的关系，第三人又加入债的关系，与债务人共同承担债务。《民法典》规定，第三人与债务人约定加入债务并通知债权人，或者第三人向债权人表示愿意加入债务，债权人未在合理期限内明确拒绝的，债权人可以请求第三人在其愿意承担的债务范围内和债务人承担连带债务。

(三) 债权债务的概括转移

债权债务的概括转移是指债的一方主体将其债权债务一并移转给第三人，使该第三人代替出让人的地位，成为债的新的当事人。债的概括承受的发生原因包括合同承受和法定承受。合同承受是指合同的一方当事人经对方当事人同意，与第三人订立合同将其在合同中的债权债务全部或者部分移转给第三人。法定承受是指基于法律的直接规定而产生的债权债务的概括移转，包括法人合并和财产继承等。当事人订立合同后合并的，由合并后的法人或者其他组织行使合同权利，履行合同义务。当事人订立合同后分立的，除债权人和债务人另有约定的以外，由分立的法人或者其他组织对合同的权利和义务享有连带债权，承担连带债务。

模块七 合同权利义务的终止

一、合同的权利义务终止概述

(一) 合同权利义务终止的概念

合同权利义务终止是指依法生效的合同，因具备法定情形和当事人约定的情形，合同债权、债务归于消灭，债权人不再享有合同权利，债务人也不必再履行合同义务，合同当事人双方终止合同关系，合同的效力随之消灭。

(二) 合同权利终止后的法律后果

合同之债消灭后，当事人之间的权利和义务终止，债权的担保及其他从属权利也会随之消灭。但是，合同权利义务终止，并不意味着当事人之间不存在任何义务。按照《民法典》的规定，在合同权利终止后，当事人应当遵循诚实信用原则，根据交易习惯，履行通知、协助、保密、旧物回收等义务，此种义务在学理上称为后合同义务。违反此义务致对方损害的，应当承担损害赔偿责任。

合同权利义务终止，不影响合同中结算条款、清理条款以及解决争议方法条款的效力。

(三) 合同权利义务终止的原因

按照《民法典》的规定，合同权利义务终止的原因主要有清偿、解除、抵销、提存、免除和混同。法律规定或者当事人约定终止的其他情形的，依照法律规定或者当事人的约定处理。

二、清偿

清偿，也称为履行，是指为了实现合同目的，满足债权，债务人依法律规定或合同约定完成义务的行为。清偿是合同消灭的最主要和最常见原因。在清偿中应注意代物清偿和清偿抵充两种特殊情形。

（一）代物清偿

代物清偿，是指在债的履行过程中，债权人受领他种给付以代替原定给付而使债的关系消灭。代物清偿须具备以下要件：

1. 有原债务存在

原存在的债务，无论是合同之债，还是无因管理之债、不当得利之债、侵权行为之债，只要有债权债务，就可成立代物清偿，至于原债的标的如何，在所不问。

2. 经双方当事人约定，以他种给付代替原定给付

给付的形态有支付金钱、交付财物、移转权利、提供劳务、提交成果、不作为等。以一种给付代替他种给付，才为代物清偿。即使在同一形态的给付中，也可成立代物清偿，如以大米代替玉米，以牛代替马等。

3. 有双方当事人关于代物清偿的合意

由于代物清偿改变了原债中的给付，因而须以债权人、债务人合意才能成立，否则不产生代物清偿的法律后果。

4. 债权人或其他有履行受领权的人现实地受领给付

债权人与债务人达成代物清偿的合意，即成立代物清偿合同，此代物清偿合同为实践合同，须清偿人现实地为给付行为并经清偿受领人受领的，才发生代物清偿的效力。

（二）清偿抵充

清偿抵充，是指在债务人对于同一债权人负担数宗同种类的债务而清偿人提供的给付不足以清偿全部债务时，决定以该给付抵充何宗债务的规则。

《民法典》规定，债务人对同一债权人负担的数项债务种类相同，债务人的给付不足以清偿全部债务的，除当事人另有约定外，由债务人在清偿时指定其履行的债务。

债务人未作指定的，应当优先履行已经到期的债务；数项债务均到期的，优先履行对债权人缺乏担保或者担保最少的债务；均无担保或者担保相等的，优先履行债务人负担较重的债务；负担相同的，按照债务到期的先后顺序履行；到期时间相同的，按照债务比例履行。

债务人除主债务之外还应当支付利息和费用，当其给付不足以清偿全部债务，并且当事人没有约定时，应当按照下列顺序抵充：实现债权的有关费用；利息；主债务。

三、解除

（一）解除概述

1. 解除的概念

解除，也就是合同解除，是指在合同有效成立之后尚未开始履行或者尚未全部履行之前，因当事人一方或双方的意思表示，提前终止合同效力的行为。

2. 解除的特征

（1）合同解除发生在合同有效成立至全部履行这段时间。如果合同未成立、未生效、无效或者被撤销，则不能解除。可撤销合同在被撤销之前，可以解除。

（2）合同解除必须具备一定条件。这一条件可以是当事人约定的，也可以是法律直接规定。如果当事人不具备解除条件而解除合同的，应承担违约责任。

（3）合同解除必须通过解除行为而实现。解除行为是法律行为，可以是单方法律行为，也可以是双方法律行为。只具备合同解除条件，但当事人未实施解除行为的，合同依然存在。

（4）合同解除的后果，是使基于合同发生的债权债务关系消灭，因此，它是合同终止的原因之一。

(二) 解除的条件

合同解除的方式包括法定解除和合意解除，二者的条件不同。

1. 法定解除

法定解除，是指当事人直接根据法律的规定而解除合同，无须对方的同意，根据《民法典》的规定，有下列情形之一的，当事人可以解除合同：

（1）因不可抗力致使不能实现合同目的。

（2）在履行期限届满之前，当事人一方明确表示或者以自己的行为表明不履行主要债务。此情形即为预期违约。

（3）当事人一方迟延履行主要债务，经催告后在合理期限内仍未履行。

（4）当事人一方迟延履行债务或者有其他违约行为致使不能实现合同目的。此情形即为根本违约的情形。

（5）法律规定的其他情形。除了上述四种情形，《民法典》还规定了其他产生法定解除权的情形，如第五百三十三条规定的情势变更规则，此外合同编第二分编典型合同中，也规定了很多在具体合同中当事人可以单方面解除合同的情形。

另外，以持续履行的债务为内容的不定期合同，当事人在合理期限之前通知对方后可以解除。

2. 合意解除

合意解除，是指根据当事人事先约定的情况或经当事人协商一致而解除合同。包括约定解除权和协商一致解除两种情形。

约定解除权，是指当事人以合同形式约定一方当事人保留解除权的解除。只要不违反法律强行性规范和公序良俗，当事人可以约定一方当事人解除合同的事由。解除合同的事由发生时，解除权人可以解除合同。解除权条款可以在当事人订立合同时约定，也可以在合同订立后另行约定。

协商一致解除，是指当事人通过协商一致解除合同的行为。合同订立后，经当事人协商协商一致，当然可以解除合同。

(三) 解除权的行使

除双方协议解除合同外，须经解除权人行使解除权，才能达到合同解除的法律后果。解除权是形成权，只要解除权人一方的意思表示即可成立。

1. 解除权行使的方式及合同解除的时间

当事人一方依法主张解除合同的，应当通知对方。合同自通知到达对方时解除。通知载明债务人在一定期限内不履行债务则合同自动解除，债务人在该期限内未履行债务的，合同自通知载明的期限届满时解除。对方对解除合同有异议的，任何一方当事人均可以请求人民法院或者仲裁机构确认解除行为的效力。当事人一方未通知对方，直接以提起诉讼或者申请仲裁的方式依法主张解除合同,人民法院或者仲裁机构确认该主张的,合同自起诉状副本或者仲裁申请书副本送达对方时解除。

2. 解除权的除斥期间

合同解除权须在法律规定或当事人约定的期限内行使,期限届满当事人不行使的,其解除权消灭。法律没有规定或者当事人没有约定解除权行使期限,自解除权人知道或者应当知道解除事由之日起一年内不行使,或者经对方催告后在合理期限内不行使的,该权利消灭。

（四）解除的后果

《民法典》规定,合同解除后,尚未履行的,终止履行;已经履行的,根据履行情况和合同性质,当事人可以请求恢复原状或者采取其他补救措施,并有权请求赔偿损失。合同因违约解除的,解除权人可以请求违约方承担违约责任,但是当事人另有约定的除外。主合同解除后,担保人对债务人应当承担的民事责任仍应当承担担保责任,但是担保合同另有约定的除外。

四、抵销

（一）抵销的概念

抵销是指互负债务的双方当事人将两项债务相互充抵,以使双方债务在等额内消灭的行为。

抵销依其产生根据的不同,可分为法定抵销和合意抵销。

（二）法定抵销

法定抵销是指依法律规定以当事人一方的意思表示所作的抵销。抵销权属于形成权,享有抵销权的当事人只需通知对方即可发生抵销后果,无需对方同意。抵销不得附条件或者期限。抵销具有溯及力,溯及到抵销权成立之时。

根据《民法典》的规定,法定抵销应满足以下条件:

1. 双方当事人互负债务、互享债权

抵销发生的基础在于当事人双方互负有效债务,又互享有效债权。双方当事人互负的债权债务,可能基于两个或两个以上法律关系产生,也可能基于同一法律关系产生,但基于同一法律关系产生的,债权债务不能构成对方给付的对价,否则就成为双务合同,不能法定抵销。

2. 主动债权已届清偿期

用作抵销的债权称为主动债权,被抵销的债权称为被动债权。主动债权需要已届清偿期才可以抵销,否则等于强制债务人提前履行债务,损害债务人的期限利益。但债务人可以自愿放弃期限利益,因此被动债权可以未到期。同理,超过诉讼时效期间的债权,不得作为主动债权而主动抵销,但可以作为被动债权抵销。

3. 双方债务的标的物种类、品质相同

种类相同,是指合同标的物本身的性质和特点一致,比如都是支付金钱。品质相同,是指标的物的质量、规格、等级等无差别。债务的种类品质不相同,原则上不允许法定抵销,只能基于当事人的合意而抵销。

4. 不存在按照合同性质或者依照法律规定不得抵销的情形

一般来说，行为人故意实施侵权行为发生损害赔偿之债、劳务工资之债、支付退休金、抚养费、抚恤金等与人身不可分离的义务，不得主张抵销。

（三）合意抵销

合意抵销是指当事人协商一致时，双方的债权债务按对等数额消灭的抵销方式。合意抵销是通过双方协商进行的，只需满足合同的成立及生效要件即可，不受法定抵销的限制。《民法典》规定，当事人互负债务，标的物种类、品质不相同的，经协商一致，也可以抵销。

五、提存

（一）提存的概念

所谓提存，是指由于法律规定的原因导致债务人难以向债权人履行债务时，债务人将该标的物交付给提存机关以消灭债务的制度。提存作为一种履行的替代，构成合同权利义务终止的原因之一。

（二）提存的原因

根据《民法典》的规定，有下列情形之一，难以履行债务的，债务人可以将标的物提存：

1. 债权人无正当理由拒绝受领

债权人无正当理由拒绝受领，是指债务履行期限届至后，债务的履行需要债权人受领，债务人提出了履行债务的请求，债权人能够接受履行，却无正当理由拒绝受领，此时债务人可以提存。但如果债务人没有提出履行债务的请求，或者债权人有正当理由，如发生了不可抗力、遇到了难以克服的意外情况、交付的标的物有严重质量问题、债务人迟延交付导致合同目的无法实现等，债务人不得提存。

2. 债权人下落不明

债权人下落不明，是指债权人离开自己的住所、不知去向，或因为债权人原因地址不详等原因无法查找。债权人下落不明，债务人无法履行，因此可以提存。

3. 债权人死亡未确定继承人、遗产管理人，或者丧失民事行为能力未确定监护人

债权人死亡或者丧失民事行为能力，并不必然导致债务人的债务消灭。债务人应当向债权人的继承人、遗产管理人或法定代理人履行。但债权人死亡后其继承人、遗产管理人未确定，或丧失民事行为能力后未确定监护人，债务人则无法履行债务，因此债务人可以提存。

4. 法律规定的其他情形

除了上述三种情况外，还存在法律规定的其他事由，如债权人不明等情形。此外双方约定债务履行地，债权人不在债务履行地又不能在履行地受领的，也可以作为提存原因之一。

（三）可以提存的标的物

提存的标的物主要是货币、有价证券、票据、提单、贵重物品等适宜提存的标的物。标的物不适于提存，如易腐、易燃易爆的物品，或者提存费用过高的，那么就不适宜提

存，此时债务人依法可以拍卖或者变卖标的物，提存所得的价款。

（四）提存的效力

1. 债权人与债务人之间的权利义务终止

债务人将标的物或者将标的物依法拍卖、变卖所得价款交付提存部门时，提存成立。提存成立的，视为债务人在其提存范围内已经交付标的物，债务人与债权人之间的权利义务终止。

2. 提存后债务人的通知义务

标的物提存后，债务人应当及时通知债权人或者债权人的继承人、遗产管理人、监护人。提存通知的义务，是法律规定的义务，债务人必须履行，如果怠于通知造成债权人损害的，债务人应当承担赔偿责任。

3. 提存期间风险、孳息和提存费用

标的物提存后，无论债权人是否领取，都视为债务人在其提存范围内已经交付标的物。因此标的物提存后，其所有权原则上转移给债权人，孳息归债权人所有，提存费用由债权人负担，提存期间提存物毁损灭失的风险亦由债权人承担。

4. 债权人领取提存物的权利

债权人可以随时领取提存物。但是，债权人对债务人负有到期债务的，在债权人未履行债务或者提供担保之前，提存部门根据债务人的要求应当拒绝其领取提存物。债权人领取提存物的权利，自提存之日起五年内不行使而消灭，提存物扣除提存费用后归国家所有。

5. 债务人取回提存物的权利

债权人未履行对债务人的到期债务，或者债权人向提存部门书面表示放弃领取提存物权利的，债务人负担提存费用后有权取回提存物。

六、免除与混同

（一）免除

免除即债权人以消灭债为目的而向债务人作出的抛弃债权的行为。免除的对象可以是部分债务，也可以是全部债务。《民法典》规定，债权人免除债务人部分或者全部债务的，债权债务部分或者全部终止，但是债务人在合理期限内拒绝的除外。

免除是无因民事法律行为，同时也是无偿的民事法律行为。免除的效力在于债务全部免除时，主债务与从债务全部消灭；部分免除时，主债务与从债务部分消灭。但债权人仅免除从债务时，主债务并不消灭。

（二）混同

混同是指债权人和债务人合为一人的事实。混同无须以任何人的意思表示为成立要件，故属于法律事实中的事件。

《民法典》规定，债权和债务同归于一人的，债权债务终止，但是损害第三人利益的除外。

模块八

违约责任

一、违约责任概述

（一）违约责任的概念

违约责任，也称为违反合同的民事责任，是指当事人合同义务所承担的民事责任。《民法典》规定，当事人一方不履行合同义务或者履行合同义务不符合约定的，应当承担继续履行、采取补救措施或者赔偿损失等违约责任。

（二）违约责任的特征

1. 违约责任以合同的有效存在为前提

不以合同的有效存在为前提的民事责任，不是违约责任，这是违约责任与侵权责任、缔约过失责任的区别，后两者都不是以合同有效存在为必要前提。

2. 违约责任是当事人不履行合同义务而产生的责任

如果当事人违反的不是合同义务，而是法律规定的其他义务，则应负其他责任。如当事人违反先合同义务，则承担缔约过失责任；如果当事人违反的是其他法定义务，则承担侵权责任。

3. 违约责任具有相对性

由于合同关系具有相对性，因此违约责任也具有相对性，即违约责任只能在特定的当事人之间即合同关系的当事人之间发生。如当事人一方因第三人的原因造成违约的，应当依法向对方承担违约责任。当事人一方和第三人之间的纠纷，依照法律规定或者按照约定处理。

（三）违约责任的归责原则

《民法典》中规定的违约责任，适用无过错责任的归责原则，只要非违约方证明对方存在违约行为，即便对方证明自己没有过错，也应承担违约责任。

但需要注意的是，无过错责任并非绝对责任，并不是说，只要构成违约就一定要承担违约责任。如果违约方具有法定的或双方约定的免责事由，依然可以不承担违约责任。

此外，部分典型合同的违约责任依然存在适用过错责任原则，如赠与合同中赠与人的瑕疵担保责任、承揽合同中承揽人的保管责任、运输合同中承运人对旅客自带行李的责任、保管合同中保管人责任、仓储合同中的保管人责任、委托合同中委托人的损害赔偿责任等。

二、违约形态

违约形态，也就是违约行为形态，是指根据违约行为所违反的合同义务的性质和特点而对违约行为所作的分类。《民法典》将违约行为区分为预期违约和届期违约两种类型，而每种类型又可以再分为两类。

（一）预期违约

预期违约，又称为先期违约，是指在履行期限到来之前一方无正当理由明确表示或者以自己的行为表明不履行合同义务。《民法典》第五百七十八条规定，当事人一方明确表示或者以自己的行为表明不履行合同义务的，对方可以在履行期限届满前请求其承担违约责任。预期违约又分为明示预期违约和默示预期违约两种。

所谓明示预期违约，是指合同履行期限届满之前，一方当事人明确向对方表示将不履行合同义务。所谓默示预期违约，是指合同履行期限届满之前，一方当事人以自己的行为表明不履行合同债务。

（二）届期违约

在履行期限到来以后，当事人不履行或不完全履行合同义务，将构成届期违约。届期违约与预期违约的区别在于当事人的违约行为发生于履行期限届满之前还是履行期限到来之后。

根据《民法典》的规定，当事人一方不履行合同义务或者履行合同义务不符合约定的，应当承担继续履行、采取补救措施或者赔偿损失等违约责任。因此届期违约可以分为不履行和不适当履行两类。

不履行，即当事人不履行合同义务，包括履行不能和履行拒绝。前者是指债务人在事实上、法律上或经济上不能履行，如标的物已经灭失且无可替代的标的物、特定物的所有权已经属于他人等。后者是指债务人能够履行合同义务却无正当理由拒绝履行。区分履行不能和履行拒绝的法律意义主要在于救济的方式不同，对于履行拒绝，对方可以要求违约方继续履行；对于履行不能，对方只能要求违约方赔偿损失而不能要求继续履行。

不适当履行，即当事人履行合同义务不符合合同约定，也就是说债务人已经履行了债务，但该履行不符合约定，包括一般瑕疵履行和加害履行。前者如交付标的物数量不足、质量不符、履行时间不当等；后者除了有一般瑕疵外，还造成对方当事人其他财产、人身损害。加害履行往往造成违约行为与侵权行为的竞合，按照《民法典》第一百八十六条和第九百九十六条的规定，因当事人一方的违约行为，损害对方人身权益、财产权益的，受损害方有权选择请求其承担违约责任或者侵权责任；受损害方选择请求承担违约责任的，不影响受损害方精神损害赔偿。

三、违约责任的承担方式

违约责任的承担方式，包括继续履行、采取补救措施、赔偿损失三种方式。

（一）继续履行

继续履行，又称实际履行，是指债权人在债务人不履行合同义务时，可请求人民法院或仲裁机构强制债务人实际履行合同义务的救济方式。继续履行后对方还有其他损失的，应当赔偿损失。由于债务性质不同，继续履行在适用时亦有所不同，具体而言：

1. 违反金钱债务的继续履行

所谓金钱债务，是指债务人给付一定货币作为内容的债务，包括支付价款、报酬、租金、利息等。《民法典》规定，当事人一方未支付价款、报酬、租金、利息，或者不履行其他金钱债务的，对方可以请求其支付。

2. 违反非金钱债务的继续履行

非金钱债务与金钱债务不同，可能会出现履行不能，或者履行费用过高等情形，因此违反非金钱债务的，除特殊情况外，原则上应继续履行。但有下列情形之一的除外：

（1）法律上或者事实上不能履约；

（2）债务的标的不适于强制履行或者履行费用过高；

（3）债权人在合理期限内未要求履行。

有前款规定的除外情形之一，致使不能实现合同目的的，人民法院或者仲裁机构可以根据当事人的请求终止合同权利义务关系，但是不影响违约责任的承担。

3. 替代履行

所谓替代履行，是指债务人不履行债务或者履行债务不符合约定，债权人又不能要求债务人继续履行的，债权人可以请求第三人替代履行，由债务人承担相关费用的制度。《民法典》规定，当事人一方不履行债务或者履行债务不符合约定，根据债务的性质不得强制履行的，对方可以请求其负担由第三人替代履行的费用。

（二）采取补救措施

补救措施，是债务人履行合同义务不符合约定，债权人在请求人民法院或者仲裁机构要求债务人实际履行合同义务的同时，可根据合同履行情况要求债务人采取的补救履行措施，是继续履行、赔偿损失、支付违约金等之外的其他补救方法，主要包括恢复原状、修理、重作、更换、退货、减少价款或者报酬等。根据《民法典》的规定，履行不符合约定的，应当按照当事人的约定承担违约责任。对违约责任没有约定或者约定不明确，依据本法第五百一十条的规定仍不能确定的，受损害方根据标的的性质以及损失的大小，可以合理选择请求对方承担修理、重作、更换、退货、减少价款或者报酬等违约责任。采取补救措施后对方还有其他损失的，违约方还应对损失予以赔偿。

（三）赔偿损失

1. 赔偿损失的概念

赔偿损失，是指行为人违反合同约定造成对方损失时，行为人向受害人支付一定数额的金钱以弥补其损失，是运用较为广泛的一种责任方式，包括法定的赔偿损失和约定的赔偿损失两种。

2. 法定的赔偿损失

（1）赔偿损失的条件。法定赔偿损失是指违约方以支付金钱的方式弥补受害方因违约行为而遭受损失的责任形式。承担赔偿损失的责任除应具备违约责任的必要条件外，还必须有违约行为造成对方财产损失的事实。

（2）赔偿损失的范围。损失赔偿额应当相当于因违约行为所造成的损失，包括合同履行后可以获得的收益，但不得超过违约一方订立合同时预见到或者应当预见到的因违约可能造成的损失。

（3）被违约方的减损义务。当事人一方违约后，对方应当采取适当措施防止损失的扩大；没有采取适当措施致使损失扩大的，不得就扩大的损失请求赔偿。当事人因防止损失扩大而支出的合理费用，由违约方负担。

（4）过失相抵原则。当事人一方违约造成对方损失，对方对损失的发生有过错的，可以减少相应的损失赔偿额。

3. 约定的赔偿损失

约定的赔偿损失，主要包括约定违约金和适用定金罚则两种情形。

（1）约定违约金。违约金，是按照当事人约定或者法律规定，一方当事人违约时根据其违约情况向对方支付的一定数额的货币。由于很多时候损失难以确定，因此当事人可以事先在合同中约定违约金，当对方违约时直接要求对方支付违约金，免去自己对损失的证明责任。

根据《民法典》的规定，约定的违约金低于造成的损失的，人民法院或者仲裁机构可以根据当事人的请求予以增加；约定的违约金过分高于造成的损失的，人民法院或者仲裁机构可以根据当事人的请求予以适当减少。当事人就迟延履行约定违约金的，违约方支付违约金后，还应当履行债务。

（2）适用定金罚则。当事人在合同中既约定违约金，又约定定金的，一方违约时，对方可以选择适用违约金或者定金条款，但只能主张违约金责任和违约定金责任中的一种，不能同时主张。定金不足以弥补一方违约造成的损失的，对方可以请求赔偿超过定金数额的损失。关于定金的相关规则，详见本书担保法律制度定金部分。

四、免责事由

违约责任适用无过错责任，并不意味着只要发生违约就需要承担违约责任，如果违约方出现免责事由，依然可以免除违约责任。根据《民法典》的规定，违约责任的免责事由主要包括法定免责事由和约定的免责事由两种。

（一）法定的免责事由

法定的免责事由是指由法律规定的免责事由，又可分为一般的法定免责事由和特殊的免责事由两种。

1. 一般的法定免责事由

这是指适用于所有合同的违约责任的法定免责事由，通常仅指不可抗力。所谓不可抗力，是指不能预见、不能避免且不能克服的客观情况。常见的不可抗力主要包括：

（1）自然灾害，如台风、洪水、冰雹；

（2）政府行为，如征收、征用、重大疫情及管控措施等；

（3）社会异常事件，如罢工、骚乱。

关于不可抗力发生后对当事人责任的影响，要注意以下三点：

（1）不可抗力并非当然免责，要根据不可抗力对合同履行的影响决定。《民法典》规定，当事人一方因不可抗力不能履行合同的，根据不可抗力的影响，部分或者全部免除责任，但是法律另有规定的除外。金钱之债不适用不可抗力这种免责事由。

（2）不可抗力事件发生后，主张不可抗力一方要履行两个义务：一是应当及时通知对方，以减轻可能给对方造成的损失；二是应当在合理期限内提供证明。

（3）当事人迟延履行后发生不可抗力的，不免除其违约责任。

2. 特殊的法定免责事由

这是指由法律特别规定的只适用于个别合同的违约责任免责事由。《民法典》合同编第二分编中对不同的典型合同规定了仅适用于本合同的免责事由，详见下一模块典型合同部分。

（二）约定的免责事由

约定的免责事由是指当事人在合同中约定的违约方免予承担违约责任的条件。当事人关于免责事由的约定不得违反法律、国家政策和社会公共利益，不得违背善良风俗。另外，造成对方人身伤害的，以及因故意或者重大过失造成对方财产损失的免责条款是无效的。

扩展阅读　主要的典型合同

课后思考题

1. 什么是合同？合同的分类是什么？
2. 合同的订立程序是什么？如何签订合同？
3. 合同履行的规则有哪些？
4. 什么是合同履行中的抗辩权？如何行使？
5. 合同终止的原因有哪些？
6. 违约责任应如何承担？

PPT

项目六 担保法律制度

【知识能力目标】

1. 了解担保的含义、意义，理解担保的分类以及担保与反担保的关系、混合担保的处理规则以及担保权利消灭的原因。

2. 理解保证的概念，掌握保证合同的内容、保证方式、保证期间、保证人的权利，了解特殊保证。

3. 理解抵押的概念，掌握抵押的设立、抵押的效力、抵押权的顺位和抵押权的实现，了解最高额抵押。

4. 理解质权的概念，掌握动产质权和权利质权的设立和效力。

5. 了解留置权的概念，理解留置权的设立、效力、实现方式，掌握担保物权竞合的处理规则。

6. 理解定金的概念，掌握定金的设立和定金的效力。

【职业素养目标】

1. 能牢固树立依法治国、市场经济是法治经济的理念，弘扬社会主义法治意识。

2. 树立诚实守信的契约观念，进一步增强对"诚信友善、自由平等"等社会主义核心价值观的理解和把握。

【导入案例】

为什么要设立担保？

张三和李四一对好朋友，有一天张三为了生意需要向李四借款 50 万元，借款期限一年，并承诺向李四支付 10% 的利息。李四考虑到张三有房数套，家里比较有钱，完全有能力偿还，就把 50 万元借给了张三。张三向李四出具了借条，写明了借款数额、支付方式、还款期限、利率以及逾期利息等，但碍于情面，李四并没有要求张三提供担保。后张三生意失败，无力还款，房屋、汽车等财产也因生意失败全部赔光了。李四手持借条，欲哭无泪。

思考：李四借款之前考察了借款人张三的还款能力，也让张三出具了规范的借条，为什么还会落到如此地步？李四的遭遇给我们什么启示？

扩展阅读　担保在市场经济中的重要作用

担保概述

一、担保的含义和特点

（一）担保的含义

提到担保，主要有两种含义：一种是表示负责，保证不出问题或一定办到，如经营者对商品质量的担保，即经营者应当保证商品不存在质量问题；另一种是特指对债务履行的保证，即确保债务人履行债务，也称为债的担保。

债的担保又可以分为一般担保和特别担保。前者为债的效力的自然结果，后者为债权人为确保债权实现而采取的特别措施。

1. 债的一般担保

所谓债的一般担保，是指对一般债权人的债权的担保，是债的法律效力的自然结果，主要有民事责任和债的保全两种制度。但债的一般担保并不足以确保债权的实现。民事责任的实现需要债务人有充足的责任财产，而债的保全制度只能防范债务人责任财产的不正当减少，对债务人责任财产的正当减少却无能为力。因此，要确保债权实现，还需要债的特别担保。

2. 债的特别担保

所谓债的特别担保，是指法律为确保特定债权人的债权实现，以第三人的信用或者以特定财产保障债务人履行债务的制度。保证、抵押、质押、留置、定金等都属于债的特别担保。一般来说，提到担保指的是债的特别担保，后文如无特别说明，所称担保均指债的特别担保。

（二）担保的特点

1. 担保具有特定性

担保的特定性包括以下两个方面内容：

（1）担保是为特定的债权人而设的，即债权人是特定的。

（2）担保的标的是特定的第三人的信用或者特定的财产，即担保标的是特定的。

2. 担保具有效力补充性

担保是对债的效力的一种补充，是对债务人信用的一种保证措施。履行期限届满时，债务人应承担首要的还款责任。只有当债务人不履行债务时，债权人才可以要求担保人承担担保责任。但这不是绝对的,随着经济的发展,也出现了担保人承担首要还款义务的担保方式,如见索即付保函。

3. 担保具有从属性

担保的从属性,又称为附随性,是指担保依附于被担保的债权,二者形成主从关系。因此担保从属于所担保的债权,不能独立存在。《最高人民法院关于适用〈中华人民共和国民法典〉有关担保制度的解释》(以下简称《担保解释》)第二条规定,当事人在担保合同中约定担保合同的效力独立于主合同,或者约定担保人对主合同无效的法律后果承担担保责任,该有关担保独立性的约定无效。主合同有效的,有关担保独立性的约定无效不影响担保合同的效力;主合同无效的,人民法院应当认定担保合同无效,但是法律另有规定的除外。

一般来说,担保的从属性主要体现在以下几个方面:

(1) 成立与存在上的从属性。成立和存在的从属性是指担保的成立和存在应以相应的债权成立和存在为前提条件,主债权不成立、无效或被撤销的,担保也不能成立和存在。

(2) 范围的从属性。范围的从属性是指担保的范围和强度不能超出债务人应当承担的责任范围。

(3) 处分上的从属性。处分上的从属性是指担保权应随同主债权的转让而转让,不能与主债权分离而单独转让。但当事人有特别约定或法律另有规定除外,如最高额抵押等。

(4) 消灭上的从属性。消灭上的从属性是指担保权随主债权的消灭而消灭,当主债权不存在时,担保权也将随之消灭,但法律另有规定除外,如最高额抵押并不会随着主债权的消灭而消灭。

二、担保的方式及其分类

所谓担保方式,是指担保人用以担保债权的方法和手段。不同的担保方式,其法律规则存在很大差别,保障债权实现的功能也不完全一样。我国实行担保方式的法定主义,担保方式是由法律直接规定的,不能由当事人任意决定。

根据不同的标准,担保方式可以有不同的分类,主要有以下几种:

(一) 典型担保与非典型担保

根据法律上规定的适用与类型化的程度不同,担保可以分为典型担保与非典型担保。

1. 典型担保

典型担保,是指法律上明确规定的、规则明确的担保方式。根据《担保解释》的规定,保证、抵押、质押和留置属于典型担保。至于定金,担保解释虽然没有规定,但一般认为定金也属于典型担保的一种。除此以外,其他法律中规定的一些担保方式也属于典型担保。例如,《海商法》中规定的船舶优先权、《民用航空法》所规定的民用航空器优先权等也属于典型担保。限于篇幅,本教材仅介绍保证、抵押、质押、留置和定金这五种典型担保。

2. 非典型担保

非典型担保,是指法律上未明确规定为担保,不具有典型意义的担保方式。按照《担保解释》的规定,非典型担保主要包括所有权保留、融资租赁、保理、让与担保、保证金等。

(二) 约定担保与法定担保

根据担保的发生根据不同，担保可以分为约定担保与法定担保。

1. 约定担保

约定担保，又称为意定担保，是指由当事人双方自行设定的担保。约定担保是最主要的、最常见的担保形式。在典型担保中，保证、抵押、质押以及定金通常为约定担保；在非典型担保中，让与担保、所有权保留、保理、融资租赁、保证金等也属于约定担保。

2. 法定担保

法定担保，是指由法律直接规定产生的，而不是由当事人约定产生的担保。法定担保具有法定性，担保的条件、担保的当事人、担保的范围等均由法律规定，无须当事人约定。法定担保有两种表现形式：

（1）当事人不得排除适用的法定担保，其典型方式是优先权，如船舶优先权、航空器优先权等。

（2）当事人可以排除适用的法定担保，其典型方式是留置权。

(三) 人的担保、物的担保与金钱担保

根据担保的标的不同，担保可以分为人的担保、物的担保与金钱担保。

1. 人的担保

人的担保，简称为"人保"，是指担保人以其信用所提供的担保。在人的担保中，其担保标的是第三人的信用。人的担保的典型方式是保证，是以保证人（即债权人与债务人以外的第三人）的信用担保债权实现的。

2. 物的担保

物的担保，简称为"物保"，是指担保人以其特定的财产所提供的担保。在物的担保中，担保标的是债务人或者第三人的特定财产，即债务人或者第三人以其特定财产担保债权人的债权，主要包括抵押权、质权、留置权、优先权等。

3. 金钱担保

金钱担保，简称为"钱保"，是指担保人以其金钱所提供的担保。在金钱担保中，担保标的是债务人所提供的一定数额的金钱。金钱担保的典型形式为定金，它通常是以定金罚则的形式担保债权的实现。

三、反担保

(一) 反担保的概念

反担保与是本担保相对的概念，所谓反担保，是指为保障债务人之外的担保人将来承担担保责任后对债务人的追偿权的实现而设定的担保。反担保目的是确保第三人追偿权的实现。我国《民法典》第三百八十七条规定，第三人为债务人向债权人提供担保的，可以要求债务人提供反担保。反担保适用本法和其他法律的规定。

(二) 反担保的特点

1. 反担保以本担保的存在为前提

反担保作为一种特殊的担保类型，亦具有从属性，只有本担保存在，且本担保的担保人承担担保责任后,反担保权人才能行使反担保权。但是本担保无效,反担保人依然有可能承担责任。按照《担保解释》第十九条的规定,担保合同无效,承担了赔偿责任的担保人按照反担保合同的约定,在其承担赔偿责任的范围内请求反担保人承担担保责任的,人民法院应予支持。

2. 反担保人可以是债务人,也可以是第三人

反担保中的债权人是为债务人提供担保的第三担保人,即本担保的担保人,也是追偿权的债权人;反担保人既可以是本担保的债务人,也可以是债务人以外的第三人。

3. 反担保所担保的债权是担保人的追偿权

反担保所担保的债权是本担保担保人在承担担保责任后对债务人的追偿权,而该追偿权属于未来债权,因此只有在满足本担保的担保人承担担保责任这一条件时才会产生。

(三) 反担保的方式

反担保方式可以是债务人提供的抵押或者质押,也可以是其他人提供的保证、抵押或者质押。根据反担保的性质,定金和留置不能称为反担保的方式。因此反担保只有保证、抵押、质押三种担保方式,留置和定金被排斥在外。

(四) 反担保与本担保的区别

反担保也属于担保,与本担保没有本质的区别。但反担保的目的在于保障债权人追偿权的实现,因此反担保与本担保也有不同之处。反担保与本担保主要存在以下区别:

1. 担保对象不同

本担保的担保对象是主合同债权人对债务人的债权,即本担保所担保的是债务人对债权人之债务的履行、债权人的债权的实现,是已经确定发生了的债权。反担保的担保对象则是担保人对被担保人(债务人)的追偿权。

2. 方式不同

反担保只有保证、抵押、质押三种担保方式,留置和定金被排斥在外。

3. 当事人不同

担保合同的当事人因担保方式及担保人的不同而有所不同。在由债务人自己充当担保人的抵押、质押、定金担保中,担保合同的当事人与主合同当事人发生竞合,均为债权人与债务人。而在债务人之外的第三人充当担保人的保证、抵押、质押担保中,债权人、债务人(被担保人)、担保人三者之间的关系分别由主合同、担保合同来维系。债务人不是担保合同的当事人。

而反担保合同中债权人是在本担保中为债务人提供担保并对债务人享有追偿权的担保人,即本担保人;反担保合同中的担保人(即反担保人),既可以由债务人自己充当,也可以由债务人以外的人充当。主合同及担保合同中的债权人不再是反担保合同的当事人,也不是利害关系人,反担保设定与否,方式与内容如何,均与其无关。

4. 二者的担保责任承担条件不同

在本担保中,担保人承担担保责任的条件是债务人不履行债务或当事人约定的实现担保权利的情形;而在反担保中,担保人承担反担保责任的条件是本担保担保人承担担保责任,这是一种法定条件或情形,当事人不得另行约定。

四、担保权利的消灭

根据《民法典》的规定，有下列情形之一的，债权人的担保权利消灭，担保人不再承担担保责任：

（一）主债权消灭

因为担保具有从属性，所以当主债权消灭时，担保权利也会随之消灭，但法律另有规定的除外，如最高额保证、最高额抵押等，都不会因为部分主债权的消灭而消灭。

（二）保证债权或担保物权实现

当债务人不履行义务，担保人承担了担保责任后，担保制度的目的实现，因此债权人的担保权利消灭。

（三）债权人放弃保证债权或担保物权

保证债权和担保物权都属于财产权利，债权人可以依法放弃。当债权人依法放弃保证债权或者担保物权时，债权人的担保权利自然就消灭了。

（四）法律规定担保权利消灭的其他情形

比如担保物灭失，又不存在代位物时，担保物权消灭。再比如，担保物被第三人善意取得，且第三人不知道存在担保物权的，担保物权消灭；再比如，对于留置权，留置权人对留置财产丧失占有或者留置权人接受债务人另行提供担保的，留置权消灭等。

保证法律制度

【导入案例】

2016年3月4日，山东某建材公司由于公司内部资金紧张，无力偿还中国工商银行济南某支行的贷款200万元，于是与该支行达成借款协议，新贷款项用于偿还之前的贷款，新贷款到期日为2017年6月4日。同时济南某担保公司为其提供保证，但未约定保证方式和保证期间，对于建材公司借新还旧之事并不知情。此后建材公司偿还了100万元的贷款，余款本金100万元，经该银行多次催收，但建材公司没有履行还款责任。2018年3月2日，银行起诉担保公司，要求承担担保责任。问：

（1）建材公司没有按时还款，担保公司是否应承担保证责任？

（2）若担保公司需要承担担保责任，那么2018年3月2日银行起诉担保公司，能否胜诉？

 导入案例参考答案

一、保证概述

保证手续简单，成本较低，对当事人的日常生产经营活动没有直接影响，只要对保证人做好尽职调查，确保保证人具有偿还能力，保证就可以有效的担保债权实现。因此，保证被广泛采用，成为最常见的担保方式之一。

（一）保证的概念

所谓保证，是指保证人和债权人约定，当债务人不履行债务时，保证人按照约定履行债务或者承担责任的行为。在保证法律关系中，主合同的债权人也就是保证合同的债权人，也成为被保证人，为主合同债务人提供保证的第三人称为保证人。保证的这一概念，包括以下几层含义：

（1）保证是一种双方民事法律行为。
（2）保证是对主债务履行的担保行为。
（3）保证是当事人约定于债务人不履行债务时由保证人承担保证责任的行为。

（二）保证的特征

保证是一种担保方式，因此保证除具有从属性、补充性等担保的一般特征外，还有以下两个特征：

1. 保证具有无偿性

在保证关系中，保证人的保证债务不以从债权人处取得一定财产为条件，债权人也无需支付任何代价即对保证人享有保证债权。因此，保证具有无偿性。

【思考：实践中，有的保证人为债务人提供保证担保时要求债务人支付一定的报酬，这样保证是否为有偿合同？】

案例参考答案

2. 保证具有单务性

在保证中，当事人双方之间没有相互对等给付的义务，即使当事人约定债权人也负有一定的义务，如债权人应定期报告债务履行情况，债权人的义务与保证人的保证债务也不具有对等给付的性质，因此保证具有单务性。

二、保证人

所谓保证人，是指在保证合同中承担保证责任的当事人。保证合同有两个当事人，即债权人和保证人。保证合同的债权人，同时也是主合同的债权人，二者具有同一性。因此债权人的要求主要根据主合同来确定，只要主合同有效，那么主合同的债权人就可以成为保证合同的债权。因此在保证法律关系中，主要研究保证人。

（一）保证人应当具有保证行为能力

保证是一种民事法律行为，因而保证人应当具备相应的民事行为能力，即保证行为能力。就保证人的范围来说，自然人、法人和非法组织均可以担任保证人，但他们的保证行为能力存在差别。

就自然人而言，需要保证人具有完全行为能力，限制行为能力人和无行为能力人不得成为保证人。

扩展阅读　限制行为能力人和无行为能力人不能成为保证人

对法人或非法人组织而言，《民法典》没有限制性规定，但根据《公司法》第十六条的规定，公司向其他企业投资或者为他人提供担保，依照公司章程的规定，由董事会或者股东会、股东大会决议；公司章程对投资或者担保的总额及单项投资或者担保的数额有限额规定的，不得超过规定的限额。公司为公司股东或者实际控制人提供担保的，必须经股东会或者股东大会决议。当然，公司违反该规定，未经权力机关决议而为他人提供担保的，担保并非一定无效，因为公司的内部决议程序不得对抗善意第三人。

此外，法人的分支机构未经公司股东会或者董事会决议也不得以自己名义对外提供担保，但是相对人不知道且不应当知道分支机构对外提供担保未经公司决议程序的除外。

扩展阅读　《担保解释》关于公司对外提供担保的规定

（二）不能成为保证人的组织

尽管法律赋予了法人和非法人组织以保证能力，但是下列组织不能担任保证人：

1. 机关法人、基层群众性自治组织法人

根据《民法典》的规定，机关法人不得为保证人，但是经国务院批准为使用外国政府或者国际经济组织贷款进行转贷的除外。居民委员会、村民委员会也不得提供担保，但是依法代行村集体经济组织职能的村民委员会，依照村民委员会组织法规定的讨论决定程序对外提供担保的除外。

2. 以公益为目的的非营利法人、非法人组织

根据《民法典》的规定，以公益为目的的非营利法人、非法人组织不得成为保证人。以公益为目的非营利法人、非法人组织一般不从事经营活动，其活动经费主要来自国家财政拨款或者捐助，而保证行为属于经营行为，因此，以公益为目的的非营利法人、非法人组织不得成为保证人。

但是，登记为营利法人的学校、幼儿园、医疗机构、养老机构可以成为保证人，提供担保后，当事人以其不具有担保资格为由主张担保合同无效的，人民法院不予支持。

三、保证合同的内容与形式

（一）保证合同的内容

保证合同的内容，也就是保证合同的条款。根据《民法典》第六百八十四条的规定，保证合同应当包括以下内容：

1. 被保证的主债权种类、数额
2. 债务人履行债务的期限
3. 保证的方式

4. 保证担保的范围
5. 保证的期间

除上述事项以外，当事人认为还有其他事项需要约定的，也可以在合同中明确。

（二）保证合同的形式

保证合同的形式，是指保证的当事人双方表示其成立保证债务的意思表示一致的表达方式。《民法典》第六百八十五条规定，保证合同可以是单独订立的书面合同，也可以是主债权债务合同中的保证条款。第三人单方以书面形式向债权人作出保证，债权人接受且未提出异议的，保证合同成立。因此保证合同形式主要包括以下几种：

1. 保证合同书

保证合同书是书面形式的一种，也是最正式的保证合同形式。

2. 保证条款

保证条款是指债权人和保证人在主合同中所达成的，表明保证人在债务人不履行债务的情况下承担保证责任的条款。保证条款虽然在主合同中规定，但它依然是一个独立的合同，而不属于主合同的一部分。此外，主合同中虽然没有保证条款，但是，保证人在主合同上以保证人的身份签名或者盖章的，也可以认定保证合同成立。

3. 担保书

担保书是保证人单独向债权人出具的，表明债务人不履行债务由保证人承担保证责任的书面凭证。担保书是由保证人单方面出具的，因此不是合同，但是债权人接受的，也可以认定保证合同成立。

四、保证方式

根据保证人承担保证责任的方式不同，保证分为一般保证和连带责任保证，这是关于保证最为重要的区分。

（一）一般保证

1. 一般保证的概念

所谓一般保证，是指当事人在保证合同中约定，债务人不能履行债务时，由保证人承担保证责任的保证。

《民法典》第六百八十七条第一款规定，当事人在保证合同中约定，债务人不能履行债务时，由保证人承担保证责任的，为一般保证。一般保证中应当由债务人先承担责任，只有在债务人无力承担的情况下，保证人才承担保证责任。因此当事人在保证合同中约定了保证人在债务人不能履行债务或者无力偿还债务时才承担保证责任等类似内容，具有债务人应当先承担责任的意思表示的，应认定为一般保证。

【例】甲对乙享有100万元债权，丙与甲订立保证合同约定，"如乙不能履行债务，丙承担保证责任。"现乙到期未履行债务，其财产总价值为80万元。此时甲应先起诉乙，并申请对乙强制执行，对于乙无力偿还的20万元，丙才承担保证责任。若甲先要求丙承担保证责任，丙可以拒绝承担。

2. 先诉抗辩权

所谓先诉抗辩权，也称为先索抗辩权、检索抗辩权，是指一般保证的保证人所享有的，在主合同纠纷未经审判或者仲裁，并就债务人财产依法强制执行仍不能履行债务前，对债权人拒绝承担保证责任的权利。一般保证的保证人承担保证人的条件是"债务人不能履行债务"，因此债权人必须证明已经对债务人"穷尽一切法律手段"之后才能要求保证人承担保证责任，在此之前，保证人可以拒绝承担保证责任。

根据《民法典》的规定，有下列情形之一的，保证人不得主张先诉抗辩权：

（1）债务人下落不明，且无财产可供执行；

（2）人民法院已经受理债务人破产案件；

（3）债权人有证据证明债务人的财产不足以履行全部债务或者丧失履行债务能力；

（4）保证人书面表示放弃本款规定的权利。

（二）连带责任保证

1. 连带责任保证的概念

连带责任保证，是指当事人在保证合同中约定保证人与债务人对债务承担连带责任的保证。连带责任保证中，保证人与债务人承担连带责任，并没有债务人应当先承担责任的意思，当债务人到期不履行债务时，债权人既可以请求债务人履行债务，也可以直接要求保证人承担保证责任。因此当事人在保证合同中约定了保证人在债务人不履行债务或者未偿还债务时即承担保证责任、无条件承担保证责任等类似内容，不具有债务人应当先承担责任的意思表示的，应认定为连带责任保证。

2. 保证责任承担与债务履行的关系

在连带保证中，债务的履行与保证责任的承担不存在顺序性，债权人享有选择权，可以选择债务人或保证人要求其承担责任。也就是说，在连带责任保证中，保证人并不享有先诉抗辩权。

（三）保证方式的选择

保证方式对于当事人来说非常重要，因此应当在保证合同中予以约定。如果在保证合同中有约定的，从其约定。如果当事人在保证合同中对保证方式没有约定或者约定不明确的，根据《民法典》第六百八十六条的规定，按照一般保证承担保证责任。

五、保证期间

（一）保证期间概述

1. 保证期间的概念

保证期间，是指确定保证人承担保证责任的期限。债权人超过保证期间未行使保证权的，保证消灭，保证人不再承担保证责任，因此保证期间又称为保证责任期间。

2. 保证期间的性质

根据《民法典》第六百九十二条的规定，保证期间是确定保证人承担保证责任的期间，不发生中止、中断和延长。因此保证期间属于除斥期间，是不可变的期间，不因任何事由发生中止、中断和延长的后果。

(二) 保证期间的计算

根据《民法典》第六百九十二条第二款和第三款的规定，保证期间按照下列规则确定：

1. 债权人与保证人约定保证期间的，从其约定。

2. 债权人与保证人没有约定或者约定不明确的，保证期间为主债务履行期限届满之日起六个月。

3. 债权人与保证人约定的保证期间早于主债务履行期限或者与主债务履行期限同时届满的，视为没有约定，保证期间为主债务履行期限届满之日起六个月。

4. 债权人与债务人对主债务履行期限没有约定或者约定不明确的，保证期间自债权人请求债务人履行债务的宽限期届满之日起计算。

【案例】甲于2021年2月1日向乙借款5万元，约定一年后还款，由丙作为甲的保证人。合同中没有关于丙保证方式的约定，也没有约定保证期间。后来甲、乙、丙三人对合同进行了修改，合同中添加条款，说明丙为连带责任保证人，甲的还款时间为2022年6月1日，丙的保证期间至甲还完借款本息为止。

(1) 合同修改之前，本案保证期间到什么时候？

(2) 合同修改之后，本案保证期间到什么时候？

案例参考答案

(三) 保证期间内保证权的行使方式

按照《民法典》第六百九十三条的规定，一般保证的债权人未在保证期间对债务人提起诉讼或者申请仲裁的，保证人不再承担保证责任。连带责任保证的债权人未在保证期间请求保证人承担保证责任的，保证人不再承担保证责任。因此保证权的行使方式，因保证方式的不同而不同。

在一般保证中，债权人应当在保证期间内对债务人提起诉讼或者仲裁，否则保证人不再承担保证责任。

在连带保证中，债权人应当在保证期间内向保证人主张权利。如果保证期间之内债权人没有向保证人主张权利，无论债权人是否起诉债务人，保证人均不再承担保证责任。

(四) 保证期间与保证合同诉讼时效

在保证期间内，债权人行使了保证权，其法律后果是导致保证诉讼时效的起算，这就为保证权的继续主张提供了充足的时间。但由于一般保证和连带责任保证在保证期间内债权人保证权的行使方式不同，因此一般保证和连带责任保证的诉讼时效起算也不一样。

1. 一般保证

《民法典》第六百九十四条第一款规定，一般保证的债权人在保证期间届满前对债务人提起诉讼或者申请仲裁的，从保证人拒绝承担保证责任的权利消灭之日起，开始计算保证债务的诉讼时效。

2. 连带责任保证

《民法典》第六百九十四条第二款规定，连带责任保证的债权人在保证期间届满前请求保证人承担保证责任的，从债权人请求保证人承担保证责任之日起，开始计算保证债务的诉讼时效。

由此可见，"保证期间"和"保证诉讼时效"是通过"行使保证权"衔接起来的。保证期间的唯一法律意义，就是要求主债权人在此期间内"行使保证权"。一旦主债权人在此期间行使保证权，保证期间便功成身退。行使保证权之后剩余的保证期间，没有法律意义。

六、主债变动对保证责任的影响

（一）主债变动对保证责任的影响概述

主债变动，是指主合同的变动，包括主债权转让、主债务转让，以及主合同内容的变更，包括数额、期限的变动等。主债的变动，会对作为从债的保证之债产生影响。至于产生什么影响，则视主债的不同变动而产生不同的影响。

（二）主债额变动对保证责任的影响

1. 主债额变动的含义

所谓主债额变动，是指主债权人、主债务人通过约定增加或者减少债权数额，包括增加债权数额和减少债权数额两种情况。根据《民法典》第五百四十三条的规定，经债权人和债务人协商一致，可以变更合同。因此，主债额变动，需要经过债权人和债务人协商一致。

2. 主债额变动对保证的影响

《民法典》第六百九十五条第一款规定，债权人和债务人未经保证人书面同意，协商变更主债权债务合同内容，减轻债务的，保证人仍对变更后的债务承担保证责任；加重债务的，保证人对加重的部分不承担保证责任。对此我们可以理解为，债权人和债务人未经保证人同意变更主债数额的，保证人的保证责任"跟降不跟涨"。

【案例】甲、乙订立借款合同，乙向甲借款100万元，丙向甲提供连带责任保证，担保乙还本付息。

（1）若乙因业务需要，经与甲协商，借款数额变更为120万元，并通知丙。丙未表示反对。现履行期限届满乙无力还款，丙是否应承担保证责任？

（2）若乙因业务需要，经与甲协商，借款数额减少为80万元，并通知丙。丙未表示反对。现履行期限届满乙无力还款，丙是否应承担保证责任？

（3）若乙与甲协商，借款数额减少为80万元。后来乙因业务需要，又将借款数额增加到120万元。以上事实都通知丙，丙未表示反对。现履行期限届满乙无力还款，丙是否应承担保证责任？

案例参考答案

（三）主债期变动对保证责任的影响

1. 主债期变动的含义

所谓主债期变动，是指主债当事人协议延长或者缩短主债债务的到期日。主债期变动也就是主债务履行期限的变更，而履行期限的变更会导致保证期间发生变化。

2. 主债期变动对保证责任的影响

因为主债期变更会导致保证期间发生变更，因此会对保证人产生影响，因此主债期变动应经过保证人同意。对此，《民法典》第六百九十五条第二款规定，债权人和债务人变更主债权债务合同的履行期限，未经保证人书面同意的，保证期间不受影响。

【案例】甲、乙签订借款合同，乙向甲借款三笔，约定：2021年3月1日前归还第一笔200万元，4月1日前归还第二笔300万元，5月1日前归还第三笔500万元。丙对该三笔借款提供保证，约定保证方式为连带保证，但未约定保证期间。后甲同意乙将三笔还款均顺延三个月，并通知丙，丙口头表示同意。后乙一直未还款，甲公司于2021年10月10日要求丙对这三笔还款承担保证责任，遭丙拒绝。问：丙是否应对这三笔借款承担保证责任？为什么？

案例参考答案

（四）主债权让与对保证责任的影响

1. 主债权让与的含义

主债权让与，是指主债权人与受让人订立主债权让与合同，将其对主债务人的债权让与给受让人。

2. 主债权让与对保证责任的影响

主债权可以让与，但是债权让与是否需要保证人同意？对此，《民法典》第六百九十六条规定，债权人转让全部或者部分债权，未通知保证人的，该转让对保证人不发生效力。保证人与债权人约定禁止债权转让，债权人未经保证人书面同意转让债权的，保证人对受让人不再承担保证责任。

对于保证人来说，特定的主债务人的偿债能力，是决定保证责任风险的关键。主债权的让与，不会增加保证责任的风险。因此，主债权让与，无需保证人的同意，但应当通知保证人。若保证人与债权人约定禁止债权转让的，应按照其约定，债权人转让债权的，保证人不再承担保证责任，但保证人书面同意的除外。

【案例】甲、乙订立借款合同，丙向甲提供连带责任保证，担保乙还本付息。现甲未经乙丙同意，将对乙的债权转让给丁，并通知乙丙，乙丙得知后均表示反对。现乙债务到期未向丁履行义务，问丁是否有权要求丙承担保证责任？

案例参考答案

（五）主债务承担对保证的影响

1. 主债务承担的含义

主债务承担，是指主债务人将其对主债权人的债务转让给第三人。主债务承担分为并存的主债务承担和免责的主债务承担。

2. 免责的主债务承担对保证责任的影响

所谓免责的主债务承担，也称为债务人转移债务，是指债务人的债务转移给承担人，在债务转移范围内，债务人的债务归于消灭的债务承担。因为不同的债务人履行能力不同，免责的债务承担可能增加主债权的风险，因此要征得债权人的同意。免责的债务承担同样会增加保证责任的风险，所以也应当经过保证人书面同意，否则保证人不再承担保证责任。如果是主债务部分转让的，对于未转让部分，保证人依然需要承担保证责任。对此《民法典》第六百九十七条第一款规定，债权人未经保证人书面同意，允许债务人转移全部或者部分债务，保证人对未经其同意转移的债务不再承担保证责任，但是债权人和保证人另有约定的除外。

3. 并存的主债务承担对保证的影响

所谓并存的主债务承担，也称为第三人加入债务，是指承担人作为新的债务人加入主债关系，与债务人共同承担连带债务，而债务人的债务不因此而消灭的债务承担。并存的主债务承担也不会导致保证责任风险增加，所以也无需征得保证人同意。对此《民法典》第六百九十七条第二款规定，第三人加入债务的，保证人的保证责任不受影响。

【案例】甲乙订立借款合同，丙向甲提供连带责任保证，担保乙还本付息。

（1）若乙经甲同意，与丁订立免责的债务承担合同。丙得知不置可否。现债务到期丁未履行债务，丙是否应承担保证责任？

（2）若乙未经甲同意，与丁订立并存的债务承担合同。甲得知后不置可否，但丙得知后表示反对。现债务到期乙和丁均未履行债务，丙是否应承担保证责任？

案例参考答案

（六）"借新还旧"的保证责任

1. "借新还旧"的含义

所谓"借新还旧"，也称为以偿还旧贷为目的的新贷之债，是指主债双方订立借款合同（新贷），约定以所借款项偿还债务人此前所欠债务（旧贷）的情形。

2. 借新还旧中新贷之债的保证责任

关于借新还旧中的新贷之债的保证责任，《担保解释》第十六条规定，主合同当事人协议以新贷偿还旧贷，债权人请求旧贷的担保人承担担保责任的，人民法院不予支持；债权人请求新贷的担保人承担担保责任的，按照下列情形处理：

（1）新贷与旧贷的担保人相同的，人民法院应予支持；

（2）新贷与旧贷的担保人不同，或者旧贷无担保，新贷有担保的，人民法院不予支持，但是债权人有证据证明新贷的担保人提供担保时对以新贷偿还旧贷的事实知道或者应当知道的除外。

七、保证人的权利

所谓保证人权利，是指保证人在保证关系中所享有的权利。保证合同虽然是单务合同，但并不意味着保证人没有任何权利。保证人至少享有两项权利，即追偿权和抗辩权。

需要注意的是，保证人的权利并不构成保证责任的对价，因此保证人享有权利不影响保证合同的单务性和无偿性。

(一) 保证人的追偿权

1. 保证人追偿权的概念

所谓保证人的追偿权，是指保证人在对债权人承担保证责任后，请求主债务人予以偿还的权利。《民法典》第七百条规定，保证人承担保证责任后，除当事人另有约定外，有权在其承担保证责任的范围内向债务人追偿，享有债权人对债务人的权利，但是不得损害债权人的利益。《担保解释》第十八条也规定，承担了担保责任或者赔偿责任的担保人，在其承担责任的范围内向债务人追偿的，人民法院应予支持。

2. 保证人追偿权行使的条件

保证人追偿权行使的条件，可以分为积极条件和消极条件。所谓积极条件，就是保证人在行使追偿权时，必须要满足的条件；如果不具备积极条件，保证人不得行使追偿权。而所谓消极条件，则指保证人在行使追偿权时不能具备的条件；如果具备消极条件，保证人同样不得行使追偿权。

（1）积极条件。保证人行使追偿权的积极条件是保证人对主债权人承担了保证责任，且导致主债权消灭。

（2）消极条件。保证人行使追偿权的消极条件是指保证人在行使追偿权时未能具备的条件，即债务人在享有抗辩权的情况下，保证人应主张债务人之抗辩权，若保证人未主张抗辩权，不得行使追偿权。对此，《担保解释》第三十五条规定，保证人知道或者应当知道主债权诉讼时效期间届满仍然提供保证或者承担保证责任，又以诉讼时效期间届满为由拒绝承担保证责任或者请求返还财产的，人民法院不予支持；保证人承担保证责任后向债务人追偿的，人民法院不予支持，但是债务人放弃诉讼时效抗辩的除外。

3. 保证人追偿权行使的范围

根据《民法典》第七百条和《担保解释》第十八条的规定，保证人追偿权的范围，以其承担的保证责任范围为限，并且不得超过债务人应当承担的责任范围。

4. 保证人追偿权的预先行使

（1）保证人预先行使追偿权的情形。保证人的追偿权应当在承担了保证责任之后才可以行使，如果保证人还没有承担保证责任，原则上不得向债务人进行追偿。但是在例外情况下，保证人还没有承担保证责任，也可以向债务人追偿，这就是保证人的预先行使追偿权。保证人预先行使追偿权，主要适用于主债务人破产，且主债权人未申报债权的情形。

（2）保证人预先行使追偿权的方式。保证人预先行使追偿权的方式，主要是向人民法院申报债权，参与破产财产分配。

（3）主债权人的通知义务。债务人破产时，债权人可以向受理破产的法院申报债权，也可以直接要求保证人承担保证责任，由保证人申报债权。如果主债权人不准备申报债权，应当通知保证人去申报债权。若债权人既不申报债权也不通知保证人，应承担相应的责任。对此，《担保解释》第二十四条规定，债权人知道或者应当知道债务人破产，既未申报债权也未通知担保人，致使担保人不能预先行使追偿权的，担保人就该债权在破产程序中可能受偿的范围内免除担保责任，但是担保人因自身过错未行使追偿权的除外。

（二）保证人的抗辩权

1. 保证人抗辩权的概念

保证人的抗辩权，是指在债务人到期不履行债务的情况下，保证人拒绝承担保证责任的权利，包括保证人的抗辩权和保证人的债务人的抗辩权。保证人在享有抗辩权的情况下，可以拒绝承担保证责任。

保证人的抗辩权，是指只有保证人享有的抗辩权，即只有保证人可以主张，债务人不得主张的抗辩权，主要指一般保证人的先诉抗辩权和保证之债已过诉讼时效的时效抗辩权。

保证人的债务人的抗辩权，是指债务人对债权人享有的抗辩权，保证人也有权以之对抗债权人，拒绝承担保证责任。保证人的债务人的抗辩权具有独立性，即便债务人放弃，保证人也可以主张，不受债务人放弃的影响。

2. 保证人对抗辩权的放弃

《民法典》第七百零一条和七百零二条规定，保证人可以主张债务人对债权人的抗辩。债务人放弃抗辩的，保证人仍有权向债权人主张抗辩。债务人对债权人享有抵销权或者撤销权的，保证人可以在相应范围内拒绝承担保证责任。

《担保解释》第三十五条也规定，保证人知道或者应当知道主债权诉讼时效期间届满仍然提供保证或者承担保证责任，又以诉讼时效期间届满为由拒绝承担保证责任或者请求返还财产的，人民法院不予支持；保证人承担保证责任后向债务人追偿的，人民法院不予支持，但是债务人放弃诉讼时效抗辩的除外。

八、特殊保证

所谓特殊保证，是指普通保证不同，法律上有特别规定，具有特殊性的保证，主要包括最高额保证和共同保证两种。

（一）最高额保证

1. 最高额保证的概念

最高额保证是指保证人对债权人和债务人在一定期间内连续发生的不特定债权，在最高限额内承担保证责任的一种保证形式。《民法典》第六百九十条规定，保证人与债权人可以协商订立最高额保证的合同，约定在最高债权额限度内就一定期间连续发生的债权提供保证。

2. 最高额保证的特点

最高额保证是一种特殊保证，其特殊性主要体现在以下几个方面：

（1）最高额保证所担保的是未来的不特定债权。普通的保证是对已经存在的债权所设定的担保，但最高额保证却是对未来债权所设定的担保。经当事人同意，最高额保证合同订立前已经存在的债权，也可以转入最高额保证担保的债权范围。

（2）最高额保证所担保的债权是基于若干个合同发生的。普通的保证所担保的债权一般是一个合同债权，而最高额保证所担保的债权却是几个合同债权。若当事人是就一个合同所发生的债权订立保证合同的，即使该合同债权是分期受偿的，当事人所设定的保证也不属于最高额保证。

（3）最高额保证所担保的债权是一定期间内连续发生的。最高额保证所担保的债权尽管是由几个合同产生的，但其必须是在一定期间内连续发生的，多个债权之间具有关联性，且属于同一种类（如都属于金钱债权）。就不同种类的债权，不能设立最高额保证。

（4）最高额保证所担保的债权受最高额限制。最高额保证所担保的债权尽管是未来的、发生与否不确定的债权，但是该债权的范围是确定的，有最高额的限制，保证人只在最高额度范围内承担保证责任。

3. 最高额保证的保证期间

《担保解释》第三十条规定，最高额保证合同对保证期间的计算方式、起算时间等有约定的，按照其约定。最高额保证合同对保证期间的计算方式、起算时间等没有约定或者约定不明，被担保债权的履行期限均已届满的，保证期间自债权确定之日起开始计算；被担保债权的履行期限尚未届满的，保证期间自最后到期债权的履行期限届满之日起开始计算。

4. 最高额保证的法律适用

《民法典》第六百九十条第二款规定，最高额保证除适用本章规定外，参照适用本法第二编最高额抵押权的有关规定。因此，最高额保证除了可以适用保证的相关规定外，还可以参照最高额抵押的有关规定。

（二）共同保证

1. 共同保证的概念

所谓共同保证，是指两个以上的保证人对同一债务的履行所提供的保证。《民法典》第六百九十九条规定，同一债务有两个以上保证人的，保证人应当按照保证合同约定的保证份额，承担保证责任；没有约定保证份额的，债权人可以请求任何一个保证人在其保证范围内承担保证责任。本条规定的，就是共同保证。

2. 共同保证的特点

共同保证是一种特殊保证，其特殊性主要体现在以下几个方面：

（1）保证人为二人以上。保证人为二人以上，这是共同保证与普通保证的最大不同。至于保证人是自然人、法人或是非法人组织，在所不问。至于保证人之间是否存在意思联系（即是否存在共同保证的意思），以及保证人是分别与债权人订立保证合同还是订立一份共同保证合同，都不影响共同保证的成立。

（2）保证人所担保的债务为同一债务。共同保证的保证人虽然是两个以上，但是保证人所担保的债务是同一债务。如果是一个保证人为同一债务人的数个债务或数个债务人的同一债务提供保证，或者数个保证人分别对一个或数个债务人的不同债务提供保证，均不属于共同保证。

（3）共同保证人之间承担按份责任或连带责任。在共同保证中，两个以上保证人对同一债务提供保证，保证人之间应当按照约定的份额承担保证责任。如果没有约定份额的，保证人之间应当承担连带责任。因此，共同保证包括按份共同保证和连带共同保证两种形态。需要注意的是，按份责任还是连带责任，指的是数个保证人之间的关系，而不涉及保证人与债务人的关系。

3. 共同保证的分类

如上所述，共同保证可以按照保证人之间的关系，分为按份共同保证和连带共同保证两种。

（1）按份共同保证。所谓按份共同保证，是指主债务人到期不履行债务时，各个保证人按照约定份额、顺序，对主债权人承担保证责任的共同保证。

（2）连带共同保证。所谓连带共同保证，是指主债务人到期不履行债务时，主债权人可以请求任何一个保证人承担全部保证责任的共同保证。

4. 共同保证人之间的追偿权

共同保证与普通保证相比，主要差别在于共同保证中保证人之间存在内部关系，即保证人承担责任后有权请求其他保证人分担份额，即保证人之间存在追偿权。按照《担保解释》第十三条的规定，共同保证只有在两种情况下保证人之间存在追偿权：

（1）担保人之间约定相互追偿，或者约定承担连带共同担保的；

（2）虽然担保人之间未对相互追偿作出约定，但是各担保人在同一份合同书上签字、盖章或者按指印的。

除上述两种情形外，共同保证人之间不存在追偿权。

【案例】甲、乙双方签订了借款合同，约定：乙向甲借款 200 万元，2021 年 5 月 31 日归还。合同中无保证条款，但丙在借款合同的"保证人"处签字。到期后乙未偿还，2021 年 12 月 1 日，甲要求丙承担保证责任，丙以"没有保证合同，因此不承担保证责任"为由拒绝。

根据相关法律规定，回答下列问题：

（1）甲、丙之间的保证合同是否成立？

（2）若成立，丙提供的保证是何种方式的保证？

（3）本案丙是否应承担保证责任？

案例参考答案

抵押法律制度

【导入案例】

甲欲向银行贷款 10 万元，请求乙担保公司提供担保。乙同意为甲提供担保，但要求甲提供反担保。甲找到其好友丙，丙表示愿意以自己价值 20 万元的汽车一辆为甲提供抵押担保。丙与乙签订了抵押合同，约定抵押担保的范围仅限于甲的主债务 10 万元，对其他费用不承担担保责任。后来双方到当地车管所办理了抵押物登记。后来甲由于经营不善无力偿还债务，乙融资担保公司代甲偿还了贷款。问：

（1）乙就丙的汽车享有的抵押权何时成立？

（2）若乙代甲偿还了 12 万元（2 万元的利息和违约金），那么乙向丙行使抵押权的范围是多少？

（3）若丙以房屋抵押，那么乙与丙之间的抵押权自何时设立？

 导入案例参考答案

一、抵押权概述

（一）抵押权的概念

抵押权是指债权人对于债务人或第三人提供的不转移占有而作为债务履行担保的财产，在债务人不履行债务或发生当事人约定的实现抵押权的情形时，得就该财产的价值优先受偿的权利。在抵押权关系中，提供担保财产的债务人或第三人称为抵押人，享有抵押权的债权人称为抵押权人，抵押人提供的担保财产称为抵押物。

关于抵押权的含义，可从以下三个方面理解：

1. 抵押权是不转移财产占有的担保物权
2. 抵押权原则上是在债务人或者第三人财产上设定的担保物权
3. 抵押权是就特定财产的价值优先受偿的担保物权

（二）抵押权的特征

抵押权为典型的担保物权，其特征如特定性、从属性、不可分性、代位性、优先受偿性等也是担保物权的一般特征。

1. 特定性

抵押权既是物权的一种，又是一种担保方式，因此抵押权的特定性包括两个方面：

（1）抵押的财产特定。抵押权作为一种物权，其客体必须是特定的。需要注意的是，抵押财产特定，是指实现抵押权时抵押财产特定即可；设立抵押权时抵押财产不特定，实现担保物权时特定亦可，如浮动抵押权。

（2）担保范围特定。担保物权是担保债权实现的，因此担保物权所担保的债权须特定。

2. 不可分性

抵押权的不可分性，是指于债权全部受偿前，抵押权人得就抵押财产的全部行使其权利。《担保解释》第三十八条规定，主债权未受全部清偿，担保物权人有权就担保财产的全部行使担保物权（留置权除外）。担保财产被分割或部分转让的，担保物权人也有权就分割或转让后的担保财产行使担保物权。

3. 物上代位性

物上代位性为担保物权的共性。担保物权的物上代位性是指担保物权的效力及于担保财产的代位物上，担保物权人可以就担保财产的代位物行使担保权。所谓代位物，是指担保物因灭失、损毁或国家征用等原因而获得的诸如保险金、赔偿金、补偿金等抵押物的代替物，包括保险金、赔偿金、补偿金三种形式。担保物权之所以具有物上代位性，是因为担保物权仅支配担保物的交换价值，担保物变为代位物，不影响担保物权的实现。

4. 优先受偿性

抵押权人享有就抵押财产优先受偿的权利，这是抵押权的基本效力，也是担保物权的共性。抵押权的优先受偿性主要表现在：

（1）在一般情形下，抵押权人优先于普通债权人受偿其债权。

（2）抵押财产被查封、被执行时，抵押权优先于执行权。被查封、扣押的财产不得设立抵押权，但是已经设立抵押权的财产被查封、扣押的，抵押权优先于执行权。

（3）在抵押人破产时，抵押权担保的债权优先于其他债权人受偿。抵押权人享有别除权，抵押财产不列入破产财产。

（三）抵押权的分类

根据不同的标准可以对抵押权进行不同的分类，常见的抵押权分类有以下几种：

1. 不动产抵押权、动产抵押权、权利抵押权

根据抵押权标的性质不同，抵押权可以分为不动产抵押权、动产抵押权、权利抵押权。

（1）不动产抵押权是指以不动产为标的物的抵押权。

（2）动产抵押权是指以动产为标的物的抵押权。

（3）权利抵押权是指以不动产上的权利为标的的抵押权。

2. 一般抵押权和特殊抵押权

根据抵押权的特性，抵押权可分为一般抵押权和特殊抵押权。

（1）一般抵押权是指法律无特别规定的具有抵押权一般特性的抵押权。

（2）特殊抵押权是相对于一般抵押权而言的，是指法律有特别规定，具有特殊性的抵押权，如浮动抵押权、共同抵押权等。

二、抵押权的设立

（一）抵押财产

1. 可以抵押的财产

根据《民法典》第三百九十五条的规定，可以抵押的财产须为债务人或者第三人有权处分的财产，具体包括以下财产：

（1）建筑物和其他土地附着物；

（2）建设用地使用权；

（3）以招标、拍卖、公开协商等方式取得的荒地等土地承包经营权；

（3）海域使用权；

（4）生产设备、原材料、半成品、产品；

（5）正在建造的建筑物、船舶、航空器；

（6）交通运输工具；

（7）法律、行政法规未禁止抵押的其他财产。

抵押人可以将前述所列财产一并抵押。

以法定程序确定为违法、违章的建筑物抵押的，抵押无效。以尚未办理权属证书的财产抵押的，在第一审法庭辩论终结前能够提供权利证书或者补办登记手续的，可以认定抵

押有效。

乡镇、村企业的建设用地使用权不得单独抵押。以乡镇、村企业的厂房等建筑物抵押的，其占用范围内的建设用地使用权一并抵押。

2. 不得抵押的财产

根据《民法典》第三百九十九条的规定，下列财产不得抵押：

（1）土地所有权；

（2）宅基地、自留地、自留山等集体所有的土地使用权，但法律规定可以抵押的除外；

（3）学校、幼儿园、医疗机构等为公益目的成立的非营利法人的教育设施、医疗卫生设施和其他公益设施；

（4）所有权、使用权不明或者有争议的财产；

（5）依法被查封、扣押、监管的财产；

（6）法律、行政法规规定不得抵押的其他财产。

（二）抵押合同的形式和内容

抵押权的设立需要当事人通过签订抵押合同设定，且抵押合同应为有效。如果抵押合同无效，抵押权不能设立。但是抵押权是否设立，不影响抵押合同的效力。

1. 抵押合同的形式

根据《民法典》第四百条的规定，抵押合同应当采取书面形式。因此抵押合同为要式合同，若当事人没有采用书面形式，则抵押合同不能成立。

2. 抵押的内容

根据《民法典》第四百条第二款的规定，抵押合同一般包括下列条款：

（1）被担保债权的种类和数额。

（2）债务人履行债务的期限。

（3）抵押财产的名称、数量等情况。

（4）担保的范围。

除上述事项外，当事人认为需要约定的事项，也应在合同中约定。但是，对于违反法律规定的事项，当事人不得约定，即使约定也是无效的，如流押条款。

3. 禁止流押条款

流押条款，是指在债务履行期限届满前，抵押权人与抵押人约定，债务人不履行到期债务时，抵押物归债权人所有。流押条款会损害债务人利益，所以为法律所禁止，称为禁止流押条款。《民法典》第四百零一条规定，抵押权人在债务履行期限届满前，与抵押人约定债务人不履行到期债务时抵押财产归债权人所有的，只能依法就抵押财产优先受偿。

需注意的是，尽管流押条款无效，但债权人依然就抵押财产享有抵押权，可以优先受偿。

扩展阅读　让与担保、后让与担保

(三) 抵押登记

按照《民法典》的规定，抵押权的设立须进行公示。因此不动产须进行登记，动产抵押权虽然不需要登记也可以成立，但是不登记不能对抗善意第三人，因此动产抵押权也应登记以增强抵押权的效力。由此，抵押登记可分为登记设立主义与登记对抗主义。

1. 登记设立主义

所谓登记设立主义，也称为登记生效主义，是指登记是物权变动的生效要件，未登记的，物权变动不能发生。按照《民法典》第二百零九条的规定，不动产物权的设立、变更、转让和消灭，经依法登记，发生效力；未经登记，不发生效力，但法律另有规定的除外。因此，以不动产、不动产权利以及正在建造的建筑物抵押的，应当办理抵押登记，抵押权自登记时设立。

2. 登记对抗主义

所谓登记对抗主义，是指登记是物权对抗善意第三人的要件，未登记的，物权变动依然发生，但不得对抗善意第三人。根据《民法典》第四百零二条的规定，以动产抵押的，抵押权自抵押合同生效时设立；未经登记，不得对抗善意第三人。此外，《民法典》第四百零四条规定，以动产抵押的，不得对抗正常经营活动中已支付合理价款并取得抵押财产的买受人。因此，对于正常经营活动中已支付合理价款并取得抵押财产的买受人，即便抵押权已经登记，也不能对抗。

扩展阅读　正常买受人的认定

三、抵押权的效力

(一) 抵押权担保的债权范围

根据《民法典》的规定，抵押权担保的范围与保证担保的范围基本相同：有约定，从其约定；无约定的，为主债权的全部，即包括主债权及其利息、违约金、损害赔偿金、保管担保财产和实现担保物权的费用。

(二) 抵押权的效力范围

抵押权的效力不仅及于原抵押财产，而且及于抵押财产的从物、从权利、添附物、孳息和代位物。

1. 抵押权的效力及于抵押物的全部

抵押权的效力及于抵押物的全部，即便抵押物被分割或部分转让的，基于抵押权的不可分性，抵押权人也可以就分割或转让后的抵押物行使抵押权。

2. 抵押权的效力及于添附物

所谓添附是指不同所有人的财产合并在一起形成不能分离的财产的一种法律事实。添附后形成的物成为添附物。根据《担保解释》第四十一条的规定，抵押权依法设立后，抵押财产被添附，添附物归第三人所有，抵押人因此而取得补偿金的，抵押权效力及于补偿金（物上代位性）；如果添附物归抵押人所有的，抵押权的效力及于添附物的，不及于添附物增加的价值部分；如果添附物归抵押人和第三人共有，抵押权效力仅及于抵押人对共有物享有的份额。

3. 抵押权的效力及于从物，但当事人另有约定除外

从物是相对于主物而言的，根据两个物在物理上相互独立，而在经济用途上又相互联系的关系，把物划分为主物与从物。根据《民法典》第三百二十条的规定，主物转让的，从物随主物转让，但当事人另有约定的除外。

按照《担保解释》第四十条的规定，从物产生于抵押权依法设立前，抵押权的效力及于从物，但是当事人另有约定的除外；从物产生于抵押权依法设立后，抵押权的效力不及于从物，但是在抵押权实现时可以一并处分。

4. 抵押权效力及于孳息

所谓孳息，是指由原物所生的收益，分为天然孳息和法定孳息。前者如土地收获的粮食、树上结出的果实、奶牛产出的牛奶等，后者如出租房屋获得的房租、购买彩票获得的奖金等。

根据《民法典》第三百二十一条的规定，天然孳息，由所有权人取得；既有所有权人又有用益物权人的，由用益物权人取得。当事人另有约定的，按照其约定。法定孳息，当事人有约定的，按照约定取得；没有约定或者约定不明确的，按照交易习惯取得。

因此，孳息的所有权应当属于抵押人而非抵押权人。但因债务人不履行义务导致抵押物被人民法院扣押的，按照《民法典》第四百一十二条的规定，自扣押之日起抵押权人有权收取孳息，并就该孳息优先受偿。因此抵押权的效力及于抵押物的孳息。

5. 抵押权效力及于代位物

《担保解释》第四十二条规定，抵押权依法设立后，抵押财产毁损、灭失或者被征收等，抵押权人请求按照原抵押权的顺位就保险金、赔偿金或者补偿金等优先受偿的，人民法院应予支持。

（三）抵押权对抵押权人和抵押人的效力

抵押权对于抵押权人和抵押权的效力，也就是抵押权的内容，主要有抵押权人的优先受偿权、孳息收取权以及对抵押人处分权的限制等。

1. 优先受偿权

优先受偿权，是担保物权的基本效力，作为典型担保物权的抵押权，抵押权人当然享有优先受偿权。抵押权人的优先受偿权主要包括两个方面：

（1）当债务人提供抵押物时，抵押权人优先于债务人的其他债权人。当债务人在自己财产上设定抵押权时，抵押权人有权就该抵押财产优先于债务人的其他债权人受偿。

（2）当第三人提供抵押物时，抵押权人优先于第三人的其他债权人。当第三人提供抵押物时，抵押权人有权就该抵押财产优先于抵押人的其他债权人而受偿。

2. 抵押权对抵押人事实处分权的限制

物的处分分为事实上的处分和法律上的处分。对于抵押人实施处分的限制，也称为抵押权的价值保全效力。

抵押物的事实上的处分会导致抵押财产价值的灭失，由于抵押权人的权利实质上是就抵押物的财产价值优先受偿，因此抵押人于抵押期间须维持抵押物的财产价值，不得对抵押物为会使其价值灭失的事实上的处分。根据《民法典》第四百零八条的规定，抵押人

的行为足以使抵押财产价值减少的，抵押权人有权要求抵押人停止其行为。抵押财产价值减少的，抵押权人有权要求恢复抵押财产的价值，或者提供与减少的价值相应的担保。抵押人不恢复抵押财产的价值也不提供担保的，抵押权人有权要求债务人提前清偿债务。

3. 抵押权对抵押人法律处分的限制

对于抵押期间抵押人能否转让抵押物，存在肯定说和否定说两种观点。原《物权法》采用否定说，抵押期间转让抵押物的，应当经过抵押权人同意，否则转让无效，但受让人代为清偿债务消灭抵押权的除外。但是《民法典》改变了《物权法》的规定，改为采用肯定说。根据《民法典》第四百零六条的规定，抵押期间，抵押人可以转让抵押财产。当事人另有约定的，按照其约定。抵押财产转让的，抵押权不受影响。抵押人转让抵押财产的，应当及时通知抵押权人。抵押权人能够证明抵押财产转让可能损害抵押权的，可以请求抵押人将转让所得的价款向抵押权人提前清偿债务或者提存。转让的价款超过债权数额的部分归抵押人所有，不足部分由债务人清偿。

4. 孳息收取权

因抵押权人仅有抵押物的处分权，而没有收益权，因此抵押期间抵押物的孳息依然属于抵押人所有。

（1）债务履行期限届满之前。在债务履行期限届满之前，抵押物由抵押人占有，孳息由抵押人收取，孳息所有权也归抵押人。抵押权人对抵押物的孳息没有任何权利。

（2）履行期限届满债务人未履行债务。根据《民法典》第四百一十二条的规定，债务人不履行到期债务或者发生当事人约定的实现抵押权的情形，致使抵押财产被人民法院依法扣押的，自扣押之日起，抵押权人有权收取该抵押财产的天然孳息或者法定孳息，但是抵押权人未通知应当清偿法定孳息义务人的除外。前款规定的孳息应当先充抵收取孳息的费用。

四、抵押权的顺位

所谓抵押权的顺位，也就是抵押权行使的顺序。因为抵押权是担保物权，支配的是担保物的交换价值，因此在同一财产上可以同时存在多个抵押权，也可以同时存在抵押权、质权及留置权等多种担保物权。此时，抵押权与其他担保物权行使的顺序将直接影响抵押权人的利益。

（一）抵押权竞合

所谓抵押权竞合，是指在同一财产上同时并存多个抵押权的情形。根据《民法典》第四百一十四条的规定，同一财产向两个以上债权人抵押的，拍卖、变卖抵押财产所得的价款依照下列规定清偿：

（1）抵押权已经登记的，按照登记的时间先后确定清偿顺序；

（2）抵押权已经登记的先于未登记的受偿；

（3）抵押权未登记的，按照债权比例清偿。

其他可以登记的担保物权，清偿顺序参照适用前款规定。

（二）购置款超级优先权

所谓购置款超级优先权，是指抵押权所担保的主债权是抵押物的购置款时，抵押权人可以获得优先于除留置权人之外其他担保物权人受偿的权利。

《民法典》第四百一十六条规定,动产抵押担保的主债权是抵押物的价款,标的物交付后十日内办理抵押登记的,该抵押权人优先于抵押物买受人的其他担保物权人受偿,但是留置权人除外。

(三) 抵押权顺位的变更与放弃

抵押权的顺位将会影响抵押权人的利益,因此抵押权人可以放弃或者变更。根据《民法典》第四百零九条的规定,抵押权人可以放弃抵押权或者抵押权的顺位。抵押权人与抵押人可以协议变更抵押权顺位以及被担保的债权数额等内容。但是,抵押权的变更未经其他抵押权人书面同意的,不得对其他抵押权人产生不利影响。债务人以自己的财产设定抵押,抵押权人放弃该抵押权、抵押权顺位或者变更抵押权的,其他担保人在抵押权人丧失优先受偿权益的范围内免除担保责任,但是其他担保人承诺仍然提供担保的除外。

五、抵押权的实现

(一) 抵押权实现的条件

抵押权人在债务人不履行到期债务或者发生当事人约定的实现抵押权的情形时,得处分抵押财产,并就其价值优先受偿。

抵押权实现应具备两个条件:第一,抵押权有效存在;第二,须发生可以实现抵押权的法定或约定情形。

(二) 抵押权实现的方法

根据《民法典》的规定,抵押权的实现方法主要有两种:

1. 折价

所谓折价,抵押财产的折价是指抵押权人与抵押人协商由抵押权人以确定的价格取得抵押财产。这是实现抵押权的另一种重要方式。

如果所折价格超过担保债权额的,余额返还给抵押人。如果所折价格不足以清偿债权额的,抵押权人应向债务人请求清偿。抵押财产折价或变卖的,应当参照市场价格。折价不得损害其他债权人利益,如果损害的,其他债权人可以请求人民法院撤销该协议。

2. 拍卖和变卖

抵押权人与抵押人未就抵押权实现方式达成协议的,抵押权人可以请求人民法院拍卖、变卖抵押财产。拍卖和变卖都是以出卖的方式实现抵押财产的价值。拍卖是竞争方式的买卖,能最充分地实现抵押财产的价值,是最好的抵押财产价值实现方式。

(三) 抵押权的行使期间

《民法典》第四百一十九条规定,抵押权人应当在主债权诉讼时效期间行使抵押权;未行使的,人民法院不予保护。

(四) 抵租并存的处理规则

《民法典》第四百零五条规定,抵押权设立前,抵押财产已经出租并转移占有的,原租赁关系不受该抵押权的影响。

(五) 设立抵押权后新增建筑物的处理

根据《民法典》第四百一十七条的规定,建设用地使用权抵押后,该土地上新增的建筑物不属于抵押财产。该建设用地使用权实现抵押权时，应当将该土地上新增的建筑物与建设用地使用权一并处分。但是，新增建筑物所得的价款，抵押权人无权优先受偿。对此《担保解释》第五十一条也作了类似的规定。

扩展阅读　《担保解释》第五十一条的规定

六、特殊抵押

（一）最高额抵押

1. 最高额抵押的概念

最高额抵押是指在预定的最高债权额限度内，为担保一定期间内将要连续发生的债权的清偿而设立的抵押。

2. 最高额抵押的特征

（1）所担保债权的不确定性。最高额抵押所担保的是债务人的一系列债权，因此债权总额是不确定的。

（2）适用范围的限定性。设定抵押时，抵押人与抵押权人协议约定抵押财产担保的最高债权限额，无论将来发生的债权如何变动，抵押权人只能在最高债权额范围内对抵押财产享有优先受偿权。

（3）非从属性。最高额抵押担保的债权确定前，部分债权转让的，除当事人另有约定外，最高额抵押权不得转让。抵押期间某一具体债权消灭，最高额抵押权并不因此消灭。

3. 最高额抵押债权的确定

有下列情形之一的，抵押权人的债权确定：

（1）约定的债权确定期间届满；

（2）没有约定债权确定期间或者约定不明确，抵押权人或者抵押人自最高额抵押权设立之日起满二年后请求确定债权；

（3）新的债权不可能发生；

（4）抵押权人知道或者应当知道抵押财产被查封、扣押；

（5）债务人、抵押人被宣告破产或者解散；

（6）法律规定债权确定的其他情形。

4. 最高额抵押的最高债权额

按照《担保解释》第十五条的规定，最高额担保中的最高债权额，是指包括主债权及其利息、违约金、损害赔偿金、保管担保财产的费用、实现债权或者实现担保物权的费用等在内的全部债权，但是当事人另有约定的除外。

登记的最高债权额与当事人约定的最高债权额不一致的，人民法院应当依据登记的最高债权额确定债权人优先受偿的范围。

（二）动产浮动抵押

1. 动产浮动抵押的概念

动产浮动抵押是指以法律规定的动产作为一财产整体设立的动产抵押权。在抵押期间，抵押物范围始终处于动态变化之中，直至抵押权人需要行使抵押权时，抵押物的范围才得以确定，因此被称为动产浮动抵押。

2. 浮动抵押的特征

（1）抵押人限于企业、个体工商户、农业生产经营者，主体具有特定性。

（2）抵押财产限于抵押人的动产，包括现有的和将来所有的动产，具有集合性。

（3）抵押财产特定化之前可以自由转让。动产浮动抵押中，抵押权自抵押合同生效时设立；未经登记，不得对抗善意第三人。已经登记的，也不得对抗正常经营活动中已支付合理价款并取得抵押财产的买受人。

3. 动产浮动抵押财产的确定

发生下列情形之一的，抵押财产得以确定：

（1）债务履行期届满，债权未实现；

（2）抵押人被宣告破产或者解散；

（3）当事人约定的实现抵押权的情形；

（4）严重影响债权实现的其他情形。

（三）共同抵押

共同抵押，是指为共同担保同一债权，而在两个或两个以上的担保物上设定抵押，对一个债权所提供的抵押权。

按照《担保解释》的规定，共同抵押与共同保证的规则相同，在此不再赘述。

模块四

质权法律制度

【导入案例】

甲因扩大店面急需资金，于是向乙银行贷款，由丙融资担保公司提供担保。丙要求甲提供反担保，甲将自己的奥迪车出质给丙并交付。因丙公司没有合适的地方停放该车，于是要求甲将车开回。后来甲向自然人丁借款，又将该车出质给丁并交付给丁占有。在丁占有期间，戊向丁租用该车，丁未经甲同意，即与戊签订了租赁合同。后因戊违章驾驶导致该车灭失，为此引起纠纷。思考：

（1）本案中，甲丙之间质押合同是否有效？丙是否有质权？

（2）丁是否享有质权？丁是否有权出租该车？

（3）对于该车的损失，甲可以向谁主张赔偿？

导入案例参考答案

一、质权概述

(一) 质权的含义

所谓质权,是指债务人或者第三人将其动产或财产权利交给债权人占有或控制,以此作为履行债务的担保,在债务人不履行债务时,债权人得以该动产或财产权利的价值优先受偿的权利。

(二) 质权与抵押权的区别

质权与抵押权都属于担保物权,质权也具有从属性、优先性等特点,但作为一种独立的担保物权,质权与抵押权也存在很大的差别,主要包括以下几点:

1. 成立要件不同

质权的成立以出质人交付质物为条件,出质人没有交付质物的,质权不能设立;而抵押权的成立不以交付为条件,不动产抵押权自登记之日起设立,动产抵押权自抵押合同生效时设立,都不以交付为成立的要件。是否转移标的物的占有,是抵押权与质权最大的区别。

2. 标的物不同

质权的标的物为动产和权利,不动产及不动产权利均不能设立质权;而抵押权的标的物可以为动产,也可以为不动产或不动产权利。

3. 担保作用不同

抵押权不转移占有,因此抵押物由抵押人占有,抵押权人仅以优先受偿效力为其担保作用;而质权需转移占有,除了优先受偿效力作为担保作用之外,质权还具有留置的效力。

(三) 质权的分类

根据质权标的类别不同,质权可以分为动产质权和权利质权。动产质权是以动产为标的物的质权。权利质权是以债权或其他财产权利为标的的质权。

此外,有些国家还规定了不动产质权,但我国《民法典》并没有规定。

二、动产质权

(一) 动产质权的概念

动产质权是指以动产为质押财产的质权。《民法典》第四百二十五条规定,为担保债务的履行,债务人或者第三人将其动产出质给债权人占有的,债务人不履行到期债务或者发生当事人约定的实现质权的情形,债权人有权就该动产优先受偿。

在质权关系中,债务人或者第三人为出质人,债权人为质权人,交付的动产为质押财产,也称为质物。

(二) 动产质权的设立

1. 质押合同

动产质权也属于意定担保物权,需要有质押合同,并且按照《民法典》第四百二十七条的规定,该质押合同须为书面合同。质押合同一般包括下列条款:

(1) 被担保债权的种类和数额;

（2）债务人履行债务的期限；
（3）质押财产的名称、数量等情况；
（4）担保的范围；
（5）质押财产交付的时间、方式。

2. 质押财产

质押财产，也称为质物，是质押合同中约定的由出质人移交质权人占有的动产。由于实现动产质权时，要对质押财产进行处分，因此动产质权须符合以下要求：

（1）须为可让与的，且法律不禁止流通的物。
（2）须为特定的动产。特定物自然可以成为质物，种类物须特定化后才可以称为质物。另外，金钱原则上不能成为质权的标的物。但是如果债务人或者第三人将其金钱以保证金等形式特定化后，移交债权人占有作为债权的担保，可以成立质权。

扩展阅读　保证金质押

3. 禁止流质条款

根据《民法典》第四百二十八条的规定，质权人在债务履行期限届满前，与出质人约定债务人不履行到期债务时质押财产归债权人所有的，只能依法就质押财产优先受偿。此为禁止流质契约的规定，与抵押中的禁止流押条款规定相同，不再赘述。

但是根据《典当管理办法》第四十条的规定，典当期限或者续当期限届满后，当户应当在5日内赎当或者续当。逾期不赎当也不续当的，为绝当。典当行可以按照法律规定处理绝当品。因此在当铺典当中，是允许流质条款的，此为特别规定。

4. 交付质物

动产质权由质押合同设立，但是质权合同成立生效并不等于动产质权的设立，根据《民法典》第四百二十九条的规定，质权自出质人交付质押财产时设立。因此只有出质人将质物交付给债权人占有时，动产质权才能成立。

扩展阅读　质物的交付

（三）质权的效力

1. 质权的担保范围

动产质权的担保范围，与抵押权基本相同，包括主债权、利息、违约金、损害赔偿金、质物的保管费用以及实现质权的费用。当事人有约定的，从其约定。

需要说明的是，质权担保的范围比抵押权范围要广，除了比抵押权多了质物的保管费用之外，损害赔偿金既包括债务人不履行债务的损害赔偿金，也包括质物有隐蔽瑕疵而发生的损害赔偿金。

2. 质权效力及于标的物的范围

动产质权效力及于标的物的范围，与抵押权相同，包括质押财产、质押财产的从物、孳息和代位物。但质权以出质人交付质物为设立的条件，因此从物未随同质押财产移交质权人占有的，质权的效力不及于从物。对于孳息是否作为出质财产，当事人可另作约定。

3. 质权人的权利

动产质权设立后，质权人主要享有以下权利：

（1）优先受偿权。优先受偿权是动产质权最重要的效力，也是担保物权的最重要效力，与抵押权相同，不再赘述。

（2）占有质物的权利。质权以质押财产的占有转移为要件，因此质权人对于质物当然有占有的权利。质权人对质物的占有属于有权占有，受法律保护。

（3）留置质物的权利。占有是质权存续的条件，因此，在债权受偿前，质权人对质物有留置的权利，有权拒绝一切人关于请求返还质物的权利。即使出质人将质物转让给第三人，也不影响质权人的权利。

（4）孳息收取权。除当事人另有约定外，质权人有权收取质物的孳息。与抵押相同，质权人并不享有质物的收益权，因此该孳息依然归出质人所有。《民法典》第四百二十八条规定，质权人在债务履行期限届满前，与出质人约定债务人不履行到期债务时质押财产归债权人所有的，只能依法就质押财产优先受偿。

（5）质权保全权。根据《民法典》第四百三十三条的规定，因不可归责于质权人的事由可能使质押财产毁损或者价值明显减少，足以危害质权人权利的，质权人有权请求出质人提供相应的担保；出质人不提供的，质权人可以拍卖、变卖质押财产，并与出质人协议将拍卖、变卖所得的价款提前清偿债务或者提存。

（6）转质权。所谓转质，是指质权人为提供自己债务的担保，将质物移交给自己的债权人而设定的新质权。因转质设立的新质权成为转质权，原质权人为出质人，受转质担保的债权人为转质权人。根据转质行为是否经过出质人同意，可将转质分为承诺转质和责任转质。

所谓承诺转质，是指质权人在质权存续期间，为担保自己的债务，经出质人同意，以其所占有的质物为第三人设定质权的，应当在原质权所担保的债权范围之内，超过的部分不具有优先受偿性。转质权的效力优先于原质权。

所谓责任转质，是指质权人在质权存续期间，未经出质人同意，为担保自己的债务，在其所占有的质物上为第三人设定的质权为责任转质。《民法典》仅规定了责任转质，第四百三十四条规定，质权人在质权存续期间，未经出质人同意转质，造成质押财产毁损、灭失的，应当承担赔偿责任。

4. 质权人义务

（1）质权人不得擅自使用质物。《民法典》第四百三十一条规定，质权人在质权存续期间，未经出质人同意，擅自使用、处分质押财产，造成出质人损害的，应当承担赔偿责任。

（2）妥善保管质物的义务。《民法典》第四百三十二条规定，质权人负有妥善保管质押财产的义务；因保管不善致使质押财产毁损、灭失的，应当承担赔偿责任。质权人的行为可能使质押财产毁损、灭失的，出质人可以请求质权人将质押财产提存，或者请求提前清偿债务并返还质押财产。

（3）返还质物的义务。《民法典》第四百三十六条规定，债务人履行债务或者出质人提前清偿所担保的债权的，质权人应当返还质押财产。

（四）质权的实现

动产质权的实现方式与抵押权基本相同，包括折价、变卖和拍卖三种方式。与抵押权不同的是，因为质权人直接占有质物，因此在质权人与出质人无法达成协议时，质权人可以径自变卖或者拍卖质物，无需经过法院或经过出质人同意。质权人在变卖或者拍卖质物时，应以自己的名义为之，而非以出质人或者出质人代理人名义为之。

若债务履行期限届满债务人没有履行，质权人不行使质权的，出质人可以要求质权人行使。出质人请求质权人及时行使质权，因质权人怠于行使权利造成损害的，由质权人承担赔偿责任。

质押财产折价或者拍卖、变卖后，其价款超过债权数额的部分归出质人所有，不足部分由债务人清偿。

此外，出质人与质权人还可以协议设立最高额质权。关于最高额质权，除适用动产质权的有关规定外，参照适用最高额抵押权的规定。

三、权利质权

（一）概念

权利质权是指以债权或其他可让与的财产权利为质押财产的质权。对于权利质权，除了适用本部分规定外，也适用动产质权的有关规定。

（二）可以出质的权利

根据《民法典》的规定，债务人或者第三人有权处分的下列权利可以出质：

（1）汇票、支票、本票。

（2）债券、存款单。

（3）仓单、提单。

（4）可以转让的基金份额、股权。

（5）可以转让的注册商标专用权、专利权、著作权等知识产权中的财产权。

（6）现有的以及将有的应收账款。

（7）法律、行政法规规定可以出质的其他财产权利。

（三）权利质权的设立

权利质权的设立，同样需要当事人订立质押合同。与动产质押相同，权利质押合同有效，并不意味着权利质权设立。要设立权利质权，需要完成公示。公示的方式因出质的权利不同而有所不同。

1. 以汇票、本票、支票、债券、存款单、仓单、提单出质的，质权自权利凭证交付质权人时设立；没有权利凭证的，质权自办理出质登记时设立。法律另有规定的，依照其规定

汇票、本票、支票、债券、存款单、仓单、提单的兑现日期或者提货日期先于主债权到期的，质权人可以兑现或者提货，并与出质人协议将兑现的价款或者提取的货物提前清偿债务或者提存。

项目六 担保法律制度

扩展阅读 《担保解释》关于票据、仓单、提单出质的规定

2. 以基金份额、股权出质的,质权自办理出质登记时设立

基金份额、股权出质后,不得转让,但是经出质人与质权人协商同意的除外。出质人转让基金份额、股权所得的价款,应当向质权人提前清偿债务或者提存。

3. 以注册商标专用权、专利权、著作权等知识产权中的财产权出质的,质权自办理出质登记时设立

知识产权中的财产权出质后,出质人不得转让或者许可他人使用,但是出质人与质权人协商同意的除外。出质人转让或者许可他人使用出质的知识产权中的财产权所得的价款,应当向质权人提前清偿债务或者提存。

4. 以应收账款出质的,质权自办理出质登记时设立

应收账款出质后,不得转让,但是经出质人与质权人协商同意的除外。出质人转让应收账款所得的价款,应当向质权人提前清偿债务或者提存。

扩展阅读 《担保解释》关于应收账款出质的规定

模块五 留置法律制度

【导入案例】

甲商场委托乙服装厂在 2021 年 4 月 11 日前加工 100 套西服,双方签订了来料加工合同。合同期满后,甲商场未向乙服装厂及时支付加工费 2 万元。乙服装厂遂将加工的西服留置并给予甲商场 60 日的宽限期,期限届满后甲商场仍未支付加工费,乙服装厂将其中的 50 套西服予以变卖折抵加工费。甲商场以乙服装厂擅自将自己委托加工的西服变卖为由,向济宁仲裁委员会申请仲裁,要求乙服装厂承担违约责任。本案应如何处理?

导入案例参考答案

一、留置权概述

(一)留置权的概念

《民法典》第四百四十七条规定,债务人不履行到期债务,债权人可以留置已经合法占有的债务人的动产,并有权就该动产优先受偿。本条规定的债权人所享有的权利,即为留置权。在留置权关系中,债权人为留置权人,占有的动产为留置财产。

留置权有以下几方面的含义：
1. 留置权是在债权人已经合法占有的债务人动产上存在的物权
2. 留置权是债权人在债权未受清偿前得留置标的物的物权
3. 留置权是债权人于一定条件下以留置财产的价值优先受偿的担保物权

（二）留置权的特征

1. 留置权为他物权

留置权是债权人对其已经合法占有债务人的财产的权利，因此留置权是对他人财产的权利，是他物权而非自物权。

2. 留置权为担保物权

留置权的功能是担保债权的实现，债权人留置标的物也好，将留置财产变价也好，其目的都在于确保债权的实现，而不是对标的物进行使用、收益。因此留置权不是以物的使用收益为内容的用益物权，而属于担保物权。

3. 留置权为法定担保物权

留置权虽为担保物权，但却与抵押权、质押权等意定担保物权不同，它不能由当事人自行约定，只能依法律规定的条件直接发生。从这一点来说，留置权为法定担保物权，而不属于意定担保物权。

4. 留置权为得发生二次效力的物权

留置权不同于其他担保物权之处，不仅在于其法定性，还在于其可以发生二次效力。留置权人于债权受偿前有权留置债务人财产，可排除一切人的返还请求权，此为第一次效力；债务人于履行期满超过一定期限后仍不履行债务，留置权人可依法处置留置财产，此为第二次效力。由于在留置权发生第二次效力时，留置权人有优先受偿的权利，因此留置权也具有物上代位性。

5. 留置权具有从属性、不可分性

由于留置权是以担保债权的目的而存在的担保物权，因此留置权也具有担保物权的共同特性，如从属性、不可分性等。但需注意的是，按照《担保解释》第三十八条的规定，留置权人行使留置权的，如果留置财产是可分物的，留置权人只能留置价值相当于债务金额的财产，并就该财产来行使权利。

二、留置权的设立要件

留置权为法定担保物权，只能依法律的规定发生，不能依当事人的约定产生。因此，留置权的设立须具备法律规定的条件。留置权的设立条件，称为留置权的设立要件，分为积极要件和消极要件。

（一）留置权设立的积极要件

1. 债权人已经合法占有一定的财产

首先，债权人须合法地占有财产，如果债权人非法占有财产的，不能在该财产上设立留置权。

其次，债权人应当留置债务人的动产，而不能留置第三人的动产。但是如果第三人的动产是债权人因同一法律关系合法占有的，也可以留置。对此《担保解释》第六十二条第一款规定，债务人不履行到期债务，债权人因同一法律关系留置合法占有的第三人的动产，并主张就该留置财产优先受偿的，人民法院应予支持。第三人以该留置财产并非债务人的财产为由请求返还的，人民法院不予支持。

2. 债权人的债权与债务人的债务之间须存在关联

《民法典》第四百四十八条规定，债权人留置的动产，应当与债权属于同一法律关系，但企业之间留置的除外。根据此规定，除企业之间留置（即商事留置）外，留置的物与债权应属于同一法律关系，若债权人占有的物与债权不属于同一法律关系，则不能成立留置权。

但是商事留置不以留置的动产与债权属于同一法律关系为限。在各国民法上，商事留置权的范围一般较民事留置权要广。即便留置的财产与担保的债权不是同一法律关系，也可以成立留置权。

3. 债权须已届清偿期

债权已届清偿期是指债务人的债务履行期限已到。如果债务人的债务尚未到期，而债权人交付其占有的标的物的义务已经到期，则债权人不能留置。但是债权人能够证明债务人没有支付能力的，也可以成立留置权。

（二）留置权设立的消极要件

留置权设立的消极要件是指阻止留置权成立的情形或因素，也就是说如果符合消极要件的，留置权就不能成立。只有具备留置权设立的积极要件又不具备消极要件时，留置权才能设立。留置权设立的消极要件主要包括：

1. 法律规定或当事人约定不得留置

《民法典》第四百四十九条规定，法律规定或者当事人约定不得留置的动产，不得留置。

2. 留置债务人的动产不得违反公序良俗

公序良俗原则是《民法典》的基本原则，在担保中也不能违反。因此，如果债权人留置债务人的财产与公序良俗相悖，也不能成立留置权。例如，留置债务人的生活必需品、留置残疾人的轮椅、留置骨灰等，都属于违反公序良俗，因而不能成立留置权。

3. 留置财产的价值不应超过相当于债务的金额

《民法典》第四百五十条规定，留置财产为可分物的，留置财产的价值应当相当于债务的金额。依此规定，在债权人占有的债务人的动产为可分物时，债权人只能就价值相当于债务金额的财产留置，对于其他财产，债权人不得留置。

三、留置权的效力

（一）留置权所担保的债权的范围

与意定担保物权不同，留置权所担保的债权范围不能由当事人约定，只能由法律规定。根据《民法典》的规定，留置权所担保的债权范围主要包括主债权及其利息、违约金、损害赔偿金、留置财产的保管费以及实现留置权的费用。

（二）留置权效力所及标的物范围

留置权效力所及的标的物，与质权相同，包括主物、从物、孳息以及代位物。留置权以债权人占有留置物为成立的前提，因此债权人对上述标的物没有占有的，则留置权的效力不及于上述标的物。

（三）留置权人的权利

留置权对留置权人的效力表现为留置权人的权利和义务，这是留置权的主要效力。留置权人的权利主要有以下几项：

1. 留置财产的占有权

留置权人对留置财产有占有的权利，在其债权受偿前，可以扣留留置财产，并拒绝一切返还请求。

2. 留置财产的孳息收取权

留置权人于其占有留置物期间，对留置财产的孳息有收取的权利。根据《民法典》第四百五十二条的规定，留置权人有权收取留置财产的孳息。与质权相同，收取的孳息应当先充抵收取孳息的费用。

3. 优先受偿权

留置权人的优先受偿权是留置权人除了留置财产外的又一项基本权利，也是保障债权的根本手段。留置权人可以在债务人终不履行债务时，将留置财产变价，并以所得价款优先受偿。

（四）留置权人的义务

留置权人的义务主要有三项：

1. 留置财产的保管义务

根据《民法典》第四百五十一条的规定，留置权人负有妥善保管留置财产的义务；因保管不善致使留置财产毁损、灭失的，应当承担赔偿责任。

2. 返还留置财产的义务

留置权担保的债权消灭时，留置权人有义务将留置财产返还给债务人。债权虽未消灭但是债务人另行提供担保而使留置权消灭时，留置权人也有返还留置财产的义务。因为在这种情况下，留置权消灭，留置权人也就没有占有留置财产的理由。留置权人若拒绝返还，就构成非法占有，应向债务人承担赔偿责任。

3. 及时行使留置权的义务

当债权人符合留置权行使的条件时，债权人应及时行使留置权。根据《民法典》第四百五十四条的规定，债务人可以请求留置权人在债务履行期限届满后行使留置权；留置权人不行使的，债务人可以请求人民法院拍卖、变卖留置财产。

四、留置权的实现

（一）留置权实现的条件

根据《民法典》第四百五十三条的规定，留置权人与债务人应当约定留置财产后的债务履行期限；没有约定或者约定不明确的，留置权人应当给债务人六十日以上履行债务的期限，但是鲜活易腐等不易保管的动产除外。债务人逾期未履行的，留置权人可以与债务人协议以留置财产折价，也可以就拍卖、变卖留置财产所得的价款优先受偿。留置财产折价或者变卖的，应当参照市场价格。

根据该规定，留置权人实现留置权须具备三个条件：

1. 确定留置财产后债务人履行债务的宽限期

与抵押权、质权不同，留置权人并不能在债务人不履行到期债务时立即实现留置权。留置权人在留置财产后须再经过一段时间才可以实现留置权。这一段时间，也就是基于债务人履行债务的宽限期。宽限期由当事人约定，如果没有约定或约定不明确的，宽限期不得少于六十日，但如果留置的财产是鲜活易腐、不宜保管的动产，宽限期可以少于六十日。

2. 通知债务人在宽限期内履行债务

留置权人留置财产后，应及时通知债务人，并将宽限期告知债务人。留置权人能够通知而未通知的，留置权人不得行使留置权。

3. 债务人于宽限期限届满后仍未履行，且也未另外提供担保

若债务人于宽限期内履行了义务，则留置权消灭；债务人虽未履行，但另外提供了适当担保，留置权也会消灭。在留置权消灭的情况下，留置权人当然不能行使留置权。只有债务人于宽限期限届满后仍未履行，且也未另外提供担保的情形下，留置权人才可以实现留置权。

（二）留置权实现的方式

留置权的实现方式，与抵押权、质权相同，包括折价、变卖、拍卖三种方式，在此不再赘述。

五、留置权消灭的特别原因

留置权也是担保物权，因此担保物权的消灭原因也同样适用于留置权。除此之外，根据《民法典》第四百五十七条的规定，留置权还会因留置权人丧失占有或接受债务人另行提供的担保而消灭。

六、担保物权的竞合

所谓担保物权的竞合，是指在同一动产上同时并存多个担保物权并且均为有效的现象。

根据《民法典》第四百五十六条的规定，同一动产上已设立抵押权或者质权，该动产又被留置的，留置权人优先受偿。《民法典》第四百一十五条规定，同一财产既设立抵押权又设立质权的，拍卖、变卖该财产所得的价款按照登记、交付的时间先后确定清偿顺序。依此规定，担保物权竞合时按照下列顺序实现：

（一）留置权优先于抵押权和质权

留置权为法定担保物权，同时留置权所担保的债权往往是为全体债权人利益而发生的（如保管费、修理费等），因此在同一动产上同时存在抵押权、质权、留置权时，留置权是最优先的。

（二）抵押权和质权按照登记、交付的时间顺序清偿

抵押权和质权同属于意定担保物权，按照物权间的优先效力，应按照公示的时间顺序清偿。但如果抵押权没有登记，则不能对抗善意第三人，因此就不能对抗质权人。

七、混合担保

（一）混合担保的概念

所谓混合担保，是指既有保证人提供保证，又有担保人提供物保，为同一债权进行担保的担保方式。在混合担保中，主债权人在享有主债权的同时，对担保物享有担保物权，而且对保证人还享有保证权。

（二）债权人担保权的行使顺序

《民法典》第三百九十二条规定，被担保的债权既有物的担保又有人的担保的，债务人不履行到期债务或者发生当事人约定的实现担保物权的情形，债权人应当按照约定实现债权；没有约定或者约定不明确，债务人自己提供物的担保的，债权人应当先就该物的担保实现债权；第三人提供物的担保的，债权人可以就物的担保实现债权，也可以请求保证人承担保证责任。提供担保的第三人承担担保责任后，有权向债务人追偿。

基于上述规定，混合担保中债权人担保权的行使顺序，首先按照债权人和各担保人之间的约定；无约定的，按照物保的提供者是主债务人还是第三人而有所区别：

(1) 主债务人提供物保的，主债权人应先行使担保物权。主债权人就担保物价值优先受偿后，如有不能清偿的部分，保证人承担保证责任。

(2) 第三人提供物保的，主债权人既可以行使担保物权，也可以请求保证人承担保证责任。

(3) 主债务人提供物保、第三人也提供物保、保证三者并存时，主债权人应先行使债务人提供的担保物权。

（三）混合担保中的追偿权和分担请求权

《担保解释》统一了人保和物保的追偿权和分担请求权规则，即统一适用《担保解释》第十三条（详见共同保证部分），在此不再赘述。

此外，如果同一债务有两个以上第三人提供担保，担保人受让债权的，该行为将被视为承担担保责任的行为。受让债权的担保人只能按照《担保解释》第十三条的规定请求其他担保人分担，而不能以债权人身份请求其他担保人承担担保责任。

另外，如果是债务人自己提供担保物权，而当事人约定债权人可以先行使第三人提供担保的，第三人在承担担保责任后向债务人的追偿的，不能适用担保人之间的分担规则，承担担保责任的担保人可以行使债权人对债务人的担保物权。

模块六 定金

【导入案例】

甲、乙公司订立买卖合同，合同标的额为100万元。甲向乙交付了30万元的定金，但并未签订定金合同。后乙只交付了60万元的货物，其余货物无法交付。甲、乙双方发生纠纷并诉至法院。本案应如何处理？

导入案例参考答案

一、定金概述

（一）定金的概念

所谓定金，是指为了担保合同的履行，当事人一方在合同订立或合同订立后履行前支付给对方一定数额的金钱。

需要注意的是，并非当事人支付的金钱都是定金，当事人交付留置金、担保金、保证金、订金、押金等，但没有约定定金性质的，不是定金，不能发生定金效力。

（二）定金的特点

定金的特点可以概括为以下几点：

1. 定金为合同债权的担保

定金的种类不同，其目的也有所不同，但无论何种定金，都是为了获得合同债权并使合同债权得以实现，因此定金的最终目的是担保合同债权。

2. 定金为金钱担保

定金是以一定的金钱来担保合同的，因此定金属于金钱担保。

3. 定金具有从属性

定金作为一种担保方式，也具有从属性，即定金合同与担保合同之间形成主从合同关系，受担保的债权为主权利，定金权利为从权利。

4. 定金的成立具有要物性

根据《民法典》第五百八十六条第一款的规定，定金合同从实际交付定金之日起成立。因此定金合同是实践合同，其成立具有要物性，只有交付了定金，定金担保才能成立。

5. 定金具有双重担保性

定金具有双重担保性，交付定金一方不履行合同，将丧失定金；收受定金一方不履行合同，应双倍返还定金，对双方当事人都有担保作用。

（三）定金的种类

关于定金的种类，各国法律规定不一，理论上也有不同的看法。一般来说，定金主要包括以下几种：

1. 订约定金

订约定金又称为立约定金，是指为担保正式订立合同而交付的定金。订约定金不是合同的成立条件，也不是合同履行的担保，只是为了保证当事人能够正式订立合同。

2. 成约定金

所谓成约定金，是指以定金的交付作为主合同成立或生效要件的定金。成约定金不是担保订立合同，也不是担保合同履行，而只是主合同成立或生效的条件。就是说，只有交付了成约定金，主合同才成立或生效；若没有交付成约定金，则主合同不能成立或者生效。

3. 解约定金

所谓解约定金，是指当事人为了保留合同解除权而交付的定金。解约定金不是为了担保订立合同，而是担保合同的履行，其实质是通过解约定金获得了合同解除权，其功能在于通过赋予当事人以解除合同的权利，从而避免因客观情况的变化而导致的履行不利益，并确保履约利益的实现。

4. 违约定金

所谓违约定金，是指以违约损害赔偿为目的而设定的定金。违约定金是合同履行的担保，因此，交付定金一方不履行合同的，则收受定金的一方可以没收定金不予返还；收受定金一方不履行合同的，则应双倍返还定金。这种定金的目的在于惩罚违约，并补偿被违约方的损失，作用类似于违约金。

二、定金的设立

作为一种意定担保方式，定金的设立也需要定金合同。因定金合同是实践合同，因此只有交付定金的，定金合同才能成立。

（一）定金合同的当事人

定金是当事人一方向对方交付的金钱，因此定金合同的双方当事人为给付定金的一方和收受定金的一方。在定金合同中，主合同之外的第三人不能作为当事人。无论何种类型的定金，定金合同的当事人只能是主合同的双方当事人，而不能是主合同之外的第三人。

（二）定金合同的形式

关于定金合同的形式，《担保法》第九十条曾规定，定金应当以书面形式约定。但《民法典》删除了该规定，因此，定金合同是不要式合同。

（三）定金的数额

根据《民法典》第五百八十六条第二款的规定，定金的数额由当事人约定；但是，不得超过主合同标的额的百分之二十，超过部分不产生定金的效力。实际交付的定金数额多于或者少于约定数额的，视为变更约定的定金数额。

如果当事人约定的定金数额超过主合同标的额的20%，那么超过的部分不能发生定金的效力。

三、定金的效力

定金的效力，也就是定金所发生的法律后果，主要包括证约的效力、预先给付的效力、担保的效力等，其中担保的效力是定金的最主要的效力。

（一）证约效力

定金的证约效力是指定金具有证明主合同存在的效力。当事人之间交付和收受了定金，就证明当事人之间存在着合同。

（二）预先给付的效力

定金的预先给付的效力，是指债务人履行债务后，定金可以抵作价款。《民法典》第五百八十七条规定，债务人履行债务后，定金应当抵作价款或者收回。所谓抵作价款，是指交付定金的一方从主合同应给付的价款数额中扣除已交付的定金数额而给付余额。

（三）担保效力

定金的担保效力是指通过定金罚则等措施保障当事人获得合同债权并实现合同债权。定金的担保效力是定金的基本效力，也是定金存在的意义。

1. 定金罚则

定金的担保效力主要同构定金罚则发挥作用。所谓定金罚则，是指给付定金的一方拒绝履行主合同的，无权要求返还定金；收受定金的一方拒绝履行合同的，应当双倍返还定金。

2. 部分履行时的定金罚则

当事人一方不完全履行合同的，应当按照未履行部分所占合同约定内容的比例，适用定金罚则。

3. 违约定金与违约金、损害赔偿金的关系

因违约定金与违约金功能有重合，所以违约定金和违约金只能择一适用。根据《民法典》第五百八十八条第一款的规定，当事人既约定违约金，又约定定金的，一方违约时，对方可以选择适用违约金或者定金条款。一般而言，当定金数额远高于损失时，被违约方适用定金罚则较为有利。若定金数额小于损失而违约金高于损失时，被违约方适用违约金较为有利。

对于定金和损害赔偿金，根据《民法典》第五百八十八条第二款的规定，定金不足以弥补一方违约造成的损失的，对方可以请求赔偿超过定金数额的损失。因此定金和损害赔偿金可以同时适用，但是定金和损害赔偿金数额相加不得超过被违约方的损失。

课后思考题

1. 什么是担保？为什么要设立担保？
2. 什么是保证？保证的方式有哪些？保证期间如何计算？
3. 什么是抵押？哪些财产可以抵押？抵押权的效力是什么？
4. 什么是质押？质押与抵押有什么区别？质押的效力是什么？
5. 什么是留置？留置与质押和抵押有什么区别？留置的效力是什么？
6. 什么是混合担保？混合担保如何确定行使的顺序？
7. 什么是定金？如何适用定金罚则？

PPT

项目七 市场规制法律制度

【知识能力目标】

1. 了解反不正当竞争法和反垄断法的有关法律规定，把握不正当竞争行为和垄断行为在经济生活中的具体表现。

2. 了解产品的概念；理解生产者、销售者的法律义务；掌握产品责任的免责事由及其责任的实现。

3. 了解消费者权益保护法的基本概念和基本原则，理解并掌握消费者的权利和经验者的义务，并懂得如何维护消费者的合法权益。

【职业素养目标】

1. 能牢固树立依法治国、市场经济是法治经济的理念，弘扬社会主义法治意识。

2. 引导学生积极践行"平等、公正、诚信"等社会主义核心价值观。

【导入案例】

360诉腾讯案：2012年4月，北京奇虎科技公司（简称"360"）向广东省高级人民法院起诉，主张腾讯科技（深圳）有限公司和深圳市腾讯计算机系统有限公司（简称"腾讯"）滥用在即时通讯软件及服务相关市场的市场支配地位，构成垄断。360诉称：2010年11月，腾讯发布《致广大QQ用户的一封信》，明示禁止其用户使用奇虎公司的360软件，否则停止QQ软件服务；拒绝向安装有360软件的用户提供相关的软件服务，强制用户删除360软件；采取技术手段，阻止安装了360浏览器的用户访问QQ空间。腾讯将QQ软件管家与即时通讯软件相捆绑，以升级QQ软件管家的名义安装QQ医生，构成捆绑销售。腾讯上述行为构成滥用市场支配地位。请求判令腾讯赔偿360经济损失1.5亿元。2013年3月，广东省高级人民法院作出一审判决，驳回360全部诉讼请求。奇虎公司不服，向最高院提出上诉。2013年11月，最高人民法院公开审理，最终认定腾讯的行为不构成《反垄断法》所禁止的滥用市场支配地位行为，判决驳回上诉，维持原判。

 扩展阅读　奇虎360诉腾讯案始末

公平竞争法律制度

经营者在生产经营活动中，应当遵循自愿、平等、公平、诚信的原则，遵循法律和商业道德。竞争法是指以市场竞争规制关系为调整对象的法律规范的总称，是市场竞争的基本法和兜底法。公平竞争法就是以维护市场公平竞争关系为目的的法律规范总称，包括反垄断法和反不正当竞争法。

一、反垄断法

（一）概述

1. 概念

反垄断法是建立在对经济有效竞争基础上的对于在经济实践活动中各种垄断行为进行规制的法律规范。

2. 调整对象

作为规范市场经济活动，禁止垄断行为，保护市场公平竞争的法律，反垄断法的调整对象主要是经营者在我国境内经济活动中的垄断行为和在中国境外发生的、对国内市场竞争产生排除、限制影响的垄断行为。具体来说，垄断行为主要包括以下几种：

（1）经营者达成垄断协议；

（2）经营者滥用市场支配地位；

（3）具有或者可能具有排除、限制竞争效果的经营者集中；

（4）行政垄断。

3. 立法目的

反垄断法是保护市场竞争，防止和制止有损竞争的垄断行为，提高经济运行效率，维护经营者、消费者合法权益和社会公共利益，促进社会主义市场经济健康发展的重要法律制度，可谓市场经济的"经济宪法"。其立法精神是抑制垄断而不是消灭垄断，它承认并保护经营者的经济自由权，经营者可以通过公平竞争、自愿联合，依法实施集中，扩大经营规模，提高市场竞争能力。

（二）垄断行为的种类

1. 垄断协议

垄断协议，是指排除、限制竞争的协议、决定或者其他协同行为。

《中华人民共和国反垄断法》（以下简称《反垄断法》）禁止具有竞争关系的经营者达成下列垄断协议：

（1）固定或者变更商品价格的；
（2）限制商品的生产数量或者销售数量的；
（3）分割销售市场或者原材料采购市场的；
（4）限制购买新技术、新设备或者限制开发新技术、新产品的；
（5）联合抵制交易的；
（6）国务院反垄断执法机构认定的其他垄断协议。

同时禁止经营者在交易活动中限定向第三人转售商品的价格或者设定其他交易条件，排除、限制竞争。经营者和第三人不得达成下列垄断协议：
（1）固定向第三人转售商品的价格；
（2）限定向第三人转售商品的最低价格；
（3）国务院反垄断执法机构认定的其他垄断协议。

扩展阅读　触犯反垄断法 茅台取消"限价令"

但是，如果经营者能够证明达成的协议是为实现下列目的之一，并且不会严重限制相关市场的竞争，能够使消费者分享由此产生的利益的，不认为是违法行为：
（1）为改进技术、研究开发新产品的；
（2）为提高产品质量、降低成本、增进效率，统一产品规格、标准或者实行专业化分工的；
（3）为提高中小经营者经营效率，增强中小经营者竞争力的；
（4）为实现节约能源、保护环境、救灾救助等社会公共利益的；
（5）因经济不景气，为缓解销售量严重下降或者生产明显过剩的；
（6）为保障对外贸易和经济合作中的正当利益的。

2. 滥用市场支配地位

市场支配地位，是指经营者在相关市场内具有能够控制商品价格、数量或者其他交易条件，或者能够阻碍、影响其他经营者进入相关市场能力的市场地位。

支配地位本身并不违法，只有当具有市场支配地位的企业利用其市场支配地位排除或者限制竞争，损害公共利益和私人利益时，反垄断法才会加以干预和规制，以维护良好的市场竞争秩序，即"无滥用者无处罚"。

《反垄断法》第十七条规定了如下滥用支配者地位的行为：
（1）以不公平的高价销售商品或者以不公平的低价购买商品；
（2）没有正当理由，以低于成本的价格销售商品；
（3）没有正当理由，拒绝与交易相对人进行交易；
（4）没有正当理由，限定交易相对人只能与其进行交易或者只能与其指定的经营者进行交易；
（5）没有正当理由搭售商品，或者在交易时附加其他不合理的交易条件；
（6）没有正当理由，对条件相同的交易相对人在交易价格等交易条件上实行差别待遇；

（7）国务院反垄断执法机构认定的其他滥用市场支配地位的行为。

扩展阅读　因"二选一"垄断行为　阿里巴巴被罚 182 亿元

3. 经营者集中

经营者集中指经营者通过合并、收购、委托经营、联营或控制其他经营者业务或人事等方式，集合经营者经济力，提高市场地位的行为。

《反垄断法》第二十条规定，经营者集中是指下列情形：

（1）经营者合并；

（2）经营者通过取得股权或者资产的方式取得对其他经营者的控制权；

（3）经营者通过合同等方式取得对其他经营者的控制权或者能够对其他经营者施加决定性影响。

经营者集中具有或者可能具有排除、限制竞争效果的，国务院反垄断执法机构应当作出禁止经营者集中的决定。但是，经营者能够证明该集中对竞争产生的有利影响明显大于不利影响，或者符合社会公共利益的，国务院反垄断执法机构可以作出对经营者集中不予禁止的决定。

4. 滥用行政权力排除、限制竞争

滥用行政权力排除、限制竞争又称行政垄断，是指行政机关和法律、法规授权的具有管理公共事务职能的组织滥用行政权力，限定或者变相限定单位或者个人经营、购买、使用其指定的经营者提供的商品的行为。

法律规定行政机关和法律、法规授权的具有管理公共事务职能的组织不得滥用行政权力，实施下列行为，妨碍商品在地区之间的自由流通：

（1）对外地商品设定歧视性收费项目、实行歧视性收费标准，或者规定歧视性价格；

（2）对外地商品规定与本地同类商品不同的技术要求、检验标准，或者对外地商品采取重复检验、重复认证等歧视性技术措施，限制外地商品进入本地市场；

（3）采取专门针对外地商品的行政许可，限制外地商品进入本地市场；

（4）设置关卡或者采取其他手段，阻碍外地商品进入或者本地商品运出；

（5）妨碍商品在地区之间自由流通的其他行为。

同时法律还规定：

（1）行政机关和法律、法规授权的具有管理公共事务职能的组织不得滥用行政权力，以设定歧视性资质要求、评审标准或者不依法发布信息等方式，排斥或者限制外地经营者参加本地的招标投标活动；

（2）行政机关和法律、法规授权的具有管理公共事务职能的组织不得滥用行政权力，采取与本地经营者不平等待遇等方式，排斥或者限制外地经营者在本地投资或者设立分支机构；

（3）行政机关和法律、法规授权的具有管理公共事务职能的组织不得滥用行政权力，强制经营者从事本法规定的垄断行为；

（4）行政机关不得滥用行政权力，制定含有排除、限制竞争内容的规定。

(三) 监督检查与法律责任

1. 监督检查

《反垄断法》规定，国务院设立的反垄断委员会负责组织、协调、指导反垄断工作职能。

《反垄断法》第九条明确规定，国务院设立反垄断委员会，负责组织、协调、指导反垄断工作，履行以下五大职能：

（1）研究拟订有关竞争政策；
（2）组织调查、评估市场总体竞争状况，并发布评估报告；
（3）制定、发布反垄断指南；
（4）协调反垄断行政执法工作；
（5）国务院规定的其他职责。

反垄断执法机构依法对涉嫌垄断行为进行调查。对涉嫌垄断行为，任何单位和个人有权向反垄断执法机构举报。反垄断执法机构应当为举报人保密。

举报采用书面形式并提供相关事实和证据的，反垄断执法机构应当进行必要的调查。

2. 法律责任

（1）经营者违反本法规定，达成并实施垄断协议的，由反垄断执法机构责令停止违法行为，没收违法所得，并处上一年度销售额百分之一以上百分之十以下的罚款；尚未实施所达成的垄断协议的，可以处五十万元以下的罚款。

（2）经营者违反本法规定，滥用市场支配地位的，由反垄断执法机构责令停止违法行为，没收违法所得，并处上一年度销售额百分之一以上百分之十以下的罚款。

（3）经营者违反本法规定实施集中的，由国务院反垄断执法机构责令停止实施集中、限期处分股份或者资产、限期转让营业以及采取其他必要措施恢复到集中前的状态，可以处五十万元以下的罚款。

（4）行政机关和法律、法规授权的具有管理公共事务职能的组织滥用行政权力，实施排除、限制竞争行为的，由上级机关责令改正；对直接负责的主管人员和其他直接责任人员依法给予处分。反垄断执法机构可以向有关上级机关提出依法处理的建议。

反垄断执法机构工作人员滥用职权、玩忽职守、徇私舞弊或者泄露执法过程中知悉的商业秘密，构成犯罪的，依法追究刑事责任；尚不构成犯罪的，依法给予处分。

对反垄断执法机构作出的决定不服的，可以先依法申请行政复议；对行政复议决定不服的，可以依法提起行政诉讼。

（四）因垄断行为引发的民事诉讼纠纷的管辖

第一审垄断民事纠纷案件，由省、自治区、直辖市人民政府所在地的市、计划单列市中级人民法院以及最高人民法院指定的中级人民法院管辖。经最高人民法院批准，基层人民法院可以管辖第一审垄断民事纠纷案件。

被告实施垄断行为，给原告造成损失的，根据原告的诉讼请求和查明的事实，人民法院可以依法判令被告承担停止侵害、赔偿损失等民事责任。

二、反不正当竞争法

（一）概述

1. 概念

反不正当竞争法是指调整在制止不正当竞争行为，鼓励和保护公平竞争过程中发生的经济关系的法律规范的总称。

2. 调整对象

不正当竞争行为，是指经营者在生产经营活动中，违反反不正当竞争法的规定，扰乱市场竞争秩序，损害其他经营者或者消费者的合法权益的行为。

不正当竞争行为有如下特征：

（1）不正当竞争行为的主体是经营者。所谓经营者，是指从事商品生产、经营或者提供服务（以下所称商品包括服务）的自然人、法人和非法人组织。非经营者不是竞争行为主体，所以也不能成为不正当竞争行为的主体。

（2）不正当竞争行为是违法行为。不正当竞争行为的违法性，主要表现在违反了反不正当竞争法的规定。经营者的某些行为虽然表面上难以确认为该法明确规定的不正当竞争行为但是只要违反了自愿、平等、公平、诚实信用原则或违反了公认的商业道德，损害了其他经营者的合法权益，扰乱了社会经济秩序，也应认定为不正当竞争行为。

（3）不正当竞争行为侵害的客体是其他经营者的合法权益和正常的社会经济秩序。

3. 立法目的

我国《反不正当竞争法》的立法目的是促进社会主义市场经济健康发展，鼓励和保护正当竞争，制止不正当竞争，保护经营者和消费者的合法权益。

（二）不正当竞争行为的种类

1. 混淆行为

混淆行为是指经营者在市场经营活动中，以种种不实手法对自己的商品或服务作虚假表示、说明或承诺，或不当利用他人的智力劳动成果推销自己的商品或服务，使用户或者消费者产生误解，扰乱市场秩序、损害同业竞争者的利益或者消费者利益的行为。具体表现为：

（1）擅自使用与他人有一定影响的商品名称、包装、装潢等相同或者近似的标识；

（2）擅自使用他人有一定影响的企业名称（包括简称、字号等）、社会组织名称（包括简称等）、姓名（包括笔名、艺名、译名等）；

（3）擅自使用他人有一定影响的域名主体部分、网站名称、网页等；

（4）其他足以引人误认为是他人商品或者与他人存在特定联系的混淆行为。

扩展阅读　四川首例混淆行为不正当竞争案："王老五"被罚 10.4 万元

2. 商业贿赂行为

商业贿赂是指经营者为争取交易机会，暗中给予交易对方有关人员和能够影响交易的其他相关人员以财物或其他好处的行为。经营者不得采用财物或者其他手段贿赂下列单位

或者个人,以谋取交易机会或者竞争优势:

(1) 交易相对方的工作人员;

(2) 受交易相对方委托办理相关事务的单位或者个人;

(3) 利用职权或者影响力影响交易的单位或者个人。

3. 虚假宣传行为

(1) 经营者不得对其商品的性能、功能、质量、销售状况、用户评价、曾获荣誉等作虚假或者引人误解的商业宣传,欺骗、误导消费者;

(2) 协助刷单者同等处罚。经营者不得通过组织虚假交易等方式,帮助其他经营者进行虚假或者引人误解的商业宣传。

扩展阅读 新修订《反不正当竞争法》痛打刷单:金华查处特大组织刷单炒信不正当竞争案

4. 侵犯商业秘密行为

商业秘密是不为公众所知悉、具有商业价值并经权利人采取相应保密措施的技术信息、经营信息等商业信息。侵犯商业秘密行为是指以不当手段获取、披露、使用他人商业秘密的行为。经营者不得采用下列手段侵犯商业秘密:

(1) 以盗窃、贿赂、欺诈、胁迫、电子侵入或者其他不正当手段获取权利人的商业秘密;

(2) 披露、使用或者允许他人使用以前项手段获取的权利人的商业秘密;

(3) 违反保密义务或者违反权利人有关保守商业秘密的要求,披露、使用或者允许他人使用其所掌握的商业秘密;

(4) 教唆、引诱、帮助他人违反保密义务或者违反权利人有关保守商业秘密的要求,获取、披露、使用或者允许他人使用权利人的商业秘密。

经营者以外的其他自然人、法人和非法人组织实施以上所列违法行为的,视为侵犯商业秘密。第三人明知或者应知商业秘密权利人的员工、前员工或者其他单位、个人实施以上所列违法行为,仍获取、披露、使用或者允许他人使用该商业秘密的,也构成侵犯商业秘密。

5. 非法有奖销售行为

非法有奖销售是指经营者在销售商品或提供服务时,以欺骗或其他不正当手段,附带提供给用户和消费者金钱、实物或其他好处,作为对交易的奖励。经营者进行有奖销售不得存在下列情形:

(1) 所设奖的种类、兑奖条件、奖金金额或者奖品等有奖销售信息不明确,影响兑奖;

(2) 采用谎称有奖或者故意让内定人员中奖的欺骗方式进行有奖销售;

(3) 抽奖式的有奖销售,最高奖的金额超过五万元。

6. 诋毁商誉行为

诋毁商誉行为是指经营者捏造、散布虚假事实、损害竞争对手的商业信誉、商品声誉,从而削弱竞争力,为自己取得竞争优势的行为。经营者不得编造、传播虚假信息或者误导性信息，损害竞争对手的商业信誉、商品声誉。

7. 网络不正当竞争行为

经营者不得利用技术手段，通过影响用户选择或者其他方式，实施下列妨碍、破坏其他经营者合法提供的网络产品或者服务正常运行的行为：

（1）未经其他经营者同意，在其合法提供的网络产品或者服务中，插入链接、强制进行目标跳转；

（2）误导、欺骗、强迫用户修改、关闭、卸载其他经营者合法提供的网络产品或者服务；

（3）恶意对其他经营者合法提供的网络产品或者服务实施不兼容；

（4）其他妨碍、破坏其他经营者合法提供的网络产品或者服务正常运行的行为。

扩展阅读　脉脉非法获取微博用户信息不正当竞争纠纷案

（三）监督检查及法律责任

1. 监督检查

我国《反不正当竞争法》第三条规定："县级以上人民政府工商行政管理部门对不正当竞争行为进行监督检查；法律、行政法规规定由其他部门监督检查的，依照其规定。"可见，我国对不正当竞争行为进行监督检查的部门主要是县级以上的工商行政管理部门。此外，也包括法律、行政法规规定的有权进行监督检查的其他部门。

监督检查部门在监督检查不正当竞争行为时，享有四种职权，即询问权、查询复制权、检查权和处罚权。

2. 法律责任

（1）民事法律责任，主要包括停止侵害和赔偿损失等。

（2）行政责任，主要包括没收非法所得和处以罚款以及吊销营业执照。

（3）刑事责任，不正当竞争行为，情节严重的，承担刑事责任。

产品质量法律制度

【导入案例】

2021年2月3日，国家企业信用信息公示系统（上海）公示了对H&M关联公司海恩斯莫里斯（上海）商业有限公司的最新行政处罚信息。因以不合格产品冒充合格产品并销售，该公司被处罚款9.6万余元，没收违法所得3.7万余元，罚没总额达13.35万余元。由上海市普陀区市场监督管理局出具的行政处罚决定书显示，海恩斯莫里斯公司款号为047400的衬衫，经检验耐摩擦色牢度项目不符合相关标准要求，被判定为不合格。该公司的行为已违反我国《产品质量法》第三十九条"销售者销售产品，不得掺杂、掺假，不得以假充真、以次充好，不得以不合格产品冒充合格产品"的规定。

一、概述

（一）产品与产品质量

产品质量法中的产品是指经过加工、制作，并作为商品用于销售的产品，包括建设工程所用的建筑材料、建筑构配件和设备、军工企业生产的民用产品，排除了天然的物品、非用于销售的物品和建设工程、军工产品。

产品质量是由各种要素所组成的，这些要素亦被称为产品所具有的特征和特性。不同的产品具有不同的特征和特性，其总和便构成了产品质量的内涵。产品质量要求反映了产品的特性和特性满足顾客和其他相关方要求的能力。顾客和其他质量要求往往随时间而变化，与科学技术的不断进步有着密切的关系。这些质量要求可以转化成具有具体指标的特征和特性，通常包括使用性能、安全、可用性、可靠性、可维修性、经济性、卫生性和环境等几个方面。

（二）产品质量法的适用概念和调整对象

1. 产品质量法的概念

产品质量法是指调整产品质量监督管理关系和产品质量责任关系的法律规范的总称。

2. 产品质量法的调整对象

我国《产品质量法》的调整对象主要有以下两个方面：

一是产品质量监督管理关系。主要指各级产品质量监督管理部门与产品生产者、销售者之间在产品质量监督管理活动中产生的法律关系；

二是产品质量责任关系。主要指产品生产者、销售者与消费者之间进行商品交易所发生的经济关系。

（三）产品质量法的立法目的

本法旨在加强对产品质量的监督管理，运用法律手段规范和提升产品质量水平，明确产品质量责任，从而保护消费者的合法权益，促使生产、消费、再生产的良性循环，保障社会经济的正常秩序。

二、产品质量的监督与管理

（一）产品质量管理体制

《产品质量法》第八条规定了我国产品质量监督管理体制。国务院产品质量监督部门主管全国产品质量监督工作。国务院有关部门在各自的职责范围内负责产品质量监督工作，例如国家食品药品监督管理局负责全国食品药品质量的监督管理工作。县级以上地方产品质量监督部门主管本行政区域内的产品质量监督工作。县级以上地方政府的有关部门在各自的职责范围内负责产品质量监督工作，例如当地的药品监督管理局、工商行政管理局等。

产品质量监督管理是一个全过程，除了国家对产品质量的监督、管理，还必须加强企业对产品质量的全方位、全过程的管理与监督；此外，还应强调社会监督，包括用户、消费者的监督。

（二）产品质量管理制度

1. 产品质量合格证制度

产品质量应当检验合格，不得以不合格产品冒充合格产品。

2. 重要工业产品质量强制性标准制度

可能危及人体健康和人身、财产安全的工业产品，必须符合保障人体健康和人身、财产安全的国家标准、行业标准；未制定国家标准、行业标准的，必须符合保障人体健康和人身、财产安全的要求。禁止生产、销售不符合保障人体健康和人身、财产安全的标准和要求的工业产品。

3. 企业质量体系认证制度

国家根据国际通用的质量管理标准，推行企业质量体系认证制度。企业根据自愿原则可以向国务院产品质量监督部门认可的或者国务院产品质量监督部门授权的部门认可的认证机构申请企业质量体系认证。经认证合格的，由认证机构颁发企业质量体系认证证书。

4. 产品质量认证制度

国家参照国际先进的产品标准和技术要求，推行产品质量认证制度。企业根据自愿原则可以向国务院产品质量监督部门认可的或者国务院产品质量监督部门授权的部门认可的认证机构申请产品质量认证。经认证合格的，由认证机构颁发产品质量认证证书，准许企业在产品或者其包装上使用产品质量认证标志。

5. 产品质量抽查制度

国家对可能危及人体健康和人身、财产安全的产品，影响国计民生的重要工业产品以及消费者、有关组织反映有质量问题的产品进行抽查。抽查的样品应当在市场上或者企业成品仓库内的待销产品中随机抽取。监督抽查工作由国务院产品质量监督部门规划和组织。县级以上地方产品质量监督部门在本行政区域内也可以组织监督抽查。法律对产品质量的监督检查另有规定的，依照有关法律的规定执行。

国家监督抽查的产品，地方不得另行重复抽查；上级监督抽查的产品，下级不得另行重复抽查。根据监督抽查的需要，可以对产品进行检验。检验抽取样品的数量不得超过检验的合理需要，并不得向被检查人收取检验费用。监督抽查所需检验费用按照国务院规定列支。

生产者、销售者对抽查检验的结果有异议的，可以自收到检验结果之日起十五日内向实施监督抽查的产品质量监督部门或者其上级产品质量监督部门申请复检，由受理复检的产品质量监督部门作出复检结论。

三、生产者、销售者的产品质量义务

（一）生产者的产品质量义务

总的来说，生产者应当对其生产的产品质量负责。具体要求有以下四项：

1. 产品内在质量符合法定要求

产品质量符合以下三项要求，即为合格产品。

（1）不存在危及人身、财产安全的不合理的危险，有保障人体健康和人身财产安全的国家标准、行业标准的，应当符合该标准。

(2) 具备产品应当具备的使用性能,但是,对产品存在使用性能的瑕疵作出说明的除外。

(3) 符合在产品或者其包装上注明采用的产品标准,符合以产品说明、实物样品等方式表明的质量状况。

以上三项属法定义务,必须同时做到,不可或缺。

2. 产品或其包装标识符合法定要求

包括产品本身状况、产品日期、警示标志等。裸装的食品和其他根据产品的特点难以附加标识的裸装产品,可以不附加产品标识。

3. 不得违反我国《产品质量法》的禁止性规定

生产者违反这些禁止性规定,不仅要对消费者承担违约责任、产品责任,而且还要向国家承担行政责任。这些禁止性规定包括:

(1) 生产者不得生产国家明令淘汰的产品;

(2) 生产者不得伪造产地,不得伪造或者冒用他人的厂名、厂址;

(3) 生产者不得伪造或者冒用认证标志等质量标志;

(4) 生产者生产产品,不得掺杂、掺假,不得以假充真、以次充好,不得以不合格产品冒充合格产品。

(二) 销售者的产品质量义务

总的来说,销售者应当对其销售的产品质量负责。

1. 应为的义务

销售者应当执行进货检查验收制度,验明产品合格证明和其他标识;在进货之后,销售者应当采取措施,保持销售产品的质量(如防止受潮、腐烂等);销售的产品的标识应当符合有关规定。

2. 不为的义务

不得违反禁止性规范。

四、产品质量的法律责任

产品质量责任是一种综合责任,包括民事责任、行政责任和刑事责任,在这里只阐述民事责任,即:因产品瑕疵而发生的违约责任和因产品缺陷而产生的侵权责任。

(一) 产品瑕疵责任

1. 承担瑕疵责任的条件

售出的产品有下列情形之一的,构成承担瑕疵责任的条件:

(1) 不具备产品应当具备的使用性能而事先未作说明的;

(2) 不符合在产品或者其包装上注明采用的产品标准的;

(3) 不符合以产品说明、实物样品等方式表明的质量状况的。

2. 承担瑕疵责任的方式

售出的产品有上述三种情形之一的,销售者应当负责修理、更换、退货;给购买产品的消费者造成损失的,销售者应当赔偿损失。销售者未按照规定给予修理、更换、退货或赔偿损失的,由市场监督管理部门责令改正。

3. 履行瑕疵责任后的损失追偿

销售者依照上述要求负责修理、更换、退货、赔偿损失后，属于生产者的责任或属于供货者的责任的，销售者有权向生产者、供货者追偿。生产者之间，销售者之间，生产者与销售者之间订立的买卖合同、承揽合同有不同约定的，合同当事人按照合同约定执行。

【例】张三在商场购买一台新款 iPhone 手机，并附有产品合格证。在使用两个多月后，手机出现突然黑屏的情况。张三去找商场要求更换，商场言称他们不负责售后工作，让他找苹果公司售后客服进行交涉。请问销售者应当承担怎样的责任？

案例参考答案

（二）产品缺陷责任

产品缺陷是指产品存在危及人身、他人财产安全的不合理的危险；产品有保障人体健康，人身、财产安全的国家标准、行业标准的，是指不符合该标准。

产品缺陷应包括：设计缺陷、制造缺陷、指示缺陷等。

1. 生产者承担缺陷责任的条件

因产品存在缺陷造成人身、缺陷产品以外的其他财产损害的，生产者应当承担赔偿责任。也就是说，承担产品责任的必要条件有三：首先，产品存在缺陷；其次，造成了他人人身、财产的损害；最后，缺陷与损害之间存在因果关系。三个条件必须同时具备，这里生产者承担责任采取的是严格责任原则，即无需考虑其主观上有无过错。

生产者能够证明有下列情形之一的，不承担赔偿责任：

（1）未将产品投入流通的；

（2）产品投入流通时，引起损害的缺陷尚不存在的；

（3）将产品投入流通时的科学技术水平尚不能发现缺陷的存在的。

产品投入流通后发现产品缺陷的，生产者、销售者应当及时采取警示、召回等补救措施；未及时采取补救措施或者补救措施不力造成损害的，应承担侵权责任。

【例】张三和化妆品生产厂家的职员李四是好朋友，李四公司内部针对新研发的一款面膜样品组织内部员工进行试用，李四觉得效果不错，私下拿了一些给自己的好朋友张三使用，结果张三用完导致皮肤过敏，去医疗治疗花费医药费 500 元，要求该化妆品生产厂家予以赔偿。问：该化妆品生产厂家是否应当承担产品质量法的损害赔偿责任？张三如何保护自己的合法权益？

案例参考答案

2. 销售者承担缺陷责任的条件

由于销售者的过错使产品存在缺陷，造成人身、他人财产损害的，销售者应当承担赔偿责任，这是过错责任原则；但销售者能够证明自己没有过错的除外。

销售者不能指明缺陷产品的生产者也不能指明缺陷产品的供货者的，销售者应当承担赔偿责任，这里的过错是一种推定过错，销售者负有举证责任，否则不能免除赔偿责任。

3. 产品缺陷责任的追究

（1）求偿对象。因产品存在缺陷造成人身、他人财产损害的，受害人可以向产品的生产者要求赔偿，也可以向产品的销售者要求赔偿。属于产品的生产者的责任，产品的销售者赔偿的，产品的销售者有权向产品的生产者追偿。属于产品的销售者的责任，产品的生产者赔偿的，产品的生产者有权向产品的销售者追偿。

（2）诉讼时效与请求权。因产品存在缺陷造成损害要求赔偿的诉讼时效期间为三年，自当事人知道或者应当知道其权益受到损害时起计算。

因产品存在缺陷造成损害要求赔偿的请求权，在造成损害的缺陷产品交付最初消费者满十年丧失；但是，尚未超过明示的安全使用期的除外。

消费者权益保护法律制度

【导入案例】

2020年1月，苏州市吴中区市场监管局根据举报线索，对苏州某医疗科技有限公司进行检查。经查，当事人发现新冠肺炎疫情期间口罩成为销量爆款。1月22日，为冲店铺级别，当事人在淘宝店铺销售"清X"牌系列口罩。为了扩大销量，当事人将上述标准为"KN90"口罩宣传为"KN95"医用防护口罩。

经执法人员调查核实，上述口罩由江苏某生物科技有限公司生产，防护标准为KN90。当事人共计购进5款16000个，已全部售出，销售金额83300元。当事人销售的"清X"口罩实际防护标准为"KN90"，但在销售过程中宣传为"KN95"医用防护口罩，违反了我国《消费者权益保护法》第二十条第一款和《侵害消费者权益行为处罚办法》第六条的有关规定。苏州市吴中区市场监管局依法对当事人的违法行为进行立案查处。

一、概述

（一）消费者权益保护法的概念

消费者权益保护法是指调整在保护消费者权益过程中发生的经济关系的法律规范的总称。消费者权益是指消费者依法享有的权利以及因为行使权利而给消费者带来的利益。消费者权益的核心是消费者的权利，所以消费者的权利是消费者权益保护法的重要内容。消费者享有权利的义务主体是经营者，经营者依法履行义务就是对消费者合法权益的间接保护。另外，国家和社会在消费者权益保护方面也负有一定的义务。

（二）消费者权益保护法的适用范围

我国《消费者权益保护法》的适用范围，从主体上讲，包括消费者和经营者；消费者一般是指为了满足个人生活消费的需要而购买、使用商品或者接受服务的个人，农民购买、使用直接用于农业生产的生产资料，亦参照本法执行。

从领域上讲，包括消费者为生活消费需要购买商品或者接受服务和经营者为消费者提供其生产、销售的商品或者提供服务两个相对应的领域。

（三）消费者权益保护法的立法目的

保护消费者的合法权益，维护社会经济秩序，促进社会主义市场经济健康发展。

（四）消费者权益保护法的基本原则

一是经营者应当依法提供商品或服务原则；二是经营者与消费者进行交易应当遵循自愿、平等、公平、诚实信用的原则；三是国家保护消费者合法权益不受侵害原则；四是一切组织和个人对损害消费者合法权益的行为进行社会监督的原则。

二、消费者的权利和经营者的义务

（一）消费者的权利

根据我国《消费者权益保护法》的规定，消费者的权利主要有以下几项：

1. 安全保障权

安全保障权是指消费者在购买、使用商品和接受服务时享有的人身、财产安全不受损害的权利。安全保障权是消费者最基本的权利，消费者有权要求经营者提供的商品和服务符合保障人身、财产安全的要求。

2. 知悉真情权

知悉真情权是指消费者享有的知悉其购买、使用的商品或者接受的服务的真实情况的权利。消费者有权根据商品或者服务的不同情况，要求经营者提供商品的价格、产地、生产者、用途、性能、规格、等级、主要成分、生产日期、有效期限、检验合格证明、使用方法说明书、售后服务，或者服务的内容、规格、费用等有关情况。只有这样，消费者在与经营者进行经济交往时才会知己知彼，表达自己的真实意愿。

3. 自主选择权

自主选择权是指消费者享有的自主选择商品或者服务的权利。消费者有权自主选择提供商品或者服务的经营者，自主选择商品品种或者服务方式，自主决定购买或者不购买任何一种商品、接受或者不接受任何一项服务。消费者在自主选择商品或者服务时，有权进行比较、鉴别和挑选。

4. 公平交易权

公平交易权是指消费者享有的公平交易的权利，消费者在购买商品或者接受服务时享有的获得质量保障、价格合理、计量正确等公平交易条件、拒绝经营者的强制交易行为的权利。

5. 依法求偿权

依法求偿权是指消费者因购买、使用商品或者接受服务受到人身、财产损害时享有的依法获得赔偿的权利。依法求偿权是对消费者所受损害进行弥补的必不可少的救济性权利。

6. 依法结社权

依法结社权是指消费者享有的依法成立维护自身合法权益的社会团体的权利。依法结社，可以使消费者在一定程度上改变其相对于经营者而言的弱势地位，依靠集体的力量维护自身的合法权益。

7. 求教获知权

求教获知权是从知悉真情权中引申出来的一项权利,是指消费者享有的获得有关消费和消费者权益保护方面的知识的权利。消费者应当努力掌握所需商品或者服务的知识和使用技能,正确使用商品,提高自我保护意识和能力。

8. 维护尊严权

维护尊严权是指消费者在购买、使用商品和接受服务时享有的人格尊严、民族风俗习惯得到尊重的权利。人格尊严权是消费者最基本的权利,尊重消费者的人格尊严是保护人权的重要体现。

9. 监督批评权

监督批评权是指消费者享有的对商品和服务以及保护消费者权益工作进行监督的权利。消费者有权检举、控告侵害消费者权益的行为和国家机关及其工作人员在保护消费者权益工作中的违法失职行为,有权对保护消费者权益工作提出批评、建议。

(二)经营者的义务

根据我国《消费者权益保护法》的规定,在保护消费者权益方面,经营者负有下列义务。

1. 依照法定或约定履行义务

经营者向消费者提供商品或者服务,应当依照《中华人民共和国产品质量法》和其他有关法律、法规的规定履行义务。经营者和消费者有约定的,应当按照约定履行义务,但双方的约定不得违背法律、法规的强制性规定。

2. 听取意见和接受监督的义务

经营者应当听取消费者对其提供的商品或者服务的意见,接受消费者的监督。

3. 说明警示义务

经营者应当保证其提供的商品或者服务符合保障人身、财产安全的要求。对可能危及人身、财产安全的商品和服务,应当向消费者作出真实的说明和明确的警示,并说明和标明正确使用商品或者接受服务的方法以及防止危害发生的方法。

4. 场所经营者的安保义务

宾馆、商场、餐馆、银行、机场、车站、港口、影剧院等经营场所的经营者,应当对消费者尽到安全保障义务。

5. 缺陷商品召回义务

经营者发现其提供的商品或者服务存在缺陷,有危及人身、财产安全危险的,应当立即向有关行政部门报告和告知消费者,并采取停止销售、警示、召回、无害化处理、销毁、停止生产或者服务等措施。采取召回措施的,经营者应当承担消费者因商品被召回支出的必要费用。

【例】某电动汽车公司生产的电动汽车近期发生多起刹车失灵事故,经调查发现是电脑主板缺陷造成,由此引发的多起纠纷久久未解决,带来不良的社会影响。市场监督管理局有权责令该公司召回此款电动汽车。

6. 提供真实信息的义务

经营者向消费者提供有关商品或者服务的质量、性能、用途、有效期限等信息,应当真实、全面,不得作虚假或者引人误解的宣传。经营者对消费者就其提供的商品或者服务的质量和使用方法等问题提出的询问,应当作出真实、明确的答复。商店提供商品应当明码标价。

7. 标明真实名称和标记的义务

经营者应当标明其真实名称和标记。租赁他人柜台或者场地的经营者,亦应当标明其真实名称和标记。

8. 出具相应凭证和单据的义务

购货凭证或服务单据具有重要的证据价值,对维护消费者权益具有重要意义,因此,经营者提供商品或者服务,应当按照国家有关规定或者商业惯例向消费者出具发票等购货凭证或者服务单据。消费者索要发票等购货凭证或者服务单据的,经营者必须出具。

9. 质量保证义务

经营者应当保证在正常使用商品或者接受服务的情况下其提供的商品或者服务应当具有的质量、性能用途和有效期限;但消费者在购买该商品或者接受该服务前已经知道其存在瑕疵且存在该瑕疵不违反法律强制性规定的除外。

经营者以广告、产品说明、实物样品或者其他方式表明商品或者服务的质量状况的,应当保证其提供的商品或者服务的实际质量与表明的质量状况相符。

经营者提供的机动车、计算机、电视机、电冰箱、空调器、洗衣机等耐用商品或者装饰装修等服务,消费者自接受商品或者服务之日起六个月内发现瑕疵,发生争议的,由经营者承担有关瑕疵的举证责任。

10. 履行退货、更换、修理的义务

经营者提供的商品或者服务不符合质量要求的,消费者可以依照国家规定、当事人约定退货,或者要求经营者履行更换、修理等义务。没有国家规定和当事人约定的,消费者可以自收到商品之日起七日内退货;七日后符合法定解除合同条件的,消费者可以及时退货,不符合法定解除合同条件的,可以要求经营者履行更换、修理等义务。依照此规定进行退货、更换、修理的,经营者应当承担运输等必要费用。

特别注意无理由退货义务:

经营者采用网络、电视、电话、邮购等方式销售商品,消费者有权自收到商品之日起七日内退货,且无需说明理由,但根据商品性质并经消费者在购买时确认不宜退货的商品除外。

消费者退货的商品应当完好。经营者应当自收到退回商品之日起七日内返还消费者支付的商品价款。退回商品的运费由消费者承担;经营者和消费者另有约定的,按照约定。

【例】张三在网上购买了一双价值300元的特价皮鞋,收到以后家人、闺蜜都觉得不是很好看,可是张三已经把鞋盒包装丢掉了。在这种情况下,张三其实还是可以退换货的。消费者准备退货的商品本身没有毁损,就可以无理由退货,即便包装拆掉、吊牌剪了、完全不影响商品的二次销售,就属于商品完好。如果商家提出拆封、拆吊牌就不给退换货,则不符合法律规定。

11. 正确使用格式条款义务

经营者在经营活动中使用格式条款的,应当以显著方式提请消费者注意商品或者服务的数量和质量、价款或者费用、履行期限和方式、安全注意事项和风险警示、售后服务、民事责任等与消费者有重大利害关系的内容，并按照消费者的要求予以说明。

经营者不得以格式条款、通知、声明、店堂告示等方式，作出排除或者限制消费者权利、减轻或者免除经营者责任、加重消费者责任等对消费者不公平、不合理的规定，不得利用格式条款并借助技术手段强制交易。

经营者用店堂告示等单方意思表示约束自己是有效的，比如"假一罚十"对商家有效。

扩展阅读　特价商品概不退换格式条款无效

12. 不侵犯消费者人身权的义务

消费者的人身自由和人格尊严不受侵犯。经营者不得对消费者进行侮辱、诽谤，不得搜查消费者的身体及其携带的物品，不得侵犯消费者的人身自由。

13. 提供信息义务

采用网络、电视、电话、邮购等方式提供商品或者服务的经营者，以及提供证券、保险、银行等金融服务的经营者，应当向消费者提供经营地址、联系方式、商品或者服务的数量和质量、价款或者费用、履行期限和方式、安全注意事项和风险警示、售后服务、民事责任等信息。

14. 合法收集、使用信息义务

经营者收集、使用消费者个人信息，应当遵循合法、正当、必要的原则，明示收集、使用信息的目的、方式和范围，并经消费者同意。经营者收集、使用消费者个人信息，应当公开其收集、使用规则，不得违反法律、法规的规定和双方的约定收集、使用信息。

经营者及其工作人员对收集的消费者个人信息必须严格保密，不得泄露、出售或者非法向他人提供。

三、消费者合法权益的保护和法律责任

（一）国家和社会对消费者合法权益的保护

1. 国家对消费者合法权益的保护

（1）立法过程中的消费者参与。国家制定有关消费者权益的法律、法规、规章和强制性标准，应当听取消费者和消费者协会等组织的意见。

（2）政府职能的运用。各级人民政府应当加强领导，组织、协调、督促有关行政部门做好保护消费者合法权益的工作，落实保护消费者合法权益的职责。各级人民政府应当加强监督，预防危害消费者人身、财产安全行为的发生，及时制止危害消费者人身、财产安全的行为。

（3）相关行政部门的职责。各级人民政府工商行政管理部门和其他有关行政部门应当依照法律、法规的规定，在各自的职责范围内，采取措施，保护消费者的合法权益。有关行政部门应当听取消费者和消费者协会等组织对经营者交易行为、商品和服务质量问题的意见，及时调查处理。

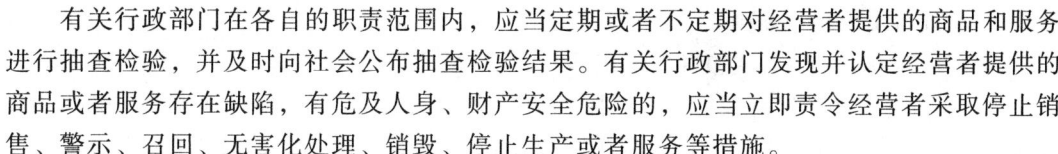

有关行政部门在各自的职责范围内,应当定期或者不定期对经营者提供的商品和服务进行抽查检验,并及时向社会公布抽查检验结果。有关行政部门发现并认定经营者提供的商品或者服务存在缺陷,有危及人身、财产安全危险的,应当立即责令经营者采取停止销售、警示、召回、无害化处理、销毁、停止生产或者服务等措施。

（4）司法机关的职责。司法机关应当依照法律、法规的规定,及时惩处经营者在提供商品和服务中侵害消费者合法权益的违法犯罪行为。人民法院应当采取措施,方便消费者的诉讼。对符合《中华人民共和国民事诉讼法》起诉条件的消费者权益争议,人民法院必须受理,并应及时审理,以使消费者的合法权益及时得到维护。

2. 社会对消费者合法权益的保护

保护消费者的合法权益是全社会的共同责任。国家鼓励、支持一切组织和个人对损害消费者合法权益的行为进行社会监督。大众传播媒介应当做好维护消费者合法权益的宣传,对损害消费者合法权益的行为进行舆论监督。

消费者组织在保护消费者合法权益方面起着举足轻重的作用。我国《消费者权益保护法》第五章对消费者组织作出了专门规定。根据规定,消费者协会和其他消费者组织是依法成立的对商品和服务进行社会监督的保护消费者合法权益的社会组织。消费者组织不得从事商品经营和营利性服务,不得以牟利为目的向社会推荐商品和服务。

消费者协会履行下列职能：

（1）向消费者提供消费信息和咨询服务,提高消费者维护自身合法权益的能力,引导文明、健康、节约资源和保护环境的消费方式；

（2）参与制定有关消费者权益的法律、法规、规章和强制性标准；

（3）参与有关行政部门对商品和服务的监督、检查；

（4）就有关消费者合法权益的问题,向有关部门反映、查询,提出建议；

（5）受理消费者的投诉,并对投诉事项进行调查、调解；

（6）投诉事项涉及商品和服务质量问题的,可以委托具备资格的鉴定人鉴定,鉴定人应当告知鉴定意见；

（7）就损害消费者合法权益的行为,支持受损害的消费者提起诉讼或者依照本法提起诉讼；

（8）对损害消费者合法权益的行为,通过大众传播媒介予以揭露、批评。各级人民政府对消费者协会履行职能应当予以支持。

（二）争议解决

1. 争议解决的途径

根据《消费者权益保护法》的规定,消费者和经营者发生消费者权益争议的,可以通过下列途径解决：

（1）与经营者协商和解；

（2）请求消费者协会或者依法成立的其他调解组织调解；

（3）向有关行政部门申诉；

（4）根据与经营者达成的仲裁协议提请仲裁机构仲裁；

（5）向人民法院提起诉讼。

2. 争议解决的特定规则

（1）生产者、销售者或服务者承担

①合同责任：消费者在购买、使用商品时，其合法权益受到损害的，可以向销售者要求赔偿。销售者赔偿后，属于生产者的责任或者属于向销售者提供商品的其他销售者的责任的，销售者有权向生产者或者其他销售者追偿。

②侵权责任：消费者或者其他受害人因商品缺陷造成人身、财产损害的，可以向销售者要求赔偿，也可以向生产者要求赔偿。属于生产者责任的，销售者赔偿后，有权向生产者追偿。属于销售者责任的，生产者赔偿后，有权向销售者追偿。消费者在接受服务时，其合法权益受到损害的，可以向服务者要求赔偿。

（2）由变更后的企业承担

消费者在购买、使用商品或者接受服务时，其合法权益受到损害，因原企业分立、合并的，可以向变更后承受其权利义务的企业要求赔偿。

（3）由营业执照的使用人或持有人承担

使用他人营业执照的违法经营者提供商品或者服务，损害消费者合法权益的，消费者可以向其要求赔偿，也可以向营业执照的持有人要求赔偿。

（4）由展销会举办者、柜台出租者承担

消费者在展销会、租赁柜台购买商品或者接受服务，其合法权益受到损害的，可以向销售者或者服务者要求赔偿。展销会结束或者柜台租赁期满后，也可以向展销会的举办者、柜台的出租者要求赔偿。展销会的举办者、柜台的出租者赔偿后，有权向销售者或者服务者追偿。

（5）由网络交易平台提供者承担

消费者通过网络交易平台购买商品或者接受服务，其合法权益受到损害的，可以向销售者或者服务者要求赔偿。网络交易平台提供者不能提供销售者或者服务者的真实名称、地址和有效联系方式的，消费者也可以向网络交易平台提供者要求赔偿；网络交易平台提供者作出更有利于消费者的承诺的，应当履行承诺。网络交易平台提供者赔偿后，有权向销售者或者服务者追偿。

网络交易平台提供者明知或者应知销售者或者服务者利用其平台侵害消费者合法权益，未采取必要措施的，依法与该销售者或者服务者承担连带责任。

（6）由虚假广告行为的广告主与广告经营者承担

消费者因经营者利用虚假广告或者其他虚假宣传方式提供商品或者服务，其合法权益受到损害的，可以向经营者要求赔偿。广告经营者、发布者发布虚假广告的，消费者可以请求行政主管部门予以惩处。广告经营者、发布者不能提供经营者的真实名称、地址和有效联系方式的，应当承担赔偿责任。

广告经营者、发布者设计、制作、发布关系消费者生命健康商品或者服务的虚假广告，造成消费者损害的，应当与提供该商品或者服务的经营者承担连带责任。

社会团体或者其他组织、个人在关系消费者生命健康商品或者服务的虚假广告或者其他虚假宣传中向消费者推荐商品或者服务，造成消费者损害的，应当与提供该商品或者服务的经营者承担连带责任。

 **扩展阅读　代言责任是权利义务对等的回归**

（三）法律责任

1. 民事责任

（1）对侵犯消费者合法权益应承担民事责任的一般规定。经营者提供商品或者服务有下列情形之一的，除本法另有规定外，应当依照其他有关法律、法规的规定，承担民事责任：

①商品或者服务存在缺陷的；

②不具备商品应当具备的使用性能而出售时未作说明的；

③不符合在商品或者其包装上注明采用的商品标准的；

④不符合商品说明、实物样品等方式表明的质量状况的；

⑤生产国家明令淘汰的商品或者销售失效、变质的商品的；

⑥销售的商品数量不足的；

⑦服务的内容和费用违反约定的；

⑧对消费者提出的修理、重作、更换、退货、补足商品数量、退还货款和服务费用或者赔偿损失的要求，故意拖延或者无理拒绝的；

⑨法律、法规规定的其他损害消费者权益的情形。

经营者对消费者未尽到安全保障义务，造成消费者损害的，应当承担侵权责任。

（2）人身伤害的民事责任。

①经营者提供商品或者服务，造成消费者或者其他受害人人身伤害的，应当赔偿医疗费、护理费、交通费等为治疗和康复支出的合理费用，以及因误工减少的收入；

②造成残疾的，还应当赔偿残疾生活辅助具费和残疾赔偿金；

③造成死亡的，还应当赔偿丧葬费和死亡赔偿金。

（3）侵犯人格尊严、人身自由的民事责任。经营者侵害消费者的人格尊严、侵犯消费者人身自由或者侵害消费者个人信息依法得到保护的权利的，应当停止侵害、恢复名誉、消除影响、赔礼道歉，并赔偿损失。

经营者有侮辱诽谤、搜查身体、侵犯人身自由等侵害消费者或者其他受害人人身权益的行为，造成严重精神损害的，受害人可以要求精神损害赔偿。

（4）财产损害的民事责任。经营者提供商品或者服务，造成消费者财产损害的，应当依照法律规定或者当事人约定承担修理、重作、更换、退货、补足商品数量、退还货款和服务费用或者赔偿损失等民事责任。

经营者以预收款方式提供商品或者服务的，应当按照约定提供。未按照约定提供的，应当按照消费者的要求履行约定或者退回预付款；并应当承担预付款的利息、消费者必须支付的合理费用。

依法经有关行政部门认定为不合格的商品，消费者要求退货的，经营者应当负责退货。

（5）经营者欺诈行为的惩罚性赔偿。经营者提供商品或者服务有欺诈行为的，应当按照消费者的要求增加赔偿其受到的损失,增加赔偿的金额为消费者购买商品的价款或者接受服务的费用的三倍;增加赔偿的金额不足五百元的,为五百元。法律另有规定的,依照其规定。

【例】张三购买了一副耳机,商品说明原产地是美国,价格160元,张三作为耳机发烧友,认为这个耳机音质很差,不像是正品。经鉴定该耳机出自国内某作坊,认定商家欺诈。张三可要求退回货款160元,并加罚3倍价款480元,但鉴于480小于500的最低额度,可主张加罚500元,共计660元。

(6)故意侵权的加重责任。经营者明知商品或者服务存在缺陷,仍然向消费者提供,造成消费者或者其他受害人死亡或者健康严重损害的,受害人有权要求经营者承担医疗费、护理费、交通费、误工费、伤残补助或丧葬补助、死亡赔偿金以及精神损害赔偿,并有权要求所受损失二倍以下的惩罚性赔偿。

2. 行政责任

经营者有下列情形之一,除承担相应的民事责任外,其他有关法律、法规对处罚机关和处罚方式有规定的,依照法律、法规的规定执行;法律、法规未作规定的,由工商行政管理部门或者其他有关行政部门责令改正,可以根据情节单处或者并处警告、没收违法所得、处以违法所得一倍以上十倍以下的罚款,没有违法所得的,处以五十万元以下的罚款;情节严重的,责令停业整顿、吊销营业执照:

(1)提供的商品或者服务不符合保障人身、财产安全要求的;

(2)在商品中掺杂、掺假,以假充真,以次充好,或者以不合格商品冒充合格商品的;

(3)生产国家明令淘汰的商品或者销售失效、变质的商品的;

(4)伪造商品的产地,伪造或者冒用他人的厂名、厂址,篡改生产日期,伪造或者冒用认证标志等质量标志的;

(5)销售的商品应当检验、检疫而未检验、检疫或者伪造检验、检疫结果的;

(6)对商品或者服务作虚假或者引人误解的宣传的;

(7)拒绝或者拖延有关行政部门责令对缺陷商品或者服务采取停止销售、警示、召回、无害化处理、销毁、停止生产或者服务等措施的;

(8)对消费者提出的修理、重作、更换、退货、补足商品数量、退还货款和服务费用或者赔偿损失的要求,故意拖延或者无理拒绝的;

(9)侵害消费者人格尊严、侵犯消费者人身自由或者侵害消费者个人信息依法得到保护的权利的;

(10)法律、法规规定的对损害消费者权益应当予以处罚的其他情形。

经营者有前款规定情形的,除依照法律、法规规定予以处罚外,处罚机关应当记入信用档案,向社会公布。经营者对行政处罚决定不服的,可以依法申请行政复议或者提起行政诉讼。

3. 刑事责任

(1)经营者违法提供商品或者服务,侵害消费者合法权益,构成犯罪的,依法追究刑事责任。

（2）以暴力、威胁等方法阻碍有关行政部门工作人员依法执行职务的，依法追究刑事责任；拒绝、阻碍有关行政部门工作人员依法执行职务，未使用暴力、威胁方法的，由公安机关依照《中华人民共和国治安管理处罚条例》的规定处罚。

（3）国家机关工作人员玩忽职守或者包庇经营者侵害消费者合法权益的行为的，由其所在单位或者上级机关给予行政处分；情节严重，构成犯罪的，依法追究刑事责任。

课后思考题

1. 什么是公平竞争法律制度？公平竞争法律制度包括哪些法律制度？
2. 垄断行为有哪些？应承担哪些法律责任？
3. 不正当竞争行为有哪些？应承担哪些责任？
4. 产品质量管理制度有哪些？
5. 产品责任制度的内容是什么？
6. 消费者有哪些权利？
7. 经营者有哪些法定义务？

PPT

项目八 金融法律制度

【知识能力目标】

1. 了解证券的含义和种类，掌握证券发行制度和证券交易制度。
2. 了解保险的含义和分类，掌握人身保险和财产保险制度。
3. 了解票据的概念，理解票据的特征，掌握汇票的出票、背书、承兑制度，了解本票和支票制度。
4. 能运用所学金融法律制度解决遇到的实际法律问题。

【职业素养目标】

1. 能牢固树立依法治国、市场经济是法治经济的理念，弘扬社会主义法治意识。
2. 结合证券发行、投保理赔、票据背书等制度，引导学生积极践行"平等、公正、诚信"等社会主义核心价值观，树立公平正义、权利保障、正当程序的法治思维。

模块一 证券法律制度

一、证券法律制度概述

（一）证券的概念与种类

1. 证券的概念

证券是以证明或设定权利为目的所做成的一种书面凭证。证券有广义和狭义之分。广义的证券是证明持券人享有一定的经济权益的书面凭证，包括资本证券、货币证券、商品证券。狭义的证券仅指资本证券，这也是证券法所规定的证券。

2. 证券的种类

按照不同的标准，证券可以分为不同的种类。目前我国证券市场上发行和流通的证券主要有以下几类：

（1）股票。股票是股份有限公司签发的，证明股东所持股份的凭证。

（2）债券。债券是政府、金融机构、公司企业等单位依照法定程序发行的、约定在一定期限还本付息的有价证券。

（3）存托凭证。存托凭证是指在一国证券市场流通的代表外国公司有价证券的可转让凭证，由存托人签发，以境外证券为基础在境内发行，代表境外基础证券权益的证券。

（4）证券投资基金份额。证券投资基金份额是基金投资人持有基金单位的权利凭证。

（二）证券市场

1. 证券市场的结构

证券交易市场一般包括以下三种：

（1）交易所市场。目前我国的交易所市场，主要由两个交易所（上海证券交易所和深圳证券交易所）、四个板块（主板市场、中小企业板、创业板、科创板）构成，在交易模式上又区分为集中竞价的交易模式和大宗交易模式。

扩展阅读　交易所市场

（2）全国中小企业股份转让系统。全国中小企业股份转让系统是经国务院批准，依据证券法设立的全国性证券交易所，2012年9月正式注册成立，是继上海证券交易所、深圳证券交易所之后第三家全国性证券交易场所，俗称"新三板"。

扩展阅读　全国中小企业股份转让系统

（3）产权交易所。产权交易所是伴随着企业兼并活动在中国的增多而产生的。1988年5月，武汉市成立了我国第一家企业产权转让市场，并制定相应的交易规则。此后经过多次清理整顿，我国目前有产权交易所300多家，分布在全国各地。

2. 证券市场的主体

证券市场的主体是指参与证券市场的各类法律主体，包括证券发行人、投资者、中介机构、交易场所以及自律性组织和监管机构等。

（1）证券发行人，是指证券市场上发行证券的单位，一般包括公司、企业、金融机构和政府部门等。

（2）投资者，是指证券的买卖者，也是证券融资方式的资金供给者。

（3）证券中介机构，是指为证券发行和交易提供服务的各种中介机构，一般包括证券登记结算机构、证券经营机构、财务顾问机构、资信评级机构、资产评估机构、会计师事务所、律师事务所等。

（4）证券交易场所，是指为证券发行和交易提供场所和设施的服务机构，如上海证券交易所、深圳证券交易所等。

(5) 证券自律性组织，通常是指证券业行业协会，如证券业协会、交易所协会等。

(6) 证券监管机构，是指代表政府对证券市场进行监督管理的机构，在我国为中国证券监督管理委员会（以下简称"证监会"）及其派出机构。

(三) 证券活动和证券监管原则

根据证券法的规定，在证券发行、交易及监管中应当坚持以下原则：

1. 公开、公平、公正原则

公开、公平、公正原则是证券法的基本原则。公开原则是指市场信息要公开，在内容上，凡是影响投资者决策的信息都应当公开，如公司章程、招股说明书、有关财务会计资料等。公平原则是指所有市场参与者都具有平等的地位，其合法权益都应受到公平的保护，在证券发行和交易中应当机会均等、待遇相同。公正原则是指在证券发行和交易的有关事务处理上，要在坚持客观事实的基础上，做到一视同仁，对所有证券市场参与者都要给予公正的待遇。

2. 自愿、有偿、诚实信用原则

自愿是指当事人有权按照自己的意愿参与证券发行与证券交易活动，其他人不得干涉，也不得采取欺骗、威吓或胁迫等手段影响当事人决策。有偿是指在证券发行和交易活动中，一方当事人不得无偿占有他方当事人的财产和劳动。诚实是指要客观真实，不欺人、不骗人；信用是指遵守承诺，并及时、全面地履行承诺。

3. 守法原则

证券法规定，证券的发行、交易活动，必须遵守法律、行政法规；禁止欺诈、内幕交易和操纵证券市场的行为。遵守法律、法规是我们在一切社会活动中都必须遵守的原则。

4. 分业经营、分业管理原则

证券法规定，证券业和银行业、信托业、保险业实行分业经营、分业管理，证券公司与银行、信托、保险业务机构分别设立。国家另有规定的除外。

5. 保护投资者合法权益原则

保护投资者的合法权益是证券法的立法宗旨之一。为了切实保护投资者的合法权益，证券法设专章规定了投资者保护制度，并作出了一系列的制度安排，包括投资者适当性管理制度、证券公司与普通投资者发生纠纷的自证清白制度、股东权利代为行使征集制度、上市公司现金分红制度、公司债券持有人会议制度与受托管理人制度、先行赔付的赔偿机制、普通投资者与证券公司纠纷的强制调解制度、代表人诉讼制度等。

6. 监督管理与自律管理相结合原则

证券法规定，国务院证券监督管理机构依法对全国证券市场实行集中统一监督管理。国务院证券监督管理机构根据需要可以设立派出机构，按照授权履行监督管理职责。在国家对证券发行、交易活动实行集中统一监督管理的前提下，依法设立证券业协会，实行自律性管理。国家审计机关依法对证券交易所、证券公司、证券登记结算机构、证券监督管理机构进行审计监督。

(四) 证券法

1. 证券法的概念

证券法有广义和狭义之分。广义的证券法是指一切与证券有关的法律规范的总称。狭义的证券法专指证券法，它是规范证券发行、交易及监管过程中产生的各种法律关系的基本法，是证券市场各类行为主体必须遵守的行为规范。

2. 我国证券立法

《中华人民共和国证券法》（以下简称《证券法》）是 1998 年 12 月 29 日由第九届全国人民代表大会常务委员会第六次会议通过的，自 1999 年 7 月 1 日起施行。此后 2004 年 8 月 28 日、2005 年 10 月 27 日、2013 年 6 月 29 日、2014 年 8 月 31 日、2019 年 12 月 28 日做过五次修改。

二、证券发行

证券发行和证券交易是证券市场的主要构成部分，两者相辅相成。证券发行是发行人、上市公司筹集资金的基本途径。依据发行的证券品种不同，证券发行可以分为股票发行、公司债券发行、存托凭证发行与投资基金份额发售。本部分主要介绍股票与公司债券发行和投资基金份额发售的条件和程序。

（一）证券发行概述

1. 证券发行的概念

证券发行有广义和狭义之分。广义的证券发行，是指符合发行条件的商业组织或政府组织（发行人），以筹集资金为目的，依照法律规定的程序向公众投资者出售代表一定权利的资本证券的行为。狭义的证券发行，是指发行人在所需资金募集后，做成证券并交付投资人受领的单方行为。通常所说的证券发行，是指广义的证券发行。

2. 证券发行的分类

根据不同的标准，证券发行可以分为不同的类型：

（1）公开发行和非公开发行。根据证券发行的对象不同，证券发行可以分为公开发行和非公开发行。公开发行又称公募发行，是指发行人面向社会公众，即不特定的公众投资者进行的证券发行。公开发行必须严格遵循证券法有关信息披露的规定。非公开发行又称私募发行，是指向少数特定的投资者进行的证券发行。

（2）设立发行和增资发行。根据证券发行的目的不同，证券发行可以分为设立发行和增资发行。设立发行是为成立新的股份有限公司而发行股票；增资发行是为增加已有公司的资本总额或改变其股本结构而发行新股。增发新股，既可以公开发行，也可以采取配股或赠股的形式。

（3）直接发行和间接发行。根据证券发行的方式不同，证券发行可以分为直接发行和间接发行。直接发行是指证券发行人不通过证券承销机构，而自行承担证券发行风险，办理证券发行事宜的发行方式。间接发行是指证券发行人委托证券承销机构发行证券，并由证券承销机构办理证券发行事宜，承担证券发行风险的发行方式。

（4）平价发行、溢价发行和折价发行。根据证券发行价格与证券票面金额之间的关系，证券发行可以分为平价发行、溢价发行和折价发行。平价发行，是指证券发行时的发行价格与票面金额相同的发行方式。溢价发行，指证券发行时的发行价格超过票面金额的发行方式。折价发行，是指证券发行时的发行价格低于票面金额的发行方式。按照公司法规定，股票发行价格可以按票面金额，也可以超过票面金额，但不得低于票面金额，因此我国不允许折价发行。

（二）证券发行中的相关制度

1. 预披露制度

预披露是指在申请证券发行时，发行人在依法报送有关文件后，即将所报送的申请文件向社会公众披露，从而有利于投资人理性决策的制度。我国《证券法》第二十条规定，发行人申请首次公开发行股票的，在提交申请文件后，应当按照国务院证券监督管理机构的规定预先披露有关申请文件。预披露制度使信息披露的时间进一步提前，从而可使社会公众更早介入监督，对于发行人申请文件中所载信息的真实性、准确性、完整性等进行监督，也有利于投资人提前对公司进行研判，有利于投资人理性决策。如果发行人预披露不实，应承担相应的法律责任。

扩展阅读　金亚科技欺诈发行案

2. 保荐人制度

保荐人就是依照法律规定，为上市公司申请上市承担推荐职责并为上市公司上市后一段时间的信息披露行为向投资者承担担保责任的证券公司。保荐人制度就是由保荐人（券商）对发行人发行证券进行推荐和辅导，并核实公司发行文件中所载资料是否真实、准确、完整，协助发行人建立严格的信息披露制度，承担风险防范责任，并在公司上市后的规定时间内继续协助发行人建立规范的法人治理结构，督促公司遵守上市规定，完成招股计划书中的承诺，同时对上市公司的信息披露负有连带责任。

3. 审核制度

证券发行的审核制度分为两种体制：一是实行公开主义的注册制；二是实行准则主义的核准制。

（1）注册制。注册制是证券发行申请人依法将与证券发行有关的信息和资料公开，制成法律文件，送交监管机构审核，监管机构只负责审查发行申请人提供的信息和资料是否履行了信息披露义务的制度。注册制下，审核机构只负责对注册文件进行形式审查，不对证券发行行为及证券本身进行实质判断，申报文件提交后，经过法定期间，监管机构若无异议，即可发行证券。注册制对于发行人而言，是一种相对宽松的发行机制，只要发行人依法将有关信息与资料完全公开，监管机构就不得以发行人的财务状况未达到一定标准而拒绝其发行。

（2）核准制。核准制是指发行人发行证券，不仅要公开全部的、可以供投资人判断的信息与资料，还要符合证券发行的实质性条件，证券监管机构有权依照法律的规定，对发行人提出的申请以及有关材料，进行实质性审查，发行人得到批准以后，才可以发行证券。核准制度并不排除注册制所要求的形式审查，监管机构还要对将公开的信息与证券发行的实质性条件一一进行严格的审查，对确已具备发行条件的发行申请作出核准发行的决定。发行人没有核准发行的决定不得发行证券。

（3）我国证券发行审核制度。我国《证券法》原本采用核准制，但2019年修改后的新《证券法》规定，公开发行证券，必须符合法律、行政法规规定的条件，并依法报经国务院证券监督管理机构或者国务院授权的部门注册。未经依法注册，任何单位和个人不得公开发行证券。证券发行注册制的具体范围、实施步骤，由国务院规定。新《证券法》的实施表明我国证券公开发行将全面推行注册制，结束证券发行的核准制。但是，授权国务院对证券发行注册制的具体范围、实施步骤进行规定，这意味着，证券发行的注册制将是全面推行、渐进落地。目前，我国公司债券、企业债券公开发行实行注册制，科创板与创业板公开股票发行实行注册制。科创板与创业板实行的股票发行注册制由证券交易所负责发行上市审核，证监会负责发行注册，证监会对证券交易所发行上市审核工作进行监督。

（三）股票发行的条件

设立股份有限公司公开发行股票（以下简称"首次公开发行股票"），应当符合证券法、公司法规定的发行条件和经国务院批准的国务院证券监督管理机构规定的其他发行条件。

根据《证券法》的规定，首次公开发行股票的基本条件包括：

（1）具备健全且运行良好的组织机构；

（2）具有持续经营能力；

（3）最近3年财务会计报告被出具无保留意见审计报告；

（4）发行人及其控股股东、实际控制人最近3年不存在贪污、贿赂、侵占财产、挪用财产或者破坏社会主义市场经济秩序的刑事犯罪；

（5）经国务院批准的国务院证券监督管理机构规定的其他条件。

公开发行存托凭证的，应当符合首次公开发行新股的条件以及国务院证券监督管理机构规定的其他条件。

上述基本条件是注册制下在主板、中小板、创业板、科创板上市的公司都应遵守的共性规则。

（四）公司债券的发行条件

1. 公开发行公司债券

公开发行公司债券，应当符合证券法、公司法的相关规定，由证券交易所负责受理、审核并经证监会注册。公开发行公司债券，应当符合下列条件：

（1）具备健全且运行良好的组织机构；

（2）最近3年平均可分配利润足以支付公司债券1年的利息；

（3）国务院规定的其他条件。

存在下列情形之一的，不得再次公开发行公司债券：

（1）对已公开发行的公司债券或者其他债务有违约或者延迟支付本息的事实，仍处于继续状态；

（2）违反证券法规定，改变公开发行公司债券所募资金的用途。

公开发行公司债券筹集的资金，必须按照公司债券募集办法所列资金用途使用；改变资金用途，必须经债券持有人会议作出决议。公开发行公司债券筹集的资金，不得用于弥补亏损和非生产性支出。

上市公司发行可转换为股票的公司债券，除应当符合上述条件外。还应当遵守上市公司增发新股的规定。但是，按照公司债券募集办法，上市公司通过收购本公司股份的方式进行公司债券转换的除外。

2. 非公开发行公司债券

非公开发行公司债券不得采用广告、公开劝诱和变相公开方式。非公开发行的对象应当是合格投资者，每次发行对象不得超过200人。

非公开发行的公司债券仅限于合格投资者范围内转让。转让后，持有同次发行债券的合格投资者合计不得超过200人。发行人的董事、监事、高级管理人员及持股比例超过5%的股东，可以参与本公司非公开发行公司债券的认购与转让，不受合格投资者资质条件的限制。

三、证券交易

（一）证券交易概述

1. 证券交易的概念

证券交易，主要指证券买卖，即证券持有人依照证券交易规则，将已依法发行的证券转让给其他证券投资者的行为。

2. 证券交易的一般规定

（1）证券交易的标的与主体必须合法。首先，交易的证券，必须是依法发行并交付的证券。非依法发行的证券，不得买卖。证券交易当事人买卖的证券，可以采用纸面形式，也可以采用国务院证券监督管理机构规定的其他形式。其次，依法发行的证券，法律对其转让期限有限制性规定的，在限定的期限内不得买卖。

（2）在合法的证券交易场所交易。公开发行的证券，应当在依法设立的证券交易所上市交易或者在国务院批准的其他全国性证券交易场所交易。非公开发行的证券，可以在证券交易所、国务院批准的其他全国性证券交易场所、按照国务院规定设立的区域性股权市场转让。

（3）以合法方式交易。证券在证券交易所上市交易，应当采用公开的集中交易方式或者国务院证券监督管理机构批准的其他方式。

（4）规范交易服务。首先，证券交易场所、证券公司、证券登记结算机构、证券服务机构及其工作人员应当依法为投资者的信息保密，不得非法买卖、提供或者公开投资者的信息。证券交易场所、证券公司、证券登记结算机构、证券服务机构及其工作人员不得泄露所知悉的商业秘密。其次，证券交易的收费必须合理，并公开收费项目、收费标准和管理办法。

（5）规范程序化交易。通过计算机程序自动生成或者下达交易指令进行程序化交易的，应当符合国务院证券监督管理机构的规定，并向证券交易所报告，不得影响证券交易所系统安全或者正常交易秩序。

（二）禁止的交易行为

根据《证券法》的规定，禁止的交易行为主要包括内幕交易行为、操纵证券市场行为、虚假陈述行为和欺诈客户行为。

1. 内幕交易行为

内幕交易行为是指证券交易内幕信息的知情人员利用内幕信息进行证券交易的行为。内幕交易的主体是内幕信息知情人员，行为特征是利用自己掌握的内幕信息买卖证券，或者建议他人买卖证券。内幕信息知情人员自己未买卖证券，也未建议他人买卖证券，但将内幕信息泄露给他人，接受内幕信息的人依此买卖证券的，也属于内幕交易行为。

根据《证券法》的规定，证券交易内幕信息的知情人包括：

（1）发行人及其董事、监事、高级管理人员；

（2）持有公司5%以上股份的股东及其董事、监事、高级管理人员，公司的实际控制人及其董事、监事、高级管理人员；

（3）发行人控股或者实际控制的公司及其董事、监事、高级管理人员；

（4）由于所任公司职务或者因与公司业务往来可以获取公司有关内幕信息的人员；

（5）上市公司收购人或者重大资产交易方及其控股股东、实际控制人、董事、监事和高级管理人员；

（6）因职务、工作可以获取内幕信息的证券交易场所、证券公司、证券登记结算机构、证券服务机构的有关人员；

（7）因职责、工作可以获取内幕信息的证券监督管理机构工作人员；

（8）因法定职责对证券的发行、交易或者对上市公司及其收购、重大资产交易进行管理可以获取内幕信息的有关主管部门、监管机构的工作人员；

（9）国务院证券监督管理机构规定的可以获取内幕信息的其他人员。

在证券交易活动中，涉及发行人的经营、财务或者对该发行人证券的市场价格有重大影响的尚未公开的信息，为内幕信息。证券交易内幕信息的知情人和非法获取内幕信息的人，在内幕信息公开前，不得买卖该公司的证券，或者泄露该信息，或者建议他人买卖该证券。内幕交易行为给投资者造成损失的，应当依法承担赔偿责任。

扩展阅读　王某琴内幕交易案

2. 操纵证券市场行为

操纵证券市场行为是指单位或个人以获取利益或减少损失为目的，利用其资金、信息等优势影响证券市场价格，制造证券市场假象，诱导或者致使投资者在不了解事实真相的情况下作出买卖证券的决定，扰乱证券市场秩序的行为。我国《证券法》禁止任何操纵证券市场的行为。

根据《证券法》的规定，操纵证券市场的行为主要有以下情形：

（1）单独或者通过合谋，集中资金优势、持股优势或者利用信息优势联合或者连续买卖；

（2）与他人串通，以事先约定的时间、价格和方式相互进行证券交易；

（3）在自己实际控制的账户之间进行证券交易；

（4）不以成交为目的，频繁或者大量申报并撤销申报；

（5）利用虚假或者不确定的重大信息，诱导投资者进行证券交易；

（6）对证券、发行人公开作出评价、预测或者投资建议，并进行反向证券交易；
（7）利用在其他相关市场的活动操纵证券市场；
（8）操纵证券市场的其他手段。

操纵证券市场行为给投资者造成损失的，行为人应当依法承担赔偿责任。

扩展阅读　徐翔操纵证券市场案

3. 虚假陈述行为

虚假陈述行为是指行为人在提交和公布的信息文件中作出违背事实真相的虚假记载、误导性陈述或者发生重大遗漏的行为。虚假陈述行为的主体是指依法承担信息披露义务的人；虚假陈述包括虚假记载、误导性陈述和重大遗漏以及不正当披露。

信息披露是证券法的核心，信息披露制度是证券市场公平、公正与投资者保障的基石，编造、传播虚假信息或者误导性信息，扰乱证券市场，给投资者造成损失的，应当依法承担赔偿责任。

扩展阅读　万家文化收购案

4. 欺诈客户行为

欺诈客户行为是指证券公司及其从业人员在证券交易及相关活动中，违背客户真实意愿，侵害客户利益的行为。欺诈客户行为的主体是证券公司及其从业人员，行为人在主观上具有故意特征，即故意隐瞒或者故意作出与事实不符的虚假陈述，使客户陷入不明真相的境地而作出错误的意思表示。根据《证券法》的规定，证券公司及其从业人员损害客户利益的欺诈行为有以下情形：

（1）违背客户的委托为其买卖证券；
（2）不在规定时间内向客户提供交易的确认文件；
（3）未经客户的委托，擅自为客户买卖证券，或者假借客户的名义买卖证券；
（4）为牟取佣金收入，诱使客户进行不必要的证券买卖；
（5）其他违背客户真实意思表示，损害客户利益的行为。

欺诈客户行为给客户造成损失的，应当依法承担赔偿责任。

5. 其他禁止的交易行为

我国《证券法》还规定了下列禁止的交易行为：禁止任何单位和个人违反规定出借自己的证券账户或者借用他人的证券账户从事证券交易；禁止资金违规流入股市；禁止投资者违规利用财政资金、银行信贷资金买卖证券。

四、上市公司收购

（一）上市公司收购概述

1. 上市公司收购的概念

上市公司收购，是指收购人通过在证券交易所的股份转让活动，持有一个上市公司的已发行的表决权股份达到一定比例或通过证券交易所股份转让活动以外的其他合法方式控制一个上市公司的表决权股份达到一定程度，导致其获得或者可能获得对该公司的实际控制权的行为。

2. 上市公司收购人

收购人包括投资者及与其一致行动的他人。一致行动，是指投资者通过协议、其他安排，与其他投资者共同扩大其所能够支配的一个上市公司股份表决权数量的行为或者事实。在上市公司的收购及相关股份权益变动活动中有一致行动情形的投资者，互为一致行动人。上市公司收购人应当具备一定实力，具有良好的信誉。

3. 上市公司收购中有关当事人的义务

（1）收购人的义务。收购人的义务主要有三项：一是公告义务。实施要约收购的收购人应当编制要约收购报告书，聘请财务顾问，通知被收购公司，同时对要约收购报告书摘要作出提示性公告。要约收购完成后，收购人应当在 15 日内将收购情况报告国务院证券监督管理机构和证券交易所，并予以公告。二是禁售义务。收购人在要约收购期内，不得卖出被收购公司的股票，也不得采取要约规定以外的形式和超出要约的条件买入被收购公司的股票。三是锁定义务。收购人持有的被收购的上市公司的股票，在收购行为完成后的 18 个月内不得转让。

（2）被收购公司的控股股东、实际控制人的义务。被收购公司的控股股东或者实际控制人不得滥用股东权利，损害被收购公司或者其他股东的合法权益。

（3）被收购公司的董事、监事和高级管理人员的义务。被收购公司的董事、监事和高级管理人员对公司负有忠实义务和勤勉义务，应当公平对待收购本公司的所有收购人。

4. 上市公司收购的支付方式

收购人可以采用现金、依法可以转让的证券、现金与证券相结合等合法方式支付收购上市公司的价款。收购人为终止上市公司的上市地位而发出全面要约的，或者按照国务院证券监督管理机构的规定不能免除要约收购而发出全面要约的，应当以现金支付收购价款；以依法可以转让的证券支付收购价款的，应当同时提供现金方式供被收购公司股东选择。

（二）要约收购

1. 要约收购的概念

要约收购是指通过证券交易所的证券交易，投资者持有或通过协议、其他安排与他人共同持有一个上市公司已发行的有表决权股份达到 30% 时，继续增持股份的，应当采取向被收购公司的股东发出收购要约的方式进行的收购。

2. 要约收购的适用条件

（1）持股比例达到 30%。投资者通过证券交易所的证券交易，或者协议、其他安排持有或与他人共同持有一个上市公司的已发行的有表决权股份达到 30%（含直接持有和间接持有）。

（2）继续增持股份。在前一个条件下，投资者继续增持表决权股份时，即触发依法向上市公司所有股东发出收购上市公司全部或者部分股份的要约的义务。

只有在上述两个条件同时具备时，才适用要约收购。收购人应当公平对待被收购公司的所有股东。持有同一种类股份的股东应当得到同等对待。上市公司发行不同种类股份的，收购人可以针对不同种类股份提出不同的收购条件。

3. 收购要约的期限

收购要约约定的收购期限不得少于 30 日，并不得超过 60 日，但是出现竞争要约的除外。

4. 收购要约的撤销

根据证券法的规定，在收购要约确定的承诺期限内，收购人不得撤销其收购要约。

5. 收购要约的变更

收购人需要变更收购要约的，应当及时公告，载明具体变更事项。收购要约的变更不得存在下列情形：

（1）降低收购价格；
（2）减少预定收购股份数额；
（3）缩短收购期限；
（4）国务院证券监督管理机构规定的其他情形。

收购要约期限届满前 15 日内，收购人不得变更收购要约，但是出现竞争要约的除外。在要约收购期间，被收购公司董事不得辞职。

（三）协议收购

协议收购是指收购人在证券交易所之外，通过与被收购公司的股东协商一致达成协议，受让其持有的上市公司的股份而进行的收购。以协议方式收购上市公司时，收购协议的各方应当获得相应的内部批准（如股东大会、董事会等）。收购协议达成后，收购人必须在 3 日内将该收购协议向国务院证券监督管理机构及证券交易所作出书面报告，并予公告。在公告前不得履行收购协议。

采取协议收购方式的，协议双方可以临时委托证券登记结算机构保管协议转让的股票，并将资金存放于指定的银行。

采取协议收购方式的，收购人收购或者通过协议、其他安排与他人共同收购一个上市公司已发行的有表决权股份达到 30% 时，继续进行收购的，应当依法向该上市公司所有股东发出收购上市公司全部或者部分股份的要约，转而进行要约收购。但是，按照国务院证券监督管理机构的规定免除发出要约的除外。如果收购人依照上述规定触发以要约方式收购上市公司股份，应当能够遵守前述有关要约收购的规定。

（四）其他合法方式收购

其他合法收购方式是指要约收购与协议收购两种上市公司收购的基本方式之外的各种收购方式，如认购股份收购、集中竞价收购等。认购股份收购是指收购人经上市公司非关联股东批准，通过认购上市公司发行的新股使其在公司拥有的表决权的股份能够达到控制权的获得与巩固；集中竞价收购是指收购人在场内交易市场上，通过证券交易所集中竞价交易的方式对目标上市公司进行的收购。随着证券市场的不断成熟，上市公司收购方式不断完善，收购方式也不断创新。

五、信息披露

信息披露也称信息公开，是证券资本市场的灵魂。信息披露制度包括强制性信息披露制度和自愿性信息披露制度。

（一）信息披露的义务人

信息披露义务人的范围由证券法规定，除发行人外，法律、行政法规和国务院证券监督管理机构规定的其他信息披露义务人，如发起人、控股股东等实际控制人、保荐人、证券承销商等，均应当及时依法履行信息披露义务。

（二）信息披露的原则与要求

信息披露的对象是不特定的社会公众，信息披露义务人披露的信息，应当真实、准确、完整，简明清晰，通俗易懂，不得有虚假记载、误导性陈述或者重大遗漏。

信息披露义务人披露信息时还应贯彻一致性原则，包括时间一致性与内容一致性。时间一致性要求：证券同时在境内境外公开发行、交易的，信息披露义务人在境外披露的信息，应当在境内同时披露；除法律、行政法规另有规定的外，信息披露义务人披露的信息应当同时向所有投资者披露，不得提前向任何单位和个人泄露。内容一致性要求信息披露义务人在强制信息披露以外，自愿披露信息的，所披露的信息不得与依法披露的信息相冲突，不得误导投资者。

（三）持续的信息披露

持续的信息披露是指证券进入交易市场依法进行交易期间，证券发行人定期或不定期地公开披露与其发行证券相关的影响证券交易的所有重要信息。该类信息披露文件主要有定期报告和临时报告。

1. 定期报告

定期报告是公司在一定时期内（某一会计核算期间）分别向证券监管机构、证券交易场所报送和向社会公众公布的反映上市公司等信息披露义务人某个会计期间的财务状况、经营情况、股本变动和股东的情况、募集资金的使用情况和公司重要事项的报告。其报告形式有年度报告、中期报告和季度报告。

2. 临时报告

临时报告是指在定期报告之外临时发布的报告。凡发生可能对股票、上市交易公司债券交易价格产生较大影响的重大事件，投资者尚未得知时，公司应当立即提出临时报告，披露事件内容，说明事件的起因、目前的状态和可能产生的影响。

（四）董事、监事、高管的信息披露职责

发行人的董事、高级管理人员应当对证券发行文件和定期报告签署书面确认意见；发行人的监事会应当对董事会编制的证券发行文件和定期报告进行审核并提出书面审核意见，监事应当签署书面确认意见。

发行人的董事、监事和高级管理人员应当保证发行人及时、公平地披露信息，所披露的信息真实、准确、完整。董事、监事和高级管理人员无法保证证券发行文件和定期报告内容的真实性、准确性、完整性或者有异议的，应当在书面确认意见中发表意见，并陈述理由，发行人应当披露。发行人不予披露的，董事、监事和高级管理人员可以直接申请披露。

（五）信息的发布与信息披露的监督

1. 信息的发布

证券发行信息的发布由发行人在发行前依法公告公开，并将发行募集文件置备于指定场所供公众查阅。涉及承销的，承销的证券公司对公开发行募集文件的真实性、准确性、完整性进行核查。交易期间信息的发布则是定期或不定期持续性进行的。

（1）定期报告的编制、审议和披露程序。负有定期报告披露义务的公司应当制定定期报告的编制、审议、披露程序。经理、财务负责人、董事会秘书等高级管理人员应当及时编制定期报告草案，提请董事会审议；董事会秘书负责送达董事审阅；董事长负责召集和主持董事会会议审议定期报告；监事会负责审核董事会编制的定期报告；董事会秘书负责组织定期报告的披露工作。

（2）重大事件的报告、传递、审核和披露程序。负有定期报告披露义务的公司应当制定重大事件的报告、传递、审核、披露程序。董事、监事、高级管理人员知悉重大事件发生时，应当按照公司规定立即履行报告义务；董事长在接到报告后，应当立即向董事会报告，并敦促董事会秘书组织临时报告的披露工作。

依法披露的信息，应当在证券交易场所的网站和符合国务院证券监督管理机构规定条件的媒体发布，同时将其置备于公司住所、证券交易场所，供社会公众查阅。

2. 信息披露的监督管理

国务院证券监督管理机构对信息披露义务人的信息披露行为进行监督管理。证券交易场所应当对其组织交易证券的信息披露义务人的信息披露行为进行监督，督促其依法及时、准确地披露信息。

（六）违反信息披露义务的民事责任

信息披露义务人未按照规定披露信息，或者公告的证券发行文件、定期报告、临时报告及其他信息披露资料存在虚假记载、误导性陈述或者重大遗漏，致使投资者在证券交易中遭受损失的，信息披露义务人应当承担赔偿责任；发行人的控股股东、实际控制人、董事、监事、高级管理人员和其他直接责任人员以及保荐人、承销的证券公司及其直接责任人员，应当与发行人承担连带赔偿责任，但是能够证明自己没有过错的除外。

六、投资者保护

保护投资者权益是《证券法》的核心宗旨之一，也是证券监管的目标之一。《证券法》在规定了强制性信息披露、发行保荐、禁止内幕交易等行为以及投资者保护机构、投资者保护基金等一系列机制之外，增设专章规定投资者保护制度。

（一）投资者适当性管理制度

在证券公司与投资者的关系上，证券公司依法承担适当性管理义务。证券公司向投资者销售证券、提供服务时，应当按照规定充分了解投资者的基本情况、财产状况、金融资产状况、投资知识和经验、专业能力等相关信息；如实说明证券、服务的重要内容，充分揭示投资风险；销售、提供与投资者上述状况相匹配的证券、服务。投资者在购买证券或者接受服务时，应当按照证券公司明示的要求提供上述所列真实信息。证券公司违反适当性义务规定导致投资者损失的，应当承担相应的赔偿责任。

（二）证券公司与普通投资者纠纷的自证清白制度

《证券法》根据财产状况、金融资产状况、投资知识和经验、专业能力等因素，将投资者分为普通投资者和专业投资者，对于普通投资者实行特殊保护。专业投资者的标准授权国务院证券监督管理机构规定，专业投资者以外的人为普通投资者。普通投资者与证券公司发生纠纷的，证券公司应当证明其行为符合法律、行政法规以及国务院证券监督管理机构的规定，不存在误导、欺诈等情形。证券公司不能证明的，应当承担相应的赔偿责任。

（三）股权征集制度

股权征集是指上市公司董事会、独立董事、持有1%以上有表决权股份的股东，依照法律、行政法规或者国务院证券监督管理机构的规定设立的投资者保护机构，可以作为征集人，自行或者委托证券公司、证券服务机构，公开请求上市公司股东委托其代为出席股东大会，并代为行使提案权、表决权等股东权利。股权征集能够在同一时间实现零散股权的聚集，扩大中小股东的声音。依照规定征集股东权利的，征集人应当披露征集文件，上市公司应当予以配合，禁止以有偿或者变相有偿的方式公开征集股东权利。

公开征集股东权利违反法律、行政法规或者国务院证券监督管理机构有关规定，导致上市公司或者其股东遭受损失的，应当依法承担赔偿责任。

（四）上市公司现金分红制度

上市公司应当在章程中明确分配现金股利的具体安排和决策程序，依法保障股东的资产收益权。上市公司当年税后利润，在弥补亏损及提取法定公积金后有盈余的，应当按照公司章程的规定分配现金股利。

（五）公司债券持有人会议制度与受托管理人制度

公司债券持有人会议是为了公司债权人的共同利益设立的，通过会议的形式集体行权的法律机制。公开发行公司债券的，应当设立债券持有人会议，并应当在募集说明书中说明债券持有人会议的召集程序、会议规则和其他重要事项。

公开发行公司债券的，发行人应当为债券持有人聘请债券受托管理人，并订立债券受托管理协议。受托管理人应当由本次发行的承销机构或者其他经国务院证券监督管理机构认可的机构担任，债券持有人会议可以决议变更债券受托管理人。债券受托管理人应当勤勉尽责，公正履行受托管理职责，不得损害债券持有人利益。债券发行人未能按期兑付债券本息的，债券受托管理人可以接受全部或者部分债券持有人的委托，以自己名义代表债券持有人提起、参加民事诉讼或者清算程序。

（六）先行赔付的赔偿机制

《证券法》确立了先行赔付制度，发行人因欺诈发行、虚假陈述或者其他重大违法行为给投资者造成损失的，发行人的控股股东、实际控制人、相关的证券公司可以委托投资者保护机构，就赔偿事宜与受到损失的投资者达成协议，予以先行赔付。先行赔付后，可以依法向发行人以及其他连带责任人追偿。

（七）普通投资者与证券公司纠纷的强制调解制度

投资者与发行人、证券公司等发生纠纷的，双方可以向投资者保护机构申请调解。普通投资者与证券公司发生证券业务纠纷，普通投资者提出调解请求的，证券公司不得拒绝。

（八）投资者保护机构的代表诉讼制度

《证券法》确立了投资者保护机构的代表诉讼，发行人的董事、监事、高级管理人员执行公司职务时违反法律、行政法规或者公司章程的规定给公司造成损失，发行人的控股股东、实际控制人等侵犯公司合法权益给公司造成损失，投资者保护机构持有该公司股份的，可以为公司的利益以自己的名义向人民法院提起诉讼，持股比例和持股期限不受公司法规定的限制。

（九）代表人诉讼制度

代表人诉讼是一种团体诉讼、共同诉讼，是在当事人一方人数众多，其诉讼标的是同一种类的情况下，由其中一人或数人代表全体相同权益人进行诉讼，法院判决效力及于全体相同权益人的诉讼。证券法的代表人诉讼分为投资者代表人诉讼和投资者保护机构的代表人诉讼。

投资者代表人诉讼是由依法推选出的投资者代表其他众多投资者进行的诉讼。投资者提起虚假陈述等证券民事赔偿诉讼时，诉讼标的是同一种类，且当事人一方人数众多的，可以依法推选代表人进行诉讼。对按照上述规定提起的诉讼，可能存在有相同诉讼请求的其他众多投资者的，人民法院可以发出公告，说明该诉讼请求的案件情况，通知投资者在一定期间内向人民法院登记。人民法院作出的判决、裁定，对参加登记的投资者发生效力。

投资者保护机构的代表人诉讼是由投资者保护机构代表投资者进行的诉讼。投资者保护机构受50名以上投资者委托，可以作为代表人参加诉讼，并为经证券登记结算机构确认的权利人依照上述规定向人民法院登记，但投资者明确表示不愿意参加该诉讼的除外。即投资者保护机构作为诉讼代表人时，对受损害投资者实行默示加入、明示退出的规则。投资者保护机构的代表诉讼与投资者保护机构的代表人诉讼相结合，利于从源头上堵截证券市场的侵权违法行为，维护投资者的切实利益。

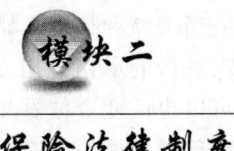

模块二 保险法律制度

一、保险法律制度概述

（一）保险概述

1. 保险的概念

根据《中华人民共和国保险法》（以下简称《保险法》）的规定，保险是指投保人根据合同约定，向保险人支付保险费，保险人对于合同约定的可能发生的事故因其发生所造成的财产损失承担赔偿保险金责任，或者当被保险人死亡、伤残、疾病或者达到合同约定的年龄、期限等条件时承担给付保险金责任的商业保险行为。可见，保险是发生在投保人、被保险人或受益人与保险人之间的一种合同权利义务关系，它包括财产保险合同和人身保险合同，是一种商业保险。

扩展阅读　保险的历史

2. 保险的分类

根据不同的标准，可以对保险做不同的分类：

（1）根据保险责任发生的效力依据划分，保险可分为强制保险和自愿保险。强制保险又称法定保险，是指国家法律、法规直接规定必须进行的保险，如机动车第三者责任险就属于强制保险。自愿保险是投保人与保险人双方平等协商，自愿签订保险合同而产生的保险，这种保险责任发生的效力依据是保险合同，投保人享有是否投保的自由，保险人享有是否承保或承保多少的自由。

（2）根据保险设立是否以营利为目的划分，保险可分为商业保险和政策性保险。政策性保险是指国家基于社会、经济政策的需要，不以营利为目的而举办的保险，如存款保险、社会保险，前者属于经济政策性保险，后者属于社会政策性保险。商业保险是指政策性保险以外的普通保险，是以营利为目的的，其费用主要来源于投保人缴纳的保险费。我国保险法明确规定保险是一种商业保险行为。

（3）根据保险标的的不同，保险可分为财产保险与人身保险。财产保险是以财产及其有关利益为保险标的的保险，包括财产损失保险、责任保险、保证保险和信用保险等。人身保险是以人的寿命和身体为保险标的的保险，包括意外伤害保险、健康保险和人寿保险等。

（4）根据保险人是否转移保险责任划分，保险可分为原保险和再保险。原保险也称第一次保险，是指保险人对被保险人因保险事故所致损害直接由自己承担赔偿责任的保险。再保险又称第二次保险，或称分保，是指原保险人为减轻或避免所负风险把原保险责任的一部分或全部转移给其他保险人的保险。

（5）根据保险人的人数划分，保险可分为单保险和复保险。单保险是指投保人对同一保险标的、同一保险利益、同一保险事故与一个保险人订立保险合同的保险。复保险又称重复保险，是指投保人对同一保险标的、同一保险利益、同一保险事故分别与两个以上保险人订立保险合同，且保险金额总和超过保险价值的保险。

（二）保险法概述

保险法是调整保险关系的法律规范的总称。保险法有广义和狭义之分。狭义的保险法仅指保险法典，广义的保险法不仅包括保险法典，而且还包括其他法律法规中有关保险的规定。保险法的内容一般包括保险业法、保险合同法和保险特别法。

1995年6月30日第八届全国人大常委会第十四次会议通过了我国第一部完备的保险基本法——《中华人民共和国保险法》（以下简称《保险法》），该法自1995年10月1日起施行。2002年10月28日第九届全国人大常委会第三十次会议第一次修正。2009年2月28日第十一届全国人大常委会第七次会议修订通过新的保险法，自2009年10月1日起施行。2014年8月31日、2015年4月24日第十二届全国人民代表大会常务委员会第十次会议、第十四次会议分别修正。

（三）保险法的基本原则

1. 最大诚信原则

任何民事活动，都应遵循诚实信用原则。但保险活动要求的诚信程度比一般民事活动更高。这是因为在投保时，如果是财产保险，投保人对自己的财产状况、生产经营状况最为了解，如果是人身保险，对自己的年龄及身体状况也更为了解，而保险人只能根据投保人的陈述来决定是否承保以及所应适用的保险费率。所以，保险法要求双方当事人在签订合同时必须最大限度地如实告知自己所知道的有关事实；在保险合同生效后不论何方当事人违反最大诚信原则，对方都有权解除保险合同。保险合同中的最大诚信原则，其基本内容有三：即告知、保证、弃权与禁止反言。

（1）告知。告知是指投保人在订立保险合同时应当将与保险标的有关的重要事实如实向保险人陈述。

对此，我国《保险法》第十六条规定，订立保险合同，保险人就保险标的或者被保险人的有关情况提出询问的，投保人应当如实告知。投保人故意或者因重大过失未履行前款规定的如实告知义务，足以影响保险人决定是否同意承保或者提高保险费率的，保险人有权解除合同。投保人故意不履行如实告知义务的，保险人对于合同解除前发生的保险事故，不承担赔偿或者给付保险金的责任，并不退还保险费。投保人因重大过失未履行如实告知义务，对保险事故的发生有严重影响的，保险人对于合同解除前发生的保险事故，不承担赔偿或者给付保险金的责任，但应当退还保险费。

（2）保证。保证是指投保人在保险合同中向保险人作出的履行某种特定义务的承诺，或担保某一事项的真实性。构成最大诚信原则内容的保证，是保险合同的基础。这是由于保险人无法直接控制保险标的的使用情况，只有在保险事故发生时才能了解事故发生的原因和结果、保险标的的受损原因和受损状况，因此，如果投保人违反保证义务，保险人即可取得解除合同的权利或不负赔偿责任。

（3）弃权与禁止反言。弃权是指保险人放弃因投保人或被保险人违反告知义务或保证而产生的保险合同解除权。禁止反言是指保险人既然放弃自己的权利，将来不得反悔再向对方主张已经放弃的权利。弃权与禁止反言是两个相互对应的概念，弃权是禁止反言的前提，禁止反言是弃权引起的法律后果。按照我国《保险法》第十六条和《最高人民法院关于适用〈中华人民共和国保险法〉若干问题的解释（二）》的规定，投保人故意或者因重大过失未履行如实告知义务的，足以影响保险人决定是否同意承保或者提高保险费率的，保险人有权解除合同。但保险人在保险合同成立后知道或者应当知道投保人未履行如实告知义务，仍然收取保险费的，不得主张解除合同。保险人解除合同的权利，自保险人知道有解除事由之日起，超过30日不行使而消灭；自合同成立之日起超过2年的，保险人不得解除合同。

2. 保险利益原则

保险利益是指投保人或者被保险人对保险标的具有的法律上承认的利益。财产保险和人身保险均适用保险利益原则。

在人身保险中，保险利益表现为一种人与人之间的利害关系，这种利害关系在多大范围内存在是法定的。我国《保险法》第三十一条规定，投保人对下列人员具有保险利益：本人；配偶、子女、父母；上述人员以外的与投保人有抚养、赡养或者扶养关系的家庭其他成员、近亲属；与投保人有劳动关系的劳动者。除上述规定外，被保险人同意投保人为其订立合同的，视为投保人对被保险人具有保险利益。

而在财产保险中，保险利益有三种形式：现有利益、期待利益（如合同利益）、责任利益（限于民事赔偿责任）。我国《保险法》未明确规定保险利益的适用范围，一般来讲，财产保险中享有保险利益的人员范围主要有：对财产享有法律上权利的人，如所有权人、抵押权人、留置权人等；财产保管人；合法占有财产的人，如承租人、承包人等。

我国《保险法》规定，人身保险的投保人在保险合同订立时，对被保险人应当具有保险利益。财产保险的被保险人在保险事故发生时，对保险标的应当具有保险利益。

【例】南京市公安局2020年6月9日通过一起航班延误骗保案：犯罪嫌疑人李某有航空服务类的工作经验，失业后就在家研究各种数据，分析出了几条延误率最高的航线，然后根据出发前的天气状况，用多人身份信息购买机票和保险。她时刻关注航班动态，如果航班不延误，会立即退票，一旦延误就着手理赔。一份保险保费才40元，但延误赔偿金在400元到2000元不等，高的达到七八千元。有时李某仅单趟航班延误险就能获利十多万元。而他人的护照信息、身份信息都是她从亲戚朋友那儿以投资理财的说辞骗取的。经过统计，2005年至今，李某已经实施索赔900多次，获利300多万元。根据我国《刑法》的规定，投保人故意虚构保险标的，骗取保险金的数额较大的，构成保险诈骗罪。试分析：本案中李某是否构成保险诈骗罪？

案例参考答案

3. 损失补偿原则

损失补偿原则是财产保险合同所特有的一项原则，其基本含义包括：

（1）被保险人只有遭受约定的保险危险所造成的损失才能获得赔偿，如果有险无损或者有损但并非约定的保险事故所造成，被保险人都无权要求保险人给予赔偿。

（2）补偿的金额等于实际损失的金额。投保人或者被保险人在约定的保险事故发生后遭受损失是多少，保险人就补偿多少；没有损失就不补偿，即保险人的补偿恰好能使保险标的恢复到保险事故发生前的状态。投保人或被保险人、不能获得多于或少于损失的赔偿。

【例】张某花10万元购买了一辆全新的轿车，向甲保险公司投保了汽车损失险，保险金额为20万元，保险期间为2021年2月1日至2022年1月31日。2022年1月20日，张某驾驶汽车发生交通事故，车辆全损。假设该款汽车每年折旧为10%，此时全新的同款轿车市场价为9万元。问：保险公司应如何赔付？

案例参考答案

4. 近因原则

近因原则是指保险人对承保范围内的保险事故作为直接的、最接近的原因所引起的损失，承担保险责任。也就是说，保险事故与损害后果之间应具有因果关系。此处的近因并非是指时间上最接近损失的原因，而是指有支配力或一直有效的原因。

二、保险合同

（一）保险合同的特征

根据我国《保险法》的规定，保险合同是指投保人与保险人约定保险权利义务关系的协议。其特征主要表现为：

1. 保险合同是双务有偿合同

保险合同的当事人按照合同的约定互相负有义务。保险人在合同约定的保险事故发生时或者在保险期限届满时，向投保人（或被保险人，或受益人）支付赔偿金或保险金；投保人按照合同约定向保险人缴纳保险费，并以此为代价将一定范围内的危险转移给保险人。

2. 保险合同是射幸合同

射幸合同，即为碰运气的机会性合同。在保险合同中，投保人缴纳保险费的义务是确定的，而合同约定的保险事故是否发生是不确定的，即保险人是否承担保险责任是机会性的，具有偶然性。危险发生的偶然性，决定了保险合同的射幸性质。

3. 保险合同是诺成合同

我国《保险法》第十三条规定，投保人提出保险要求，经保险人同意承保，保险合同成立。保险人应当及时向投保人签发保险单或者其他保险凭证。因此签发保单是保险人的合同义务，而非保险合同的成立要件。

4. 保险合同是格式合同

保险合同的内容或主要条款或保险单一般是由保险人一方根据相关规定拟定和提供的，投保人在投保时，通常只能决定是否接受保险人制定的保险条款，一般没有拟定、磋商或更改保险合同条款的自由。

（二）保险合同的分类

保险合同依据不同标准，可作以下分类：

1. 定值保险合同与不定值保险合同

根据保险合同中的保险价值是否先予确定为标准，可将保险合同分为定值保险合同与不定值保险合同。定值保险合同是指投保人和保险人约定保险标的的保险价值并在合同中载明的，保险标的发生损失时，以约定的保险价值为赔偿计算标准的保险合同。不定值保险合同是指投保人和保险人未约定保险标的的保险价值，保险标的发生损失时，以保险事故发生时保险标的的实际价值为赔偿计算标准的保险合同。由于人身保险不存在保险价值问题，这种分类只适用于财产保险合同。

2. 足额保险合同、不足额保险合同和超额保险合同

根据保险价值与保险金额的关系，可将保险合同分为足额保险合同、不足额保险合同和超额保险合同。足额保险合同是指保险金额等于保险价值的保险合同。不足额保险合同

又称低额保险，是指保险金额小于保险价值的保险合同。超额保险合同是指保险金额高于保险价值的保险合同。

除此之外，根据保险标的的不同，保险合同还可分为人身保险合同和财产保险合同；根据保险人所承担的危险状况不同，可将保险合同分为特定危险保险合同和一切险保险合同等。

（三）保险合同的当事人及关系人

1. 保险合同的当事人

保险合同的当事人是指投保人和保险人，即订立保险合同的双方当事人。保险人是指与投保人订立保险合同，并按照合同约定承担赔偿或者给付保险金责任的保险公司。投保人是指与保险人订立保险合同，并按照合同约定负有支付保险费义务的人。

2. 保险合同的关系人

保险合同的结构与一般的民事合同不同，除了当事人之外，保险合同还存在关系人。所谓保险合同的关系人，是指除保险合同当事人之外，对于保险合同利益有独立请求权的人，包括被保险人和受益人。

（1）被保险人。被保险人是指其财产或者人身受保险合同保障，享有保险金请求权的人。投保人可以为被保险人。

（2）受益人。受益人是指人身保险合同中由被保险人或者投保人指定的享有保险金请求权的人。投保人、被保险人可以为受益人。如果没有指定受益人，或者受益人限于被保险人死亡，或者受益人依法丧失或放弃受益权的，保险金作为被保险人的遗产。受益人与被保险人在同一事件中死亡，且不能确定死亡先后顺序的，推定受益人死亡在先。受益人故意造成被保险人死亡、伤残、疾病的，或者故意杀害被保险人未遂的，该受益人丧失受益权。

（四）保险合同的订立

1. 保险合同的订立程序

与其他合同一样，保险合同的订立有要约与承诺两个程序。具体到保险合同中，就是投保人投保与保险人承保的过程。

（1）投保。投保是指投保人向保险人提出的要求保险的意思表示。由于保险合同条款一般是统一的和公开的，故投保人填写投保单，就意味着投保人已确认保险人事先制定好的保险合同条款。

（2）承保。承保是指保险人同意投保人提出的保险要求的意思表示。由于保险合同为诺成合同，保险人同意承保就意味着承诺，因此保险合同成立。

2. 保险合同成立的时间

我国《保险法》第十三条第一款规定，投保人提出保险要求，经保险人同意承保，保险合同成立。

（五）保险合同的条款

根据我国《保险法》第十八条的规定，保险合同应当包括下列事项：

（1）保险人的名称和住所。

（2）投保人、被保险人的姓名或者名称、住所，以及人身保险的受益人的姓名或者名称、住所。

(3) 保险标的。保险标的是指保险合同所要保障的对象。财产保险合同的保险标的是被保险的财产及其有关利益。人身保险合同的保险标的是被保险人的寿命、身体和健康。

(4) 保险责任和责任免除。保险责任是指保险合同约定的保险事故的发生造成被保险人财产损失或在约定的人身事件到来时，保险人所应承担的责任。

(5) 保险期间和保险责任开始期间。保险期间是指保险人提供保险保障的期间，在该期间内发生保险事故并致使保险标的损害的，保险人承担保险责任。保险责任开始的时间与保险合同生效的时间不一定一致，依法成立的保险合同自成立时生效，但保险期间的开始时间应按合同约定来确定。

(6) 保险金额。保险金额是指保险人承担赔偿或者给付保险金责任的最高限额，也是保险人计算保险费的依据之一。

(7) 保险费以及支付办法。保险费是投保人依合同约定向保险人支付的费用，是投保人为获得保险保障应支付的对价。投保人缴纳保险费可一次性支付，也可以分期分批支付。

(8) 保险金赔偿或者给付办法。保险金是指保险合同约定的保险事故发生或者在约定的保险事件到来后，保险人实际支付的赔款。

(9) 违约责任和争议处理。

(10) 订立合同的年、月、日。

此外，投保人和保险人还可以约定与保险有关的其他事项。

(六) 保险合同的形式

1. 保险单

保险单是保险人签发的关于保险合同的正式的书面凭证。保险单由保险人签发并交给投保人。投保人以其持有的保险单来证明其与保险人之间存在的合同关系。保险单中一般印有保险条款，当保险标的遭受损失时，是保险人向被保险人理赔的主要依据。

2. 保险凭证

保险凭证俗称小保单，是一种内容简化了的保险单，一般不列明具体的保险条款，只记载投保人和保险人约定的主要内容，但与保险单具有同等的法律效力、对于保险凭证未列明的内容，以相应的保险单的记载为准。

3. 暂保单

暂保单是在保险单发出以前由保险人出具给投保人的一种临时保险凭证。暂保单不同于保险单，在保险人正式签发保险单之前，与保险单具有同等法律效力。暂保单的有效期限较短，可由保险人具体规定，一般为 15~30 日不等。若保险人出具正式保险单或暂保单的有效期限届满，暂保单的法律效力自动终止。

4. 投保单

投保单是保险人事先制定的供投保人提出保险要约时使用的格式文件。投保单本身不是保险合同，但投保单经投保人填具后，如果其内容被保险人完全接受，并在投保单上加盖承保印章时，就成为保险合同的组成部分，补充保险单的不清或遗漏。投保人在其填写的投保单中如有告知不实,又不声明修正的,投保单就会成为保险人解除保险合同或者拒绝承担保险责任的依据。

5. 其他书面形式

除上述四种形式外,当事人可约定采用其他的书面形式。

(七) 保险合同的履行

1. 投保人、被保险人的义务

(1) 支付保险费的义务。支付保险费是投保人最基本和最主要的义务。投保人支付保险费,应按照保险合同约定的数额、期限及方式等条件支付。我国《保险法》第三十六条规定,人身保险合同约定分期支付保险费,投保人支付首期保险费后,除合同另有约定外,投保人自保险人催告之日起超过30日未支付当期保险费,或者超过约定的期限60日未支付当期保险费的,合同效力中止,或者由保险人按照合同约定的条件减少保险金额。对于人寿保险的保险费,保险人不得用诉讼方式要求投保人支付。

(2) 危险增加的通知义务。危险增加是指订立保险合同时双方当事人未曾估计到危险发生的可能性增大,其后果是保险人有权要求提高保险费或解除合同的责任。我国《保险法》第五十二条规定,在合同有效期内,保险标的的危险显著增加的,被保险人应当按照合同约定及时通知保险人,保险人可以按照合同约定增加保险费或者解除合同。保险人解除合同的,应当将已收取的保险费,按照合同约定扣除自保险责任开始之日起至合同解除之日止应收的部分后,退还投保人。被保险人未履行危险增加的通知义务的,因保险标的危险显著增加而发生的保险事故,保险人不承担赔偿保险金的责任。

(3) 保险事故发生后的通知义务。该义务又称通知出险义务。我国《保险法》第二十一条规定,投保人、被保险人或者受益人知道保险事故发生后,应当及时通知保险人。故意或者因重大过失未及时通知,致使保险事故的性质、原因、损失程度等难以确定的部分,不承担赔偿或者给付保险金的责任,但保险人通过其他途径已经及时知道或者应当及时知道保险事故发生的除外。

(4) 接受保险人检查,维护保险标的安全义务。我国《保险法》第五十一条规定,被保险人应当遵守国家有关消防、安全、生产操作、劳动保护等方面的规定,维护保险标的的安全。保险人可以按照合同约定对保险标的的状况进行检查,及时向投保人、被保险人提出消除不安全因素和隐患的书面建议。投保人、被保险人未按照约定履行其对保险标的的安全应尽责任的,保险人有权要求增加保险费或者解除合同。

(5) 积极施救义务。我国《保险法》第五十条第一款规定,保险事故发生时,被保险人应当尽力采取必要的措施,防止或者减少损失。

2. 保险人的义务

(1) 给付保险金的义务。这是保险人最基本和最主要的义务。

(2) 支付其他合理、必要费用的义务。包括:为防止或者减少保险标的的损失所支付的合理、必要的费用,如施救费用等;为查明和确定保险事故的性质、原因和保险标的的损失程度所支付的合理的、必要的费用;责任保险中被保险人被提起诉讼或仲裁的费用及其他合理的、必要的费用。

3. 索赔

（1）索赔的时效。索赔是法律赋予被保险人或受益人的一项权利。财产保险合同的索赔权利人是被保险人，且其在保险事故发生时对保险标的应具有保险利益；人身保险合同的索赔权利人是被保险人或受益人。我国《保险法》第二十六条规定，人寿保险的被保险人或者受益人向保险人请求给付保险金的诉讼时效期间为5年，自其知道或者应当知道保险事故发生之日起计算。人寿保险以外的其他保险的被保险人或者受益人，向保险人请求赔偿或者给付保险金的诉讼时效期间为2年，自其知道或者应当知道保险事故发生之日起计算。

（2）索赔的程序。投保人、被保险人或者受益人知道保险事故发生后，应当及时通知保险人，并有义务保护现场，接受保险人的检验与勘查，进而提出索赔请求，提供索赔证据，领取保险赔偿金或保险金。

4. 理赔

理赔是指保险人接受索赔权利人的索赔要求后所进行的检验损失、调查原因、搜集证据、确定责任范围直至赔偿、给付的全部工作和过程。

（八）保险合同的变更

保险合同的变更包括主体变更、内容变更和效力变更。

1. 投保人、被保险人的变更

投保人、被保险人的变更又称为保险合同的转让，是指保险人、保险标的和保险内容均不改变，而投保人或被保险人发生变更的行为。根据《保险法》的规定，在财产保险合同中，保险标的转让或被继承的，保险标的的受让人或继承人承继被保险人的权利和义务。保险标的已交付受让人，但尚未依法办理所有权变更登记，承担保险标的毁损灭失风险的受让人主张行使被保险人权利的，人民法院应予支持。保险标的的转让，被保险人或者受让人应当及时通知保险人，但货物运输保险合同和另有约定的合同除外。货物运输合同允许保险单随货物所有权的转移而转移，只需投保方背书即可转让。被保险人、受让人依法及时向保险人发出保险标的转让通知后，保险人作出答复前，发生保险事故，被保险人或者受让人主张保险人按照保险合同承担赔偿保险金的责任的，人民法院应予支持。

2. 保险合同内容的变更

我国《保险法》第二十条规定，投保人和保险人可以协商变更合同内容。变更保险合同内容的，应当由保险人在保险单上或者其他保险凭证上批注或者附贴批单，或者由投保人和保险人订立变更的书面协议。

3. 保险合同效力的变更

它是指人身保险合同失效后又复效的情况。我国《保险法》第三十七条规定，因投保人未按照第三十六条规定支付保费而导致合同效力中止的，经保险人与投保人协商并达成协议，在投保人补交保险费后，合同效力恢复。但是，自合同效力中止之日起满2年未达成协议的，保险人有权解除合同。

（九）保险合同的解除

1. 投保人的合同解除权

根据我国《保险法》第十五条的规定，除《保险法》另有规定或者保险合同另有约定外，保险合同成立后，投保人可以解除合同，保险人不得解除合同。在人身保险合同中，投保人解除合同的，保险人应当自收到解除通知之日起 30 日内，按照合同约定退还保险单的现金价值。在财产保险合同中，保险责任开始前，投保人要求解除合同的，应当按照合同约定向保险人支付手续费，保险人应当退还保险费。保险责任开始后，投保人要求解除合同的，保险人应当将已收取的保险费，按照合同约定扣除自保险责任开始之日起至合同解除之日止应收的部分后，退还投保人。

2. 保险人的合同解除权

只有在法律有规定的情况下保险人才可以解除合同。《保险法》中规定的保险人具有解除合同权利的情形主要有：

（1）投保人故意或者因重大过失未履行如实告知义务，足以影响保险人决定是否同意承保或者提高保险费率的，保险人有权解除合同。

（2）被保险人或者受益人未发生保险事故，谎称发生了保险事故，向保险人提出赔偿或者给付保险金请求的，保险人有权解除合同，并不退还保险费。投保人、被保险人故意制造保险事故的，保险人有权解除合同，不承担赔偿或者给付保险金的责任。

（3）投保人、被保险人未按照合同约定履行其对保险标的的安全应尽责任的，保险人有权解除合同。

（4）在合同有效期内，保险标的的危险程度显著增加，被保险人未按合同约定及时通知保险人的或者保险人要求增加保险费被拒绝的，保险人有权解除合同。

（5）投保人申报的被保险人年龄不真实，并且其真实年龄不符合合同约定的年龄限制的，保险人可以解除合同。

（6）人身保险合同效力中止后两年保险合同双方当事人未达成协议恢复合同效力的，保险人有权解除合同。

此外，根据我国《保险法》第五十八条的规定，保险标的发生部分损失的，自保险人赔偿之日起 30 日内，投保人可以解除合同；除合同另有约定外，保险人也可以解除合同，但应当提前 15 日通知投保人，合同解除的，保险人应将保险标的未受损失部分的保险费，按照合同约定扣除自保险责任开始之日起至合同解除之日止应收的部分后，退还投保人。

3. 当事人不得解除的保险合同

根据我国《保险法》第五十条的规定，货物运输保险合同和运输工具航程保险合同，其保险责任开始后，合同当事人不得解除合同。

三、财产保险合同中的特殊制度

（一）财产保险合同的概念

财产保险合同是指以财产或财产性利益为保险标的的保险合同。财产保险合同的最大特点是以填补损失为原则，补偿的金额不能超过被保险人的实际损失。因此财产保险中存在重复保险的分摊制度、代位求偿制度与物上代位制度。

（二）重复保险的分摊制度

1. 重复保险的含义

重复保险是指投保人对同一保险标的、同一保险利益、同一保险事故分别与两个以上保险人订立保险合同，且保险金额总和超过保险价值的保险。

2. 投保人的通知义务

重复保险因保险金额总和超过保险价值，若保险人不知重复保险的存在，各自进行赔偿，有可能出现超额赔偿，有悖财产保险损失补偿原则，因此，《保险法》规定，重复保险的投保人应当将重复保险的有关情况通知各保险人。

3. 重复保险的责任分摊

为维护补偿原则，防止被保险人利用重复保险获得超额赔款，我国《保险法》第五十六条第二款规定，重复保险的各保险人赔偿保险金的总和不得超过保险价值。除合同另有约定外，各保险人按照其保险金额与保险金额总和的比例承担赔偿保险金的责任。

（三）代位求偿制度

1. 代位求偿的概念

代位求偿是指保险人在向被保险人赔偿损失后，取得了该被保险人享有的依法向负有民事赔偿责任的第三人追偿的权利，并据此权利予以追偿的制度。代位求偿制度是损失补偿原则的体现。我国《保险法》第六十条规定，因第三者对保险标的的损害而造成保险事故的，保险人自向被保险人赔偿保险金之日起，在赔偿金额范围内代位行使被保险人对第三者请求赔偿的权利。

2. 代位求偿的成立要件

（1）保险事故的发生是由第三者的行为引起的。

（2）被保险人未放弃向第三者的赔偿请求权。

（3）代位求偿权的产生须在保险人支付保险金之后。

3. 代位求偿权的行使

保险人应以自己的名义行使保险代位求偿权，除被保险人的家庭成员或者其组成人员故意对保险标的损害而造成保险事故外，保险人不得对被保险人的家庭成员或者其组成人员行使代位请求赔偿的权利。保险人向第三者行使代位请求赔偿的权利时，被保险人应当向保险人提供必要的文件和所知道的有关情况。被保险人因故意或者重大过失未履行该义务，致使保险人未能行使或者未能全部行使代位请求赔偿的权利，保险人主张在其损失范围内扣减或者返还相应保险金的，人民法院应予支持。

（四）物上代位制度

1. 物上代位的概念

物上代位是一种所有权的代位，当保险标的因遭受保险事故而发生全损，保险人在支付全部保险金额之后，即拥有对该保险标的物的所有权，即保险人代位取得对受损保险标的的权利。财产保险的物上代位是一种赔偿代位，与代位求偿权一样，是以公平为原则，以求得当事人之间利益均衡为目的的法律制度，目的在于防止被保险人获得双重利益。

2. 物上代位的成立要件

保险事故发生时，有全部损失和部分损失两种结果：全部损失时，保险人支付全部保险金额；部分损失时，保险人仅支付部分保险金额。只有支付了全部保险金额，保险人才享有物上代位权。根据我国《保险法》第五十九条的规定，保险事故发生后，保险人已支付了全部保险金额，并且保险金额等于保险价值的，受损保险标的的全部权利归于保险人；保险金额低于保险价值的，保险人按照保险金额与保险价值的比例取得受损保险标的的部分权利。

物上代位权是一种法定的权利，只要保险事故发生，保险人已支付全部保险金额，受损保险标的全部或部分权利即法定转移，保险人随即代位取得受损保险标的物上的权利，处理受损标的所得全部或部分收益归其所有。

四、人身保险合同的特殊条款

（一）人身保险合同的概念

人身保险合同是指投保人根据合同约定向保险人支付保险费，保险人在被保险人死亡、伤残、疾病或者达到合同约定规定年龄、期限等条件时承担给付保险金义务的保险合同。人身保险合同原则上不能适用损失填补原则，保险人也无代位求偿权。

人身保险合同中也存在一些特殊条款，如投保人未按时缴纳保险费时的宽限期条款、中止复效条款等，前已述及，在此不再赘述。本部分仅介绍不丧失价值条款、年龄误告条款和自杀条款。

（二）不丧失价值条款

由于人身保险具有储蓄性质，投保人缴纳保险费达到一定年限后，保险单就具有相当的现金价值。如果投保人不愿意继续投保而要求退保时，保险单所具有的现金价值并不因此而丧失。如我国《保险法》第三十二条规定，投保人申报的被保险人年龄不真实，并且其真实年龄不符合合同约定的年龄限制的，保险人可以解除合同，并接按照合同约定退还保险单的现金价值。即使投保人故意造成被保险人死亡、伤残或者疾病的，保险人虽不承担给付保险金的责任，但若投保人已交足 2 年以上保险费的，保险人就应当按照合同约定向其他权利人退还保险单的现金价值（《保险法》第四十三条）。又如《保险法》第四十五条规定，因被保险人故意犯罪或者抗拒依法采取的刑事强制措施导致其伤残或者死亡的，保险人不承担给付保险金的责任。投保人已交足 2 年以上保险费的，保险人应当按照合同约定退还保险单的现金价值。

（三）误告年龄条款

人身保险合同中，被保险人的年龄是一个重要的因素，关系到保费数额的多少。若投保人申报的被保险人的年龄不真实，致使投保人支付的保险费少于应付保险费的，保险人有权更正并要求投保人补交保险费，或在给付保险金时按照实付保险费与应付保险费的比例支付。但若投保人为此支付的保险费多于应交的保险费，保险人应当将多收的保险费退还投保人。

（四）自杀条款

为了防止道德危险的发生，避免自杀者通过蓄意自杀谋取保险金，人身保险合同一般把自杀条款作为除外责任条款。为此，我国《保险法》第四十四条规定，以被保险人死亡为给付保险金条件的合同，自合同成立或者合同效力恢复之日起 2 年内，被保险人自杀的，保险人不承担给付保险金的责任，但被保险人自杀时为无民事行为能力人的除外。也就是说，如果保险合同届满 2 年后，被保险人自杀的，保险人应按合同约定给付保险金。保险人依照规定不承担给付保险金责任的，应当按照合同约定退还保险单的现金价值。

五、保险业与保险业监管

(一) 保险公司

保险业属于经营风险的特殊行业，各国对于保险业的经营主体都有严格的限制性条件和资格要求。我国对保险实行专营原则。对此，我国《保险法》规定，保险业务由依照《保险法》设立的保险公司以及法律、行政法规规定的其他保险组织经营，其他单位和个人不得经营保险业务。

1. 保险公司的设立

（1）保险公司的设立条件。我国《保险法》第六十八条规定，设立保险公司应当具备下列条件：

①主要股东具有持续盈利能力，信誉良好，最近3年内无重大违法违规记录，净资产不低于人民币2亿元。

②有符合保险法和公司法规定的章程。

③有符合保险法规定的注册资本。《保险法》第六十九条规定，设立保险公司，其注册资本的最低限额为人民币2亿元。国务院保险监督管理机构（具体为中国银保监会）根据保险公司的业务范围、经营规模，可以调整其注册资本的最低限额，但不得低于人民币2亿元。保险公司的注册资本必须为实缴货币资本。

④有具备任职专业知识和业务工作经验的董事、监事和高级管理人员。

⑤有健全的组织机构和管理制度。

⑥有符合要求的营业场所和与经营有关的其他设施。

⑦法律、行政法规和国务院保险监督管理机构规定的其他条件。

（2）申请、批准和登记。设立保险公司应当经国务院保险监督管理机构批准。申请设立保险公司，应当向国务院保险监督管理机构提出书面申请，并提交设立申请书、可行性研究报告、筹建方案、投资人的营业执照等其他材料。国务院保险监督管理机构应当自受理申请之日起6个月内作出批准或者不批准筹建的决定，并书面通知申请人。申请人应自收到批准筹建通知之日起1年内完成筹建工作，筹建期间不得从事保险经营活动。筹建工作完成后，申请人可向国务院保险监督管理机构提出开业申请，国务院保险监督管理机构应自受理开业申请之日起60日内，作出批准或者不批准开业的决定。决定批准的，颁发经营保险业务许可证，并凭许可证办理公司登记。保险公司及其分支机构自取得经营许可证之日起6个月内，无正当理由未办理公司登记的，其经营业务许可证失效。

（3）分支机构。保险公司在中国境内、境外设立分支机构，应当经国务院保险监督管理机构批准。保险公司分支机构不具有法人资格，其民事责任由保险公司承担。

2. 保险公司的变更

根据我国《保险法》的规定，保险公司变更有下列情形之一的，应当经国务院保险监督管理机构批准：变更名称、变更注册资本、变更公司或者分支机构的营业场所、撤销分支机构、公司分立或者合并、修改公司章程、变更出资额占有限责任公司资本总额5%以上的股东，或者变更持有股份有限公司股份5%以上的股东以及国务院保险监督管理机构规定的其他情形。

3. 保险公司的终止

（1）解散。保险公司因合并、分立需要解散，或者股东会、股东大会决议解散，或者公司章程规定的解散事由出现，经国务院保险监督管理机构批准后解散。经营有人寿保险业务的保险公司，除因合并、分立或者被依法撤销外，不得解散。保险公司解散，应当依法成立清算组进行清算。

（2）被撤销。保险公司违反《保险法》有关规定，被保险监督管理机构依法吊销保险经营业务许可证的，依法撤销。

（3）破产。保险公司不能清偿到期债务，并且资产不足以清偿全部债务或者明显缺乏清偿能力的，经国务院保险监督管理机构同意，保险公司或者其债权人可以依法向人民法院申请重整、和解或者破产清算；国务院保险监督管理机构也可以依法向人民法院申请对该保险公司进行重整或破产清算。

保险公司依法终止业务活动，应当注销其经营保险业务许可证。经营有人寿保险业务的保险公司被依法撤销或者被依法宣告破产的，其持有的人寿保险合同及责任准备金，必须转让给其他经营有人寿保险业务的保险公司；不能同其他保险公司达成转让协议的，由国务院保险监督管理机构指定经营有人寿保险业务的保险公司接受转让。

4. 保险公司的业务范围

保险公司的业务范围有：人身保险业务、财产保险业务以及国务院保险监督管理机构批准的与保险有关的其他业务。保险公司不得兼营人身保险业务和财产保险业务。但是，经营财产保险业务的保险公司经国务院保险监督管理机构批准，可以经营短期健康保险业务和意外伤害保险业务。

5. 保险公司的资金运用限制

保险公司的资金运用必须稳健，遵循安全性原则。保险公司的资金运用限于下列形式：

（1）银行存款；

（2）买卖债券、股票、证券投资基金份额等有价证券；

（3）投资不动产；

（4）国务院规定的其他资金运用形式。

保险公司资金运用的具体管理办法，由国务院保险监督管理机构制定。

（二）保险代理人

保险代理人是指根据保险人的委托，向保险人收取佣金，并在保险人授权的范围内代为办理保险业务的机构或者个人。可从以下几个方面来理解：

（1）保险代理人是保险人的代理人。保险代理人接受保险人的委托，代表保险人的利益，以保险人的名义，在保险人授权范围内代理保险人进行保险业务。保险代理人的保险代理活动所产生的法律后果，由保险人承担。

（2）保险代理人必须与保险人签订委托代理合同。根据我国《保险法》的规定，保险人委托保险代理人代为办理保险业务，应当与保险代理人签订委托代理协议，依法约定双方的权利和义务。这表明，保险代理人的代理权来源于保险人的委托授权。如果保险代理人没有代理权、超越代理权或者代理权终止后以保险人的名义订立合同，使投保人有理由相信其有代理权的，该代理行为有效。可见，保险代理也适用表见代理的规定。

（3）保险代理人以保险人的名义，在保险人授权范围内代为保险业务的行为，由保险人承担责任。如果保险代理人存在表见代理的情形，保险人可以依法追究越权的保险代理人的责任。

（4）保险代理人可以是单位，也可以是个人。保险代理机构包括专门从事保险代理业务的保险专业代理机构和兼营保险代理业务的保险兼业代理机构。保险代理机构应当具备国务院保险监督管理机构规定的条件，取得经营保险代理业务许可证，并办理登记。保险代理人个人，应当具备国务院保险监督管理机构规定的资格条件，并取得保险监督管理机构颁发的资格证书。

应当注意的是，个人保险代理人在代为办理人寿保险业务时，不得同时接受两个以上保险人的委托。

（三）保险经纪人

保险经纪人是指基于投保人的利益，为投保人与保险人订立保险合同提供中介服务，并依法收取佣金的机构。可从以下几个方面加以理解：

（1）保险经纪人是以自己的名义独立实施保险经纪行为。保险经纪人是为投保人、被保险人与保险人订立保险合同提供中介服务的机构。保险经纪人虽然是为投保人、被保险人的利益而安排投保事宜，但也只是向投保人报告订立保险合同的机会、信息或者促成投保人与保险人订立保险合同。所以说，保险经纪人既不是保险合同的当事人，也不是任何一方的代理人，它是具有独立法律地位的经营组织，在从事保险经纪行为时是以自己的名义与保险人进行活动的，且自行承担由此产生的法律后果。因此，保险经纪人因过错给投保人、被保险人造成损失的，依法承担赔偿责任。

（2）保险经纪人代表投保人的利益从事保险经纪行为。与保险代理人不同的是，保险经纪人是接受投保人的委托，代表的是投保人的利益，因此，在选择保险人并与保险人进行洽谈时，应当按照投保人的指示和要求行事，维护投保人、被保险人的利益。

（3）保险经纪人可以依法收取佣金。一般来讲，经纪合同的委托人应当向经纪人支付佣金作为报酬。但根据保险业的通例，保险经纪人虽然接受投保人委托并代表投保人利益，为投保人与保险人签订保险合同提供中介服务，但其佣金一般由保险人支付。当然，如果保险经纪人与投保人约定，投保人应当为保险经纪人的中介服务提供佣金的，投保人应当按照合同约定予以支付。但是，保险经纪机构不得同时向投保人和保险人双方收取佣金。保险佣金只限于向具有合法资格的保险代理人、保险经纪人支付，不得向其他人支付。

（4）保险经纪人是专门从事保险经纪活动的单位，而不能是个人。作为保险经纪人必须具备国务院保险监督管理机构规定的条件，取得保险监督管理机构颁发的经营保险代理业务许可证，并办理登记，领取营业执照。

（四）保险监管机构

1. 保险业监管机构

我国《保险法》第九条规定，国务院保险监督管理机构依法对保险业实施监管。国务院保险监督管理机构根据履行职责的需要设立派出机构。派出机构按照国务院保险监督管理机构的授权履行职责。保险监督管理机构依照保险法和国务院规定的职责，遵循依法、公开、公正的原则，对保险业实施监督管理，维护保险市场秩序，保护投保人、被保险人和受益人的合法权益。在我国，保险业监管机构指中国银保监会。

2. 主要监管职责

（1）依照法律、行政法规制定并发布有关保险业监督管理的规章。

（2）审批关系到社会公众利益的保险险种、依法实行强制保险的险种和新开发的人寿保险险种等的保险条款和保险费率。对其他保险险种的保险条款和保险费率，报保险监督管理机构备案。这说明，保险条款与保险费率由保险公司拟订，保险公司应当按照中国银保监会的规定，公平、合理拟订保险条款和保险费率，不得损害投保人、被保险人和受益人的合法权益。

（3）依法监管保险公司的偿付能力。对偿付能力不足的保险公司，中国银保监会应当将其列为重点监管对象，并采取下列措施：责令增加资本金、办理再保险；限制业务范围；限制向股东分红；限制固定资产购置或者经营费用规模；限制资金运用的比例和形式；限制增设分支机构；责令拍卖不良资产、转让计保险业务；限制董事、监事、高级管理人员的薪酬水平；限制商业性广告；责令停止接受新业务。

（4）对保险公司的整顿监管。保险公司未依法提取或者结转各项责任准备金，或者未依法办理再保险，或者严重违反《保险法》关于资金运用的规定的，由保险监督管理机构责令限期改正，并可以责令调整负责人及有关管理人员。保险公司逾期未改正的，中国银保监会可以决定选派保险专业人员和指定该保险公司的有关人员组成整顿组，对保险公司进行整顿。整顿过程中，被整顿保险公司的原有业务继续进行。但是。中国银保监会可以责令被整顿公司停止部分原有业务、停止接受新业务，调整资金运用。被整顿保险公司经整顿恢复正常经营状况的，经中国银保监会批准，结束整顿并予以公告。

（5）对保险公司的接管。保险公司有下列情形之一的，中国银保监会可对其进行接管：

①公司的偿付能力严重不足的。

②违反《保险法》规定，损害社会公共利益，可能严重危及或已经严重危及公司的偿付能力的。

被接管的保险公司的债权债务关系不因接管而变化。接管组的组成和接管的实施办法，由中国银保监会决定并予以公告。接管期限届满，中国银保监会可以决定延长接管期限，但接管期限最长不得超过两年。接管期限届满，被接管的公司已恢复正常经营能力的，由中国银保监会决定终止接管并予以公告。

（6）对保险公司的股东的监管。保险公司的股东利用关联交易严重损害公司利益，危及公司偿付能力的，由中国银保监会责令改正。在按照要求改正前，中国银保监会可以限制其股东权利；拒不改正的，可以责令其转让所持的保险公司股权。

模块三

票据法律制度

一、票据法基础理论

（一）票据概述

1. 票据的概念

票据的概念有广义和狭义之分。广义的票据包括各种有价证券和凭证，如股票、国库券、企业债券、发票、提单等；狭义的票据，即我国《票据法》中规定的票据，包括汇票、本票和支票，是指由出票人依法签发的，约定自己或委托付款人在见票时或指定的日期向收款人或持票人无条件支付一定金额的有价证券。

2. 票据的特征

（1）票据是完全证券。所谓完全证券，是指权利完全证券化、权利与证券融为一体不可分离的一类证券。票据所表示的权利，与票据本身紧密地结合在一起，权券一体，这一点与货币非常相似。

（2）票据是设权证券。与股票这样的证权证券不同，票据的签发旨在创设一定的权利，而持票人也往往是这些权利的享有者。

（3）票据是文义证券。票据的权利和义务完全根据票据上所记载的文字内容确定，纵使文字记载有误也以该文义为准，不得以当事人的意思或其他有关事项确定票据上的权利义务关系。

（4）票据是要式证券。票据的格式、记载的内容，都要严格遵循票据法的规定。

（5）票据是无因证券。票据的签发和转让基于一定的原因，如付款、赠予等，票据签发或转让后，就和这些原因相分离，票据债务人不得以签发票据的原因行为对抗票据权利人。

（6）票据是流通证券。票据到期前，持票人可以通过票据法规定的方式，自由转让票据，比如背书转让。

此外，票据还是完全证券、交付证券、缴回证券等，票据的这些法律特征也有着内在的联系。比如，正因为票据是完全证券，所以签发票据是创设新的权利（设权证券）；正因为票据是设权证券，所以票据权利的内容只能根据票载文义确定（文义证券）；正因为票据是文义证券，票载文义非常重要，所以必须严格票据的格式（要式证券）等。

（二）票据法的概念

票据法的概念有广义和狭义之分。广义的票据法是指各种法律规范中有关票据规定的总称，包括专门的票据法律以及其他法律中有关票据的规定。狭义的票据法则仅是指票据的专门立法。本模块介绍的主要是狭义的票据法。

我国的《票据法》是1995年5月10日第八届全国人大常委会第十三次会议通过的，

2004年8月28日修订。

(三) 票据关系和非票据关系

1. 票据关系

票据关系，是指当事人基于票据行为而产生的票据权利义务关系。其中，票据的持有人（持票人）享有票据权利，对在票据上签名的票据债务人可以主张行使《中华人民共和国票据法》（以下简称《票据法》）规定的相关权利。在票据上签名的票据债务人负担票据责任（即票据义务），依自己在票据上的签名按照票据上记载的文义承担相应的义务。票据关系在不同的当事人之间基于不同的票据行为而不同，如出票关系即因出票行为而在出票人、收款人、付款人之间产生的法律关系；承兑关系即因承兑行为在持票人与承兑人之间产生的法律关系；背书关系即因背书行为在背书人与被背书人之间产生的法律关系等。在各种票据关系中，出票关系是票据关系的基本关系。

2. 非票据关系

非票据关系，是指相对于票据关系而言的一种法律关系，这种关系虽然与票据关系和票据行为密切相关，但非票据行为本身所产生的，当事人之间也不具备票据权利义务。非票据关系主要包括票据法上的非票据关系和民法上的非票据关系，后者往往是发生票据关系的原因，因此也被称为票据基础关系。

（1）票据法上的非票据关系。票据法上的非票据关系是指由票据法直接规定的，不基于票据行为而发生的票据当人之间与票据有关的法律关系。如票据上的正当权利人对于因恶意而取得票据的人行使票据返还请求权而发生的关系，因时效届满或手续欠缺而丧失票据上权利的持票人对于出票人或承兑人行使利益偿还请求权而发生的关系，票据付款人付款后请求持票人交还票据而发生的关系等。

（2）民法上的非票据关系。票据关系的发生是基于票据的授受行为，那么当事人之间为何而授受票据，则是基于一定的原因或前提，这种授受票据的原因或前提关系往往是基于民法发生的，因此被称为民法上的非票据关系，也称之为票据的基础关系，如基于购买货物或返还资金而授受票据，该购货关系和返还资金关系即票据的基础关系。票据的基础关系与票据关系具有密切的联系。一般来说，票据关系的发生总是以票据的基础关系为原因和前提的，因此《票据法》规定，票据的签发、取得和转让，应当遵循诚实信用的原则，具有真实的交易关系和债权债务关系，这里的交易关系和债权债务关系就是基础关系的范畴。但是，基于票据的无因性，票据关系一经形成，就与基础关系相分离，基础关系是否存在、是否有效，对票据关系都不起作用。

(四) 票据行为

1. 票据行为的概念

票据行为是指票据当事人以发生票据债务为目的的、以在票据上签章为权利义务成立要件的法律行为。

2. 票据行为成立的有效条件

（1）行为人必须具有从事票据行为的能力。《票据法》规定，无民事行为能力人或者限制民事行为能力人在票据上签章的，其签章无效。因此只有具备完全民事行为能力的自然人才具有票据行为能力。法人的票据行为能力一般不受限制。

（2）行为人的意思表示真实。《票据法》规定，以欺诈、偷盗或者胁迫等手段取得票据的，或者明知有前列情形，出于恶意取得票据的，不得享有票据权利。这一规定表明，尽管票据的形式符合法定条件，但从事票据行为的意思表示不真实或存在缺陷，票据持有人也不得享有票据上的权利。

（3）票据行为的内容必须符合法律、法规的规定。《票据法》规定，票据活动应当遵守法律、行政法规，不得损害社会公共利益。这里所指的合法主要是指票据行为本身必须合法，至于票据的基础关系涉及的行为是否合法，则与此无关。例如，当事人发出票据是基于买卖关系，如果该买卖关系因违法而无效，不影响票据行为的效力。

（4）票据行为必须符合法定形式。票据行为符合法定形式，主要包括签章和记载事项两个方面：

①关于签章。签章是票据行为生效的一个重要条件，没有签章则票据行为无效。按照《票据法》的规定，签章包括签名、盖章或者签名加盖章。

②关于票据记载事项。票据记载事项一般分为绝对必要记载事项、相对必要记载事项、任意记载事项等。绝对必要记载事项是指《票据法》明文规定必须记载的，如无记载，票据或票据行为即为无效的事项；相对必要记载事项是指某些应该记载而未记载，适用法律有关规定而不使票据或票据行为失效的事项；任意记载事项是指《票据法》规定由当事人任意记载、一经记载即发生票据上效力的事项。

（五）票据权利

1. 票据权利的概念

票据权利是指持票人向票据债务人请求支付票据金额的权利。根据我国《票据法》的规定，票据权利包括付款请求权和追索权。

2. 票据权利的取得

票据权利的取得，也称票据权利的发生。

行为人依法取得票据权利，必须注意以下三个问题：

（1）票据的取得，必须给付对价，即应当给付票据双方当事人认可的相对应的代价。无对价或无相当对价取得票据的，不享有票据权利。

（2）因税收、继承、赠与可以依法无偿取得票据的，不受给付对价的限制。但是，所享有的票据权利不得优于其前手。

（3）因欺诈、偷盗、胁迫、恶意取得票据或因重大过失取得不符合法律规定的票据的，不得享有票据权利。

3. 票据权利的行使与保全

票据权利的行使，是指票据权利人向票据债务人提示票据，请求实现票据权利的行为，如请求承兑、提示票据请求付款、行使追索权等。持票人行使票据权利，应当按照法定程序在票据上签章，并出示票据。

票据权利的保全，是指票据权利人为防止票据权利的丧失而实施的行为。如为防止付款请求权与追索权因时效而丧失，采取中断时效的行为；为防止追索权丧失而请求作成拒绝证明的行为等。

4. 票据权利的补救

《票据法》规定了票据丧失后的三种补救措施，即挂失止付、公示催告和普通诉讼。

（1）挂失止付。挂失止付是指失票人将票据丧失的情况通知付款人并由接受通知的付款人暂停支付的一种方法。

（2）公示催告。公示催告是指在票据丧失后，由失票人向人民法院提出申请，请求人民法院以公告方法通知不确定的利害关系人限期申报权利，逾期未申报者，由人民法院通过除权判决宣告所丧失票据无效的一种制度。

（3）普通诉讼。普通诉讼是指丧失票据的失票人向人民法院提起民事诉讼，要求法院判定付款人向其支付票据金额的活动。

5. 票据权利的消灭

票据权利的消灭是指因发生一定的法律事实而使票据权利不复存在。票据权利消灭之后，票据上的债权债务关系也随之消灭。按照《票据法》的规定票据权利在下列期限内不行使而消灭：

（1）持票人对票据的出票人和承兑人的权利，自票据到期日起2年。见票即付的汇票、本票，自出票日起2年。

（2）持票人对支票出票人的权利，自出票日起6个月。

（3）持票人对前手（不包括出票人）的追索权，自被拒绝承兑或者被拒绝付款之日起6个月。

（4）持票人对前手（不包括出票人）的再追索权，自清偿日或者被提起诉讼之日起3个月。

（六）票据抗辩

1. 票据抗辩的概念

票据抗辩是指票据债务人依照《票据法》的规定，对票据债权人拒绝履行义务的行为。

2. 票据抗辩的种类

根据抗辩原因及抗辩效力的不同，票据抗辩可分为两种：

（1）对物抗辩。对物抗辩是指基于票据本身存在的事由而发生的抗辩。这一抗辩可以对任何持票人提出。其主要包括以下情形：

①票据行为不成立而为的抗辩。如票据应记载的内容有欠缺；票据债务人无行为能力；无权代理或超越代理权进行票据行为；票据上有禁止记载的事项（如付款附有条件，记载到期日不合法）；背书不连续；持票人的票据权利有瑕疵（如因欺诈、偷盗、胁迫、恶意、重大过失取得票据）等。

②依票据记载不能提出请求而为的抗辩。如票据未到期、付款地不符等。

③票据载明的权利已消灭或已失效而为的抗辩。如票据债权因付款、抵销、提存、免除、除权判决、时效届满而消灭等。

④票据权利的保全手续欠缺而为的抗辩。如应作成拒绝证书而未作等。

⑤票据上有伪造、变造情形而为的抗辩。

（2）对人抗辩。对人抗辩是指票据债务人对抗特定债权人的抗辩。这一抗辩多与票据的基础关系有关。例如，甲签发一张票据给乙而购买商品，甲可以因"乙未交货，不具有对价"为由向乙主张抗辩。为此，《票据法》规定，票据债务人可以对不履行约定义务的与自己有直接债权债务关系的持票人，进行抗辩。

3. 票据抗辩的限制

（1）票据债务人不得以自己与出票人之间的抗辩事由对抗持票人。

（2）票据债务人不得以自己与持票人的前手之间的抗辩事由对抗持票人。

（3）凡是善意的、已付对价的正当持票人可以向票据上的一切债务人请求付款，不受前手权利瑕疵和前手相互间抗辩的影响。

（七）票据的伪造和变造

1. 票据的伪造

票据的伪造是指假冒他人名义或虚构人的名义而进行的票据行为，包括票据的伪造和票据上签章的伪造。前者是指假冒他人或虚构人的名义进行出票行为，如在空白票据上伪造出票人的签章或者盗盖出票人的印章而进行出票；后者是指假冒他人名义进行出票行为之外的其他票据行为，如伪造背书签章、承兑签章、保证签章等。

根据《票据法》的规定，票据上有伪造签章的，不影响票据上其他真实签章的效力。持票人依法提示承兑、提示付款或行使追索权时，在票据上真实签章人不能以票据伪造为由进行抗辩。

2. 票据的变造

票据的变造是指无权更改票据内容的人，对票据上签章以外的记载事项加以变更的行为。例如，变更票据上的到期日、付款日、付款地、金额等。构成票据的变造，须符合以下条件：

（1）变造的票据是合法成立的有效票据；

（2）变造的内容是票据上所记载的除签章以外的事项；

（3）变造人无权变更票据的内容。

票据的变造应依照签章是在变造之前或之后来承担责任。如果当事人签章在变造之前，应按原记载的内容负责；如果当事人签章在变造之后，则应按变造后的记载内容负责；如果无法辨别是在票据被变造之前或之后签章的，视同在变造之前签章。

二、汇票

（一）汇票概述

1. 汇票的概念及特征

汇票是出票人签发的、委托付款人在见票时或者在指定日期无条件支付确定的金额给收款人或者持票人的票据。它具有以下法律特征：

（1）汇票有三个基本当事人，即出票人、付款人和收款人。由于这三个当事人在汇票发行时既已存在，故属基本当事人。但是随着汇票的背书转让、汇票上设立保证等，被背书人、保证人等也成为汇票上的当事人。

（2）汇票是由出票人委托他人支付的票据，是一种委付证券，而非自付证券。

（3）汇票是在见票时或指定到期日付款的票据。指定到期日是指定日付款、出票后定期付款、见票后定期付款三种形式。

（4）汇票是付款人无条件支付票据金额给持票人的票据，此处的持票人包括收款人、被背书人或受让人。

2. 汇票的分类

根据不同的标准，汇票可作不同的分类：

（1）依出票人的不同，可分为银行汇票和商业汇票。银行汇票是出票银行签发的，由其在见票时按照实际结算金额无条件支付给收款人或者持票人的票据。银行汇票的提示付款期限自出票日起1个月。商业汇票是出票人签发的，委托付款人在指定日期无条件支付确定的金额给收款人或者持票人的票据。商业汇票的出票人为银行以外的企业或其他组织；其付款人可以是银行，也可以是银行以外的企业或其他组织。凡由银行承兑的，称为银行承兑汇票；凡由银行以外的付款人承兑的，称为商业承兑汇票。商业汇票的付款期限，最长不得超过6个月；商业汇票的提示付款期限，自汇票到期日起10日。

（2）依汇票到期日的不同，汇票分为即期汇票和远期汇票。即期汇票是指见票即行付款的汇票，包括注明见票即付的汇票、到期日与出票日相同的汇票以及未记载到期日的汇票（以提示日为到期日）。远期汇票是指约定一定的到期日付款的汇票，包括定期付款汇票、出票后定期付款汇票（也称为计期汇票）和见票后定期付款汇票。

另外，依记载收款人的方式不同为标准，汇票可分为记名汇票和无记名汇票。以签发和支付地点不同，汇票可分为国内汇票和国际汇票。

（二）汇票的出票

1. 出票的概念

出票也称发票，是指出票人签发票据并将其交付给收款人的票据行为。出票包括两个行为：第一是出票人依照《票据法》的规定作成票据，即在原始票据上记载法定事项并签章；第二是交付票据，即将作成的票据交付给他人占有。

2. 出票的记载事项

（1）绝对必要记载事项。汇票的绝对记载事项包括七个方面的内容，如果汇票上未记载其中内容之一的，汇票无效。

①表明汇票的字样。

②无条件支付的委托（委托文句）。

③确定的金额。

④付款人名称。

⑤收款人名称。

⑥出票日期。

⑦出票人签章。

（2）相对必要记载事项：付款日期、付款地和出票地三个事项。

（3）任意记载事项。任意记载事项，是指出票人可以自由选择是否记载的事项，但是一经记载，即发生票据法上的效力。如出票人在汇票上记载"不得转让"字样的，汇票不得转让。

（4）无益记载事项。无益记载事项是指出票人记载于票据之上，不能发生票据效力，但也不影响票据效力的事项，如签发票据的原因或用途、该票据项下交易的合同号码等。

（5）有害记载事项。有害记载事项是指出票人一经记载，不仅记载本身无效，而且使整个票据也无效的事项。如出票人在票据上记载了付款条件，则票据无效。

3. 出票的效力

出票是以创设票据权利为目的的票据行为。出票人依照《票据法》的规定完成出票行为之后，即对汇票当事人产生票据法上的效力。

（1）对出票人的效力。出票人签发汇票后，即承担保证该汇票承兑和付款的责任。出票人在汇票得不到承兑和付款时，应当向持票人清偿法律规定的金额和费用。

（2）对付款人的效力。出票行为是单方行为，付款人并不因此而有付款义务，只是基于出票人的付款委托而使其具有承兑人的地位，只有在其对汇票进行承兑后，付款人才成为汇票上的主债务人。

（3）对收款人的效力。收款人取得出票人发出的汇票后，即取得票据权利，一方面，就票据金额享有付款请求权；另一方面，在该请求权不能满足时，享有追索权。同时，收款人享有依法转让票据的权利。

（三）汇票的背书

1. 背书概述

背书是指持票人以转让汇票权利或授予他人一定的票据权利为目的，按法定的事项和方式在票据背面或者粘单上记载有关事项并签章的票据行为。

2. 背书的形式

背书是一种要式行为，必须符合法定的形式，即其必须作成背书并交付，才能有效成立。背书应当在票据背面或粘单上完成，票据凭证不能满足背书人记载的需要时，可以加附粘单，粘贴于票据上，粘单上的第一记载人应当在汇票与粘单的粘接处签章。根据《票据法》的有关规定，背书应记载的事项内容也包括绝对必要记载事项、相对必要记载、任意记载事项、无益记载事项和有害记载事项：

（1）绝对必要记载事项。背书的绝对必要记载事项主要包括背书签章和被背书人名称两项。根据《票据法》的规定，背书由背书人签章。汇票以背书转让或者以背书将一定的汇票权利授予他人行使时，必须记载被背书人名称。实践中，如果背书人不作成记名背书，按照《票据法司法解释》的规定，持票人在票据被背书人栏内记载自己的名称与背书人记载具有同等法律效力。

（2）相对必要记载事项。背书的相对必要记载事项主要是背书日期。根据《票据法》的规定，背书应当记载背书日期，背书未记载日期的，视为在汇票到期日前背书。

（3）任意记载事项。背书的任意记载事项主要是"禁止背书"的记载。根据《票据法》的规定，背书人可以在汇票上记载不得转让或类似字样，背书人在汇票上记载不得转让字样，其后手再背书转让的，原背书人对其后手的被背书人不承担保证责任。

（4）无益记载事项。背书的无益记载事项主要是附条件背书的记载。背书时附有条件的，所附条件不具有汇票上的效力。

（5）有害记载事项。背书的有害记载事项包括部分背书和分别背书。前者是将汇票金额的一部分背书给他人，后者是指将汇票金额分别转让给两人以上。部分背书和分别背书都是无效的。

3. 背书连续

背书连续是指在票据转让中，转让汇票的背书人与受让汇票的被背书人在汇票上的签章依次前后衔接。以背书转让的汇票，背书应当连续。如果背书不连续，付款人可以拒绝向持票人付款，否则付款人自行承担责任。

背书连续主要是指背书在形式上连续，如果背书在实质上不连续，如有伪造签章等，付款人仍应对持票人付款。但是，如果付款人明知持票人不是真正票据权利人，则不得向持票人付款，否则应自行承担责任。

对于非经背书转让，而以其他合法方式取得票据的，如继承，不涉及背书连续的问题。只要取得票据的人依法举证，表现其合法取得票据的方式，证明其汇票权利，就能享有票据上的权利。

4. 非转让背书

非转让背书是指不以转让票据权利为目的而为的其他背书，主要包括委托收款背书和质押背书两种：

（1）委托收款背书，是指持票人以行使票据上的权利为目的，而授予被背书人以代理权的背书。《票据法》规定，背书记载委托收款字样的，被背书人有权代背书人行使被委托的汇票权利。但是，被背书人不得再以背书转让汇票权利。

（2）质押背书，是指持票人以票据权利设定质权为目的而在票据上作成的背书。背书人是原持票人，也是出质人，被背书人则是质权人。质押背书确立的是一种担保关系，即在背书人（原持票人）与被背书人之间产生一种质押关系，而不是一种票据权利的转让与被转让关系。

5. 法定禁止背书

法定禁止背书是指根据《票据法》的规定而禁止背书转让的情形。《票据法》规定，汇票被拒绝承兑、被拒绝付款或者超过付款提示期限的，不得背书转让；背书转让的，背书人应当承担汇票责任。法定禁止背书的情形有三种：

（1）被拒绝承兑的汇票。被拒绝承兑的汇票，是指持票人在汇票到期日前，向付款人提示承兑而遭拒绝的汇票。在付款人拒绝承兑的情况下，收款人或持票人只能向其前手行使追索权，取得票据金额；如果其将这种票据转让，受让人取得该汇票时，也只能通过向该背书人行使追索权，取得票据金额。

（2）被拒绝付款的汇票，是指对不需承兑的汇票或者已经付款人承兑的汇票，持票人于汇票到期日向付款人提示付款而被拒绝的汇票。《票据法》禁止将被拒绝付款的汇票再行背书转让，如果背书转让的，背书人应承担汇票责任，受让人有权向该背书人行使追索权。

（3）超过付款提示期限的汇票。超过付款提示期限的汇票，是指持票人未在法定付款提示期间内向付款人提示付款的汇票。收款人或者持票人应当在汇票到期日起至法定提示期间届满前行使付款请求权，如果收款人或持票人未在此期间内行使付款请求权，即丧失对其前手的追索权。因此，《票据法》规定不允许将该种汇票再行转让，否则，受让人的利益就可能受到损害。背书人以背书将该种票据进行转让，应该承担汇票责任。

(四) 汇票的承兑

1. 承兑的概念

承兑是指汇票付款人承诺在汇票到期日支付汇票金额的票据行为。承兑是汇票特有的制度。付款人承兑汇票后,作为汇票承兑人,便成为汇票的主债务人,应当承担到期付款的责任。

2. 承兑的程序

(1) 提示承兑。提示承兑是指持票人向付款人出示汇票,并要求付款人承兑付款的行为。

(2) 付款人承兑。在满足承兑条件的情况下,付款人依法进行承兑。

3. 承兑的效力

付款人承兑汇票后,应当承担到期付款的责任。到期付款的责任是一种绝对责任,具体表现在:

(1) 承兑人于汇票到期日必须向持票人无条件地支付汇票上的金额,否则其必须承担延迟付款责任;

(2) 承兑人必须对汇票上的一切权利人承担责任,这些权利人包括付款请求权人和追索人;

(3) 承兑人不得以其与出票人之间的资金关系来对抗持票人,拒绝支付汇票金额;

(4) 承兑人的票据责任不因持票人未在法定期限提示付款而解除。

(五) 汇票的保证

1. 保证的概念

保证是指票据债务人以外的他人充当保证人,担保票据债务履行的票据行为。保证的作用在于加强持票人票据权利的实现,确保票据付款义务的履行,促进票据的流通。

2. 保证的当事人与格式

(1) 保证的当事人。保证的当事人为保证人与被保证人。保证人必须是由汇票债务人以外的他人担当。已成为票据债务人的,不得再充当票据上的保证人。

(2) 保证的格式。在办理保证手续时,保证人必须在汇票或粘单上记载下列事项:①表明保证的字样;②保证人名称和住所;③被保证人的名称;④保证日期;⑤保证人签章。其中,保证的字样和保证人签章为绝对必要记载事项,被保证人的名称、保证日期和保证人住所为相对必要记载事项。同时,保证不得附有条件;附有条件的,不影响对汇票的保证责任。

3. 保证的效力

保证一旦成立,即在保证人与被保证人之间产生法律效力,保证人必须对保证行为承担相应的责任。

(1) 保证人的责任。保证人对合法取得汇票的持票人所享有的汇票权利,承担保证责任。但是,被保证人的债务因票据记载事项欠缺而无效的除外。

(2) 共同保证人的责任。共同保证是指保证人为两人以上的保证。保证人为两人以上的,保证人之间承担连带责任。

(3) 保证人的追索权。保证人清偿汇票债务后,可以行使持票人对被保证人及其前手的追索权。

（六）汇票的付款

1. 付款的概念

付款是指付款人依据票据文义支付票据金额，以消灭票据关系的行为。

2. 付款的程序

付款的程序包括付款提示与支付票款。

（1）付款提示。付款提示是指持票人向付款人或承兑人出示票据，请求付款的行为。《票据法》规定，持票人应当按照下列期限提示付款：①见票即付的汇票，自出票日起1个月内向付款人提示付款；②定日付款、出票后定期付款或者见票后定期付款的汇票，自到期日起10日内向承兑人提示付款。

（2）支付票款。持票人向付款人进行付款提示后，付款人无条件地在当日按票据金额足额支付给持票人。

3. 付款的效力

付款人依法足额付款后，全体汇票债务人的责任解除。但是，如果付款人付款存在瑕疵，即未尽审查义务而对不符合法定形式的票据付款，或其存在恶意或者重大过失而付款的，则不发生上述法律效力，付款人的义务不能免除，其他债务人也不能免除责任。

（七）汇票的追索权

1. 追索权的概念

追索权是指持票人在票据到期后不获付款或到期前不获承兑或有其他法定原因，并在实施行使或保全票据上权利的行为后，可以向其前手请求偿还票据金额、利息及其他法定款项的一种票据权利。

2. 追索权发生的原因

（1）追索权发生的实质条件。根据《票据法》的规定，追索权发生的实质要件包括：①汇票到期被拒绝付款；②汇票在到期日前被拒绝承兑；③在汇票到期日前，承兑人或付款人死亡、逃匿的；④在汇票到期日前，承兑人或付款人被依法宣告破产或因违法被责令终止业务活动。发生上述情形之一的，持票人可以对背书人、出票人以及汇票的其他债务人行使追索权。

（2）追索权发生的形式要件。追索权的发生除了构成前述实质条件外，还须履行一定的保全手续。保全手续主要包括在法定提示期限提示承兑或提示付款以及在不获承兑或不获付款时，在法定期限内作成拒绝证明。根据《票据法》的有关规定，拒绝证明主要包括：

①拒绝证书。拒绝证书是由国家授权的机关制作的用以证明持票人已依法行使票据权利而被拒绝，或者无法行使票据权利的一种公证书。拒绝证书分拒绝承兑证书和拒绝付款证书。

②退票理由书。汇票的持票人委托银行办理票据托收，或者向代理付款银行提示付款时，如果付款人或者代理付款银行拒绝付款，可由其出具退票理由书，说明退票理由。

③承兑人、付款人或者代理付款银行直接在汇票上记载提示日期、拒绝事由、拒绝日期并盖章。这也是拒绝证明的形式之一，可起到证明持票人已行使其权利而无结果的作

用,可代替拒绝证书。

④持票人因承兑人或者付款人死亡、逃匿或者其他原因,不能取得拒绝证明的,可以依法取得其他有关证明,包括死亡证明、失踪证明书等。

⑤人民法院的有关司法文件。承兑人或者付款人被人民法院依法宣告破产的,人民法院的有关司法文书具有拒绝证明的效力。

⑥有关行政主管部门的处罚决定。承兑人或者付款人因违法被责令终止业务活动的,持票人也无法向承兑人或者付款人提示承兑或者付款,因而,处罚决定便具有拒绝证明的作用。

3. 追索权的行使

行使追索权一般包括:由持票人发出追索通知、确定追索对象、请求偿还金额和受领清偿金额等。

(1) 发出追索通知。持票人行使追索权的,应当首先发出追索通知。

①追索通知的当事人。追索通知的当事人分为通知人和被通知人。通知人是指持票人以及收到通知后再为通知的背书人及其保证人。被通知人是指向持票人承担担保承兑和付款的票据上的次债务人,他们都是被追索的当事人,因此被通知人可泛指持票人的一切前手,包括出票人、背书人、保证人等。

②通知的期限。《票据法》规定,持票人应当自收到被拒绝承兑或者被拒绝付款的有关证明之日起3日内,将被拒绝事由书面通知其前手;其前手应当自收到通知之日起3日内书面通知其再前手。持票人也可以同时向各汇票债务人发出书面通知。

③通知的方式和通知应记载的内容。通知应当以书面形式发出,在规定期限内将通知按照法定地址或约定的地址邮寄的,视为已发出通知。书面通知应记明汇票的主要记载事项,并说明该汇票已被退票。

④未在规定期限内发出追索通知的后果。如果持票人未按规定期限发出追索通知或其前手收到通知未按规定期限再通知其前手,持票人仍可以行使追索权,因延期通知给其前手或者出票人造成损失的,由没有按照规定期限通知的汇票当事人承担对该损失的赔偿责任,但是所赔偿的金额以汇票金额为限。

(2) 确定追索对象。被追索人包括出票人、背书人、承兑人和保证人。被追索人对持票人承担连带责任,持票人可以不按照汇票债务人的先后顺序,对其中任何一人、数人或者全体行使追索权。持票人对票据债务人中的一人或者数人已经进行追索的,对其他票据债务人仍可以行使追索权。但是,持票人为出票人的,对其前手无追索权。持票人为背书人的,对其后手无追索权。被追索人清偿债务后,与持票人享有同一权利。

(3) 追索金额。持票人行使追索权,可以请求被追索人支付的金额和费用包括:被拒绝付款的汇票金额;汇票金额自到期日或者提示付款日起至清偿日止的利息;取得有关拒绝证明和发出通知书的费用。被追索人在依前述内容向持票人支付清偿金额及费用后,可以向其他汇票债务人行使再追索权,请求其他汇票债务人支付相应的金额和费用,包括已清偿的全部金额,前项金额自清偿日起至再追索日止的利息以及发出通知书的费用。

 追索权案例及参考答案

三、本票

（一）本票概述

1. 本票的概念和特征

本票是出票人签发的，承诺自己在见票时无条件支付确定的金额给收款人或者持票人的票据。我国《票据法》规定的本票，仅指银行本票。与汇票相比，本票具有下列特征：

（1）本票是自付证券。本票是由出票人约定自己付款的一种自付证券，其基本当事人有两个，即出票人和收款人，在出票人之外不存在独立的付款人。

（2）本票无须承兑。在出票人完成出票行为之后，即承担了到期日无条件支付票据金额的责任，不需要在到期日前进行承兑。

2. 本票的种类

依照不同的标准，可以对本票作不同分类，例如记名本票、指示本票和不记名本票；远期本票和即期本票；银行本票和商业本票等。在我国，本票仅限于银行本票，且为记名本票和即期本票。

银行本票是银行签发的，承诺自己在见票时无条件支付确定的金额给收款人或者持票人的票据。单位和个人在同一票据交换区域需要支付各种款项，均可以使用银行本票。银行本票可以用于转账，注明现金字样的银行本票可以用于支取现金。银行本票分为定额银行本票和不定额银行本票。定额银行本票面额为1000元、5000元、1万元和5万元。

3. 本票适用汇票的有关规定

本票作为票据的一种，具有与其他票据相同的一般性质和特征，《票据法》只是对本票与其他票据不同的方面加以规定，即对其个性方面的问题作了特别规定，而有关其一般性的问题，则适用《票据法》总则中的有关规定和汇票中的相关规定。除特别规定外，本票的背书、保证、付款行为和追索权的行使，适用汇票的有关规定。

（二）出票

本票的出票与汇票一样，包括作成票据和交付票据。本票的出票行为是以自己负担支付本票金额的债务为目的的票据行为。

1. 本票的出票人

本票的出票人必须具有支付本票金额的可靠资金来源，并保证支付。银行本票的出票人，为经中国人民银行当地分支行批准办理银行本票业务的银行机构。

2. 本票的记载事项

（1）本票的绝对必要记载事项。本票的绝对记载事项包括以下六个方面的内容：①表明本票字样；②无条件支付的承诺；③确定的金额；④收款人名称；⑤出票日期；⑥出票人签章。

（2）本票的相对必要记载事项。本票的相对记载事项包括两项内容：①付款地。本票上未记载付款地的，以出票人的营业场所为付款地。②出票地。本票上未记载出票地

的，以出票人的营业场所为出票地。

此外，本票上可以记载《票据法》规定事项以外的其他出票事项。但是这些事项并不发生本票上的效力。

（三）见票付款

根据《票据法》的规定，银行本票是见票付款的票据，收款人或持票人在取得银行本票后，随时可以向出票人请求付款。

本票自出票日起，付款期限最长不得超过2个月。持票人在规定的期限提示本票的，出票人必须承担付款的责任。如果持票人超过提示付款期限不获付款的，在票据权利时效内向出票银行作出说明，并提供本人身份证或单位证明，可持银行本票向出票银行请求付款。

四、支票

（一）支票概述

1. 支票的概念和特征

支票是出票人签发的，委托银行或者其他金融机构在见票时无条件支付一定金额给收款人或者持票人的票据。支票的基本当事人有三个：出票人、付款人和收款人。支票是一种委付证券，与汇票相同，与本票不同。支票与汇票和本票相比，有两个显著特征：第一，支票以办理存款业务的银行业金融机构作为付款人；第二，支票仅限于见票即付。

2. 支票的种类

依据不同的分类标准，可以对支票作不同的分类。《票据法》按照支付票款方式，将支票分为现金支票、转账支票和普通支票。

（1）现金支票。支票正面印有现金字样的为现金支票，现金支票只能用于支取现金。

（2）转账支票。支票正面印有转账字样的为转账支票，转账支票只能用于转账，不得支取现金。

（3）普通支票。支票上未印有现金或转账字样的为普通支票，普通支票可以用于支取现金，也可用于转账。普通支票用于转账时，应当在支票正面注明，即在普通支票左上角划两条平行线。有该划线标志的支票，也称为划线支票，划线支票只能用于转账，不得支取现金。

3. 支票适用汇票的有关规定

与本票一样，《票据法》只是对支票的个性方面的问题作了规定，而有关其一般性的问题，则适用《票据法》总则中的有关规定和汇票中的相关规定。除特别规定外，支票的背书、付款行为和追索权的行使，适用汇票的有关规定。

（二）支票的出票

1. 支票出票的概念

出票人签发支票并交付的行为即为出票。支票出票人为在经中国人民银行当地分支行批准办理支票业务的银行机构开立可以使用支票的存款账户的单位和个人。其签发支票必须具备一定的条件：

（1）开立账户。开立支票存款账户，申请人必须使用其本名，并提交证明其身份的合法证件。

（2）存入足够支付的款项。开立支票存款账户和领用支票，应当有可靠的资信，并存入一定的资金。

（3）预留印鉴。开立支票存款账户，申请人应当预留其本名的签名式样和印鉴。

2. 支票的记载事项

支票出票人作成有效的支票，必须按法定要求记载有关事项。

（1）绝对必要记载事项。签发支票必须记载下列事项：①表明支票字样；②无条件支付的委托；③确定的金额；④付款人名称；⑤出票日期；⑥出票人签章。支票上未记载前款规定事项之一的，支票无效。

为了发挥支票灵活便利的特点，《票据法》规定了可以通过授权补记的方式记载两项绝对记载事项：一是支票上的金额，二是收款人名称的，这种支票也称为空白支票。对于空白支票，收款人享有补记权。但是享有补记权的人如果滥用补记权，票据债务人可以据此抗辩，但是出票人不得对抗善意第三人。

空白支票案例及参考答案

（2）相对记载事项。相对记载事项包括两项内容：一是付款地。支票上未记载付款地的，付款人的营业场所为付款地。二是出票地。支票上未记载出票地的，出票人的营业场所、住所或者经常居住地为出票地。

此外，支票上可以记载非法定记载事项，但这些事项并不发生支票上的效力。

3. 出票的其他法定条件

支票的出票行为取得法律上的效力，必须依法进行，除须按法定格式签发票据外，还须符合其他法定条件。这些法定条件包括：

（1）禁止签发空头支票。出票人签发的支票金额超过其付款时在付款人处实有的存款金额的，为空头支票。支票的出票人签发支票的金额不得超过付款时其在付款人处实有的存款金额。

（2）支票的出票人不得签发与其预留本名的签名式样或者印鉴不符的支票，使用支付密码的，出票人不得签发支付密码错误的支票。

（3）签发现金支票和用于支取现金的普通支票，必须符合国家现金管理的规定。

4. 出票的效力

出票人作成支票并交付之后，对出票人产生相应的法律效力。《票据法》规定，出票人必须按照签发的支票金额承担保证向该持票人付款的责任。这一责任包括两项：一是出票人必须在付款人处存有足够可处分的资金，以保证支票票款的支付；二是当付款人对支票拒绝付款或者超过支票付款提示期限的，出票人应向持票人当日足额付款。

（三）支票的付款

支票属于见票即付的票据，因此，《票据法》规定，支票限于见票即付，不得另行记载付款日期。另行记载付款日期的，该记载无效。

1. 支票的提示付款期限

持票人在请求付款时，必须为付款提示。支票的持票人应当自出票日起 10 日内提示付款；异地使用的支票，其提示付款的期限由中国人民银行另行规定。超过提示付款期限提示付款的，付款人可以不予付款。付款人不予付款的，出票人仍应当对持票人承担票据责任。持票人超过提示付款期限的，并不丧失对出票人的追索权，出票人仍应当对持票人承担支付票款的责任。

2. 付款

持票人在提示期间内向付款人提示票据，付款人在对支票进行审查之后，如未发现有不符规定之处，即应向持票人付款。出票人在付款人处的存款足以支付支票金额时，付款人应当在当日足额付款。

3. 付款责任的解除

付款人依法支付支票金额的，对出票人不再承担受委托付款的责任，对持票人不再承担付款的责任。但是，付款人以恶意或者重大过失付款的除外。这里所指的恶意或者有重大过失付款是指付款人在收到持票人提示的支票时，明知持票人不是真正的票据权利人，支票的背书以及其他签章系属伪造，或者付款人不按照正常的操作程序审查票据等情形。在此情况下，付款人不能解除付款责任，由此造成损失的，由付款人承担赔偿责任。

票据法综合案例及参考答案

课后思考题

1. 什么是证券？
2. 证券发行制度有哪些？
3. 证券交易制度有哪些？
4. 什么是保险？保险的分类有哪些？
5. 保险人和投保人的义务分别是什么？
6. 投保人和保险人解除保险合同的情形有哪些？
7. 什么是票据？票据的特征是什么？
8. 什么是票据关系？什么是非票据关系？
9. 什么是票据行为？票据行为有哪些？

PPT

项目九 劳动法律制度

【知识能力目标】

1. 了解劳动法概念和调整对象。
2. 理解劳动合同形式订立的程序、无效劳动合同、劳动合同履行及集体合同、劳务派遣、非全日制用工。
3. 运用所学劳动合同内容知识订立劳动合同。
4. 掌握工资、工作时间、休息休假和保险、劳动争议知识,解决简单的劳动争议案件。
5. 培养运用法律武器维护自己合法权益的能力。

【职业素养目标】

1. 培育学生规则意识和权利义务意识,尊重和维护法律权威。
2. 培养学生劳动情感和劳动精神,构建劳育价值体系。
3. 引导学生珍惜工作岗位,热爱本职工作,遵守职业道德,做优秀劳动者。

【导入案例】

张三与某公司之间就劳动合同达成口头协议,要点如下:

(1)试用期六个月,试用期满合格,签订正式劳动合同,期限为两年。

(2)试用期内工资为每月3500元,转正后工资为每月5000元,社会保险由张三自行缴纳,公司不负责任。

(3)试用期内由公司进行培训,培训费用1000元由张三承担。

(4)因工作需要,需要经常加班,若每天加班不超过两个小时,公司不支付加班费。

(5)为防止张三突然辞职给公司造成损失,公司扣发两个月工资作为保证金。若张三主动提出辞职,则该保证金不退。合同期满或公司解除合同,该保证金退还张三。

(6)若张三提前辞职,对于合同未履行的时间,按每月1500元由张三向公司支付违约金。

根据《中华人民共和国劳动合同法》,上述劳动合同中有哪些违法之处?

 导入案例参考答案

模块一 劳动法概述

一、劳动法的概念

劳动法是调整劳动关系以及与劳动关系密切联系的其他社会关系的法律规范的总和，旨在保护劳动者的合法权益，调整劳动关系，建立和维护适应社会主义市场经济的劳动制度，促进经济发展和社会进步。

为规范劳动关系，国家陆续颁布了一系列相关法律、法规和规章，如1994年7月5日第八届全国人民代表大会常务委员会第八次会议通过、2009年8月27日第十一届全国人民代表大会常务委员会第十次会议修正的《中华人民共和国劳动法》（简称《劳动法》）、2007年6月29日第十届全国人民代表大会常务委员会第二十八次会议通过、2012年12月28日第十一届全国人民代表大会常务委员会第三十次会议修正的《中华人民共和国劳动合同法》（简称《劳动合同法》），2007年12月29日第十届全国人民代表大会常务委员会第三十一次会议通过的《中华人民共和国劳动争议调解仲裁法》（简称《调解仲裁法》），以及2008年9月18日国务院令第535号发布的《中华人民共和国劳动合同法实施条例》（简称《劳动合同法实施条例》）、2007年12月7日国务院令第514号发布的《职工带薪年休假条例》，等等。这些法律法规构成了我国劳动法或称劳动合同法律制度的主要内容。本书在行文中不特别区分《劳动法》或《劳动合同法》以及单行法规或规范性文件。

 扩展阅读　劳动法的产生与发展历史

二、劳动法的调整对象

（一）劳动法的调整对象主要是劳动关系

劳动关系是劳动者与用人单位之间在实现劳动过程中发生劳动力与生产资料相结合的社会关系。其特征是：

（1）劳动关系的当事人是特定的，一方是劳动者，一方是用人单位；

（2）劳动关系是在实现劳动过程中发生的社会关系；

（3）劳动关系具有人身关系和财产关系的双重属性，用人单位有权依法管理和使用劳动者，劳动者必须亲自履行劳动义务并遵守用人单位的规章制度，具有人身属性；劳动

者有偿提供劳动力，用人单位向劳动者支付报酬，双方缔结具有财产属性的社会关系；

（4）劳动关系兼具从属性和平等性，用人单位和劳动者的人身关系体现了从属性，劳动者和用人单位之间的权利是不对等的，因此劳动关系不等同于劳务关系；而用人单位和劳动者的财产关系体现了平等性，二者在缔结劳动合同的过程中地位是平等的。

（二）劳动法还调整与劳动关系密切联系的其他社会关系

与劳动关系密切的其他社会关系，主要包括：

（1）管理劳动力方面的社会关系；

（2）工会组织方面的社会关系；

（3）社会保险方面的关系；

（4）处理劳动争议方面的社会关系；

（5）监督劳动法执行方面的社会关系。

三、《劳动法》的适用范围

（一）企业、个体经济组织和民办非企业单位

根据《劳动法》以及《劳动合同法》的规定，中华人民共和国境内的企业、个体经济组织、民办非企业单位等组织（以下统称"用人单位"）与劳动者建立劳动关系，适用《劳动法》，如国有企业、集体所有制企业、股份制企业、合伙企业、个人独资企业等。

（二）与劳动者建立劳动关系的国家机关、事业单位、社会团体

国家机关、事业单位、社会团体和与其建立劳动关系的劳动者，依照《劳动法》执行，主要包括如下三类情况：

（1）国家机关、事业单位、社会团体的工勤人员；

（2）实行企业化管理的事业单位的工作人员；

（3）其他通过劳动合同与国家机关、事业单位、社会团体建立劳动关系的劳动者。

（三）不适用《劳动法》的主体

（1）国家机关的公务员，事业单位和社会团体中纳入公务员编制或者参照公务员进行管理的工作人员；

（2）实行聘用制的事业单位与其工作人员的关系，法律、行政法规或者国务院另有规定的，依照其规定；未作规定的，依照《劳动法》有关规定执行；

（3）从事农业劳动的农村劳动者（乡镇企业职工和进城务工的农民除外）；

（4）现役军人、军队的文职人员；

（5）家庭保姆（属于一般雇佣关系，受《民法典》等其他法律调整）；

（6）在中华人民共和国境内享有外交特权和豁免权的外国人。

四、劳动者

（一）劳动者的主体资格

劳动者是指在法定年龄内具有劳动能力，以从事劳动获取合法劳动报酬的自然人。我国《劳动法》规定的最低就业年龄是16周岁，文艺、体育和特种工艺单位招用未满16周岁的未成年人，必须依据国家有关规定履行审批手续，并保障其接受义务教育的权利。

对有可能危害未成年人健康、安全或职业道德的职业或工作，最低就业年龄不低于18周岁，用人单位不得招用未满18周岁的公民从事过重、有毒、有害的劳动或危险作业。

（二）劳动者的权利和义务

根据《劳动法》的规定，劳动者的权利主要有：

（1）享有平等就业和选择职业的权利；

（2）取得劳动报酬的权利；

（3）获得劳动安全卫生保护的权利；

（4）接受职业技能培训的权利；

（5）享受社会保险和福利的权利；

（6）提请劳动争议处理的权利；

（7）法律规定的其他权利。

劳动者的义务主要有：劳动者应当完成劳动任务，提高职业技能，执行劳动安全卫生规程，遵守劳动纪律和职业道德。

【例】小张是某高职院校大三的学生，按照学校的规定，小张到甲公司实习，并与甲公司签订了书面的实习协议，小张与甲公司的正式员工一样按时上下班，并从事相同的劳动。某日，小张在工作时不慎摔倒骨折，小张认为自己与甲公司正式员工无异，自己是在工作过程中受到的伤害，因此应该享受工伤待遇。问：小张的观点是否正确？

 案例参考答案

模块二 劳动合同

一、劳动合同的订立

（一）劳动关系的建立

根据《劳动合同法》第七条的规定，用人单位自用工之日起即与劳动者建立劳动关系。用人单位应当建立职工名册备查。

【例】周某是某高职院校的应届毕业生，2021年7月1日毕业。2021年3月，张某与甲公司签订了三方协议，2021年7月2日，张某与甲公司签订了书面劳动合同。2021年7月15日，张某到公司报到，并开始岗前培训。2021年8月1日，张某在约定的工作岗位开始工作。问：张某与甲公司建立劳动关系的时间是哪一日？

 案例参考答案

（二）订立书面劳动合同

除了非全日制用工，双方协商一致可以订立口头合同外，其余用人单位与劳动者建立劳动关系均应签订书面劳动合同。已建立劳动关系，未同时订立书面劳动合同的，应当自用工之日起 1 个月内订立书面劳动合同。用人单位与劳动者在用工前订立劳动合同的，劳动关系自用工之日起建立。

（三）未按时签订书面劳动合同的责任

1. 因劳动者原因未按时签订书面劳动合同

（1）自用工之日起 1 个月内，经用人单位书面通知后，劳动者拒签劳动合同的，用人单位应当书面通知劳动者终止劳动关系，无需向劳动者支付经济补偿，但是应当依法支付劳动者实际工作时间的劳动报酬。

（2）自用工之日起超过 1 个月，用人单位提出与劳动者补签劳动合同，劳动者拒签的，用人单位应当书面通知劳动者终止劳动关系，并支付经济补偿金。

2. 因用人单位原因未按时签订书面劳动合同

（1）用人单位自用工之日起超过一个月不满一年未与劳动者订立书面劳动合同的，应当向劳动者每月支付二倍的工资。

（2）用人单位自用工之日起满一年未与劳动者订立书面劳动合同的，自用工之日起满一个月的次日至满一年的前一日应当向劳动者每月支付二倍的工资，并视为用人单位与劳动者已订立无固定期限的劳动合同。

（四）劳动合同的类型

劳动合同分为固定期限劳动合同、无固定期限劳动合同和以完成一定工作任务为期限的劳动合同。

1. 固定期限劳动合同

固定期限劳动合同，是指用人单位与劳动者约定合同终止时间的劳动合同。固定期限劳动合同期限届满，双方没有续订的，劳动合同终止，劳动关系消灭。

2. 无固定期限劳动合同

无固定期限劳动合同，是指用人单位与劳动者约定无确定终止时间的劳动合同。无固定期限劳动合同并不是"铁饭碗"，在符合法律、法规规定的或者双方当事人约定的变更、解除的条件或者法定终止情形时，可以依法变更、解除、终止。

根据《劳动合同法》的规定，用人单位与劳动者协商一致，可以订立无固定期限劳动合同。有下列情形之一，劳动者提出或者同意续订、订立劳动合同的，除劳动者提出订立固定期限劳动合同外，应当订立无固定期限劳动合同：

（1）劳动者在该用人单位连续工作满十年的；

（2）用人单位初次实行劳动合同制度或者国有企业改制重新订立劳动合同时，劳动者在该用人单位连续工作满十年且距法定退休年龄不足十年的；

（3）连续订立二次固定期限劳动合同，且劳动者没有《劳动合同法》第三十九条和第四十条第一项、第二项规定的情形，续订劳动合同的；

（4）用人单位自用工之日起满 1 年不与劳动者订立书面劳动合同的，视为用人单位与劳动者已订立无固定期限劳动合同。

3. 以完成一定工作任务为期限的劳动合同

以完成一定工作任务为期限的劳动合同，是指用人单位与劳动者约定以某项工作的完成为合同期限的劳动合同。当该项工作完成后，劳动合同即告终止。

（五）劳动合同的内容

1. 劳动合同应当具备以下条款：
（1）用人单位的名称、住所和法定代表人或者主要负责人；
（2）劳动者的姓名、住址和居民身份证或者其他有效身份证件号码；
（3）劳动合同期限；
（4）工作内容和工作地点；
（5）工作时间和休息休假；
（6）劳动报酬；
（7）社会保险；
（8）劳动保护、劳动条件和职业危害防护；
（9）法律、法规规定应当纳入劳动合同的其他事项。

劳动合同除前款规定的必备条款外，用人单位与劳动者可以约定试用期、培训、保守秘密、补充保险和福利待遇等其他事项。

2. 试用期

（1）试用期的期限。劳动合同期限三个月以上不满一年的，试用期不得超过一个月；劳动合同期限一年以上不满三年的，试用期不得超过二个月；三年以上固定期限和无固定期限的劳动合同，试用期不得超过六个月。同一用人单位与同一劳动者只能约定一次试用期。以完成一定工作任务为期限的劳动合同或者劳动合同期限不满三个月的，不得约定试用期。试用期包含在劳动合同期限内。劳动合同仅约定试用期的，试用期不成立，该期限为劳动合同期限。

（2）试用期的工资。劳动者在试用期的工资不得低于本单位相同岗位最低档工资或者劳动合同约定工资的百分之八十，且不得低于用人单位所在地的最低工资标准。

（3）试用期内劳动合同的解除。在试用期中，除劳动者有过错或患病、非因公负伤以及经培训转岗后仍无法胜任工作的情形外，用人单位不得解除劳动合同。用人单位在试用期解除劳动合同的，应当向劳动者说明理由。

3. 其他条款

（1）服务期条款。用人单位为劳动者提供专项培训费用，对其进行专业技术培训的，可以与该劳动者订立协议，约定服务期。劳动者违反服务期约定的，应当按照约定向用人单位支付违约金。违约金的数额不得超过用人单位提供的培训费用。用人单位要求劳动者支付的违约金不得超过服务期尚未履行部分所应分摊的培训费用。用人单位与劳动者约定服务期的，不影响按照正常的工资调整机制提高劳动者在服务期期间的劳动报酬。

（2）保密条款。用人单位与劳动者可以在劳动合同中约定保守用人单位的商业秘密和与知识产权相关的保密事项。劳动者的保密义务是由劳动合同约定的，而非法定义务，可以有偿也可以无偿。劳动者违反劳动合同中约定的保密义务，给用人单位造成损失的，应当承担赔偿责任。

（3）竞业限制条款。对负有保密义务的劳动者，用人单位可以在劳动合同或者保密协议中与劳动者约定竞业限制条款，并约定在解除或者终止劳动合同后，在竞业限制期限内按月给予劳动者经济补偿。竞业限制义务是约定义务。竞业限制的人员限于用人单位的高级管理人员、高级技术人员和其他负有保密义务的人员。竞业限制的范围、地域、期限由用人单位与劳动者约定，竞业限制的约定不得违反法律、法规的规定。竞业限制的期限最长不得超过二年。劳动者违反竞业限制约定的，应当按照约定向用人单位支付违约金。

（4）违约金条款。除了劳动合同中约定有服务期条款和竞业限制条款的以外，用人单位不得与劳动者约定由劳动者承担违约金。

（六）无效的劳动合同

根据《劳动合同法》的规定，下列劳动合同无效或者部分无效：

（1）以欺诈、胁迫的手段或者乘人之危，使对方在违背真实意思的情况下订立或者变更劳动合同的；

（2）用人单位免除自己的法定责任、排除劳动者权利的；

（3）违反法律、行政法规强制性规定的。

对劳动合同的无效或者部分无效有争议的，由劳动争议仲裁机构或者人民法院确认。劳动合同部分无效，不影响其他部分效力的，其他部分仍然有效。劳动合同被确认无效，劳动者已付出劳动的，用人单位应当向劳动者支付劳动报酬。劳动报酬的数额，参照本单位相同或者相近岗位劳动者的劳动报酬确定。

【例】某公司招聘一名高级经理，张某凭借伪造的名牌大学毕业证书和工作经历骗取公司的信任，签订了三年的劳动合同。一年后，公司发现张某伪造学历证书和工作经历的事实，因此主张劳动合同无效，要求张某退还公司所发工资。张某则认为公司自己审查不严，而且其已提供劳动，双方存在劳动关系，现公司擅自解除劳动合同，应承担违约责任。问：本案应如何处理？

案例参考答案

二、劳动合同的履行和变更

（一）劳动合同履行的原则——全面履行原则

《劳动合同法》第二十九条规定，用人单位与劳动者应当按照劳动合同的约定，全面履行各自的义务。本条所规定的，就是全面履行原则。

（二）劳动合同履行的内容

1. 支付劳动报酬

用人单位应当按照劳动合同约定和国家规定，向劳动者及时足额支付劳动报酬。用人单位拖欠或者未足额支付劳动报酬的，劳动者可以依法向当地人民法院申请支付令，人民法院应当依法发出支付令。

2. 执行劳动定额标准

用人单位应当严格执行劳动定额标准，不得强迫或者变相强迫劳动者加班。用人单位安排加班的，应当按照国家有关规定向劳动者支付加班费。

3. 劳动保护

劳动者拒绝用人单位管理人员违章指挥、强令冒险作业的，不视为违反劳动合同。劳动者对危害生命安全和身体健康的劳动条件，有权对用人单位提出批评、检举和控告。

（三）特殊情况下劳动合同的履行

（1）用人单位变更名称、法定代表人、主要负责人或者投资人等事项，不影响劳动合同的履行。

（2）用人单位发生合并或者分立等情况，原劳动合同继续有效，劳动合同由承继其权利和义务的用人单位继续履行。

（四）劳动合同的变更

用人单位与劳动者协商一致，可以变更劳动合同约定的内容。变更劳动合同，应当采用书面形式。变更后的劳动合同文本由用人单位和劳动者各执一份。

三、劳动合同的解除和终止

（一）劳动合同解除的概念

劳动合同的解除是指当事人双方提前终止劳动合同的法律效力，解除双方的权利和义务关系。劳动合同的解除是劳动合同制度中最关系双方利益的行为。

（二）劳动合同解除的情形

1. 双方协议解除合同

《劳动合同法》第三十六条规定，用人单位与劳动者协商一致，可以解除劳动合同。

2. 劳动者预告解除劳动合同

《劳动合同法》第三十七条规定，劳动者提前三十日以书面形式通知用人单位，可以解除劳动合同。劳动者在试用期内提前三日通知用人单位，可以解除劳动合同。

3. 劳动者即时解除劳动合同

《劳动合同法》第三十八条规定，用人单位有下列情形之一的，劳动者可以解除劳动合同：

（1）未按照劳动合同约定提供劳动保护或者劳动条件的；

（2）未及时足额支付劳动报酬的；

（3）未依法为劳动者缴纳社会保险费的；

（4）用人单位的规章制度违反法律、法规的规定，损害劳动者权益的；

（5）因本法第二十六条第一款规定的情形致使劳动合同无效的；

（6）法律、行政法规规定劳动者可以解除劳动合同的其他情形。

用人单位以暴力、威胁或者非法限制人身自由的手段强迫劳动者劳动的，或者用人单位违章指挥、强令冒险作业危及劳动者人身安全的，劳动者可以立即解除劳动合同，不需事先告知用人单位。

4. 用人单位即时解除劳动合同

《劳动合同法》第三十九条规定，劳动者有下列情形之一的，用人单位可以解除劳动合同：

（1）在试用期间被证明不符合录用条件的；
（2）严重违反用人单位的规章制度的；
（3）严重失职，营私舞弊，给用人单位造成重大损害的；
（4）劳动者同时与其他用人单位建立劳动关系，对完成本单位的工作任务造成严重影响，或者经用人单位提出，拒不改正的；
（5）因本法第二十六条第一款第一项规定的情形致使劳动合同无效的；
（6）被依法追究刑事责任的。

5. 用人单位预告解除劳动合同

《劳动合同法》第四十条规定，有下列情形之一的，用人单位提前三十日以书面形式通知劳动者本人或者额外支付劳动者一个月工资后，可以解除劳动合同：

（1）劳动者患病或者非因工负伤，在规定的医疗期满后不能从事原工作，也不能从事由用人单位另行安排的工作的；
（2）劳动者不能胜任工作，经过培训或者调整工作岗位，仍不能胜任工作的；
（3）劳动合同订立时所依据的客观情况发生重大变化，致使劳动合同无法履行，经用人单位与劳动者协商，未能就变更劳动合同内容达成协议的。

6. 经济性裁员

《劳动合同法》第四十一条规定，有下列情形之一，需要裁减人员二十人以上或者裁减不足二十人但占企业职工总数百分之十以上的，用人单位提前三十日向工会或者全体职工说明情况，听取工会或者职工的意见后，裁减人员方案经向劳动行政部门报告，可以裁减人员：

（1）依照企业破产法规定进行重整的；
（2）生产经营发生严重困难的；
（3）企业转产、重大技术革新或者经营方式调整，经变更劳动合同后，仍需裁减人员的；
（4）其他因劳动合同订立时所依据的客观经济情况发生重大变化，致使劳动合同无法履行的。

裁减人员时，应当优先留用下列人员：

（1）与本单位订立较长期限的固定期限劳动合同的；
（2）与本单位订立无固定期限劳动合同的；
（3）家庭无其他就业人员，有需要扶养的老人或者未成年人的。

用人单位依照本条第一款规定裁减人员，在六个月内重新招用人员的，应当通知被裁减的人员，并在同等条件下优先招用被裁减的人员。

7. 不得解除劳动合同的情形

《劳动合同法》第四十二条规定，劳动者有下列情形之一的，用人单位不得解除劳动合同：

（1）从事接触职业病危害作业的劳动者未进行离岗前职业健康检查，或者疑似职业病病人在诊断或者医学观察期间的；
（2）在本单位患职业病或者因工负伤并被确认丧失或者部分丧失劳动能力的；

（3）患病或者非因工负伤，在规定的医疗期内的；
（4）女职工在孕期、产期、哺乳期的；
（5）在本单位连续工作满十五年，且距法定退休年龄不足五年的；
（6）法律、行政法规规定的其他情形。

（三）劳动合同的终止

劳动合同的终止，是指劳动合同所确立的劳动关系由于一些法律事实的出现而终结，劳动者与用人单位之间的权利和义务也不复存在。

根据《劳动合同法》第四十四条的规定，有下列情形之一的，劳动合同终止：
（1）劳动合同期满的；
（2）劳动者开始依法享受基本养老保险待遇的；
（3）劳动者死亡，或者被人民法院宣告死亡或者宣告失踪的；
（4）用人单位被依法宣告破产的；
（5）用人单位被吊销营业执照、责令关闭、撤销或者用人单位决定提前解散的；
（6）法律、行政法规规定的其他情形。

（四）劳动合同解除或终止后的经济补偿

1. 经济补偿的范围

根据《劳动合同法》第四十六条的规定，有下列情形之一的，用人单位应当向劳动者支付经济补偿：
（1）劳动者依照本法第三十八条规定解除劳动合同的；
（2）用人单位依照本法第三十六条规定向劳动者提出解除劳动合同并与劳动者协商一致解除劳动合同的；
（3）用人单位依照本法第四十条规定解除劳动合同的；
（4）用人单位依照本法第四十一条第一款规定解除劳动合同的；
（5）除用人单位维持或者提高劳动合同约定条件续订劳动合同，劳动者不同意续订的情形外，依照本法第四十四条第一项规定终止固定期限劳动合同的；
（6）依照本法第四十四条第四项、第五项规定终止劳动合同的；
（7）法律、行政法规规定的其他情形。

2. 经济补偿的标准

经济补偿按劳动者在本单位工作的年限，每满一年支付一个月工资的标准向劳动者支付。六个月以上不满一年的，按一年计算；不满六个月的，向劳动者支付半个月工资的经济补偿。

劳动者月工资高于用人单位所在直辖市、设区的市级人民政府公布的本地区上年度职工月平均工资三倍的，向其支付经济补偿的标准按职工月平均工资三倍的数额支付，向其支付经济补偿的年限最高不超过十二年。所谓月工资是指劳动者在劳动合同解除或者终止前十二个月的平均工资。

（五）用人单位违法解除或终止劳动合同的后果

用人单位违反《劳动合同法》规定解除或者终止劳动合同，劳动者要求继续履行劳动合同的，用人单位应当继续履行；劳动者不要求继续履行劳动合同或者劳动合同已经不能继续履行的,用人单位应当依照经济补偿标准的二倍向劳动者支付赔偿金。

四、特殊的劳动合同

(一) 集体合同

集体合同,又称集体劳动合同、集体契约(或集体协议),是指集体协商双方代表根据法律、法规的规定就劳动报酬、工作时间、休息休假、劳动安全卫生、保险福利等事项在平等协商一致基础上签订的书面协议。

集体合同草案应当提交职工代表大会或者全体职工讨论通过。集体合同由工会代表企业职工一方与用人单位订立;尚未建立工会的用人单位,由上级工会指导劳动者推举的代表与用人单位订立。企业职工一方与用人单位可以订立劳动安全卫生、女职工权益保护、工资调整机制等专项集体合同。在县级以下区域内,建筑业、采矿业、餐饮服务业等行业可以由工会与企业方面代表订立行业性集体合同,或者订立区域性集体合同。

集体合同订立后,应当报送劳动行政部门;劳动行政部门自收到集体合同文本之日起十五日内未提出异议的,集体合同即行生效。

依法订立的集体合同对用人单位和劳动者具有约束力。行业性、区域性集体合同对当地本行业、本区域的用人单位和劳动者具有约束力。

集体合同中劳动报酬和劳动条件等标准不得低于当地人民政府规定的最低标准;用人单位与劳动者订立的劳动合同中劳动报酬和劳动条件等标准不得低于集体合同规定的标准。

(二) 劳务派遣

劳务派遣是指劳务派遣单位与被派遣劳动者签订书面合同,与实际用工单位签订派遣协议,然后由劳务派遣单位将与其建立劳动合同关系的劳动者派往用工单位,被派遣劳动者在用工单位的指挥和管理下提供劳动服务的用工的方式。劳动派遣用工是一种补充形式,只能在临时性、辅助性或者替代性的工作岗位上实施。

经营劳动派遣业务应当具备以下条件:注册资本不得少于人民币二百万元;有与开展业务相适应的固定的经营场所和设施;有符合法律、行政法规规定的劳务派遣管理制度;经营劳务派遣业务,应当向劳动行政部门依法申请行政许可;经许可的,依法办理相应的公司登记。未经许可,任何单位和个人不得经营劳务派遣业务。

劳务派遣单位应当与被派遣劳动者订立二年以上的固定期限劳动合同,按月支付劳动报酬;被派遣劳动者在无工作期间,劳务派遣单位应当按照所在地人民政府规定的最低工资标准,向其按月支付报酬。用工单位应当根据工作岗位的实际需要与劳务派遣单位确定派遣期限,不得将连续用工期限分割订立数个短期劳务派遣协议。劳务派遣单位应当将劳务派遣协议的内容告知被派遣劳动者。劳务派遣单位不得克扣用工单位按照劳务派遣协议支付给被派遣劳动者的劳动报酬。劳务派遣单位和用工单位不得向被派遣劳动者收取费用。用工单位不得将被派遣劳动者再派遣到其他用人单位。用人单位不得设立劳务派遣单位向本单位或者所属单位派遣劳动者。

(三) 非全日制用工

非全日制用工,是指以小时计酬为主,劳动者在同一用人单位一般平均每日工作时间不超过四小时，每周工作时间累计不超过二十四小时的用工形式。

非全日制用工双方当事人可以订立口头协议。从事非全日制用工的劳动者可以与一个或者一个以上用人单位订立劳动合同，但是后订立的劳动合同不得影响先订立的劳动合同的履行。非全日制用工双方当事人不得约定试用期。

非全日制用工双方当事人任何一方都可以随时通知对方终止用工。终止用工，用人单位不向劳动者支付经济补偿。

非全日制用工小时计酬标准不得低于用人单位所在地人民政府规定的最低小时工资标准。非全日制用工劳动报酬结算支付周期最长不得超过十五日。

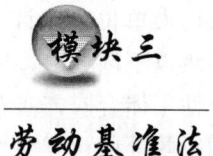

模块三 劳动基准法

所谓劳动基准，就是劳动条件的最低标准。劳动基准法就是主要由规定劳动标准的各项法律制度构成，包括工时标准、最低工资标准、职业安全卫生法等。

一、工资

（一）工资的概念和分配原则

工资是指用人单位依据国家有关规定或劳动合同的约定，以货币形式直接支付给本单位劳动者的劳动报酬。工资应当以货币形式按月支付给劳动者本人。工资分配应当遵循按劳分配原则，实行同工同酬。劳动在年休假、探亲假、婚丧假以及依法参加社会活动期间，用人单位应当按照劳动合同约定的标准支付工资。劳动者在试用、熟练、见习期间，在法定工作时间内提供了正常劳动的，用人单位应支付其不低于最低工资标准的工资。

（二）最低工资制度

最低工资是指劳动者在法定工作时间内履行了正常劳动义务的前提下，由其所在单位支付的最低劳动报酬，最低工资不包括延长工作时间的工资报酬，以货币形式支付的住房补贴和用人单位的伙食补贴，中班、夜班、高温、低温、井下、有毒、有害等特殊工作环境和劳动条件下的津贴，国家法律、法规、规章规定社会保险福利待遇。

《劳动法》第四十八条规定："国家实行最低工资保障制度。最低工资的具体标准由省、自治区、直辖市人民政府规定，报国务院备案。用人单位支付劳动者的工资不得低于当地最低工资标准。"

二、工作时间的概念和种类

（一）标准工时制

标准工时制是指每日不超过 8 小时，每周不超过 40 小时，在一周内工作 5 天。企业因生产特点不能实行标准工作制的，经劳动行政部门批准，可以实行其他工作和休息办法。

（二）缩短工作时间

缩短工作时间，即每日工作少于 8 小时。缩短工作时间适用于：从事矿山井下、高山、有毒有害、特别繁重或过度紧张等作业的劳动者；从事夜班工作的劳动者；哺乳期内的女职工。

（三）延长工作时间

延长工作时间必须符合法律、法规的规定。

三、休息休假的概念和种类

（一）休息休假的概念

休息休假是劳动者在任职期间，根据国家规定，不从事劳动和工作而自行支配的休息时间和法定节假日。

（二）休息休假的分类

目前我国休息休假可分为以下几种：

1. 一个工作日内的休息时间

一个工作日内的休息时间，是指在工作日内给予劳动者休息和用膳的时间，一般为 1~2 小时，最少不得少于半小时。

2. 工作日间的休息时间

工作日间的休息时间，即两个相邻工作日间的休息时间按，一般不少于 16 小时。

3. 公休假日

公休假日，是劳动者一周内享有的休息日，一般每周 2 日。《劳动法》第三十八条规定："用人单位应当保证劳动者每周至少休息一日。"

4. 法定节假日

法定节假日，是由国家法律统一规定的用以开展纪念、庆祝活动的休息时间。法定节假日主要有元旦、春节、清明节、国际劳动节、端午节、国庆节、中秋节，法律、法规规定的其他休假节日。

5. 探亲假

探亲假，是指职工工作地点与父母或配偶居住地不属于同一城市而分居两地时，每年享受一定期限的带薪假期。

6. 年休假

年休假，是指职工每年享有的保留职务和工资的一定期限连续休息的假期。《劳动法》第四十五条规定："国家实行带薪年休假制度。""劳动者连续工作一年以上的，享受带薪年休假。具体办法由国务院规定。"

四、加班加点

加班是指要求职工在法定节日或公休假日从事工作。加点是指要求职工在正常工作日之外延长工作时间。《劳动法》具体规定如下：

（一）一般情况下的规定

《劳动法》第四十一条规定："用人单位由于生产经营需要，经与工会和劳动者协商后可以延长工作时间,一般每日不得超过一小时;因特殊原因需要延长工作时间的,在保障劳动者身体健康的条件下延长工作时间每日不得超过三小时,但是每月不得超过三十六小时。"

(二) 特殊情况下的规定

《劳动法》第四十二条规定:"有下列情形之一的,延长工作时间不受本法第四十一条规定的限制:发生自然灾害、事故或者因其他原因,威胁劳动者生命健康和财产安全,需要紧急处理的;生产设备、交通运输线路、公共设施发生故障,影响生产和公众利益,必须及时抢修的;法律、行政法规规定的其他情形。"

(三) 加班加点的待遇

《劳动法》第四十四条规定,"有下列情形之一的,用人单位应当按照下列标准支付高于劳动者正常工作时间工资的工资报酬:安排劳动者延长工作时间的,支付不低于工资的百分之一百五十的工资报酬;休息日安排劳动者工作又不能安排补休的,支付不低于工资的百分之二百的工资报酬;法定休假日安排劳动者工作的,支付不低于工资的百分之三百的工资报酬。"

(四) 违法延长职工工作时间的法律责任

用人单位不得违反《劳动法》的规定延长劳动者的工作时间。用人单位违反《劳动法》的规定,延长劳动者工作时间的,由劳动行政部门给予警告,责令改正,并可以处以罚款。

五、职业安全卫生法律制度

(一) 对女职工的特殊保护

(1) 禁止安排女职工从事矿山井下、国家规定的第四级体力劳动强度的劳动和其他禁忌从事的劳动。

(2) 不得安排女职工在经期从事高处、低温、冷水作业和国家规定的第三级体力劳动强度的劳动。

(3) 不得安排女职工在怀孕期间从事国家规定的第三级体力劳动强度的劳动和孕期禁忌从事的劳动。对怀孕七个月以上的女职工,不得安排其延长工作时间和夜班劳动。

(4) 不得安排女职工在哺乳未满一周岁的婴儿期间从事国家规定的第三级体力劳动强度的劳动和哺乳期禁忌从事的其他劳动,不得安排其延长工作时间和夜班劳动。

(5) 女职工生育享受不少于九十天的产假。

(二) 对未成年工的特殊保护

(1) 对未成年工进行上岗前培训。

(2) 不得安排未成年工从事矿山井下、有毒有害、国家规定的第四级体力劳动强度的劳动和其他禁忌从事的劳动。

(3) 用人单位应当对未成年工定期进行健康检查。

模块四 劳动争议处理

一、劳动争议及解决方法

（一）劳动争议的概念及适用范围

劳动争议是指劳动关系当事人之间因实现劳动权利、履行劳动义务发生分歧而引起的争议，也称劳动纠纷、劳资争议。包括：

（1）因确认劳动关系发生的争议；
（2）因订立、履行、变更、解除和终止劳动合同发生的争议；
（3）因除名、辞退和辞职、离职发生的争议；
（4）因工作时间、休息休假、社会保险、福利、培训以及劳动保护发生的争议；
（5）因劳动报酬、工伤医疗费、经济补偿或者赔偿金等发生的争议；
（6）法律、法规规定的其他劳动争议。

（二）劳动争议的解决原则和方法

1. 劳动争议解决的基本原则

解决劳动争议，应当根据事实，遵循合法、公正、及时、着重调解的原则，依法保护当事人的合法权益。

2. 劳动争议解决的基本方法

劳动争议解决的方法有协商、调解、仲裁和诉讼。发生劳动争议，劳动者可以与用人单位协商，也可以请工会或者第三方共同与用人单位协商，达成和解协议；当事人不愿协商、协商不成或者达成和解协议后不履行的，可以向调解组织申请调解；不愿调解、调解不成或者达成调解协议后不履行的，可以向劳动争议仲裁机构申请仲裁；对仲裁裁决不服的，除《调解仲裁法》另有规定的以外，可以向人民法院提起诉讼。

用人单位违反国家规定，拖欠或者未足额支付劳动报酬，或者拖欠工伤医疗费、经济补偿或者赔偿金的，劳动者可以向劳动行政部门投诉，劳动行政部门应当依法处理。

（三）举证责任

发生劳动争议，当事人对自己提出的主张，有责任提供证据。与争议事项有关的证据属于用人单位掌握管理的，用人单位应当提供；用人单位不提供的，应当承担不利后果。在法律没有具体规定，按照上述原则也无法确定举证责任承担时，仲裁庭可以根据公平原则和诚实信用原则，综合当事人举证能力等因素确定举证责任的承担。

二、劳动争议调解

劳动争议的调解是指在劳动争议调解组织的主持下，在双方当事人自愿的基础上，通过宣传法律、法规、规章和政策，劝导当事人化解矛盾，自愿就争议事项达成协议，使劳动争议及时得到解决的一种活动。

（一）劳动争议调解组织

可受理劳动争议的调解组织如下：

1. 企业劳动争议调解委员会

企业劳动争议调解委员会由职工代表和企业代表组成。职工代表由工会成员担任或者由全体职工推举产生，企业代表由企业负责人指定。企业劳动争议调解委员会主任由工会成员或者双方推举的人员担任。

2. 依法设立的基层人民调解组织

3. 在乡镇、街道设立的具有劳动争议调解职能的组织

（二）劳动调解程序

1. 申请

当事人申请劳动争议调解可以书面申请，也可以口头申请。口头申请的，调解组织应当当场记录申请人基本情况、申请调解的争议事项、理由和时间。

2. 达成调解协议

调解劳动争议，应当充分听取双方当事人对事实和理由的陈述，耐心疏导，帮助其达成协议。

3. 调解协议的执行

经调解达成协议的，应当制作调解协议书。调解协议书由双方当事人签名或者盖章，经调解员签名并加盖调解组织印章后生效。调解协议书对双方当事人具有约束力，当事人应当履行。

自劳动争议调解组织收到调解申请之日起15日内未达成调解协议的，当事人可以依法申请仲裁。

达成调解协议后，一方当事人在协议约定期限内不履行调解协议的，另一方当事人可以依法申请仲裁。因支付拖欠劳动报酬、工伤医疗费、经济补偿或者赔偿金事项达成调解协议，用人单位在协议约定期限内不履行的，劳动者可以持调解协议书依法向人民法院申请支付令。人民法院应当依法发出支付令。

三、劳动仲裁

劳动仲裁是指劳动争议仲裁机构对劳动争议当事人争议的事项，根据劳动法律、法规、规章和政策等的规定，依法作出裁决，从而解决劳动争议的一项劳动法律制度。

（一）劳动仲裁机构

劳动仲裁机构是劳动人事争议仲裁委员会（简称"仲裁委员会"）。仲裁委员会按照统筹规划、合理布局和适应实际需要的原则设立，不按行政区划层层设立。仲裁委员会下设实体化的办事机构，称为劳动人事争议仲裁院（简称"仲裁院"）。

劳动争议仲裁不收费。仲裁委员会的经费由财政予以保障。

（二）劳动仲裁参加人

1. 当事人

发生劳动争议的劳动者和用人单位为劳动争议仲裁案件的双方当事人。劳务派遣单位

或者用工单位与劳动者发生劳动争议的，劳务派遣单位和用工单位为共同当事人。劳动者与个人承包经营者发生争议，依法向仲裁委员会申请仲裁的，应当将发包的组织和个人承包经营者作为共同当事人。

发生争议的用人单位未办理营业执照、被吊销营业执照、营业执照到期继续经营、被责令关闭、被撤销以及用人单位解散、歇业，不能承担相关责任的，应当将用人单位和其出资人、开办单位或者主管部门作为共同当事人。

2. 当事人代表

发生争议的劳动者一方在10人以上，并有共同请求的，劳动者可以推举3～5名代表人参加仲裁活动。

因履行集体合同发生的劳动争议，经协商解决不成的，工会可以依法申请仲裁；尚未建立工会的，由上级工会指导劳动者推举产生的代表依法申请仲裁。

代表人参加仲裁的行为对其所代表的当事人发生效力，但代表人变更、放弃仲裁请求或者承认对方当事人的仲裁请求，进行和解，必须经被代表的当事人同意。

3. 第三人

与劳动争议案件的处理结果有利害关系的第三人，可以申请参加仲裁活动或者由仲裁委员会通知其参加仲裁活动。

4. 代理人

当事人可以委托代理人参加仲裁活动。委托他人参加仲裁活动，应当向仲裁委员会提交有委托人签名或者盖章的委托书，委托书应当载明委托事项和权限。

丧失或者部分丧失民事行为能力的劳动者，由其法定代理人代为参加仲裁活动；无法定代理人的，由仲裁委员会为其指定代理人。劳动者死亡的，由其近亲属或者代理人参加仲裁活动。

（三）劳动争议仲裁案件的管辖

仲裁委员会负责管辖本区域内发生的劳动争议。劳动争议由劳动合同履行地或者用人单位所在地的仲裁委员会管辖。双方当事人分别向劳动合同履行地和用人单位所在地的仲裁委员会申请仲裁的，由劳动合同履行地的仲裁委员会管辖。有多个劳动合同履行地的，由最先受理的仲裁委员会管辖。劳动合同履行地不明确的，由用人单位所在地的仲裁委员会管辖。案件受理后，劳动合同履行地或者用人单位所在地发生变化的，不改变争议仲裁的管辖。

（四）仲裁程序

1. 申请和受理

（1）仲裁时效。劳动争议申请仲裁的时效期间为1年。仲裁时效期间从当事人知道或者应当知道其权利被侵害之日起计算。劳动关系存续期间因拖欠劳动报酬发生争议的，劳动者申请仲裁不受1年仲裁时效期间的限制；但是，劳动关系终止的，应当自劳动关系终止之日起1年内提出。

劳动仲裁时效，因当事人一方向对方当事人主张权利，或者向有关部门请求权利救济，或者对方当事人同意履行义务而中断。从中断时起，仲裁时效期间重新计算。这里的中断时起，应理解为中断事由消除时起。如权利人申请调解的，经调解达不成协议的，应自调解不成之日起重新计算；如达成调解协议，自义务人应当履行义务的期限届满之日起计算。

因不可抗力或者有其他正当理由（无民事行为能力或者限制民事行为能力劳动者的法定代理人未确定等），当事人不能在仲裁时效期间申请仲裁的，仲裁时效中止。从中止时效的原因消除之日起，仲裁时效期间继续计算。

（2）仲裁申请。申请人申请仲裁应当提交书面仲裁申请，并按照被申请人人数提交副本。仲裁申请书应当载明下列事项：

①劳动者的姓名、性别、出生日期、身份证号码、住所、通讯地址和联系电话，用人单位的名称、住所、通信地址、联系电话和法定代表人或者主要负责人的姓名、职务；

②仲裁请求和所根据的事实、理由；

③证据和证据来源，证人姓名和住所。

书写仲裁申请确有困难的，可以口头申请，由仲裁委员会记入笔录，经申请人签名、盖章或者捺印确认。

（3）仲裁受理。仲裁委员会收到仲裁申请之日起5日内，认为符合受理条件的，应当予以受理，并向申请人出具受理通知书；认为不符合受理条件的，向申请人出具不予受理通知书。

对仲裁委员会逾期未作出决定或者决定不予受理的，申请人可以就该争议事项向人民法院提起诉讼。

仲裁委员会受理仲裁申请后，应当在5日内将仲裁申请书副本送达被申请人。被申请人收到仲裁申请书副本后，应当在10日内向仲裁委员会提交答辩书。仲裁委员会收到答辩书后，应当在5日内将答辩书副本送达申请人。被申请人未提交答辩书的，不影响仲裁程序的进行。

2. 开庭和裁决

（1）仲裁基本制度。仲裁的基本制度主要有三项：

①仲裁公开原则及例外。劳动争议仲裁公开进行，但当事人协议不公开或者涉及商业秘密和个人隐私的，经相关当事人书面申请，仲裁委员会应当不公开审理。

②仲裁庭制。仲裁委员会裁决劳动争议案件实行仲裁庭制。仲裁庭由3名仲裁员组成，设首席仲裁员。简单劳动争议案件可以由1名仲裁员独任仲裁。

③回避制度。仲裁员有下列情形之一的，应当回避，当事人也有权以口头或者书面方式提出回避申请：是本案当事人或者当事人、代理人的近亲属的；与本案有利害关系的；与本案当事人、代理人有其他关系，可能影响公正裁决的；私自会见当事人、代理人，或者接受当事人、代理人请客送礼的。

（2）仲裁开庭程序。仲裁委员会应当在受理仲裁申请之日起5日内组成仲裁庭，并将仲裁庭的组成情况书面通知当事人。仲裁庭应当在开庭5日前，将开庭日期、地点书面通知双方当事人。当事人有正当理由的，可以在开庭3日前请求延期开庭。是否延期，由仲裁委员会根据实际情况决定。

申请人收到书面开庭通知，无正当理由拒不到庭或者未经仲裁庭同意中途退庭的，可以按撤回仲裁申请处理；申请人重新申请仲裁的，仲裁委员会不予受理。被申请人收到书面开庭通知，无正当理由拒不到庭或者未经仲裁庭同意中途退庭的，仲裁庭可以继续开庭审理，并缺席裁决。

开庭审理中，仲裁员应当听取申请人的陈述和被申请人的答辩，主持庭审调查、质证和辩论、征询当事人最后意见，并进行调解。

仲裁庭裁决劳动争议案件，应当自仲裁委员会受理仲裁申请之日起45日内结束。案情复杂需要延期的，经仲裁委员会主任批准，可以延期并书面通知当事人，但是延长期限不得超过15日。逾期未作出仲裁裁决的，当事人可以就该劳动争议事项向人民法院提起诉讼。

上述规定中的"3日""5日""10日"指工作日，"15日""45日"指自然日。

（3）仲裁裁决。裁决应当按照多数仲裁员的意见作出，少数仲裁员的不同意见应当记入笔录。仲裁庭不能形成多数意见时，裁决应当按照首席仲裁员的意见作出。裁决书应当载明仲裁请求、争议事实、裁决理由、裁决结果、当事人权利和裁决日期。裁决书由仲裁员签名，加盖劳动争议仲裁委员会印章。对裁决持不同意见的仲裁员，可以签名，也可以不签名。仲裁庭裁决劳动争议案件时，其中一部分事实已经清楚，可以就该部分先行裁决。

下列劳动争议，除《调解仲裁法》另有规定的外，仲裁裁决为终局裁决，裁决书自作出之日起发生法律效力：

①追索劳动报酬、工伤医疗费、经济补偿或者赔偿金，不超过当地月最低工资标准12个月金额的争议。如果仲裁裁决涉及数项，对单项裁决数额不超过当地最低工资标准12个月金额的事项，应当适用终局裁决。上述经济补偿包括《劳动合同法》规定的竞业限制期限内给予的经济补偿、解除或者终止劳动合同的经济补偿等；赔偿金包括《劳动合同法》规定的未签订书面劳动合同的第2倍工资、违法约定试用期的赔偿金、违法解除或者终止劳动合同的赔偿金等。

②因执行国家的劳动标准在工作时间、休息休假、社会保险等方面发生的争议。仲裁庭裁决案件时，裁决内容同时涉及终局裁决和非终局裁决的，应当分别制作裁决书，并告知当事人相应的救济权利。

（4）仲裁裁决的撤销。用人单位有证据证明上述一裁终局的裁决有下列情形之一，可以自收到仲裁裁决书之日起30日内向仲裁委员会所在地的中级人民法院申请撤销裁决：

①适用法律、法规确有错误的；
②劳动争议仲裁委员会无管辖权的；
③违反法定程序的；
④裁决所根据的证据是伪造的；
⑤对方当事人隐瞒了足以影响公正裁决的证据的；
⑥仲裁员在仲裁该案时有索贿受贿、徇私舞弊、枉法裁决行为的。

人民法院经组成合议庭审查核实裁决有上述规定情形之一的，应当裁定撤销。

3. 执行

（1）仲裁庭对追索劳动报酬、工伤医疗费、经济补偿或者赔偿金的案件，根据当事人的申请，可以裁决先予执行，移送人民法院执行。仲裁庭裁决先予执行的，应当符合下列条件：

①当事人之间权利义务关系明确；

②不先予执行将严重影响申请人的生活。

劳动者申请先予执行的，可以不提供担保。

（2）当事人对发生法律效力的调解书、裁决书，应当依照规定的期限履行。一方当事人逾期不履行的，另一方当事人可以依照《民事诉讼法》的有关规定向人民法院申请执行。受理申请的人民法院应当依法执行。

四、劳动诉讼

（一）劳动诉讼的提起

（1）对仲裁委员会不予受理或者逾期未作出决定的，申请人可以就该劳动争议事项向人民法院提起诉讼。

（2）劳动者对劳动争议的终局裁决不服的，可以自收到仲裁裁决书之日起15日内向人民法院提起诉讼。

（3）当事人对终局裁决情形之外的其他劳动争议案件的仲裁裁决不服的，可以自收到仲裁裁决书之日起15日内提起诉讼。

（4）终局裁决被人民法院裁定撤销的，当事人可以自收到裁定书之日起15日内就该劳动争议事项向人民法院提起诉讼。

（二）劳动诉讼程序

劳动诉讼依照《民事诉讼法》的规定执行，具体可参考本书"经济仲裁与诉讼"，在此不再赘述。

课后思考题

1. 什么是劳动关系？《劳动法》的适用范围是什么？
2. 劳动合同的期限有哪些规定？
3. 试用期是什么？《劳动合同法》对于试用期有哪些规定？
4. 劳动合同的解除情形有哪些？
5. 什么是经济补偿？如何进行经济补偿？
6. 我国的休息休假制度有哪些？劳动保护制度有哪些？
7. 劳动争议解决的途径有哪些？
8. 劳动争议仲裁的程序是什么？

PPT

项目十 经济仲裁与诉讼

【知识能力目标】

1. 理解经济仲裁的概念、特征、基本原则。
2. 掌握仲裁协议的概念、种类、效力、内容,仲裁的基本程序,起诉的条件,开庭审理的程序,上诉的处理,民事起诉。
3. 掌握仲裁、诉讼、复议的程序,能够解决简单的经济纠纷。

【职业素养目标】

1. 树立"法律至上、权力制约、公平正义、权利保障、程序正当"的社会主义法治思维。
2. 培养学生程序思维和规则意识。

【导入案例】

2015年5月方响公司和曾月公司发生合同纠纷,双方当事人曾在合同中约定:"如果在履行合同时发生纠纷,双方都有权申请仲裁委员会仲裁。"于是,方响公司向该公司所在地A市的仲裁委员会申请仲裁,而曾月公司则向公司所在地B市的人民法院起诉。A市仲裁委员会受理了该案件,并作出了裁决。曾月公司不服,遂以原仲裁协议无效为由向A市东区人民法院申请撤销裁决。东区法院认为双方的仲裁条款中没有明确规定具体的仲裁委员会,故该仲裁条款无效,裁定撤销仲裁裁决。

【问题】

(1)仲裁委员会受理该案件是否正确?为什么?
(2)A市东区人民法院是否有权撤销该仲裁裁决?为什么?
(3)该仲裁裁决能否撤销?为什么?

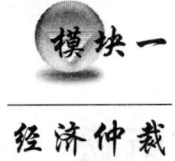

模块一 经济仲裁

一、经济仲裁的概念与特征

随着中国"一带一路"倡议不断推进，随之而来的争议纠纷也日渐增长。仲裁作为企业偏好的争议解决方式，为仲裁业带来发展机遇。通过仲裁解决经济纠纷，能够确定当事人之间的权利义务关系，消除当事人之间的争议。在各种经济活动过程中，当事人就有关权利义务经常会与他人产生异议并引起争执，比如，经济合同纠纷、产品质量纠纷、所有权归属纠纷、侵权纠纷等。当前解决经济纠纷的方式主要有协商、调解、仲裁和诉讼等。协商是当事人之间自行进行的，调解则有第三人作为中间人参与。在协商、调解不成或当事人不愿协商、调解时，只能采取相对较为正式的方式，即仲裁或诉讼。

（一）经济仲裁概述

1. 经济仲裁的概念

经济仲裁，是指经济纠纷的当事人按照事先或事后达成的协议，自愿将有关争议提交仲裁机构，仲裁机构以第三者的身份对争议的事实和权利义务作出判断和裁决，以解决争议、维护当事人正当权益，且当事人必须履行仲裁裁决的一种制度。仲裁与诉讼不同，它属民间裁判行为，仲裁机构是民间组织，是由当事人以协议的方式自愿选定并授予仲裁管辖权的机构，需要注意的是仲裁作为一种法律制度，法律赋予仲裁机构的裁决具有强制执行的效力。

2. 仲裁的要素

仲裁具有三个要素：

（1）仲裁以双方当事人自愿协商为基础；

（2）仲裁由双方当事人自愿选择的中立第三者即仲裁机构进行裁判；

（3）仲裁裁决对双方当事人都具有约束力。

3. 仲裁法

1994年8月31日，第八届全国人民代表大会常务委员会第九次会议通过了《中华人民共和国仲裁法》（以下简称《仲裁法》），该法自1995年9月1日起施行。根据2009年8月27日第十一届全国人民代表大会常务委员会第十次会议通过的《关于修改部分法律的决定》第一次修正，根据2017年9月10日第十二届全国人民代表大会常务委员会第二十九次会议通过的《关于修改〈中华人民共和国法官法〉等八部法律的决定》第二次修正。

（二）经济仲裁的特征

经济仲裁是解决经济纠纷的特定方式，具有以下几个特征：

1. 灵活性

仲裁与解决经济纠纷的其他方式相比，具有极大的灵活性和便利性。在现代社会尤其是市场经济的发展过程中，经济领域的当事人一般都不愿在纠纷的解决上花费大量的时间和精力，希望能及时地、自由地解决纠纷。恰好经济仲裁适应了这一要求，时间短、费用低，当事人有权选择仲裁员、仲裁程序和适用的法律，对仲裁具有一定的控制权，可以保证争议及时、快速、顺利地解决。

2. 自愿性

当事人对争议的事项是否以仲裁方式解决、在什么地点仲裁均可以自愿选择，选择的方式是当事人双方在争议发生前或发生后订立协议。如果没有这种事先或事后的选择仲裁的协议，一旦当事人之间发生经济纠纷，任何一方都无权申请仲裁机关仲裁，而只能采用其他方式解决纠纷。

3. 专业性

仲裁由具有相应专业知识的专家担任仲裁员，有利于纠纷的公正、妥善处理。经济纠纷中很多方面都涉及某些特殊的专业知识，由专家来判断比由当事人自己或者职业法官来判断更为妥当，专家的意见更易为当事人所接受，有利于当事人接受仲裁裁决、自觉履行裁决。

4. 保密性

仲裁可以防止泄露当事人不愿公开的商业秘密。因为仲裁一般采取不公开开庭的原则，有利于保护当事人的合法权益。

5. 快捷性

仲裁为一裁终局，当事人选择确定的仲裁机构解决经济纠纷，必须服从仲裁机构的裁决，仲裁裁决一经作出就发生法律效力，当事人不能上诉，非依法定程序也不能改变或撤销裁决。当事人必须履行仲裁裁决，如不履行，另一方当事人可以申请人民法院强制执行。因此，仲裁既简便又有效。

另外，还要注意或裁或审制度。或裁或审制度是我国仲裁中的一项重要制度，是指争议发生前或发生后，当事人有权选择解决争议的途径，或者双方达成仲裁协议，将争议提交仲裁解决，或者争议发生后向人民法院提起诉讼，通过诉讼途径解决争议。或裁或审制度是仲裁法基本制度之一，是指当事人选择解决争议途径时，在仲裁与审判中只能二者取其一的制度。当事人选择了以仲裁途径解决争议，就不可以再选择诉讼；当事人选择了诉讼就不可以同时选择仲裁。如果当事人双方达成仲裁协议后，一方当事人不信守协议向法院起诉，另一方当事人在实质性答辩之前，可以向法院提出管辖权异议，只要仲裁协议合法有效，法院就会裁定驳回起诉，该争议仍应由仲裁解决。当然，如果当事人首次开庭前未提出管辖权异议的，那么就表示当事人已放弃仲裁协议，人民法院就可以继续审理。

二、仲裁的基本原则

（一）自愿仲裁原则

《仲裁法》第四条规定，当事人采用仲裁方式解决纠纷，应当双方自愿，达成仲裁协议。没有仲裁协议，一方申请仲裁的，仲裁委员会不予受理。自愿原则是贯彻仲裁程序始终的一项基本原则，体现了仲裁是双方当事人的选择，是当事人真实意思的表示。自愿原则是仲裁制度赖以存在和发展的基础，是仲裁制度生命力的保证。

(二) 以事实为依据，以法律为准绳原则

这一原则是我国"以事实为根据，以法律为准绳""公民在法律面前一律平等"等法治原则在仲裁制度中的具体体现。仲裁机构作出仲裁裁决必须以客观事实为依据，以民事实体法和程序法作为案件处理的标准。符合法律规定是指在查明案件事实的基础上，依照实体法和程序法判断当事人是否应承担责任，确认双方当事人的权利义务关系，作出公正的裁决。公平合理解决纠纷是指仲裁机构处于公正的公断人地位，平等地保护双方当事人的合法权益，在仲裁中依据事实和法律作出裁决。如果存在法律未明确规定的情况下，仲裁机构应参照经济活动中人们普遍接受的惯例作出合理的裁决。

(三) 仲裁依法独立进行的原则

《仲裁法》规定，仲裁依法独立进行，不受行政机关、社会团体和个人的干涉。这一规定说明两层含义：一是仲裁机构本身是独立的，不隶属于行政机关。仲裁机构的性质是民间机构，是以独立法人形式存在的民间裁判机构。根据《仲裁法》的规定，我国的仲裁委员会是按地域分别设置的，各个仲裁委员会之间不存在隶属关系，是完全独立的。各仲裁委员会组成自律性组织仲裁协会，仲裁协会是社团法人，依法制定统一的仲裁规则，根据章程对仲裁委员会及其仲裁员的行为进行监督。仲裁协会与仲裁委员会之间不存在领导与被领导的关系，仲裁协会不得干预仲裁委员会的裁决。仲裁委员会受理仲裁案件后，由当事人选定的仲裁员组成仲裁庭审理案件，仲裁庭有独立的审理裁决权，仲裁委员会不能干预。二是仲裁机构仲裁案件依照法律进行。仲裁机构独立进行仲裁，受法律强制性规定的约束，包括实体法和程序法的约束，不能任意地裁决。

(四) 平等原则

这一原则说明双方当事人在法律地位上完全平等。即在仲裁过程中，双方都有申请回避、提供证据、陈述和辩论等程序权利。且仲裁委员会在适用法律上一律平等，不得徇私舞弊，损害一方当事人合法权益。

(五) 一裁终局的原则

《仲裁法》规定，仲裁实行一裁终局制度。裁决作出后，当事人就同一纠纷再申请仲裁或者向人民法院起诉的，仲裁委员会或者人民法院不予受理。仲裁机构对仲裁案件作出裁决后即发生终局的法律效力，当事人之间的权利义务关系依裁决确定，当事人之间的争议得到解决。非依法定程序，当事人之间已确定的权利义务关系不得变更或撤销，也不能就原来的权利义务再起争议。这有利于及时解决纠纷，稳定社会经济关系。

扩展阅读　不服仲裁裁决怎么办？

三、仲裁机构

(一) 仲裁机构的概念

仲裁委员会和仲裁庭，称为仲裁机构。仲裁委员会是对仲裁的日常事务、仲裁工作、仲裁人员进行管理、组织和协调的仲裁管理机构；仲裁庭是临时组成的对当事人之间请求仲裁的争议进行审理和裁决的机构。

（二）仲裁机构的组成

1. 仲裁委员会

根据《仲裁法》的规定，仲裁委员会可以在直辖市和省、自治区人民政府所在地的市设立，也可以根据需要在其他设区的市设立，不按行政区划层层设立，与人民法院的建制不同。仲裁委员会由人民政府组织有关部门和商会统一组建，并经省、自治区、直辖市司法行政部门登记。但仲裁委员会独立于行政机关，与行政机关没有隶属关系，仲裁委员会之间也没有隶属关系。

仲裁委员会作为独立的事业单位法人，应具备法人成立的一般要求。根据《仲裁法》第十一条的规定，仲裁委员会应当具备以下条件：

（1）必须有自己的名称、住所和章程。仲裁委员会的名称一般为××（市）仲裁委员会。

（2）必须有必要的财产。仲裁委员会拥有必要的财产，是其享有民事权利、承担民事义务的物质基础，也是其独立承担民事责任的财产保障。

（3）有该委员会的组成人员。根据《仲裁法》第十二条的规定，仲裁委员会由主任一人、副主任二至四人和委员七至十一人组成。仲裁委员会的主任、副主任和委员由法律、经济贸易专家和有实际工作经验的人员担任。仲裁委员会的组成人员中，法律、经济贸易专家不得少于三分之二。

（4）有聘任的仲裁员。仲裁委员会应当从公道正派的人员中聘任符合法定条件的仲裁员若干个。仲裁委员会应当设全体仲裁员名册，供当事人申请仲裁后选择指定仲裁员组成仲裁庭。

仲裁员是直接组成仲裁庭的人员，直接参与仲裁案件的审理和裁决，所以仲裁员必须具备一定的业务素质和政治素质，以保证仲裁的质量。根据《仲裁法》第十三条的规定，仲裁委员会应当从公道正派的人员中聘任仲裁员，并且仲裁员应符合以下条件之一：

（1）通过国家统一法律职业资格考试取得法律职业资格，从事仲裁工作满八年的；

（2）从事律师工作满八年的；

（3）曾任法官满八年的；

（4）从事法律研究、教学工作并具有高级职称的；

（5）具有法律知识、从事经济贸易等专业工作并具有高级职称或者具有同等专业水平的。

为便于当事人选定仲裁员，提高仲裁委员会工作的透明度，仲裁委员会依法应当按照不同专业设仲裁员名册，建立仲裁员名册制度。

2. 仲裁庭

仲裁委员会受理仲裁申请后，并不直接审理和裁决案件，而是组成仲裁庭来行使审理和裁决权，仲裁庭的裁决权基于当事人双方的授权。仲裁庭采用公开或不公开的方式进行审理，也是根据当事人双方的自愿选择决定，充分体现了当事人双方自愿的原则。

仲裁庭采用独任制或合议制两种组成形式。独任制是由一名仲裁员组成仲裁庭，合议制是由三名仲裁员组成仲裁庭。《仲裁法》第三十条规定，仲裁庭可以由三名仲裁员或者一名仲裁员组成。由三名仲裁员组成的，设首席仲裁员。

四、仲裁协议

（一）仲裁协议的概念与种类

1. 仲裁协议的概念

仲裁协议是指各方当事人根据意思自治的原则，表示愿意将他们之间已经发生或者可能发生的合同纠纷和其他财产权益纠纷提交仲裁机构，以仲裁的方法予以解决的意思表示。根据《仲裁法》的规定，仲裁协议必须采取书面形式，口头的仲裁协议无效。

2. 仲裁协议的种类

书面仲裁协议分为仲裁条款和仲裁协议书两类。

（1）仲裁条款是指当事人在合同中订立表示愿将他们之间可能发生的纠纷以仲裁方式解决的条款。当事人可以在合同中订立仲裁条款，也可以在订立合同后通过互换信函、电传、电报或有记录的其他通信方式达成同意提交仲裁的文字记录。

（2）仲裁协议书是指双方当事人在主合同之外单独签订的约定发生纠纷请求仲裁的法律文件。仲裁条款往往是在纠纷发生前就已经订立的，仲裁协议书可以在纠纷发生前订立，也可以在纠纷发生后订立。无论是规定在合同中的仲裁条款，还是独立于主合同之外单独签订的仲裁协议，主合同的变更、解除、终止或者无效，均不影响仲裁协议的效力。

（二）仲裁协议的内容

根据《仲裁法》的规定，仲裁协议必须具备三项内容：第一，请求仲裁的意思表示；第二，仲裁事项；第三，选定的仲裁委员会。

仲裁协议对仲裁事项或者仲裁委员会没有约定或者约定不明确的，当事人可以补充协议；达不成补充协议的，仲裁协议无效。仲裁协议独立存在，合同的变更、解除、终止或者无效，不影响仲裁协议的效力。

（三）仲裁协议的效力

仲裁协议的效力是指它的法律意义，表现在以下几个方面：

1. 约束当事人各方的行为

仲裁协议是依法订立的，具有约束当事人行为的法律效力，当事人签订仲裁协议后，有权利将约定的争议事项提交仲裁机构裁决，且也有义务将约定的争议事项提交仲裁协议中约定的仲裁机构裁决，协议的任何一方当事人不得将该争议向人民法院提起诉讼。

2. 授予仲裁机构管辖权

仲裁机构对仲裁案件行使的管辖权，来源于当事人双方以协议形式作出的授权，仲裁协议是仲裁机构受理争议案件的依据。

3. 排除了人民法院对争议案件的管辖权

仲裁实行当事人双方自愿的原则，当事人之间订立了仲裁协议后，任何一方不得就已约定的仲裁事项向人民法院提起诉讼，人民法院也不受理这种起诉。

当事人一方向法院提起诉讼，法院受理立案后，另一方当事人可依据仲裁协议予以抗辩并请求法院撤销该案。但若双方当事人均故意隐瞒了存在仲裁协议的事实或双方在首次开庭前均未告知法院存在仲裁协议的事实，法院开庭后，当事人一方或双方再提出存在仲裁协议，法院将视为无仲裁协议而拥有管辖权。根据仲裁协议将争议提交仲裁，仲裁机构的裁决是终局的,当事人即使不服该裁决也不得向人民法院再行起诉。

4. 使仲裁裁决具有强制执行力

有效的仲裁协议是申请强制执行的前提条件。当仲裁机构作出裁决后,当事人双方应当自觉履行,一方当事人不履行的,另一方当事人有权向人民法院申请强制执行。当事人申请强制执行以存在有效的仲裁协议为条件,否则人民法院不予执行。

仲裁协议的效力案例及参考答案

五、仲裁程序

(一)申请

当事人申请仲裁应当向仲裁机构递交仲裁协议、仲裁申请书及副本,仲裁申请书应当包括以下内容:

(1)仲裁当事人的基本情况,包括当事人的姓名或名称、住所、职业、法定代表人等;

(2)仲裁请求和所根据的事实、理由;

(3)证据和证据来源、证人姓名和住所。

(二)受理

仲裁受理是指仲裁委员会在收到仲裁申请书以后,认为符合法定条件,予以接受仲裁的行为。根据《仲裁法》第二十一条的规定,当事人申请仲裁应符合三个方面的条件:

(1)有仲裁协议;

(2)有具体的仲裁请求和事实、理由;

(3)属于仲裁委员会的受案范围。

仲裁机构审查仲裁申请并作出受理或不受理的决定。当事人递交了仲裁申请书后,仲裁委员会自收到仲裁申请书之日起五日内,应当作出是否受理的决定,并将决定通知相关当事人。经审查认为符合受理条件的,仲裁委员会应当通知申请人,通知的方式可以是口头的,也可以是书面的。认为不符合仲裁受理的法定条件,不予受理的,必须采用书面形式通知当事人,并说明不受理的理由。

(三)仲裁庭的组成

仲裁机构受理当事人的仲裁申请后,应当组成仲裁庭对案件进行审理。仲裁庭由当事人或仲裁机构指定的仲裁员组成。根据《仲裁法》第三十一条、三十二条的规定,仲裁员的指定有当事人指定与仲裁机构指定两种形式。

当事人指定是指由三名仲裁员组成的仲裁庭,由当事人双方各选定一名仲裁员,然后双方当事人共同选出第三名仲裁员,第三名仲裁员为首席仲裁员。独任仲裁员组成仲裁庭的,由当事人共同选定。由当事人指定的仲裁员,除了当事人同意外,还必须得到被选仲裁员的同意。当事人有选择仲裁员的权利,仲裁员也有是否接受的权利。

仲裁机构指定是指当事人之间对独任仲裁员、第三名仲裁员的人选难以达成一致意见,需要仲裁机构指定的,由仲裁委员会主任指定。一般有两种情况:一种是当事人各方委托或共同委托仲裁委员会主任指定；另一种是当事人在仲裁规则规定的期限内没有指定仲裁员的，由仲裁委员会主任指定仲裁员。

仲裁机构根据当事人的约定组成仲裁庭或者受当事人的委托指定仲裁员。仲裁庭组成后，将仲裁庭的组成情况书面告知当事人，询问当事人对仲裁员是否提出回避申请。仲裁员因回避等原因不能履行职责的，要重新选定或指定仲裁员。

（四）开庭仲裁

1. 开庭

仲裁庭在开庭前应通知当事人，以书面形式告知其开庭地点、开庭时间，当事人应当按时参加。当事人有正当理由，可以在规定的期限内请求延期开庭。是否延期，由仲裁庭决定。申请人经书面通知，无正当理由不到庭或未经仲裁庭许可中途退庭的，视为撤回仲裁申请。被申请人经书面通知，无正当理由不到庭或未经仲裁庭许可中途退庭的，可以缺席解决。仲裁以开庭和不公开为原则，当事人协议不开庭或者协议公开的，依协议的约定，但是对于涉及国家秘密的案件。当事人不得协议约定公开进行。

2. 调查取证

当事人应当对自己的主张提供证据，这是当事人的举证责任。仲裁庭认为有必要时，可以自行收集证据。证据可能灭失或以后难以取得时，当事人可以申请证据保全。

3. 辩论

当事人在仲裁过程中有权进行辩论。辩论终结时，首席仲裁员或者独任仲裁员应当征询当事人的最后意见。仲裁庭应当将开庭情况记入笔录。

4. 和解与调解

当事人愿意在庭外自行和解的，仲裁庭应当允许。和解后双方可以请求仲裁庭制作调解书，也可以撤回仲裁申请。当事人也可以在仲裁庭的主持下进行调解，调解达成协议的，应当制作调解书。调解书经双方当事人签收后，即与裁决书有同等的法律效力。

5. 裁决

裁决是仲裁的最后一个程序，案件经仲裁庭调解未能达成协议，应当进行裁决。裁决应当按照多数仲裁员的意见作出，少数仲裁员的不同意见可以记入笔录。仲裁庭不能形成多数意见时，裁决应当按照首席仲裁员的意见作出。仲裁庭仲裁纠纷时，其中一部分事实已经清楚，可以就该部分先行裁决。裁决书自作出之日起发生法律效力。当事人双方应当主动履行。裁决一般以书面形式表现，称为裁决书。裁决书由仲裁员签名并加盖仲裁委员会的印章。裁决书应当载明以下内容：仲裁请求、争议事实、裁决理由、裁决结果、仲裁费用的负担和裁决日期。仲裁裁决书一经送达当事人，即发生法律效力。

六、仲裁裁决的撤销

仲裁实行一裁终局制度。仲裁裁决作出后，具有终局的法律效力。既不允许当事人就同一纠纷再向仲裁委员会申请仲裁，也不允许当事人就同一纠纷向人民法院起诉。为了保证一裁终局的裁决的正确性和合法性，法律规定了监督机制和救济途径。

根据《仲裁法》第五十八条的规定，当事人提出证据证明裁决有下列情形之一的，可以向仲裁委员会所在地的中级人民法院申请撤销裁决：

（1）没有仲裁协议的；
（2）裁决的事项不属于仲裁协议的范围或者仲裁委员会无权仲裁的；
（3）仲裁庭的组成或者仲裁的程序违反法定程序的；
（4）裁决所根据的证据是伪造的；
（5）对方当事人隐瞒了足以影响公正裁决的证据的；
（6）仲裁员在仲裁该案时有索贿受贿，徇私舞弊，枉法裁决行为的。

人民法院经组成合议庭审查核实裁决有前款规定情形之一的，应当裁定撤销。

人民法院认定该裁决违背社会公共利益的，应当裁定撤销。

当事人如果申请撤销裁决的，应当自收到裁决书之日起六个月内提出。人民法院应当在受理撤销裁决申请之日起两个月内作出撤销裁决或者驳回申请的裁定。人民法院受理撤销裁决的申请后，认为可以由仲裁庭重新仲裁的，通知仲裁庭在一定期限内重新仲裁，并裁定中止撤销程序。仲裁庭拒绝重新仲裁的，人民法院应当裁定恢复撤销程序。

七、仲裁裁决的执行及不予执行

（一）仲裁裁决的执行

仲裁裁决一经作出即发生法律效力，对当事人及各个方面发生约束力、确定力和执行力，并依法具有保证实现的强制力。当事人应当按裁定书的规定，自觉履行裁定书所确定的义务。如一方在一定期限内不履行裁决，另一方当事人可以向人民法院申请强制执行。

仲裁裁决的执行只能通过人民法院进行，仲裁机构无权对仲裁裁决进行强制执行，这是由仲裁机构的性质决定的。人民法院对仲裁裁决进行强制执行，基于当事人的申请，没有当事人的申请人民法院不主动强制执行。

当事人申请执行是仲裁裁决执行程序开始的原因和前提。根据法律的规定，仲裁裁决享有权利的一方当事人，在对方当事人拒绝履行义务的情况下，有权向有管辖权的人民法院提出申请，请求人民法院强制执行。申请的方式应当是书面的，申请人应当向人民法院提交申请强制执行的申请书。当事人申请强制执行必须在法定的申请期限内提出。双方或一方当事人是公民的，申请执行期限为一年，双方当事人是法人或其他组织的，申请执行期限为六个月，从仲裁裁决书规定的履行期限届满之日起计算。

（二）仲裁裁决的不予执行

根据法律的规定，仲裁裁决具有某些法定的情形，被申请人提出证据证明并经人民法院组成合议庭审查核实的，裁定该仲裁裁决不予执行。这些法定情形主要有：
（1）当事人在合同中没有订立仲裁条款或者事后没有达成书面仲裁协议的；
（2）裁决的事项不属于仲裁协议的范围或者仲裁委员会无权仲裁的；
（3）仲裁庭的组成或者仲裁的程序违反法定程序的；
（4）认定事实的主要证据不足的；
（5）适用法律确有错误的；
（6）仲裁员在仲裁该案时有贪污受贿、徇私舞弊、枉法裁决行为的。

仲裁裁决被人民法院裁定不予执行的，实际上已由法院确认仲裁裁决在合法性上发生问题，所以仲裁裁决被人民法院裁定不予执行，原仲裁裁决失效。当事人可以重新达成仲裁协议申请仲裁，也可以向人民法院起诉。

模块二 经济诉讼

一、经济诉讼的概念

经济诉讼是指当事人依法请求人民法院运用审判权处理经济纠纷，解决当事人双方权利义务争议的一种方式。诉讼具有公力的性质，是在国家审判权力介入之下，通过国家司法程序解决纠纷。

二、经济诉讼的管辖

（一）管辖的概念

管辖是指法院系统内各级法院之间以及同级法院之间受理第一审案件的分工与权限。正确确定案件的管辖，对审判实践有重要意义。

扩展阅读　确定管辖权的意义

（二）管辖的种类

1. 级别管辖

级别管辖，是指上、下级人民法院之间受理第一审民事案件的分工和权限。我国四级人民法院由于职能分工不同，受理第一审民事案件的权限范围也不同。确定不同级别的人民法院管辖第一审民事案件的主要依据是：案件的性质、案件影响的大小、诉讼标的的金额大小等。

（1）第一审民事案件原则上由基层人民法院管辖；

（2）中级人民法院管辖下列第一审民事案件：重大涉外案件；在本辖区有重大影响的案件；

（3）最高人民法院确定由中级人民法院管辖的案件。高级人民法院管辖在本辖区有重大影响的第一审民事案件。

（4）最高人民法院只受理在全国有重大影响的案件和认为应当由本院审理的案件。

2. 地域管辖

地域管辖，是指同级人民法院之间受理第一审民事案件的分工和权限。主要根据当事人住所地、诉讼标的物所在地或者法律事实所在地来确定。即当事人住所地、诉讼标的或者法律事实的发生地、结果地在哪个法院辖区，案件就由该地人民法院管辖。地域管辖分为一般地域管辖、特殊地域管辖、专属管辖、共同管辖和协议管辖等。

（1）一般地域管辖，又称普通管辖，是指以当事人住所地与法院辖区的关系来确定管辖法院。原则是"原告就被告"，即对公民提起的民事诉讼，由被告住所人民法院管辖；被告住所地与经常居住地不一致的，由经常居住地人民法院管辖。

（2）特殊地域管辖，又称特别地域管辖，是指以诉讼标的所在地或者引起民事法律关系发生、变更、消灭的法律事实所在地为标准确定的管辖。特殊地域管辖是相对于一般地域管辖而言的，是法律针对特别类型案件的诉讼管辖作出的规定。

（3）专属管辖，是指对某些特定类型的案件，法律强制规定只能由特定的人民法院行使管辖权。凡是专属管辖的案件，只能由法律明文规定的人民法院管辖，其他人民法院均无管辖权，从而排除了一般地域管辖和特殊地域管辖的适用。对于专属管辖的案件，当事人双方无权以协议或约定的方式变更管辖法院，从而排除了协议管辖的适用。

（4）共同管辖，是指依照法律规定两个或两个以上的人民法院对同一诉讼案件都有管辖权。这种情况既可以因诉讼主体或诉讼客体的原因发生，也可以因法律的直接规定而发生。在几个人民法院对同一案件都有管辖权的情况下，就形成了管辖权的积极冲突。解决管辖权冲突的最主要的办法，是赋予原告选择权，原告可以向其中任一法院起诉。如果原告向两个以上有管辖权的人民法院起诉，由最先立案的人民法院管辖。

（6）裁定管辖，即人民法院以裁定方式确定案件的管辖。民事诉讼法规定的移送管辖、指定管辖、管辖权的转移都是通过裁定的方式确定管辖法院。

（7）协议管辖，是指双方当事人在纠纷发生之前或发生之后，以合意方式约定解决他们之间纠纷的管辖法院。

三、诉讼当事人的权利

（一）诉讼当事人申请回避的权利

根据《民事诉讼法》的规定，诉讼当事人发现审判人员、书记员、翻译人员、鉴定人、勘验人有下列情形之一的，有权用口头或者书面方式申请他们回避：第一，是本案当事人或者当事人、诉讼代理人的近亲属；第二与本案有利害关系；第三与本案当事人有其他关系，可能影响对案件的公正审理。

被申请回避的人员在人民法院作出是否回避的决定前，应当暂停参与本案的工作，但案件需要采取紧急措施的除外。人民法院对当事人提出的回避申请，应当在申请提出的三日内，以口头或者书面形式作出决定。申请人对决定不服的，可以在接到决定时申请复议一次。复议期间，被申请回避的人员不停止参与本案的工作。人民法院应当在三日内对复议申请作出决定，并通知复议申请人。

（二）请求财产保全的权利

财产保全是指当事人因另一方的行为或者其他原因如抽逃、转移、隐藏财产使判决不能执行或难以执行时，向法院提出财产保全的申请。当事人没有提出申请的，法院认为有必要的也可以裁定采取财产保全措施，以免使胜诉的判决书无法确保债权人权益。财产保全采取查封扣押、冻结或法律规定的其他方法，法院冻结财产后，应立即通知被冻结人。被申请人提供担保的，法院应当解除财产保全。此外，当事人应向财产所在地法院申请财产保全。

法院采取财产保全，可以责令申请人提供担保，申请人不提供担保的，法院将驳回申请。提供担保的主要目的是：如果申请人有错误并败诉，使被申请人因财产保全遭受损失，可用担保财产赔偿被申请人的损失。法院接受申请后，对情况紧急的，必须在四十八小时内作出裁定。裁定采取财产保全措施的，应立即开始执行。申请人在法院采取保全措施后十五日内必须起诉，如果十五日内不起诉，十五日过后，财产保全自动失效，法院将解除财产保全。

四、主要诉讼程序

（一）第一审程序

第一审程序包括普通程序、简易程序和特别程序。普通程序是《民事诉讼法》中规定的一种诉讼程序，在整个民事诉讼程序中具有广泛的适用性，审理第一审经济纠纷案件一般适用普通程序。简易程序是基层人民法院和它的派出法庭审理事实清楚、权利义务关系明确、争议不大的经济纠纷案件时适用的一种既独立又简便易行的诉讼程序。特别程序是法院审理某些特别的非民事权益争议案件所适用的程序，这些案件包括选民资格、宣告失踪或者宣告死亡案件，认定公民无民事行为能力或者限制民事行为能力案件和认定财产无主案件。

一审程序是民事诉讼的必经程序，也是最能全面体现民事诉讼法基本原则的程序。

1. 诉讼参加人

根据我国《民事诉讼法》的规定，诉讼参加人主要包括两种情况。一种是当事人，所谓当事人，是指因民事权利义务关系发生争执，以自己的名义进行诉讼，并受法院的裁判书或调解书约束的人。它最基本的主体是原告和被告。

诉讼参加人的另一种形式是第三人。民事诉讼中的第三人，是指在已经开始的诉讼中，对他人争议的诉讼标的，具有全部或部分的独立请求权，或者虽然不具有独立的请求权但案件的处理结果与其有法律上的利害关系的人。它包括有独立请求权第三人和无独立请求权第三人两种。

2. 起诉和受理

起诉是启动诉讼的第一道工序，是原告向人民法院提起诉讼请求的行为。受理是人民法院接受并同意原告起诉的行为，案件受理后审理活动就可以开始了。

起诉必须符合法定的条件，根据《民事诉讼法》第一百零八条的规定，起诉必须符合以下四个条件：

（1）原告是与本案有直接利害关系的公民、法人和其他组织；

（2）有明确的被告；

（3）有具体的诉讼请求和事实、理由；

（4）属于人民法院受理民事诉讼的范围和受诉人民法院管辖。

起诉要提交起诉状，并按照被告人数向法院提交起诉状副本，起诉状应记明下列事项：

（1）当事人的姓名、性别、年龄、民族、职业、工作单位和住所，法人或者其他组织的名称、住所和法定代表人或者主要负责人的姓名、职务；

（2）诉讼请求和所根据的事实与理由；
（3）证据和证据来源，证人姓名和住所。

3. 审理前的准备

审理前的准备工作，是指法院受理案件后开庭审理前，为开庭审理进行的必要的准备工作。

（1）向被告送达起诉状副本，并限期提出答辩状。人民法院应当在立案之日起五日内将起诉状副本发送被告，被告在收到之日起十五日内提出答辩状。

（2）向原告送达答辩状。被告提出答辩状的，人民法院应当在收到之日起五日内将答辩状副本发送原告。被告不提出答辩状的，不影响人民法院审理。

（3）告知当事人有关的诉讼权利义务。人民法院对决定受理的案件，应当在受理案件通知书和应诉通知书中向当事人告知有关的诉讼权利义务，或者口头告知。

（4）依法组成合议庭，并告知当事人。合议庭组成人员确定后，应当在三日内告知当事人。

（5）审核诉讼材料、调查收集必要的证据。审判人员必须认真审核诉讼材料，调查收集必要的证据。

（6）追加当事人。必须共同进行诉讼的当事人没有参加诉讼的，人民法院应当通知其参加诉讼。

4. 开庭审理

开庭审理是指在人民法院审判人员主持下，在当事人和其他诉讼参与人的参加下，依照法定程序对案件进行审理的诉讼活动。开庭审理有两种方式，即公开审理和不公开审理，我国民事诉讼法以公开审理为原则，不公开审理为例外。不公开审理仅限于涉及国家秘密、个人隐私的案件或者法律另有规定的案件。另外，离婚案件，涉及商业秘密的案件，当事人申请不公开审理的，也可以不公开审理。

法庭审理程序可分为四个阶段。

（1）预备阶段。本阶段的主要工作有如下几项：书记员应当查明当事人和其他诉讼参与人是否到庭，宣布法庭纪律；由审判长核对当事人，宣布案由，宣布审判人员、书记员名单，告知当事人有关的诉讼权利义务，询问当事人是否提出回避申请等。

（2）法庭调查。法庭调查按下列顺序进行：①当事人陈述；②告知证人的权利义务，证人作证，宣读未到庭的证人证言；③出示书证、物证和视听资料；④宣读鉴定结论；⑤宣读勘验笔录。

（3）法庭辩论。法庭辩论按照下列顺序进行：①原告及其诉讼代理人发言；②被告及其诉讼代理人答辩；③第三人及其诉讼代理人发言或者答辩；④互相辩论。法庭辩论终结，由审判长按照原告、被告、第三人的先后顺序征询各方最后意见。

（4）评议与宣判。法庭辩论终结，审判长宣布休庭，全体合议庭成员退庭进行评议。合议庭实行少数服从多数的原则，对不同意见应如实记入笔录。评议笔录应由全体合议庭成员签名。人民法院对公开审理或者不公开审理的案件，一律公开宣告判决。当庭宣判的，应当在十日内发送判决书；定期宣判的，宣判后立即发给判决书。宣告判决时，必须告知当事人上诉权利、上诉期限和上诉的法院。

根据《民事诉讼法》的规定，对于事实清楚、权利义务关系明确、争议不大的简单的民事纠纷案件可以适用简易程序，简易程序可以由审判员一人独任审判。

民事案件审理完结，并不是都用判决或裁定来结案，法院可以依据合法自愿的原则，在事实清楚的基础上进行调解。调解成功的，制作调解书，调解书与判决书具有同样的法律效力。调解不成的，应及时判决。

（二）二审程序

我国民事诉讼实行两审终审制。二审程序就是当事人不服第一审法院的判决或裁定，在法定期限内向上一级人民法院提起上诉，上一级法院对案件进行审理时所适用的诉讼程序。

二审程序一般要经过如下几个阶段。

1. 上诉的提起

当事人不服地方人民法院第一审判决的，有权在判决书送达之日起十五日内向上一级人民法院提起上诉。当事人不服地方人民法院第一审裁定的，有权在裁定书送达之日起十日内向上一级人民法院提起上诉。上诉应当递交上诉状。上诉状的内容，应当包括当事人的姓名、法人的名称及其法定代表人的姓名或者其他组织的名称及其主要负责人的姓名；原审人民法院名称、案件的编号和案由；上诉的请求和理由。

上诉状应当通过原审人民法院提出，并按照对方当事人或者代表人的人数提出副本。当事人直接向第二审人民法院上诉的，第二审人民法院应当在五日内将上诉状移交原审人民法院。

2. 上诉的受理

原审人民法院收到上诉状，应当在五日内将上诉状副本送达对方当事人，对方当事人在收到之日起十五日内提出答辩状。人民法院应当在收到答辩状之日起五日内将副本送达上诉人。对方当事人不提出答辩状的，不影响人民法院审理。原审人民法院收到上诉状、答辩状，应当在五日内连同全部案卷和证据，报送第二审人民法院。

3. 上诉的审理

第二审人民法院应当对上诉请求的有关事实和适用法律进行审查。二审一般情况下是开庭审理，其程序与一审基本相同。在特殊情况下可以不开庭审理，由二审合议庭直接判决。

4. 上诉的裁判

第二审人民法院对上诉案件，经过审理，按照下列情形，分别处理：

（1）原判决认定事实清楚，适用法律正确的，判决驳回上诉，维持原判决；

（2）原判决适用法律错误的，依法改判；

（3）原判决认定事实错误，或者原判决认定事实不清，证据不足，裁定撤销原判决，发回原审人民法院重审，或者查清事实后改判；

（4）原判决违反法定程序，可能影响案件正确判决的，裁定撤销原判决，发回原审人民法院重审。当事人对重审案件的判决、裁定，可以上诉。

（三）审判监督程序

审判监督程序也叫再审程序，是指法院对已经发生法律效力的判决、裁定和调解协议，发现确有错误，或者检察院抗诉，或者当事人申请符合再审条件，依法对案件进行再次审理的程序。

根据《民事诉讼法》的规定，提起审判监督程序的情形主要有三种：

1. 人民法院提起审判监督程序

根据《民事诉讼法》的规定，各级人民法院院长对本院已经发生法律效力的判决、裁定，发现确有错误，认为需要再审的，应当提交审判委员会讨论决定。最高人民法院对地方各级人民法院已经发生法律效力的判决、裁定，上级人民法院对下级人民法院已经发生法律效力的判决、裁定，发现确有错误的，有权提审或者指令下级人民法院再审。

2. 人民检察院提起的审判监督程序

检察院提起审判监督程序是通过抗诉形式实现的。所谓抗诉，是指检察院对法院已经生效的判决裁定，发现确有错误，或者审判人员在审理过程中有违法行为，提请法院对案件重新进行审理的诉讼行为。根据《民事诉讼法》的规定，最高人民检察院对各级人民法院已经发生法律效力的判决、裁定，上级人民检察院对下级人民法院已经发生法律效力的判决、裁定，发现确有错误的，应当提出抗诉。地方各级人民检察院对同级人民法院已经发生法律效力的判决、裁定，发现确有错误的，应当提请上级人民检察院向同级人民法院提出抗诉。

3. 当事人申请再审引起的审判监督程序

根据《民事诉讼法》的规定，当事人对已经发生法律效力的判决、裁定，认为有错误的，可以向上一级人民法院申请再审，但不停止判决、裁定的执行。

当事人的申请符合下列情形之一的，人民法院应当再审：

（1）有新的证据，足以推翻原判决、裁定的；

（2）原判决、裁定认定的基本事实缺乏证据证明的；

（3）原判决、裁定认定事实的主要证据是伪造的；

（4）原判决、裁定认定事实的主要证据未经质证的；

（5）对审理案件需要的证据，当事人因客观原因不能自行收集，书面申请人民法院调查收集，人民法院未调查收集的；

（6）原判决、裁定适用法律确有错误的；

（7）违反法律规定，管辖错误的；

（8）审判组织的组成不合法或者依法应当回避的审判人员没有回避的；

（9）无诉讼行为能力人未经法定代理人代为诉讼或者应当参加诉讼的当事人，因不能归责于本人或者其诉讼代理人的事由，未参加诉讼的；

（10）违反法律规定，剥夺当事人辩论权利的；

（11）未经传票传唤，缺席判决的；

（12）原判决、裁定遗漏或者超出诉讼请求的；

（13）据以作出原判决、裁定的法律文书被撤销或者变更的。

对违反法定程序可能影响案件正确判决、裁定的情形，或者审判人员在审理该案件时有贪污受贿，徇私舞弊，枉法裁判行为的，人民法院应当再审。

4. 督促程序

督促程序又叫支付令程序,是指法院根据债权人要求债务人给付金钱或有价证券的请求,不经过审判程序,直接向债务人发出支付令并要求其按期给付;否则,即根据债权人的申请和支付令予以强制执行。

支付令的申请条件如下:

(1) 支付令仅适用于给付金钱和有价证券;

(2) 债权人和债务人之间无其他债务纠纷,不存在抵销法律关系;

(3) 支付令能够送达债务人,如债务人不在我国境内,或虽在境内但不能直接送达,则法院不予受理;

(4) 支付令应向债务人主要办事机构地人民法院申请。

债务人自收到法院签发的支付令之日起十五日内应主动清偿债务,或向法院提出异议,如异议成立,法院裁定终结督促程序。债权人可以向法院起诉,以求解决纠纷。如果债务人十五日内既不偿债,又不提出异议,十五日后法院将强制债务人偿债。

5. 先予执行

先予执行是指法院受理经济案件后、作出判决前,根据当事人一方的申请,先行裁定另一方给付一定的财物,或先行裁定另一方作为或不作为的法律制度。

先予执行必须具备以下构成要件:

(1) 当事人之间权利义务关系明确。权利义务内容不需要经过查证便能够确定。

(2) 不先予执行将严重影响申请人的生活或者生产经营。如原材料缺乏,企业发不出工资甚至停产、停业。

(3) 被申请人有履行能力。如无实际给付能力,即使作出裁定也无法执行。

(4) 当事人提出申请。提出申请是先予执行的前提。有些个案中法院还会责令申请人提供担保,防止执行错误。如申请人不提供担保,法院将驳回申请。

实践中可以适用先予执行的情况主要有:

(1) 追索货款的,如生产方已按合同按期交付或经营方已按合同发运,义务人已如数验收,且在法定期间未提出质量异议的。

(2) 追偿赔偿费用的,如因环境污染、食品中毒、放射性污染等已经给部分公民或团体、集体组织造成经济损失、人身伤害,严重影响人们身体健康、影响生产和生活的。

(3) 追索交付生产、经营活动中急需的图纸、资料、设备部件的,如一方已经支付了合同约定的费用,而另一方却以价格低、汇款时间稍有误差等拒不交付图纸、资料、设备部件以致严重影响权利方的施工、生产的。

(4) 追索交付生产上急需的原材料、辅助材料的,如冶炼急需的原材料,纺织急需的棉花、棉纱,服装行业需要的棉布、布料等。

(5) 在原告为个体工商户、专业户等的经济纠纷案件中,必须先予执行才不致其生活严重困难的。

(6) 由于一方当事人违反合同,造成对方经济上的重大损失亟待赔偿,否则将严重影响其资金流转,甚至有可能造成生产经营活动停顿的。

(7) 其他需要先予执行的。

6. 公示催告程序

公示催告程序是指人民法院根据可以背书转让的票据持有人的申请，以公示的方法，催告不明的票据利害关系人，在法院指定的期间内向法院申报票据权利，逾期无人申报，法院则作出宣告票据无效的判决的程序。票据被判无效，申请人获得票据权利，可持法院裁决书请求付款人付款。如有人出来申报票据权利，公示催告终结，申请人和申报人一起进行票据诉讼，进入诉讼程序，等待法院的确权判决。

票据丢失后，在报纸、电台、电视上作挂失声明是不具有法律效力的，因为其他任何人对报纸、电台、电视上的挂失声明没有注意义务。

五、判决、裁定与决定

（一）判决

判决是指法院经过对民事案件的审理，根据查明的事实和适用有关法律，就案件的实体问题作出的权威性判定。根据审判程序和审级的不同，可分为一审判决、二审判决和再审判决。根据案件的性质和内容不同，可分为给付判决、确认判决和变更判决。根据判决是否发生法律效力，可分为生效判决和未生效判决。根据双方当事人是否在庭，可分为对席判决和缺席判决。

法院对民事案件的判决，必须采用书面形式，即制作判决书。根据《民事诉讼法》第一百三十八条的规定，判决书应当写明：案由、诉讼请求、争议的事实和理由，判决认定的事实、理由和适用的法律依据；判决结果和诉讼费用的负担；上诉期间和上诉的法院。

（二）民事裁定

民事裁定是指法院在案件审理和执行过程中，就案件的程序问题或个别实体问题作出的权威性判定。裁定适用于下列范围：不予受理；对管辖权有异议的；驳回起诉；财产保全和先予执行；准许或者不准许撤诉；中止或者终结诉讼；补正判决书中的笔误；中止或者终结执行；不予执行仲裁裁决；不予执行公证机关赋予强制执行效力的债权文书；其他需要裁定解决的事项。

民事裁定的效力是指民事裁定生效后的法律拘束力。对于准许上诉的裁定，包括不予受理、管辖权异议和驳回起诉的裁定，超过10日上诉期限而未上诉的，即产生确定的效力；对于不准许上诉的裁定，一经宣布或者送达，即产生确定的效力，财产保全和先予执行的裁定可以申请复议一次，但复议期间不停止执行。

（三）民事决定

民事决定是指法院在民事诉讼中，就案件的特殊事项作出的权威性判定。所谓特殊事项，是指那些除实体问题和程序问题以外的有关事项以及某些有紧迫性的程序问题。根据《民事诉讼法》的规定，民事决定适用于下列事项：是否回避；对妨害民事诉讼的行为采取强制措施的事项；顺延诉讼期间；缓交、减交、免交诉讼费用；是否再审的决定；暂缓执行及其期间的决定。民事决定解决的是非实体问题，加之具有紧迫性，法律规定一律不准上诉，一经作出即发生法律效力。对于回避决定，当事人不服的，可以向作出决定的法院申请复议一次；对于罚款、拘留的决定，当事人不服的，可以向上一级法院申请复议一次，复议期间不停止原决定的执行。

课后思考题

1. 仲裁有哪些特点？
2. 仲裁中为什么要采用双方自愿的原则？
3. 与诉讼相比，仲裁有什么优点？
4. 诉讼管辖的分类是什么？
5. 诉讼程序的种类有哪些？
6. 起诉的条件是什么？

PPT